当代世界学术名著

新闻：幻象的政治（第9版）

News: The Politics of Illusion

(9th Edition)

新闻与传播学译丛
大师经典系列

[美] 兰斯·班尼特 W. Lance Bennett／著
杨晓红 王家全／译

中国人民大学出版社
·北京·

新闻与传播学译丛·大师经典系列

展江　何道宽 /主编

“当代世界学术名著”
出版说明

中华民族历来有海纳百川的宽阔胸怀，她在创造灿烂文明的同时，不断吸纳整个人类文明的精华，滋养、壮大和发展自己。当前，全球化使得人类文明之间的相互交流和影响进一步加强，互动效应更为明显。以世界眼光和开放的视野，引介世界各国的优秀哲学社会科学的前沿成果，服务于我国的社会主义现代化建设，服务于我国的科教兴国战略，是新中国出版工作的优良传统，也是中国当代出版工作者的重要使命。

中国人民大学出版社历来注重对国外哲学社会科学成果的译介工作，所出版的“经济科学译丛”“工商管理经典译丛”等系列译丛受到社会广泛欢迎。这些译丛侧重于西方经典性教材；同时，我们又推出了这套“当代世界学术名著”系列，旨在迻译国外当代学术名著。所谓“当代”，一般指近几十年发表的著作；所谓“名著”，是指这些著作在该领域产生巨大影响并被各类文献反复引用，成为研究者的必读著作。我们希望经过不断的筛选和积累，使这套丛书成为当代的“汉译世界学术名著丛书”，成为读书人的精神殿堂。

由于本套丛书所选著作距今时日较短，未经历史的充分淘洗，加之判断标准见仁见智，以及选择视野的局限，这项工作肯定难以尽如人意。我们期待着海内外学界积极参与推荐，并对我们的工作提出宝贵的意见和建议。我们深信，经过学界同仁和出版者的共同努力，这套丛书必将日臻完善。

中国人民大学出版社

"新闻与传播学译丛·大师经典系列"
总　　序

新闻与大众传播事业在现当代与日俱增的影响与地位，呼唤着新闻学与传播学学术研究的相应跟进和发展。而知识的传承，学校的繁荣，思想的进步，首先需要的是丰富的思想材料的积累。"新闻与传播学译丛·大师经典系列"的创设，立意在接续前辈学人传译外国新闻学与传播学经典的事业，以一定的规模为我们的学术界与思想界以及业界人士理解和借鉴新闻学与传播学的精华，提供基本的养料，以便于站在前人的肩膀上作进一步的探究，则不必长期在黑暗中自行摸索。

百余年前，梁启超呼吁："国家欲自强，以多译西书为本；学子欲自立，以多读西书为功。"自近代起，许多学人倾力于西方典籍的迻译，为中国现代社会科学和自然科学的建立贡献至伟。然而，由于中国新闻学与传播学的相对年轻，如果说梁任公所言西学著述"今之所译，直九牛之一毛耳"，那么新闻学与传播学相关典籍的译介比其他学科还要落后许多，以至于我们的学人对这些经典知之甚少。这与处在社会转型过程中的中国的社会经济文化发展的要求很不协调，也间接造成了新闻与传播"无学"观点的盛行。

从1978年以前的情况看，虽然新闻学研究和新闻教育在中国兴起已有半个世纪，但是专业和学术译著寥寥无几，少数中译本如卡斯珀·约斯特的《新闻学原理》和小野秀雄的同名作等还特别标注"内部批判版"的字样，让广大学子避之如鬼神。一些如弥尔顿的《论出版自由》等与本学科有关的经典著作的翻译，还得益于其他学科的赐福。可以说，在经典的早期译介方面，比起社会学、政治学、经济学、法学、心理学等现代社会科学门类来，新闻学与传播学显然先天不足。

1978年以后，尤其是20世纪90年代中期以来，新闻与传播教育和大众传播事业在中国如日中天。但是新闻学与传播学是舶来品，我们必须承认，到目前为止，80%的学术和思想资源不在中国，而日见人多势众的研究队伍将80%以上的精力投放到虽在快速发展但是仍处在“初级阶段”的国内新闻与大众传播事业的研究上。这两个80%倒置的现实，导致了学术资源配置的严重失衡和学术研究在一定程度上的肤浅化、泡沫化。专业和学术著作的翻译虽然在近几年渐成气候，但是其水准、规模和系统性不足以摆脱“后天失调”的尴尬。

我们知道，新闻学产生于新闻实践。传播学则是社会学、政治学、心理学、社会心理学等学科以及新闻学相互融合的产物。因此，“新闻与传播学译丛·大师经典系列”选择的著作，在反映新闻学研究的部分代表性成果的同时，将具有其他学科渊源的传播学早期经典作为重点。我们并不以所谓的“经验学派/批判学派”和“理论学派/务实学派”划线，而是采取观点上兼容并包、国别上多多涵盖（大致涉及美、英、德、法、加拿大、日本等国）、重在填补空白的标准，力争将20世纪前期和中期新闻学的开创性著作和传播学的奠基性著作推介出来，让读者去认识和关注其思想的原创性及其内涵的启迪价值。

法国哲学家保罗·利科（Paul Ricoeur）认为，对于文本有两种解读方式：一种是高度语境化（hypercontextaulisation）的解读，另一种是去语境化（decontextaulisation）的解读。前者力图从作者所处的具体社会语境中理解文本，尽可能将文本还原成作者的言说，从而领会作者的本意；后者则倾向于从解读者自身的问题关怀出发，从文本中发现可以运用于其他社会语境的思想资源。本译丛的译者采用的主要是第一种解读方式，力图通过背景介绍和详加注释，为读者从他们自身的语境出发进行第二种解读打下基础。

“译事之艰辛，惟事者知之。”从事这种恢弘、迫切而又繁难的工作，需要几代人的不懈努力，幸赖同道和出版社大力扶持。我们自知学有不逮，力不从心，因此热忱欢迎各界读者提出批评和建议。

“新闻与传播学译丛·大师经典系列”
编委会

序

在人类的发展历史中，不管是政治人物还是非专业人士都曾运用传播的力量达到自己的目的，但社会学家在讨论政治体系的运作时却往往忽略媒体的存在。兰斯·班尼特教授没有。在《新闻：幻象的政治》一书中，他重点研究了新闻媒体在政治行为中所扮演的主要角色。他开始这一研究的时候，有关新闻媒体影响的研究整体处于历史的低谷。这也是为什么你将读到的这本书在 1983 年首版的时候就成为一个里程碑。从那时起，此书一直是政治传播学领域的先锋之作。

从一个新的角度进行新闻和政治的研究

二战以来，有些研究项目关注的范围非常狭窄，认为媒体对于选举行为的影响甚微，所以，关于大众传媒对政治影响的研究一直萎靡不振。对于有心研究媒体对政治的影响这一领域的学者来说，最令人灰心的打击莫过于社会学家约瑟夫·克拉珀（Joseph Klapper）的一本书。在对一系列社会科学领域的研究结果进行概括的基础上，克拉珀在《大众传播的作用》（*Effects of Mass-Communication*，1960）一书中指出，大众传媒的影响微不足道。这一看法传递给社会学家的信号非常清楚：把自己的才华浪费在对这种微不足道的社会现象的研究上没有意义。

1980 年，我在《大众传媒与美国政治》一书中公开挑战了这种当时非常流行的观点。对美国政治的观察使我坚信，新闻报道的内容以及框架在很多方面影响政治事件的进程和方向，所谓大众传媒的影响微不足道的观点显然是错误的。此前的研究者没有注意到新闻的作用是因为他们把研究的焦点只放在了个人选举行为的变化上，而新闻在其他方面的作用，比如获取新的信息或者由此产生对政客的反感，以及大众传媒对于更大的社会单元如利益集团和政府的作用，都被忽视了。我的这本书就是希望政治学专业的学生能够概括性地了解一下政治新闻报道对政治的影响。

三年后，兰斯·班尼特的《新闻：幻象的政治》一书对这一全新的领域提出了一种不同的研究角度。与我一样，他的研究也是建立在政治新闻确实对政治产生影响这一假设的基础之上，但他的书更关注于这种影响对美国的民主意味着什么。班尼特并没有列举新闻如何影响政府事务的各个
vii 层面，包括公共舆论的形成。他所做的是，提出一系列基本问题，以此评估新闻在服务美国民主的问题上做得如何。比如说，他会问，是什么决定了何种稿件被采纳而何种稿件被淘汰？新闻的选择是提升还是削弱了草根和精英阶层之间政治对话的质量？他会采集数据，试图发现在新闻的选择上，谁的利益被保护而谁的利益被侵犯。

班尼特关注新闻对于美国民主质量的影响，这种关注引导他探索一直以来备受政治传播学研究人员冷落的新闻生产和消费的各个层面。例如，班尼特关注记者在组织稿件时从什么人那里获取信息，因为信息提供者的个人倾向和利益会影响记者对问题的陈述角度。对新闻信源的检视会继而带来对消息提供者提供信息的内容、格式以及呈现方式的仔细分析，而不仅仅是关注记者如何取舍新闻话题、如何报道以及政治人物说了什么或做了什么。

对讯息的研究至关重要，因为公众赖以形成舆论的政治新闻都是记者采访时政治人物透露给他们的。在当今这个时代，处理媒体关系已经变成了需要训练有素的专业人员来把握的一门科学，研究者必须仔细研究政治人物如何包装形象以达到影响公共舆论的目的。同时，他们还必须研究特定的政治人物是如何想方设法确保自己的信息能被媒体选中，因为太多个人和团体想在有限的新闻版面和新闻时段中露脸，当然了，位置越明显越好，时间越早越好。

这也是本书的副标题——幻象的政治——所传递的意思。班尼特认为，政治新闻中所报道的政治形象只是事实的表象，是经过艺术加工的，

与一个没有任何偏见的观察家可能看到的情况并无太大关系。但是公众相信被发布出来的新闻是对政治现状的真实反映，并且据此采取行动，而那些没能在新闻中呈现的事实和视角，不管它们对于政治世界如何重要，也不管它们对于公众判断有多关键，也还是不能为公众所了解。

班尼特对于自己所提出的问题表达了明确的观点，从而迫使你作为一个读者必须用一种更加批判的态度去对待每一处陈述性的话语。你不仅要问，他所陈述的事实是否准确，进而要考虑他从这些事实中得出的结论是否成立，而且必须仔细研究隐藏在背后的假设，决定你是否能够同意他的这些假设。这是非常具有挑战性的任务，班尼特教授欢迎你去挑战。而我碰巧能够认同班尼特教授的大部分观点。当然我也承认，我知道他也承认，我们之间可能还存在一些不同的理解。

举一个例子，班尼特认为，新闻应该具有教育的责任，应该帮助公众了解目前美国国内发生的最重要的政治问题。他把这一点作为评判新闻质量的标准之一。但是，启迪公众真的是媒体的责任和使命吗？难道不同的新闻媒体，如地方性晚间电视新闻，不应该根据公众的实际选择提供他们想看的节目，即使这些选择与他们公开宣称的好恶相矛盾吗？ viii

美国的新闻机构都是私营企业，只要在法律允许的范围内，企业的所有者有权决定他们自己的责任是什么，没有任何一条法律条款规定新闻必须承担教育公众的责任。事实上，美国宪法明确反对国会通过立法规定媒体必须报道什么。即使是实行许可证制度管理的电视台也只是被要求“服务于公共利益、便利和需要”，而教育公众的责任并没有被提到，尽管建国者们认为这是一个需要优先考虑的问题。

班尼特也承认，新闻受众的好恶在新闻生产体系中发挥着重要的作用。他注意到，许多美国人非常反感那些试图教育他们的节目，会选择一些能让他们放松的娱乐性新闻，而不是那些强迫他们去思考、操心国家大事的节目。作为一名政治传播学专业的学生和一个公民，你需要认真思考，是否记者应该决定观众必须了解什么才能更好地行使公民责任，并且据此去组织新闻。即使记者真要这么做，公众是否接受这些强加给他们的对健康有益但味道不好的“菠菜新闻”也还是个问题。如果人们对于如何度过闲暇时间有更多其他的选择，也许他们不会理会这些他们觉得与己无关又毫无乐趣的新闻。

新闻应该呈现哪些信息？对这个问题的权衡是困难的，因为民主意味着尊重各种彼此冲突的价值取向。新闻从业者与受众都希望能够自由地选择，但他们也同意，民主政府需要知情的公民能够对公共政策做出正确判断。他们知道，新闻媒体是唯一能够给大多数公众提供关于当前政治事件信息的机构。所以，问题摆在面前，是要娱乐信息还是并不美味但重要的"菠菜新闻"？你来决定！当然，也有妥协的方案，那就是生产出娱乐性的"菠菜新闻"，但在大多数情况下，这很难实现。

新理论的探索

班尼特对于政治学研究的贡献远远不止是采取一种全新的批判视角对媒体与政治的相互作用进行研究。《新闻：幻象的政治》在多次的再版过程中，展示了班尼特教授发展并检验过的一系列理论。同样，一个例子就足以说明问题："新闻导向指征"理论。班尼特并不满足于了解媒体报道了什么主题忽略了什么主题，如何设置报道框架以符合某一特殊报道角度的需求，而是不厌其烦地探索非常重要的"为什么"的问题。为什么是这些稿子被选中而不是其他的稿子？为什么某一特定的框架被采用？例如，为什么在大多数情况下，政府的外交政策是不加批评地被报道，而在其他
ix 一些情况下，对于这些政策的质疑就反映在新闻中？班尼特教授对每一类报道都做了认真的调研和分析，形成了独特的"新闻导向指征"理论。

班尼特发现，新闻争议并非媒体从业者故意为之或反复无常的选择，而是记者从政治人物那里得到暗示的结果。如果一个可信的发言人，比如说国会议员或者资深的社区领袖，对政策提出质疑，新闻媒体就会报道他们的观点。如果这些人没有提出质疑，多数媒体只会从官方的角度，按照相关部门新闻发言人的口径去报道。对公共政策中冲突观点的报道是根据熟悉的可信消息源之间冲突的大小来决定的，这一理论已经被班尼特和其他很多学者屡次验证了。到目前为止，这一理论经受了各种情况的考验，依然成立。就像所有其他有着坚实基础的理论一样，我们可以以此为依据，对未来做出预测，判断可能会发生什么。

如何取得卓越的学术成就

是什么造就了兰斯·班尼特这样的开拓性学者呢？首先，必须对研究领域有极大的好奇心。其次，要热爱那些最有可能为亟待解决的问题提供答案的学科。班尼特对政治世界以及大众传媒如何改变政治世界的问题有

着浓厚的兴趣。他从加利福尼亚大学尔湾分校和耶鲁大学分别获得了学士、硕士和博士学位，并因为他的学术成绩获得很高的荣誉。他一直保持着追求卓越的工作方式。毕业后，班尼特立刻踏上研究和教学之路，其中大部分时间是在华盛顿大学度过的。

在写作《新闻：幻象的政治》时，班尼特已经在学术期刊上发表了很多文章，还有三篇书一般厚的重要研究论文，内容涉及公众如何形成政治观点等。因为他对公共舆论很感兴趣，所以很自然地对公众赖以形成政治观点的信息流产生了兴趣。这才有了《新闻：幻象的政治》一书，以及其他一系列探讨媒体如何影响政治不同层面的文章。

后来，班尼特把他研究和写作的重点放在了民主的窗口——选举问题上。在《统治的危机：美国选举中的媒体、金钱和市场运作》中，他分析了新闻报道、政治新闻运作以及献金对选举的影响。他总结说，由于选举中信息传播存在的漏洞，美国的管理体制非常糟糕。实际上，美国的政治体系危机四伏。班尼特吹响了号角，呼吁进行选举传播改革，后来在另外一部作品《民主与思想的市场》中，这种思想得到进一步体现。这部作品由他与埃里克·阿萨德（Erik Åsard）合著，通过对瑞典和美国的政治传播的比较，对现代民主政体中连接政府和人民的信息体系进行了分析，指出了其中广泛存在的主要问题。2007年，在一系列案例研究的基础上，作者与其他多名作者合著了《媒体陷落：政治权力和新闻媒体——从伊拉克到卡特里娜》，对美国媒体提出严肃批评。总之，班尼特是坚定的新闻媒体的批判者，也是努力拯救濒危的民主的盔甲斗士。如前所述，他的作品还涉及其他一些话题，例如公共舆论、美国法院系统、外交政策和美国文化等。 x

成就“经典”

在为政治传播学领域作出巨大贡献，收获业界众多权威奖项之后，许多学者可能会停顿下来，沉溺于盛名之下，仅仅对过去的作品做些修饰了，但是兰斯·班尼特不是这样。《新闻：幻象的政治》正是他多年来坚持学术钻研，成就“经典”——卓越作品——的最好例证。这本书现在已经是第九次再版。新闻和政治的相互作用对于研究者来说是一个永恒的话题，因此，对于现状的分析应该不断更新，班尼特一次又一次地接受了挑战。

在过去的25年里，本书九次再版。新闻和政治之间的相互作用在很多方面都一如既往，但也有一些重大变化。技术的进步把美国社会从“广播”时代带入了“窄播”时代。今天，生产和传播新闻的机构以及特定新闻的受众与20世纪80年代相比都大不相同。互联网已经成为出现在政治传播地平线上的“大猩猩”，要求我们做出新的调整。“网上冲浪”“博客”和“数字鸿沟”等新名词已经成为媒体环境改变的标志。

本书第九版的一个显著特点就是，把关注重点放在这一新的传媒体系的发展、它与传统传媒体系之间的相互作用，以及它对公民政治参与的影响上。班尼特教授秉持他一贯的风格，聚焦于技术发展带来的主要问题，并对其可能对民主执政产生的影响提出深刻的问题。同时，因为重点科技发展带来的影响尚未尘埃落定，他也会跟大家分享他对未来不大确定的预期。就目前而言，传统媒体似乎仍然是主要的新闻采集者和传播者。信源依赖于传统媒体的互联网，为关注范围狭窄、喜欢互动媒体的年轻观众量身定制信息。无疑，本书今后的版本将为我们展现更为清晰的画面。

《新闻：幻象的政治》广受学生欢迎有很多原因，其中最主要的就是它打破幻象、展示现实的反传统主义，对赋权于民的关注以及清晰的写作风格。在每一版中，班尼特都把自己以及其他学者关于政治传播最新的研究成果融入书中。班尼特对于材料的论述也遵循实事求是的原则——新闻与政治的互动是复杂、混乱、充满惊奇和矛盾的。书中穿插了大量简洁的案例研究，并且每一版都会更新，这一切说明，班尼特的描述和分析是建
xi 立在真实世界的事件之基础上的，而不是意识形态上的哲学推理。作者的结论是扎实的，但从来不是教条主义的。

《新闻：幻象的政治》语言流畅，摒弃了社会学著作中常常出现的晦涩难懂的行话术语。班尼特秉持批判思想，但从不吹毛求疵。一方面，他对于他所认为的新闻体系的优点褒奖有加；一方面，他又从不讳言其中的问题和缺陷。不像有些美国传媒体系的批评家，班尼特的作品并不令人绝望，不会让读者觉得美国的政治传播体系毫无希望地一团混乱，没有任何出路，读者所能做的只有赶紧逃到另一个星球。所以，我的学生告诉我，学期结束时，他们会留下值得保存的书，而卖掉其他无用的课本，班尼特的书总是在保留的清单里，对此我丝毫不觉得奇怪。

值得思索的问题

现在我想用几个值得思考的问题来结束我的这篇序言。在你饶有兴致地钻研班尼特教授这本书时，你会碰到以下这些值得关注的问题，因为它们都涉及一个最基本的问题：什么样的新闻体系才能最好地服务于今天的美国民主？

1. 大部分学者同意，在政府官员的行为发生错误或者政策出现失误时，媒体可以承担起重要的“看门狗”职责，并且媒体经常就是这么做的。但我们是否可以据此认为记者比政治人物更聪明、更客观、更诚实，从而在面对记者和政治人物对于政策的评价时，对记者的评判高看一眼呢？

2. 记者不是经过公民选举产生，能够自己宣称代表公共舆论吗？受欢迎的政治人物是被公民推选出来代表他们的，记者能够享受与政治人物同样的合法地位吗？如果政治人物自私自利，对选民的声音置之不理，他们是不是就失去了作为公众代言人的地位呢？

3. 普通美国人对于政治不感兴趣，这是否说明他们在政治危机时期表现出的对新闻的关注也纯属偶然呢？或者说，他们不关心的只是那些内容琐碎、与他们的生活毫不相关，或者说相关性被政治新闻的八股报道掩盖了的信息呢？

4. 美国记者是不是把他们的关注焦点都放到了普通公民无法参与的事件上，而忽视了关于公民可以参与的问题或事件的信息呢？苏丹的骚乱对于非洲人民的生活影响更大，但对于普通的美国人来说影响就没有那么大。是不是因此可以认为，美国的地方媒体应该更多关注地方问题而忽略国际新闻，从而把有限的版面和时间都用来唤起公民解决地方问题的意识呢？

5. 记者们往往有各自专门负责的报道领域，这被称作“跑口”。这种做法在现实操作中会造成一些政府部门的消息源占据优势位置。新闻过于 xii
注重官方来源的做法合理吗？如果你能改变这种状况，你会付诸行动吗？如果答案是“是”，你会选择什么样的消息源呢？这样做的后果又是什么？

6. 在历史的长河中，有时人们因为太多的丑闻而不信任政治人物，那么他们应该信任报道政治人物言行的新闻媒体吗？如果是的话，记者应该充当一个过滤器，对政治人物的观点进行审查并解读，而不是把这个任务留给公民，让他们自己得出结论吗？

这些问题值得你去关注、去思考、去判断，因为一个无效的新闻体系如果不能满足民主化管理要求的话，就会对公民造成危害。班尼特强调，支撑目前新闻体系的三块基石中，公众、政治人物和记者的力量应该是均衡的。现在看来，公众的声音在新闻中没有得到应有的反映，更没有达到应有的影响力。你和其他公民一起共同努力，就可以改变这种状况。首先，你必须了解新闻体系是如何运作的。以下是一些参考书目，这些书的作者对当前的新闻体系以及改革的方案都有研究。仔细阅读，认真领会，探究一下当今政治传播的奥秘吧。

伊利诺伊大学芝加哥分校
多丽丝·格雷伯

推荐阅读

Baum, Matthew. *Soft News Goes to War: Public Opinion and American Foreign Policy in the New Media Age* (Princeton, NJ: Princeton University Press, 2003).

Brader, Ted. *Campaigning for Hearts and Minds: How Emotional Appeals and Political Ads Work* (Chicago: University of Chicago Press, 2006).

Cook, Timothy E. *Governing with the News: The News Media as a Political Institution,* 2nd ed. (Chicago: University of Chicago Press, 2005).

Entman, Robert M. *Projections of Power: Framing News, Public Opinion, and U.S. Foreign Policy* (Chicago: University of Chicago Press, 2004).

Graber, Doris A. *Processing Politics: Learning from Television in the Internet Age* (Chicago: University of Chicago Press, 2001).

Hallin, Daniel C., and Paolo Mancini. *Comparing Media Systems: Three Models of Media and Politics* (Cambridge: Cambridge University Press, 2004).

Hamilton, James. *All the News That's Fit to Sell: How the Market Transforms Information into News* (Princeton, NJ: Princeton University Press, 2004).

Kellstedt, Paul M. *The Mass Media and the Dynamics of American Racial Attitudes* (Cambridge, UK: Cambridge University Press, 2003).

Patterson, Thomas E. *Out of Order* (New York: Alfred A. Knopf, 1993).

Schudson, Michael. *The Power of News* (Cambridge, MA: Harvard University Press, 1995).

Ward, Stephen, Diana Owen, Richard Davis, and David Taras, eds. *Making a Difference: A Comparative View of the Role of the Internet in Election Politics* (Lanham, MD: Lexington Books, 2008).

Weaver, David H., et al. *The American Journalist in the 21st Century: U.S. News People at the Dawn of a New Millennium* (Mahwah, NJ: Erlbaum, 2006).

自 序

《新闻：幻象的政治》每一版都反映了媒体-政治世界的变化。本书不断再版，就是为了聚焦于这些变化对美国民主的影响。通过对政治人物如何与民众交流以及民众如何处理日常问题的观察，我们就能看出这种影响的端倪。现在距离上一版出版已过去三年，其间发生了太多变化，所以我对本书的章节重新进行了调整，以便阐释美国民主今天面临的重大新闻：新闻业陷入危机。我们在讨论很多问题时都会用到“危机”这个字眼，有时未免轻率；但在描述美国新闻业时，这个字眼似乎恰如其分。2000 年至今，媒体行业几乎已经裁员四分之一。数十家知名报纸倒闭，其他仍然存在的也是濒临破产，勉强度日。因此，新闻机构没有能力对所报道的新闻事件进行深入调查，与此同时，以忽悠记者为目的的公关行业却如日中天，一家全国性新闻杂志把公关行业列为 2011 年的顶尖职业之一。结果，虽然新闻号称一头连着政治人物，一头连着公众，但新闻业的现实却是，新闻运作大行其道，公众看到的调查性报道越来越少。

关于新闻危机的讨论大多集中于如何修复美国媒体已经遭到破坏的经营模式。但实际上，美国媒体所面临的深层次问题远非恢复新闻机构的盈利就能解决，公民——特别是年轻公民——对媒体和政治的信任危机已经到了令人扼腕的地步，这种双重的信任危机涉及媒体的可信度和报道的相关性。人们普遍认为，主流媒体已经成为腐败的政府体系的同谋。通过更新的事例、学术文献提出的新的视角以及每章重点呈现的案例研究，第九版对于这一双重危机进行了深入探究，这也是本书贯穿始终的主题。其中，案例研究讨论了媒介化民主的各个主要方面。

新闻对于美国民主统治的重要性一直是本书阐述的重点。现在，我们面临一个令人困惑的问题：为什么尽管民众已经失去了对新闻的信任而不再关注新闻，新闻对于统治来说仍然非常重要？本书最核心的关切就是，政治人物和不同的利益代表如何彼此竞争，力图把自己的议题和立场挤进新闻议程？谁成功了？为什么这么做很重要？特别是，为什么尽管新闻机构努力做到公正平衡，但实际上它们对某些政治信源要比对其他信源更顺从、更尊重？理解这些问题非常重要。

在新闻和政治信任危机的大背景下，本版《新闻：幻象的政治》继续聚焦媒体和政府的密切关系，并进行深入探究。20世纪早期，随着现代公共关系学的兴起，许多有影响力的政治人物和知识分子已经把新闻管理作
xiv 为取得公众共识的基本手段。他们认为，在民主体制下进行统治，公众共识必不可少。有的人则继续认为，新闻应该承担起人民论坛和“看门狗”的作用，对统治者的权力进行监督。在有关美国媒体这两种模式的平衡问题上，我的同事多丽丝·格雷伯（Doris Graber）在为本书作序时，对我的核心理念进行了归纳，并提出了她的看法，但我对于她的意见不敢完全苟同。我并不怎么认为媒体应该就当今的重要问题对公众进行教育。我的观点是，媒体应该向当权者问责，要求当权者保证一定程度的诚实、透明，在公共利益与公司及个人（金钱）对政治日益增强的影响中保持一种平衡。

新闻的这两种模式（作为官方的公共记录和作为官员的监督者）确立了新闻在统治中的中心地位，但一种是限制公众在政府中的角色，另一种是把公民放在了中心位置。在第九版的每一章节，这种对于民主体制中公共信息的理想状态的历史性论辩都随处可见。我用了很多例证加以说明，它们包括2010年大选、关于医保体制的大讨论、茶党的崛起、政治利益集团围绕这些以及其他社会发展问题制造新闻的策略。

幻象的政治

本书用大量的证据表明，日常新闻充斥着越来越多的政治运作、耸人

听闻的小道消息和内幕爆料。这有时倒也能给公民进行批判性思考和有效行动提供一个坚实的基础，但更多的时候情况并非如此。如果新闻仅仅是娱乐媒介，是一部由友好的媒体大腕主持的日常荒诞剧的话，也许还能让人高兴一点儿。如果政治信息体系不是与政治决策和人民生活如此息息相关的话，也就没有那么令人担忧。比如说，在伊拉克和“9·11”恐怖袭击之间有什么联系吗？总统和他的首席顾问们在2002年秋天和2003年冬天的新闻造势中一遍又一遍地叫嚣向伊拉克开战，多数美国民众相信了他们。大部分新闻媒体不加质疑地加以报道，对政府的立场有闻必录。今天，许多记者指出，当年的很多证据（或因缺少证据）应该受到媒体质疑，如果当时媒体真的那么做了，今天的形势也许会有所不同。难道就因为萨达姆·侯赛因（Saddam Hussein）是个坏人，这个世界少了他也许更好，美国就要发动战争吗？现在我们已经无从知道这个问题的答案了，但是我们可以设想一下，也许当时国家能做出一个不同的决定，一个能在事后引起更少质疑和反思的决定。为什么主要的新闻机构不能在战前提出这些关键的问题？战争已经打响，致命的决定已经做出，来不及挽回，一切都已太晚，这个时候再提出这些问题，对于公众对媒体和政府的信心会造成怎样的影响呢？

或者，让我们快速闪回到本版的写作时间——2011年，当年，共和党声称要代表人民废除“毁掉就业的医保法案”。媒体竟然接受了共和党的这种说辞，根本不去思考一下，他们代表了哪部分人民？医保法案又怎么毁掉了就业？为了方便识别这些政治咒语，记者们创造性地想出了各种办法，包括戴上“分院帽”。比如：戴维·考恩（David Corn）用传递“海格的木槌”来指代众议院权力的更迭；皮特·格雷尔（Peter Greir）在描述议会象征性地撤销医保法案时说，好像哈利·波特施了一个神奇的咒语“修正政府过度干预咒！”

传媒体系的运作规则令人难以分辨小说与事实，难以挑战政治过度干预和信任超限。本版对于产生这一问题的原因进行了探究。在继续讨论之前，我应该声明，今天的确仍然有很多出色的调查性报道存在，这些报道聚焦严肃议题，督促政府和公民面对它们。问题在于，日常程式化的报道几乎完全依赖于政府官员进行定义和解决问题，相比之下，高质量的调查性报道数量太少了。本书主要关注政治信息的日常流动，也就是政府公务人员、记者和公民的日常沟通交流，这才是政府和民主质量的基础。

尽管（也许正因为）简单和熟识，新闻中政治世界的形象可以自我应验成为现实，这很可悲。利用遥远世界的敌人的可怕形象就能掀起一场战争或者军事干预（比如说越南战争和伊拉克战争），事后回望才觉得值得三思。对现实灾害的片面报道会造成行动的迟缓。多年来，在气候变化人为原因的问题上，媒体为了刻意在报道中做到平衡，对于其中质疑科学证据的信源也予以同样的关注，造成公众对问题的紧迫性认识不足，影响了政治行动的实施。处于主导地位的政治形象，一旦被民众接纳，据此采取行动，这种政治形象就能创造出一个自己的幻象世界，尽管这样一个世界从一开始根本就不曾存在。新闻中犯罪率激增的消息与现实生活中的犯罪率水平可能并没有什么关系，但会导致把更多人投入监狱的公共政策出台。这样一来，新闻幻象就变成政治现实。

随着有线电视频道和互联网的繁荣发展，传统媒体的市场份额被日益蚕食，越来越陷入绝望的境地。在残酷的竞争中，原来严肃的新闻机构也开始追求轰动效应，不经证实的消息源、传闻、含沙射影的言论充斥于各种新闻报道中。接着，记者把自己也塞进了新闻，先是煽风点火，然后自己跳出来评判故事发展的意义和重要性。

新闻戏剧化模糊了新闻和潜在政治现实的联系。总统候选人在谈论一个问题的时候用错了一个词真的很重要吗？如果是谈论的问题本身错了呢？另一方面，那些不能用戏剧化方式呈现的问题可能根本就不会被报道。许多记者已经开始思考自己当前所处的进退维谷的境地，一方面是媒体公司老板要求更多的可以盈利的内容，一方面是政治人物除了供公众消费的打包新闻外，再无他物可以提供。这两种困境叠加，往往限制了记者，使得他们即使在对新闻事件有更深入的了解时，也很难随心所欲地放手去报道。

随着媒体和政府公信力危机的日益严重，许多民众开始躲避新闻。也
xvi 许最令人困扰的趋势就是年轻人放弃了传统新闻。那些还继续追踪新闻的人也往往是从晚间喜剧秀节目而非传统新闻中，寻求更多不同的视角。本版逐一审视这些趋势，并且对公民身份的未来作出研判。

警告：新闻并不自带民主的保证

如果把新闻从民主的神坛上拉下来，只把它看成一个支离破碎的社

会、经济和政治的商品，这似乎会令人感到不安。并没有什么能够保证新闻一定可以满足民主的需要，承认这一点会带来一个令人困扰的问题：为什么很少有公众和政府愿意参与讨论，来试图定义和改善这一重要产品，使之更好地服务于民主的信息需要呢?

即使有极少的公众辩论，可能话题的焦点也跑偏了：人们往往认为记者个人存有政治偏见，所以要求记者报道时更为平衡，或者说更为客观。因为每个人都希望新闻能够符合他们自己的政治标准，所以这一问题根本没有办法解决。更具讽刺意味的是，其实，新闻的意识形态倾向性是人们能够普遍意识到并且有能力自己去矫正的信息特点之一。

但其实还有一线希望，因为不断有迹象表明，多数人已经从当下的政治和媒体幻象中醒来。人们呼吁更多来自政府的声音、更少被过滤的信息，希望在政治生活中拥有更大的话语权。可是，考虑到当前信息体系的本质以及公众在政府问题上个性化的需求，现在最大的问题是，公众是否有能力参与更为直接的民主以及他们是否真会喜欢这一结果。

没有公民参与的民主?

由于公民在很多问题上处于信息闭塞状态，实现公民更加直接地参与政府管理的想法显得困难重重（尽管数字技术的发展使得这一想法变得可行，我们将在第八章讨论这一问题）。许多传播学者认为，因为公民总是以一种对新闻中出现的事件不积极参与的形象出现，所以公民知情度不高的说法一点儿都不奇怪。公民在媒介政治的参与中处于边缘地位，这构成了罗伯特·恩特曼（Robert Entman）所称的“没有公民参与的民主”。公众在政治传播中的边缘地位在各级政府都有体现，至少在州政府的层面上情况的确如此。苏珊·赫伯斯特（Susan Herbst）在伊利诺伊州首府对记者和政治人物（激进主义者和法律工作者）的采访显示，传播过程更多的是为政治圈内人服务，他们对于更大范围的公众的概念认识模糊，对于公众有什么样的信息需求也不清楚。

为什么对于政治人物、记者和政治圈内人来说，公民和他们的信息需求只是事后才被想到呢？关于这一问题有很多解释，我们将在本书中一一谈到。但是，最主要的原因可能就像托马斯·帕特森（Thomas Patterson）所说的，记者对于政治和民主准则缺乏一个清晰的定义，面对政治人物策划越来越用心、控制越来越严格的新闻表演，他们无法决定如何报道。新闻机构在民主责任上的模糊导致他们在报道中强调策略和冲突，而不关注问题和政策的细节。就像约瑟夫·卡帕拉（Joseph Cappella）和凯瑟琳·贾米逊（Kathleen Jamieson）所说，在报道中强调胜利和失败、内部交易以及政治算计等导致了公民的犬儒主义。

蒂姆·库克（Tim Cook）认为，离开新闻，也许统治者无法进行统治，但是目前新闻体系的发展使得政府越来越没有权威，越来越不可信任，越来越缺乏法律依据了。尽管有这样那样的缺陷，新闻媒体以及政治人物和公众利用媒体的方式，在美国政治体制中仍然扮演着重要的角色。

在数字时代，一个不能提供有效信息的信息体系看上去似乎很奇怪。因为随着数字时代的到来，我们甚至可以从书桌上发动一场充满生气的讨论，直接与权力中心进行交流。但是，在本书的最后章节，我们会提到，这些技术并非像个开关，直接打开就能保证人们会聪明地利用它们，也不能保证技术会自动改善现状。相反，极端政治分化的危险、个体之间彼此孤立以及更复杂的政治推销术促使我们更加认真地思考：在数字时代我们应该怎样利用这些技术。

若想进行有意义的变革，人们需要更好地理解现有传播体系存在的一些深层次问题，特别是需要批判性地思考如何向公众提供有效的信息，引导他们聚拢在那些真正能够解决他们个人生活和社会生活中一系列问题的政治行动周围。在本书的最后，我们将回过头来讨论电子民主——以及从更普遍意义上来说，更好的政治传播——的可能性。但是，即使这种积极的改革可能出现，我们还是首先需要为理智地思考如何实施改革来奠定一个基础。总之，更好地理解传播体系的运作方式也许能够令传媒院校、新闻机构、政府代表和公众转变他们的失望情绪，从而作出建设性的回应。以上所述又把我们带回本书的中心内容：理解新闻和政治之间永恒的相互作用。

给读者的几点提示

·为什么在一个信息极其丰富的社会，人们反而对政治感到困惑并疏远它？

·美国的新闻实践推崇客观报道，这一点是否真的可能，或者是否真的可取？

• 新闻主要是利益集团的宣传论坛，还是媒体公司的赚钱工具，又或者是有价值的公民资源？

这些仅仅是你将在本书中遇到的一部分问题。最终，下结论的应该是 xviii
你自己。本书的目的是通过介绍一些证据，启发读者对政治信息体系进行新的思考，挑战一些令人感觉舒服的神话。为了鼓励你加以思考，本书提供了一个对新闻的批判视角，也是能激发思考和回应的视角。在书中我提供了宽泛的替代观点，原因很简单：如果仅仅把美国自由媒体的故事再重复一遍，我们不会有任何新的收获。作为一个美国公民，大家对于媒体自由和公民自由的传奇故事应该烂熟于心了。的确，也许你已经忘记其中的一些人物或者篇章。不过，再背一遍那些已经遗忘的事实并不会改变争取言论自由和信息自由的斗争奠定的美国民主制度的情节主线。既然早已熟悉这些故事，你应该利用它们帮助你思考本书中的辩论。不要认为你一定要全盘接受关于自由媒体的观点或者本书提到的观点。你应该在两种观点互相挑战的基础上，得出你自己的观点。毕竟，毫无恐惧和顾虑地进行独立思考的能力是我们的政治自由赖以存在的基础。

章节概览

社会、媒体和民主一直处在不断的变化之中，这是为什么本书不断再版，而我一直乐此不疲地更新写作。仔细分析这些变化的产生以及它们对政治事件带来的影响，我就会受到激励，继续工作，不断把新的观点放进书中。本书第九版保持了与此前各版统一的宗旨，继续追踪新闻的发展演化，因为它既是经济和社会的产品，同时也是理解美国政治进程的钥匙。本书的核心仍然是，在一个（并不总是运转正常的）政治体系下，媒体、公众和政治人物之间如何相互作用。这是一个结构性的核心主题。本书增加了一些新的讨论和案例，以反映近年来新闻行业、新闻受众以及公众生活湍流般的变化。

其他各章内容的编排与前一版基本相似。第一章介绍美国政治信息体系，指出新闻是一个不断变化演进的社会建构，是在记者、政治人物以及公民-消费者日常相互作用的基础上产生的。对于“新闻和政治体系处在不断的变化中”这一主题，最好的例证莫过于美国民主面临的新闻危机。

本版第一章对此进行了讨论，并且这一主题贯穿于全书的陈述和论证中。我一直力图在本书的开篇用一种浅显易懂的全景式视角，阐述公众、政治人物和记者如何构成了美国的政治进程。尽管备受大众和政治人物的指责，为什么新闻体系仍然是理解美国政治和统治的关键，第一章对此进行了阐述并加以扩展。开篇之章还介绍了一系列关于“媒体-政府”的基本
xix 概念，例如“把关”等，并解释了在变化着的媒介和政治环境中它们是怎样起作用的。

第二章从有意参与政治进程的公众的角度审视新闻体系潜在的信息倾向性。传统观念认为，媒体多少有点“自由主义”倾向，这种看法使得我们不大关注其他更为严重的信息倾向性，而正是这些倾向性阻碍了公众对政治生活的有效参与，此版将对此做详细探讨。这一探讨解释了为什么新闻经常呈现出碎片化、戏剧化和个人化的特征，并且陷于“权威-失序”的旋涡，以及为什么这些信息倾向性至关重要。本章用一些当代的实例来解释这些倾向性，目的是为学生提供一些例证，帮助他们参与课堂讨论以及自己进行分析。本章提供了新的案例研究，讨论了媒体是如何达成共识的，得出结论认为奥巴马总统已在某种程度上“失去了关于自己的叙事权”。

第三章主要解决以下两个问题：公众如何解读从媒体那里获取的政治信息，以及经过专业传播人士塑造的新闻如何策略性地影响公共舆论。这一讨论揭示新闻策划是如何影响民调及其结果的解读。在这个过程中，公众的意见经常被误导。第九版增加了新的案例，包括有关亚利桑那州的移民法案以及奥巴马移民政策的民调，也解释了为什么人们对于具有历史意义的医保法案失去关注兴趣，为什么共和党采取的反对医保法案、反对奥巴马政府在国家危机中提出的一切议案的策略并没有对共和党本身造成负面影响。本章还引入了关于“媒体-政治”的讨论，但有关问题是在第四章至第六章才详细展开的。

本书中间的几章深入探讨媒体与政府的互动关系，正是这种互动产生了新闻。第四、五和六章继续剖析政治人物与媒体时而合作、时而竞争的奇特共生关系，在此过程中，产生了日常新闻。

第四章展示政治角色如何试图控制新闻内容。如上一版一样，本版关注的焦点是新闻管理策略如何成功发挥作用，又如何时常面临失败的风

险。本章的“案例研究”探讨的是全球变暖的人为因素问题，这个问题在科学界已经取得共识，但在新闻中变成了备受争议的党派话题。本章的一个核心特征是展示了共和党的营销大佬弗兰克·伦茨如何运用他的战略传播技巧。第九版还增加了一些新的案例，包括奥巴马政府失败的传播策略，白宫的失误如何导致媒体团队的敌意，以及奥巴马在2008年大选中提出的“希望与改变”的口号为何失灵。本章内容还告诉我们为什么主流媒体的地位依然举足轻重。

第五章阐释媒体日常的组织流程和新闻报道惯例如何造成新闻的各种倾向性。和此前的版本一样，对新闻机构内部的审视主要集中在美国新闻的基本操作规程上。此外，我增加了一些新的内容，包括数字媒体以及新闻编辑部面临的公司压力。本章的“案例研究”讨论了为什么主流媒体在伊拉克战争的问题上极少质疑布什政府。其他一些最新实例包括，2010 xx
年，政治操盘手如何利用博客以及向福克斯新闻提供经过编辑的视频新闻，提出对奥巴马政府种族问题的指控，从而帮助茶党崛起。这一案例说明网络信息和主流媒体新闻之间出现越来越多的“短路”现象。

第六章检视了美国的新闻职业在其发展历程中几乎很少考虑民主的需求这一事实，这可以加深我们对新闻体系的理解。对客观性（也被定义为公平、准确、平衡、中立或者事实报道）这一新闻职业准则的近距离观察，让我们了解到，这一看似高尚的标准在应用过程中实际上造成了新闻的各种问题。第六章讨论的大部分内容本质上是历史问题，关于新闻职业准则和惯例起源的讨论与此前的版本没有太大差别。客观报道的起源问题仍然是本章强调的重点。“案例研究”探讨的是，为什么这些报道原则尽管看上去很美，但却限制了记者，令他们在欺骗和谎言出现时不能有效地提出质疑。第九版还讨论了媒体把官方信源和客观性混为一谈的行为，指出这种做法导致官员可以任意进行新闻运作，把网上的谣言和极端主义者的指控变成新闻。新的实例包括针对奥巴马的攻击和诽谤（比如说，他到底是不是美国公民）。虽然这一指控毫无根据，但仍然成为媒体回音室的重大新闻。

第七章探讨新闻的政治经济学，继续追踪新闻作为商品存在所依靠的商业和经济基础。本章全面回顾了新闻行业面临的经济危机，探究这一危机如何影响到公共信息的质量。第九版增加了大量的实例探讨新闻行业的自由落体式下滑，解释为什么这一情况影响到新闻内容的公共价值。跟前一版相同，本章的主要目的是解释影响新闻生产和消费的经济的、政治的、社会的和技术的力量，重点介绍新闻行业的商业惯例。正是这些惯例导致了第二章所讨论的信息倾向性，这也解释了本书中间几章所探讨的新闻转型。很多例子都说明，公共信息的质量受到商业利益的无情摧残。本章最新的"案例研究"关注1996年《电信法案》，这一法案的出台开启了媒体巨无霸的时代。在本章的"案例研究"中，我们将讨论在这一过程中，政府扮演了什么样的角色。我们还将简单介绍公民的媒体改革运动，在当前政府急于放松对也许是最珍贵的公共资源——空中电波——的所有权限制以及社会责任要求的情况下，这一运动对政府的急功近利发起了挑战，让我们看到一丝希望的曙光。

第八章对全书进行了总结，讨论政治人物、媒体和公众如何才能为提升公共信息质量作出各自的贡献。第九版重点介绍了新闻行业危机以及公民信息和媒体习惯的改变如何带来公共信息的新模式。新的"案例研究"
xxi 探索了一系列新的公共信息模式以及各种不同的支持方案，像过去一样，本章还讨论了公民可以如何更有效地"解读"他们所消费的日常新闻，获得更多有用的视角；在盈利驱动的新闻机构的限制下，记者可以如何更有效地工作，更多报道对公民更有用的新闻；政府政策可以在哪些方面努力，来增进公共电波中流动的政治传播的多样性和深度。"案例研究"探讨了新的传播技术如何为更多的公民参与带来希望。本章的结尾部分回到原来的主题，用更广阔的视角看待日渐壮大的社会运动，要求传媒公司承担起回应公民关切、提升公共生活的传播责任。

几个关键的中心主题

几个比较宽泛的主题互相交织，贯穿全书，涉及现实世界中媒体、政治人物和公众之间的关系变化。一些新例子和政治传播学理论的新发展点缀其中，用来阐明这些主题。

第九版直击新闻危机的痛处，描绘了新闻行业急转直下、报纸倒闭、时政记者失业的惨淡景象。这一危机在第九版自始至终受到关注，并与本版新增的中心主题如新闻独立性的丧失和监督能力的式微，融为一体。

*新闻独立和问责。*新闻行业的危机反映在媒体逐步失去对掌权者问责

的能力。拥有对掌权者问责能力的独立媒体如何渐渐变成了新闻运作的被动传声筒？对此，不少记者自己加入了讨论。大公司利益和金钱在政治中的角色导致日益严重的政府腐败，引起人们的关切，第九版对此也有所涉猎，并通过当前民调的现状以及茶党的愤怒言辞等案例讨论了公众对政府和媒体信任感下降的问题。

媒体回音室和“把关”行为的陷落。一个新的主题贯穿本书，解释了从大众传播到媒体回音室的演变。在大众传播时代，信息内容广泛传播，而在媒体回音室里，病毒式信息通过网络从脱口秀广播传到电视新闻，然后又传回来。实例如下：

• 推特革命：新闻机构何时以及如何利用新闻人物的推特推文作为信源。

• 社交媒体作为新闻信源：萨拉·佩林的外交政策如何从脸书开始，最终演变成福克斯新闻。

• 记者越来越没有自己的视角，也越来越失去对新闻的把关能力：包括第二章“案例研究”对奥巴马失去有关自己的叙事的主导权的讨论，阐述了2010年石油泄漏事件如何变成对奥巴马个人能力的考验，对他是否能够重夺叙事主导权的考验。 xxii

除此以外，此前各版中一些经典的主题仍然保留了下来。

战略传播是如何运作的（以及为什么它对于今天的执政来说很重要）。政治人物为了改善新闻形象，越来越依赖专业传播人士来界定政治信息。政治市场调查手段被用来锁定目标受众以设计、提供信息给这些受众，本书对此进行了详细阐述。政治体系内部的政策辩论与围绕相应议题的运动中各种说辞口号相呼应，使得新闻更像党派信息斗争的回音室，而非为观察这些深层次问题提供一个视角。

媒体是如何运作的。想要理解新闻机构为什么采用那么多打包传播的素材，深入行业内部非常必要。本书通过深入新闻行业内部，揭示了为什么职业新闻所推崇的准则经常妨碍记者报道或是挖掘新闻背后的新闻。

媒体效应的本质。认识到新闻对公共舆论影响的限度在哪里非常重要。当新闻事件与个人日常生活经验息息相关时，人们可能不容易被新闻误导。诸如性道德、堕胎、种族歧视、性骚扰、环境危机以及艾滋病等主题都已经成为电影、脱口秀节目以及朋友间闲聊的话题。当房贷危机降临

时，那些背负新房按揭的人并不需要通过新闻了解他们面临的经济问题，尽管关于政府为恢复市场稳定正在进行努力的报道会让他们感到一丝安慰。但是对于更加遥远的政治世界的问题，比如战争、银行业、媒体管制等，主要是通过新闻才让问题变得真实可见，进而影响公共舆论。并且，正如第三章所讨论的，新闻机构对这些问题的民调进行组织和诠释的方式会在公众的关注和关切度上造成一种错误印象。

*新闻如何定义公民身份。*新闻塑造的形象对于谁参与美国政治以及谁在社会上举足轻重往往有一种含蓄的界定。新闻对于公民结构的这种界定对于理解社会上流行的对政府和政治的态度至关重要，同时，对于理解公民参与度和公民对信息掌握的水平也至关重要。

*年轻人的公民离散现象和他们的信息习惯。*本书从新的视角探讨了为什么年轻人越来越排斥主流媒体以及新闻中描述的政治事务。第三章分析了年轻人远离整个信息过程的原因。我们还讨论了新闻如何挫伤年轻受众的热情，同时指出互动媒体的一些可喜发展可能对解决这一问题有所帮助。

*政治喜剧秀和参与式媒体的作用。*在一系列富有希望的公民参与的图景中，《每日秀》这样的政治喜剧秀节目和 YouTube 这样的参与式媒体的兴起都令人欣喜。大批观众现在积极参与对新闻事件的反馈，并且通过大型数字网络分享他们的回应。

xxiii *政治信息处理以及新的信息技术。*新技术有潜力解决公民离散和疏远政治等问题，认识到这一点非常重要。我们需要了解人们的信息处理能力如何促使他们接受和应用新思想、新信息，以及是什么动机促使他们这样做。一方面，互联网显然成为对年轻人具有吸引力的主要信息渠道；另一方面，受众被分化为小型的交流圈子和虚拟社区，很难形成较大的公众群体，也不利于社会活动的广泛参与。

*新闻编辑部的公司盈利压力。*媒体面对的盈利压力会一直增加并主导媒体的报道决策，现在这种情况甚至比本书上一版中描述的更加严重，这对很多人来说似乎很难想象。但事实却是，20 世纪 90 年代盛行的利益驱动由于新千年的经济衰退变本加厉，这种作用力进一步威胁新闻质量。本版继续探讨公司的盈利逻辑，分析其对新闻产业造成的影响，并详述在这个过程中新闻是如何被重新定义的。

*新闻受众的分化。*有线电视和互联网的普及已经改变了过去大众传播的概念。选举的成本越来越高，这从一个方面说明传统媒体对公众参与政治的影响力越来越小。技术和市场的革新时代已经到来，这一消息令人振奋，但它并不能自动让公民的信息选择更有意义，或者让传播的政治内容更加多样化。

*新闻的未来。*面对受众的减少和公众对新闻信任度的降低，记者和新闻机构作何反应？对这一问题，本书从始至终一直在加以讨论和分析。此外，本书还对关于公民新闻以及其他一些新闻形式的重要争论和实验进行了认真研究。第八章最后的“案例研究”以一种新的视角对新的新闻互动方式进行了探讨。这种方式使得公民、记者和政治人物之间能够在一些重要议题上进行更加直接的交流。有意思的是，最近出现了一种要求进行媒体改革的公民运动。人们对参与式媒体以及受众直接参与政治信息内容的制作表现出了浓厚的兴趣，这也许标志着我们进行政治交流的方式正在经历重要的变革。

致 谢

本书的每一次再版都提醒我，这是一部未竟的著作。对于媒体、公民、公务人员以及民主的关注让我时刻留意历史变迁和当今时事。每当我对书稿作出一处修改，我也同时意识到自己对于公民、民主以及政府治理过程中交流的重要性又有了新的理解和认识。我对这些话题的持续追踪要归功于我的很多同事。多年来，我与他们热烈讨论这些话题。并非所有对本书内容做出评论或反应的人都同意我的观点，但他们的积极参与激发了我的思考，让我对一个丰富而复杂的主题有了新的更深刻见解。

要列出所有对我的思想产生影响的人是不可能的，但我想特别向以下 xxiv
各位致谢。他们是雷吉娜·劳伦斯（Regina Lawrence）、蒂姆·库克、玛丽·丹齐格（Marie Danziger）、B. J. 布勒特（B. J. Bullert）、布鲁斯·宾宝（Bruce Bimber）、威廉·盖姆森（William Gamson）、杰伊·布鲁姆勒（Jay Blumler）、史蒂文·利乌斯顿（Steven Livingston）、杰里·曼海姆（Jerry Manheim）、布鲁斯·威廉姆斯（Bruce Williams）、安·克里格勒（Ann Crigler）、马里恩·贾斯特（Marion Just）、迈克尔·德里·卡皮尼（Michael Delli Carpini）、苏珊·赫伯斯特、鲍勃·麦克切斯尼（Bob McChesney）、瓦莱丽·亨特（Valerie Hunt）、布莱恩·琼斯（Bryan Jones）、约翰·左勒（John Zaller）、马文·卡尔布（Marvin Kalb）、杰拉德·包德斯蒂（Jerry Baldasty）、戴维·多姆克（David Domke）、迈克尔·麦卡恩

(Michael McCann)、威廉·霍尔托姆（Bill Haltom)、菲尔·诺布尔（Phil Noble)、鲍勃·恩特曼（Bob Entman)、迈克尔·舒德森（Michael Schudson)、丹尼尔·哈林（Dan Hallin)、凯瑟琳·贾米逊、戴维·阿什德（David Altheide)、亨利·肯斯基（Henry Kenski)、劳埃德·詹森（Lloyd Jansen)、亚当·西蒙（Adam Simon)、埃里克·阿萨德、托马斯·帕特森、仙托·艾英戈（Shanto Iyengar)、斯蒂芬·科尔曼（Stephen Coleman)、罗德·哈特（Rod Hart)、斯科特·奥尔索斯（Scott Althaus)、维克多·皮卡德（Victor Picard)、达内格·扬（Danna Young)、萨拜因·兰（Sabine Lang)。特别致谢多丽丝·格雷伯，她慷慨为本版更新了序言。她对于这一话题的视角和洞察力为这一领域的研究开拓了道路。多丽丝指导过很多学者，包括我本人，对此，我永远心存感激。我还想感谢我的学生们，他们与我一起工作，使我保持思想的活跃。我还想向一直影响我的莫雷·埃德尔曼（Murray Edelman）致谢，他的思想永远闪耀在本书的篇章之中。

我还要感谢那些不知名的本书审阅者。正是有了他们的建议，本书才得以保留一贯的思想精髓，并保持与飞速变化的媒体和政治世界同步，在两者之间达到一种平衡。他们的名字我直到现在才知道，包括北肯塔基大学的迈克尔·巴罗诺夫斯基（Michael Baranowski)、弗吉尼亚大学的保罗·弗雷德曼（Paul Freedman)、田纳西大学的杰奎琳·米歇尔（Jacqueline N. Mitchell)。他们的点评给我提供了帮助和支持。

多年来，我与朗文公司的合作经历了公司合并、重组以及编辑的更替，这也证明了今天的出版业不啻为一个奇迹。托尼·马吉亚尔（Toni Magyar）后来参与编辑工作，为本版的付梓提供了支持和创意。

本版《新闻：幻象的政治》献给我的老朋友艾伦·福勒（Alan Fowler)、约翰·林德（John Lind)、约翰·克罗格（John Kroeger）以及布奇·拉格（Butch Rager)。在过去的40多年，我们建立了长期的友谊，一起分享生活和观点。从我们对于新闻事件的讨论中，我领会到很多关于政治的苦与乐。

目　录

第一章　关乎民主的新闻：美国政治体制中的信息危机

众所周知，在我们这个国家，广告是长期以来支撑报业发展的经济基础；现在这一基础正在逐渐垮塌，而作为独立报道之源的报业也在逐渐萎缩。我这么说一点儿都不夸张。现在的现实就是，越来越少的记者为越来越少的版面采写越来越少的新闻。

——小伦纳德·唐尼（Leonard Downie Jr.）
迈克尔·舒德森（Michael Schudson）

全天候的信息娱乐化把真正的事实精髓（以及那些原来被称为“新闻”的内容）以一种鸡零狗碎的方式表达出来。对于掌权者来说，只有这种形式的文化才容易被操控。

——弗兰克·里奇（Frank Rich）

若为《新闻：幻象的政治》新版发布的新闻拟个标题，应该触及民主生活中公共信息的核心问题：独立新闻土崩瓦解，谁为公众提供信息？也许有人会加上一句：“公众关心这个问题吗？”许多人已经注意到，新闻记者的天职本应是监督掌权者的所作所为，但随着真正以此为使命的记者越来越少，一个健全的新闻体制正在瓦解，这种现象已经开始造成民主生活中的信任危机。与此同时，有足够声望和感召力能把公众的注意力集中到公信力滥用问题上的新闻机构也越来越少——不管这种滥用是出现在政府、商界，还是其他社会团体，比如学校或者教会。

2 由于新闻行业发展的商业基础正在垮塌，经济压力可以说是造成这种信任危机的最显著原因。对这一问题，我们将在以后的篇幅中进行讨论。但是除了经济原因之外，过去一个世纪以来一直服务于民主的新闻现在还面临着更深层次的挑战，比如说：数字技术的发展使得个人既是信息的生产者，同时又是信息的消费者。人们可以通过社交网络分享信息，或者根据个人喜好有选择地参与。伴随着这些变化，一种新的信息生产、组织和消费模式正在形成。在传统的新闻模式下，典型的新闻处理方式是把一堆经过编辑处理的、不同领域的"权威"信息打包塞进报纸版面或者电视台频道。而对于数字时代的公民来说，这种百货商店式的信息供应方式已经没有吸引力了。从新闻喜剧秀、博客到推特流以及目击者现场视频等，各种各样让人眼花缭乱的新技术可以让今天的新闻受众去组织、分享更多也更加个人化的政治内容。这些新的公共信息传播模式有一个显著特点，那就是政治内容往往不需要经过新闻机构的处理就直接传递到公众。不管是好是坏，不可否认的是，传统新闻传播模式中官方消息来源以及独立的编辑把关行为正受到越来越多元化的"众源"信息的挑战。

虽然与过去相比，今天的新闻出现了上述种种变化，但对于政治人物以及掌权者来说，新闻的重要性仍然不容忽视，原因如下：

• 新闻管理成为控制新闻向政府、企业和社会中的高端受众——权力圈——流动的手段。

• 新闻中不同利益集团的观点之争形成了民主生活里的中央公共竞技场。尽管大部分观点是"社会精英"们提出来的，但是他们被认为代表了普通大众的意志。

• 尽管有黏性的受众群和媒体的公信力已经受到侵蚀，新闻仍然是掌权者与公众交流的最重要渠道之一。只要政治人物用足够大的声音将某一新闻信息重复足够多次，再加上有线电视评论员、电台评论员和博客作者的回应和附和，那他们就能影响民调结果，从而影响政策领域的重要决策以及选举。

本章还将探讨引起美国社会新闻和政治信息本质变化的几个主要因素之间的紧张关系：问责式新闻的衰落、公众对媒体的冷漠和鄙视、信息新技术的应用，以及对精英政治传播战略而言"制造新闻"具有的持续重要性。

新闻业的经济崩溃

首先让我们来了解一下问责式新闻危机的表层问题：长期以来，商业机构利用新闻受众来吸引广告商，现在这种模式已经逐步告别历史舞台。在现代美国社会中，从某种意义上来说，新闻算是一种非常特殊的产业， 3
因为新闻机构生产的是公共产品——新闻，通过商业交换，他们把新闻受众卖给广告商以获得利润。[1]直到近些年，新闻职业道德规范还要求媒体内部保持新闻部门和广告部门之间的“防火墙”制度，在这种制度下，广告部对新闻部门的所作所为很少直接干涉。同时，广告商也不关心其投入是划给了柏林分社还是被用来报道了玻利维亚的气候变化问题。但突然之间，互联网的出现给广告商提供了更便宜、目标客户定位更加精准的广告投放手段，所以，渐渐地，广告商和受众都摆脱了传统的新闻模式，整个媒体流程图上只剩下新闻机构自己占据着一个尴尬且奇怪的位置。在这种情况下，谁来付钱让新闻机构进行气候变化的报道？谁又来付钱消费这一新闻呢？其他大多数民主国家（包括过去的美国）对于保护宝贵的公共产品有着更好的理解，它们会考虑如何通过公共补贴的方式来解决这一问题，就像在国防、公共安全、教育和卫生保健等领域所做的一样。这些领域因为涉及的都是关乎民主社会存亡的基本公共产品的生产，所以不同程度地受到政府的支持和补贴。[2]

21世纪以来，新闻机构承受了来自集团老板和投资者的巨大压力。20世纪90年代，媒体的每一个利润点都已经被挖掘并榨干，为了维持虚高的利润率，媒体不得不裁减新闻采编人员。2000年到2010年的经济危机更是让新闻机构无员可裁，因为20世纪90年代对利润的贪婪追求已经让新闻机构关闭了众多的海外机构和新闻调查部门，甚至负责州政府和地方政府报道的核心采编部门的运作也受到影响。[3]互联网技术的日渐成熟给广告商提供了更加便宜、更有针对性的广告投放形式，许多报纸被迫停止发行，一些纸媒不得不进入破产程序，等待买家的垂怜；而那些侥幸生存下来的新闻机构也不得不加大裁员的力度，有时甚至是裁员50%或者更多。统计显示，从1992年到2009年，仅报业新闻相关岗位就从60 000个下降到

40 000个，这还远未见底。[4]其中最大的降幅出现在2001年到2010年间，整个行业失去了25%的工作岗位。[5]

谈起问责式新闻，许多人认为，新闻应该采写和传播政府、企业和社会团体的官员的行为，并使之为他们的行为负责，这些行为是公民所必须了解并监控的。[6]但似乎很少有人为目前“问责式新闻”的缺失感到忧虑。部分原因就在于长期以来美国公众对新闻体制的不满。过去的新闻机构比现在更加独立，也拥有更强的实力来调查和挑战那些滥用职权的当权者，但即便如此，公众仍然认为媒体并没有经常性地有效行使这种能力。[7]从这个角度来看，对于利润的追逐和对简单新闻的热衷（或者说，在脆弱的公共广播领域，新闻机构在报道中尽量保持政治“正确”的想法）把新闻拖入了更深的泥潭，使得新闻沦为政治权力操纵下的公关部门的玩物。并且，在评论家和党派政治人物的煽动下，公众已经形成了这样一种偏见，
4 那就是，在一个问题上，不管他们是什么立场，反正媒体就是要跟他们对着干的，这就让问题更加复杂化了。关于目前流行的有关媒体倾向性的观点，我们将在第二章详细讨论。

尽管有种种局限性，我们依然认为，独立的新闻体制是人们日常可靠地了解当权者所作所为的唯一希望。[8]失去独立的新闻监督，民主之光将会黯淡，政府如果进入一种自我管理、自我监督的状态，那么通过公关、宣传和媒体操纵来阐释自己的行为也就不足为怪了。[9]

现在的信息渠道太多了，让我们目不暇接，也许正是因为这个原因，传统新闻体系的日渐消亡并没有引起人们的担忧。利用搜索引擎，人们只要输入一个关键词，就能得到成千上万条相关信息。但是实际上，许多的博客、网络杂志以及线上新闻机构所做的只是把那些面临困境的传统新闻机构所做的越来越少的新闻内容拿来炒炒冷饭而已。我们来看一项关于微观新闻世界的调查：“巴尔的摩新闻生态”。皮尤研究中心卓越新闻研究项目（Pew Project for Excellence in Journalism）进行了一项调查，以了解这个城市有关政治、政府和公共生活的信息都来自何处。[10]研究人员跟踪了从报纸、广播、电视到博客以及其他在线网站等各种不同的媒体类型。尽管整个信息系统看起来非常丰富、很多元化，共有53种不同的新闻媒介，但是跟踪这些信息来源就会发现，95%的新闻内容取材于传统媒体的原始信息，而大部分的原始信息来自报纸。但更加令人失望的是，分析该地区

唯一一份幸存的报纸《巴尔的摩太阳报》（*Baltimore Sun*）的发稿量就会发现，1999 年到 2009 年间，这份报纸的发稿量下降了 32%。与 1991 年相比，更是大幅下降了 73%。

“巴尔的摩新闻生态”研究向我们提出了一个重要问题：“……如果报纸将亡……，这对于公众的知情权意味着什么？公众如何知道自己对所处的这个世界了解哪些，又不了解哪些呢？”媒体历史学家保罗·斯塔（Paul Starr）曾经认为，如果这种趋势持续下去，公众的无知和官员公信力的缺失必将带来一波严重的公共腐败。[11]事实上，许多民众已经意识到政府腐败的严重性了。例如，2008 年关于金融危机根源的一个民调显示，62%的人强烈赞成“政治腐败是造成金融危机的重要原因”的说法，另外 19%的人同意政治腐败是造成这场危机的“部分原因”的表述。[12]一项关于政府腐败的全球性调查显示，美国在全球清廉政府的排名中只排到第 19 位。[13]

尽管有证据表明，在传统的新闻模式崩溃之前，问责式新闻（或称“看门狗”式新闻）弱化的问题早已存在，但许多新闻从业人员和新闻机构更关注的还是如何通过诸如“付费墙”等方式，提高网上新闻的门槛，来解决传统新闻模式的问题。对某些特定的媒体来说，比如《华尔街日报》，这个办法也许有所帮助，但它似乎不能解决整个新闻界普遍存在的问题。目前最关键的问题是，只要有免费的新闻出口存在，同样内容的新闻信息就不大可能吸引很多的消费者付费。互联网上有句口号广为流传，
叫“只要免费的信息”（information wants to be free），不知是否真有道 5
理[14]，但那些生产出高质量、观点独到的信息产品的媒体却是真的希望能实现新闻付费消费。

现行的新闻模式除了需要解决经济压力的问题外，更严峻的任务在于如何“拯救”所谓的传统新闻体制。公众，尤其是年轻一代，越来越不愿意接受报纸或者电视台提供的新闻集萃，而选择其他形式的信息接入方式。就像数字媒体学者克莱·舍基（Clay Shirkey）所说的，消费者“对于那些单一的大而全的出版物不感兴趣”。舍基接着阐述道，更大的挑战在于，当今通过社交网络传播的信息内容，其受众分类不再依据过去大众传媒普遍意义上的受众概念：“现在的新闻受众不再根据大家都是某份报纸的读者来划分了，而是根据你所在的那个网络圈子其他成员是什么人来区分。”[15]

有了脸书、YouTube和推特，谁还需要记者？

虽然现在还有很多人保持着传统的新闻接收习惯，比如说，打开电视，调到一个设定好的频道，或者是订一份报纸，但已经有越来越多的人不再这么做了。消息渠道越来越多元化，消息可以在任何时候、任何地点，以多种介质通过社会化网络传播，而这些渠道都不是以前新闻所界定的所谓“官方”渠道。根据人们跟朋友或者朋友的朋友们分享的情况，这个传播网络可大可小。也就是说，消息源经常是非常复杂、变化无常的。新闻人物也不再非要通过记者才能把信息传递给公众。

依照这一思路，我们来设想一下，如果歌手粉红佳人（P!nk）的德国演唱会出现个小事故，一条普通的新闻会怎样发展。路透社的消息标题是这样的：“粉红佳人遭遇特效表演事故，紧急送院治疗”。新闻的开头是这样的：“粉红佳人在接受治疗后表示，目前身体状况良好。她是在纽伦堡的演唱会上受伤的，原本大吊架的绳索应该把她拉升到空中的一个旋转舞台，结果却出现失误，把她甩了出去，撞到旁边的障碍物。”[16]但这条消息却不是记者通过采访粉红佳人本人或者在记者招待会上从她的公关助手那里得到的。这是粉红佳人自己在去往医院的救护车上通过推特发布的。以这种方式，粉红佳人的粉丝们就有可能比记者更早知道消息，而且是从最权威的消息源——粉红佳人本人那里知道这一消息的。另外，粉红佳人的约176万个推特粉丝能从她的推特上得到更为详细和及时的更新，了解她的情况，这可比通过传统的新闻机构提供的消息及时、准确多了，因为传统的新闻机构也是根据她发送的推特来编辑处理稿件的。

想比新闻机构更早、更详细地了解萨拉·佩林（Sarah Palin）的外交政策立场吗？加入她的200万脸书（Facebook）粉丝队伍吧（本书写作之时的数据）。这样，她最新的政治思想以及她的行踪就会实时地发送到你的邮箱或出现在脸书页面中了。[17]

6 《赫芬顿邮报》（*Huffington Post*）曾就佩林在脸书网页发表外交政策一事进行报道，认为佩林利用社交媒体影响茶党议程，为她2012年大选服务。文章指出，一种新的新闻传播模式正在产生。这篇文章写得很像传统的新闻报道，甚至其中还穿插了一段美国企业研究院（American Enterprise Institute）的一个迂腐专家的同期声。[18]不同的是，关于佩林外交政策的消息不是记者直接采访来的，而是从佩林的脸书网页中找到的。实际上，回想2008年佩林在副总统竞选过程中与记者交锋的失败经历，就已经让人觉得，佩林反而是通过脸书和推特（Twitter）这样的社交网络直接与选民沟通更加顺畅。

随着此类报道越来越多，传统媒体似乎已经意识到与社交媒体之间的芥蒂，比如，《纽约时报杂志》（*New York Times Magazine*）刊登了一篇特稿，说的是国务卿希拉里的两个政策顾问杰拉德·科恩（Jared Cohen）和埃里克·罗斯（Alec Ross）开展“数字外交”的故事。[19]他们俩每个人的推特粉丝数都超过好几十万（有人猜想其中就包括很多记者），粉丝们每天追随他们的行踪，了解希拉里又到了世界上的哪个角落。有一次，他们在一篇推特里写到，大马士革城外的一个大学里有“史上最棒的星冰乐”，这条推特吸引了很多眼球，引起轰动，并由此产生了一条真正的新闻。[20]此等琐事适合做官方发布吗？相信他们的粉丝团已经给出了最好答案。他们的粉丝数量只逊于总统奥巴马和参议员麦凯恩（McCain），而远远超过政府里的其他任何人。实际上，他们的老板——国务院——的粉丝也不如他们多。国务院官方推特账号@statedept的粉丝数量不足他们任何一人的十分之一。在思考这种新的媒体趋势时，记者们也许会问，这是所谓的新型“数字外交”，还是叽叽喳喳①的官僚们的胡言乱语，或者是卑鄙的、以新闻为幌子的宣传策略？[21]也许以上所说的几种可能性正是这种新的“通过社交媒体直接与公众交流”的沟通方式的特点。比起那种经由记者采访编辑成新闻以后传递给公众的传统方式，政治信息通过社交媒体传播无疑速度快多了，这一点现在已经非常明显。

最具有戏剧化的一个案例就是维基解密网站泄密事件。维基解密泄露了9万多份美国政府关于阿富汗战争的文件。[22]这些文件的曝光引起人们对于美国盟友巴基斯坦在反恐战争中双重角色的疑问。文件显示，巴基斯坦一方面拿着美国的经济资助打击恐怖主义，一方面又暗中与美国的敌人——“基地”组织和塔利班——勾结。这些文件也透露了美军的轰炸伤

① “推特”一词的英文twitter有“叽叽喳喳”或“呢喃”的意思。此处为双关。——译者注

及无辜平民的细节。同时，维基解密事件也预示着，传统新闻媒体还将发挥其不可替代的作用。在这些文件的曝光过程中，维基解密网站与许多主流的传统媒体有过合作，比如美国的《纽约时报》、德国的《明镜周刊》和英国的《卫报》，以确保扩大国际受众的覆盖面和影响力。同时，它还邀请知名的新闻媒体帮助其对海量的信息进行整理分类以及解读，这些工作是维基解密为数不多的员工很难承担的。

7 2010 年，一段无名氏拍摄的视频获得了波克新闻奖（Polk Award），这段视频在 YouTube 上播出后，被点击播放了成千上万次，无异标志着一个新时代的来临。这段视频是在伊朗大选之后的抗议事件中拍摄的，内容是一个叫作内达·阿伽-索尔坦（Neda Ahga-Soltan）的抗议者被枪杀的过程。因为当时西方记者被禁止入境伊朗，而且伊朗国内的情况非常混乱，所以这段展示示威者为了公平选举献出生命的个人化视频就成为各主流媒体关注的焦点。波克新闻奖的新闻发言人罗伯特·达恩顿（Robert Darnton）说，这条被浏览了成千上万次的视频的新闻意义在于，它成为“伊朗人民进行抗争的标志性形象”[23]。他接着说，把新闻界最重要的大奖之一颁给新闻体制之外的无名氏[24]，说明新闻史上一个崭新时代的到来：“这个奖的意义在于，在今天这个世界，任何一个勇敢的旁观者，只要有一部带摄像功能的手机，就能通过视频分享，在社交网络传播新闻。”

在新闻发展史上这个关键的节点，我们面临的一个非常重要的问题是，如果一条政治信息不像“内达之死”的视频那样吸引眼球，而公众又不再每天通过传统方式来了解新闻，那我们如何才能把可靠的政治信息传递给公众呢？

谁在跟踪新闻？

越来越多的人通过脸书和推特关注新闻人物，我们可以设想一下，这意味着什么？也就是说，越来越少的人关注传统新闻。我们来讨论一下一个全国性的工作组就当前的新闻危机所做的研究。卡内基骑士任务组的研究人员深入调查了少年（12～17 岁）、青年（18～30 岁）和更大年龄（30

岁以上）群体的新闻阅读习惯。结果发现，青少年群体很少会每天关注新闻。比如说，在这两个年龄组中，只有31%的人表示他们会每天收看全国性的电视新闻节目，而在30岁以上的年龄段中，有57%的人表示会每天看新闻。那是不是意味着年轻人对新闻的关注都转移到互联网上了呢？数据显示，通过网络关注新闻的比例在各个年龄段中是差不多的，分别是20%、22%和20%。统计还显示，65%的青少年只是在浏览网页的时候随意翻到了新闻网页，而在30岁以上的年龄组中，55%的人则有意识地关注网络新闻。这一调查印证了之前的一项研究结果，那就是，大多数所谓的年轻网络新闻用户其实只是在登录脸书、名人粉丝网站或者游戏网站的间隙扫了一眼新闻标题而已。[25]

也许现在的年轻人比上一代面临更多的压力：由于教育费用日益上涨，工作状态不稳定，加之媒体环境更加丰富，注意力超负荷的问题在今天的年轻人中表现得尤为突出。起初，大家认为，新闻消费出现的这种年龄差异只是因为年轻人还年轻，等他们长大以后，承担了更多的成年人责任，比如说有了固定的职业，安定下来，他们的兴趣会发生变化。但是事 8
实并不令人乐观。马丁·华腾博格（Martin Wattenberg）对过去几代人的新闻消费做了一项比较研究，他发现，过去40年来，人们对于新闻的关注度呈大幅下降的趋势。比方说，20世纪30年代出生的那一代人在20岁时，有70%的人每天读报，而20世纪80年代出生的人到了20岁，只有20%的人每天读报。这种差异在电视新闻的收视率上也同样出现。实际上，新闻消费减少的情况不仅仅出现在美国，在过去的几十年里，多数发达的民主国家经历了这种变化。[26]

为什么我们如此关注这种差异？因为我们相信，在对新闻的漠然与对政治世界的认知减少之间必然存在着某种联系。华腾博格对不同历史时期中年龄和政治信息了解程度之间的关系进行了比较。比方说，在20世纪40年代、50年代和60年代，30岁以下的年轻人与年龄更大一些的人对政治信息的了解程度是一样的。而从20世纪70年代以后，年轻人对政治的了解程度一代不如一代，他们也越来越不关注政治事件（除了“9·11”事件这样的特例），这种趋势在其他的民主政体中也同样存在。他总结说：“……在所有我们调查的年代中，今天这一代的年轻人是政治意识最薄弱的。”[27]

唬他们一下，他们就注意你了：与神秘莫测的受众交流

还是有一些政治人物希望与公众沟通的，但当他们看到公众离他们越来越远时，似乎就有点儿不知所措，反应过度了。于是，公众越是不睬他们，他们就越依赖于公关队伍去跟公众打交道，愈发向公众散布一些恐怖信息，试图引起公众的注意。2009年至2010年间，全国性医疗改革大辩论中就有很多公关上位的案例。众议院少数党领袖约翰·博纳（John Boehner）发布了一条消息，称议案里有一项条款会让这个国家沿着政府鼓励安乐死的方向渐行渐远。[28]脱口秀广播、博客圈、邮箱新闻推送以及YouTube[29]一时间沸沸扬扬，说什么“奥巴马医改方案”（Obamacare）会“如何搞死你奶奶”。脱口秀广播的名人拉什·林宝（Rush Limbaugh）甚至把奥巴马方案与希特勒和纳粹[30]相提并论，共和党专栏作家戴维·布鲁克斯（David Brooks）对此表示强烈愤慨，他在美国全国广播公司（NBC）的《与媒体见面》节目上说，这种攻击简直“疯掉了”。[31]但共和党名流，包括国会议员甚至萨拉·佩林，都在不断重复、夸大这种说法，让事态变得越来越严重。佩林在她的脸书网页上提到决定人生死的“死亡专家组”（death panels），她还在推特上写道：“难道‘死亡专家组’又回来了？”[32]一时间，“搞死你奶奶”的说法在主流媒体上沸沸扬扬，此起彼伏。因为对于急于寻求廉价的轰动效应的媒体来说，这种提法太吸引眼球了，而且又都是政治名流的言论，简直让人无法抗拒而去报道它。

9 当新闻与公关搅在一起，信息就变得荒谬而且耸人听闻（“政府搞死老奶奶”），更像是一种公式化的口号（“政治人物都像局外人一样袖手旁观”）。事实上，为了赢得公众支持，许多政治人物都会不择手段，使用负面竞选策略，自己在政治之井投了毒，反过来又去抱怨政府是万恶之源，而公众就只有逃得远远的，躲开这种荒谬的信息交流方式。在竞选过程中，政治人物不遗余力地互相诋毁，警告公众要小心提防自己对手那样的人，等他们自己上了台，就只好依靠麦迪逊大街风格①的传播咨询机构来

① 麦迪逊大街聚集了众多的知名品牌公关公司。——译者注

向公众推销自己、传递思想了。三番五次下来，公众都被折腾怕了，更加谨小慎微，无所适从了。对于早已了解媒体这一套的公众——尤其是年轻人——来说，这种事先设计好的表演看起来那么勉强和虚伪。事实上，电视里的真人秀和政治喜剧节目看着也比政治人物们为上新闻头条而做的表演更加真实。[33]

就像在本章引言第二段弗兰克·里奇所指出的那样，当前媒介化政治的一个显著特点就是，媒体已经沦落到只会报道那些经过政治咨询专家们精心打包的格式化内容了，新闻越来越像娱乐节目，为此，传播学者创造了一个新词“信息娱乐”（infotainment）来形容今天的新闻。新闻与娱乐节目之间唯一的不同就是，比起真人秀里那些年轻脆弱的角色，在现实世界进行政治表演的演员们常常看起来更没有同情心，情感上更不容易接近。但是，娱乐行业要受经济学规律的制约，新闻行业也是一样，新闻行业的经济学（我们将在第七章详细讨论）决定了媒体很容易受到诱惑去生产和报道经过打包处理的政治表演。相对来说，报道那些经过公关咨询公司和新闻策划大师精心包装的新闻事件花费较少，事件的发展也在可预期的范围之内，与那些严肃的调查性报道相比，更加经济实惠，也容易填补每天的报纸版面。我们在后面的章节还要讨论到，充斥地方电台的那些反映社会阴暗面的新闻也都是程式化的，事故、枪击、灾害性天气、奇闻怪事取代了严肃的地方政治报道。为了吸引年轻观众的眼球，不管是在全国性电视台还是地方电视台，到处充斥着戏剧性的娱乐化新闻，可问题在于，就算这种噱头真的把观众吸引到了电视机旁，他们也是一边看电视，一边手里拿着遥控器准备随时换台。

尽管（也许正因为如此）今天的新闻总想用一种令人尖叫的戏剧化方式去吸引观众，观众却被这种奇怪的方式吓跑了，还剩下一些观众也只是保持间歇性的注意力，反而是政治圈里的业内人士看得津津有味，这种景象颇有讽刺意义。政治人物、说客、公关专业人士以及记者每天跟踪这些被操纵和扭曲的新闻，就像体育迷关注比赛的胜负一样，谁赢了，谁输了，只不过他们关注的比赛每天都是一样的，就是看谁对于形象控制更在行。传播专业人士为他们的政治客户进行新闻运作，而媒体则与他们共生共存，一起推动进程的发展，这就是媒体学专家戴维·阿什德（David Altheide）和罗伯特·斯诺（Robert Snow）所说的“媒体逻辑”。这种逻辑很难被打破。[34]

从制造这种奇怪逻辑的圈内人角度来看，谈话节目中尖厉的声音以及新闻短片里精心设计的同期声就足以代表公众意见了。[35]如此一来，新闻就变成了圈内人的游戏，而非公众接收信息的渠道，这也是很多人忧心忡忡的原因。

10 媒体学者罗伯特·恩特曼认为，任由这种媒体逻辑发展下去，最终结果必定是产生一种没有公众参与的民主。[36]我们在第三章将谈到，民意调查和偶发的公众抗议会把公众的角色引入新闻框架之内，但即便如此，公众一般也就是个配角，从来都不是闪亮的明星。媒体的喧闹盛宴中充斥着各种彼此冲突的形象和口号，驱逐了真知灼见，也封锁了讨论和思索的空间。对于那些不能在30秒内解释清楚医保方案的政治人物（以及那些不能在30秒内理解其含义的民众）来说，这是多么大的悲哀啊！而为了应对复杂的国际形势而采取的外交斡旋政策则常常被指责为软弱和缺乏决断力。

在类似阿富汗战争或气候变化这样的重要问题上，虽然人们还是想躲开新闻轰炸，但政府和利益组织的形象机器总能通过扭曲事实，找到影响公众、引导舆论的办法。这些新闻事件经常会在娱乐节目里出现，以一种轻松的方式呈现给公众，比如*E!*、《通向好莱坞》(*Access Hollywood*)[《今晚娱乐》(*Entertainment Tonight*)还上了萨拉·佩林的竞选专机]，或者放在门户网站供公众浏览（巴格达汽车爆炸的影像被混入布兰妮或帕丽斯等名流的照片中从而无迹可寻）。[37]而在公众需要形成自己的观点或者投下神圣的选票时，他们能记得、能参考的依据就只有那些经过锤炼的口号和精心包装的形象了。

有一部分公众渴望摆脱没完没了的新闻操纵，寻求独立思考空间，探索独到的观点和看法，他们不得不把目光投向午夜喜剧节目。在“9·11”事件之后，很多电视台，比如福克斯（FOX）和美国有线电视新闻网（CNN），都给自己的专题新闻栏目起了非常戏剧化的名字，像什么《美国在反击》(*America Strikes Back*)等等。但“喜剧中心”频道（Comedy Central）的乔恩·斯图尔特（Jon Stewart）①《每日秀》(*The Daily Show*)反其道而行之，推出了一期名为《美国在犯懵》(*America Freaks Out*)的

① 俗译“囧司徒”。——译者注

节目，算是对这种新闻政治闹剧的一个纠正。当伊拉克战争挣脱了白宫幕僚们的新闻操纵之后，《每日秀》推出了一期叫《混乱不达米亚》（*Mess O'Potamia*）① 的节目。《新闻周刊》（*News Week*）曾经做过一期“囧司徒”的封面文章，说他颠覆了新闻的呈现方式，吸引了原本已经放弃传统新闻的更年轻一代观众。[38]实际上，收看像囧司徒的《每日秀》这样节目的观众是见识最广也最活跃的公众群体。尽管不少家长和老师担心这种节目会对年轻人产生误导，但实际上，午夜喜剧节目的观众并不仅仅从喜剧演员那里了解新闻，反而是本来对新闻事件就很了解。就像“囧司徒”所言，不然他们根本听不懂笑话的含义。[39]尽管今天的政治现实带来了喜剧节目的繁荣，但总体而言，公民对政治的理解还是过于浅薄，并不令人满意。如何突破困境，营造一种氛围，使可信度更高、参与度更广的公共问题讨论成为可能，仍然是我们亟须解决的问题。

尽管出现上述种种变化，对于政治人物和公众来说，主流新闻仍然是当前最重要的信息传播方式。本书所要探讨的核心问题是：新闻作为全国政治信息体系的核心，在服务民主方面到底做得怎么样？在探索这个问题的过程中，我们将深入研究不同的政治角色——从总统到国会议员、利益集团、激进分子——如何试图将其所要传递的信息塞进新闻里。想要理解政治和政府如何运作，我们必须先了解是谁制造了新闻，谁被新闻抛弃，新闻是如何改变精英们的立场、公共舆论并最终影响议题的解决的。如前所述，当今的美国民主面临着一个两难的困境，那就是，*11* 虽然公众在新闻版图上的位置已经不像以前那样重要，在“新闻执政”的过程中，原有的媒体逻辑仍然起着主导作用。

新闻执政

政治传播学者蒂姆·库克把政治人物与记者之间密不可分的关系称为“新闻执政”：政治人物需要把他们的立场和观点变成新闻，以证明自己是华盛顿“个人形象竞技场”的撼动者；也需要通过新闻向选民和支持者传

---

① 此节目名 *Mess O'Potamia* 源自“美索不达米亚”的英语音译 Mesopotamia。——译者注

递出自己是强有力的领导者的信号。[40]可以说，新闻管理在政权统治中的地位越来越重要了，美国有线电视新闻网（CNN）的民调专家和评论家威廉姆·施耐德（William Schneider）注意到这一现象。他说，华盛顿是一个政治投机商聚集的地方，一个人的成功和权力更多依赖于他在媒体上的个人形象。当人们把他与其他的著名政治人物如赢得选举的总统，或者什么重大的进步和突破——比如说经济繁荣或者战争胜利——联系起来的时候，他的个人形象就会得到提升。[41]但是如果这个总统看起来像个失败者，其他的政治人物就会避之唯恐不及。新闻追踪的就是个人形象大赛，而华盛顿圈子之外的民调往往反映（并且证实）了这种新闻操纵。

而在这个制度中不断寻觅机会的记者，一旦获得了重大采访的机会或独家的内部消息，就能不费吹灰之力地不断得到新鲜的新闻素材，同时还能收获“内部人士”的地位和职业尊重。记者马文·卡尔布（Marvin Kalb）如此描述这种堕落的“媒体-政治”关系：

> 白宫、国会山或者是五角大楼做出的任何一个决定，不管重大或是微小，都不能不把媒体的因素考虑进去。想把任何一种观点“卖”给美国人民，都首先需要得到媒体的理解，要保证媒体接受这种观点并且愿意以一种特定的方式向老百姓宣传。[42]

在这个过程中，为了获得那些花边新闻，媒体间的竞争会特别激烈，但是讽刺的是，虽然竞争激烈，最后各家主流媒体报道的内容往往大同小异，没什么区别。即使是政治倾向性不同的媒体，比如福克斯和微软全国广播公司（MSNBC），也往往会从同样的话题切入，所不同的只是它们各自报道的角度不同，更偏向政治派系双方其中一方的公关策划。库克总结说，上千家的主流媒体竟以同样的方式报道新闻，报道内容还能出现高度一致，这说明新闻媒体（虽然这里的媒体用的是复数形式）的运作就像一个单一的政治实体，报道同一领域，最后的新闻产品也大体相同。他把这种现象描述为：“新闻界永恒的悖论：新闻本应是新鲜、生动、不可预知的，但现实却是，在某一时间段，各家媒体采写出来的新闻却是千篇一
12 律。新闻没有给人们带来预期之外的惊奇，新闻内容每天都很相似，不仅是人物相似，场景相似，甚至连故事类型以及故事想要表达的道德意义都很相似。”[43]

记者和官员在新闻生产过程中相互依存的关系意味着，虽然美国宪法

保护媒体的自由和独立，但实际上媒体已经沦为政府的“第四机构”，而且还是一个独立性不怎么强的机构。

官员制造新闻、控制新闻的能力如何，已经成为衡量他们执政能力的重要指标，新闻的以下几个功能可以体现这一点：（1）对于那些仍然关注新闻的公众来说，新闻可以影响他们的观点，进而影响公众舆论；（2）新闻可以动摇不同政治派别的立场，令它们去支持或反对某些政治动议，比如参战或者解决气候变化问题；（3）新闻多多少少可以起到要求官员为自己的动议负责的作用；（4）新闻也可以仅仅把政府的所作所为告知公众。政治人物需要做的就是，争取影响和操纵处在信息政治最前沿的记者和媒体，令他们从对某一政治派系有利的角度报道新闻事件。伊拉克战争的报道就是一个很好的例子。

媒体如何报道伊拉克战争

现代历史上很少有像伊拉克战争这么经典的政府公关案例，这一案例全面展示了政府如何把战争的概念灌输给媒体，继而传递给其他政治人物和美国公众的过程。“9·11”袭击发生不到一年，布什政府就开始着手实施一系列经过精心策划的行动，试图把“9·11”袭击与伊拉克联系起来。[44]当时，美国发动的阿富汗战争在国际上获得广泛支持。阿富汗战争矛头直指支持“基地”组织和本·拉登的阿富汗政府，而“基地”组织和本·拉登已被证实与“9·11”恐怖袭击有关。但没有确凿的证据表明伊拉克也与此次袭击有关。尽管如此，总统和他的高级幕僚策划了一系列的公关行动，给人造成这样一种印象：好像一提起伊拉克，就让我们想起“9·11”那个黑暗的日子，脑海中就浮现出两架遭到劫持的飞机满载乘客撞向世贸双塔和五角大楼的可怕画面。

随后，关于伊拉克拥有大规模杀伤性武器的指控给新闻大杂烩更添了作料。在周日新闻采访节目中，政府官员频频亮相，侃侃而谈，其间穿插着蘑菇云升起的镜头，后来，午夜喜剧秀节目的演员开玩笑地把这种错误指控称为“大规模欺骗性武器”。布什政府是有意欺骗公众，还是因为太想发动战争，所以自欺欺人？也许将来会有历史学家对此事进行调查，不过，即便调查，恐怕也很难找到答案了。但我们确信无疑能够了解的是，这些疑点重重的指控是如何登上新闻头条，形象战的胜利又是如何帮助布什政府赢得广泛支持的。恐怖的画面占据报端，反对意见噤若寒蝉。一大批民主党领袖，包括意欲参加总统竞选的政治人物，如约翰·凯利（John
13 Kerry）（2004年）和希拉里·克林顿（Hillary Clinton）（2008年），当时也策略性地采取了支持战争的态度，不过他们很快会发现，当时采取的错误策略会在未来拖累他们，令他们不得不在反战的立场上有所保留和妥协。

这场战争并没能像政府承诺的那样很快取得胜利，也没能受到被解放的伊拉克人民的热烈欢迎。甚至伊拉克战争打了很久之后，美国民众对于这场战争是如何开始、为什么会开始，还是恍恍惚惚、懵懵懂懂的。比如说，为什么对伊拉克的侵略和占领变成了反恐战争的一部分？早期的新闻报道曾指出，中情局并没有发现萨达姆·侯赛因和策划了“9·11”事件的“基地”组织有什么直接联系。相反，本·拉登曾经把萨达姆政权视为对宗教激进主义的一种威胁。实际上，更多的证据反而指向“基地”组织与沙特阿拉伯支持者的关系。[45]但是因为沙特是美国的同盟，所以这种联系就被主流媒体主动忽略了，取而代之的是在新闻报道中对伊拉克的一味指责。由于新闻中并没有其他反对声音出现，于是，战争很快打响了。

报纸上、电视里，随军记者大篇幅的战地描述让人紧张得透不过气来，虽然间或也有报道指责布什政府歪曲事实，但跟萨达姆的雕像在巴格达被推倒的那一幕场景相比，指责政府歪曲事实的报道实在是黯然失色。对萨达姆与“9·11”袭击之间的关联性以及萨达姆政府是不是发展了核武器表示质疑的报道只有寥寥几条，与政府每天大规模的公关轰炸相比，无疑是相形见绌。2003年5月1日，布什总统戏剧化地身着海军航空服，乘坐直升机在“亚伯拉罕·林肯号”航母上降落，宣布“使命完成”，这个类似于电影《壮志凌云》的场景无异提供了一个绝佳的报道良机，其目的就是要吸引大批观众来听总统的同期声：“我们的反恐战争从2001年9月11日就已经打响，伊拉克战争是反恐战争的一大胜利，但我们还将继续战斗。”[46]

日复一日，年复一年，伊拉克的战火并没有停熄。新闻里胜利的景象渐渐为伊拉克内战的场面所代替。在伊拉克内战期间，更多的美国士兵失去了生命，阵亡人数甚至超过入侵伊拉克的战争，而伊拉克平民的伤亡甚至几倍于“9・11”袭击。同时，阿富汗战争也陷入困境，塔利班势力重新活跃起来，邻国巴基斯坦的形势日趋紧张。面对各种质疑的声音，政府发起了新一轮的新闻攻势，质问反战派的爱国主义精神哪儿去了，质问媒体为什么总是报道那么多的负面消息。同时，政府不断地提醒公众：“伊拉克已经成为反恐的最前线。”[47]

我们暂且抛开报道中松散的事实和似是而非的战争理由不谈，随着时间的推移，我们至少搞清楚一个问题，那就是，夺取新闻形象控制权的斗争才是最重要的，它决定了公众对战争的支持度以及对伊拉克战争以后布什政府能否继续有效执政的判断。统一官员的思想很重要，所以新闻战的第一役必须要赢在华盛顿。等到政府在媒体形象上有了绝对的掌控，反对者就不敢对战争问题说三道四了。即便有一些不和谐的反对声音见诸报端，也只会被放在报纸后几版的角落里。从主流媒体的角度来看，这些不和谐的声音都是来自少数派的，也就是在决策斗争中落败的一方，所以报不报问题也不大。新闻战的第二役就是要赢得全国人民的关注和支持，必 14
须要把他们的关注集中在一点，那就是，这是一桩关乎国家命运的大事，我们要向一个被定义为恐怖主义的国家宣战。

如果从新闻中几乎听不到反对的声音，那美国人民还能去相信谁、相信别的什么呢？在政府对媒体严格管控的2003年，69%的人相信伊拉克与“9・11”事件至少有某种联系。正是由于这种严格的管控，即使在事实已经相当清楚的情况下，还有一半以上的受访者相信伊拉克与“9・11”有关联[48]，接近一半（47%）的受访者错误地高估欧洲国家对于美国侵略行为的支持。实际上，所有美国盟友国的国内民众对伊拉克战争的支持率都非常低，包括参加了侵略和占领行动的英国。

美国民众从新闻中了解到的虚假信息实在是太多了。后来，美国士兵把整个伊拉克翻了个遍，也没能找到大规模杀伤性武器，但即便如此，还是有24%的受访者在民调中表示相信伊拉克有大规模杀伤性武器。直到战争后期，伊拉克国内出现混乱局面，加上各种证据表明华盛顿对战争所作的预案不足，国内反战的情绪才有所上升，但这时仍有41%的受访者继续相信萨达姆与“基地”组织有某种联系，可见政府某些高级幕僚的新闻操纵力量有多大。[49]

奥巴马上台之后，决定扩大阿富汗战争，这个错误的决定令很多美国人感到失望。因为这时，美国国内面临着严重的经济危机，许多人开始对昂贵而漫长的战争感到厌倦，战争的支持率开始降低。当时，美国向阿富汗增兵，但奥巴马随后不久又撤换了推动这次增兵的驻阿军队将领，加之前线接连传来战事失利的消息，在这种情况下，民调显示，只有26%的民众认为美国取得了阿富汗战争的胜利。[50]但我们首先应该思索的是，为什么对执政者而言，通过新闻操纵向公众推销政策反而比先通过新闻报道试探政策的可行性更容易呢？为什么在很多时候，只有当批评家们回头审视政策失败时才发现，这些政策实际上都没有经过公众的认真讨论，并且政策的出台往往是建立在那么不完整、不准确的证据基础上的呢？

证据？关于新闻行业的尴尬事实

不只是伊拉克战争的新闻，其他许多政治热点新闻都向我们提出一个令人困扰的问题：当政治人物提出的观点与事实有明显出入的时候，我们的记者应该怎么做？问题在于，在贩卖战争的问题上，如果政府中其他反对派不愿意或不敢发表不同意见的话，难道就意味着媒体可以让支持方的声音在新闻中占据主导吗？还有，如果权力集团意见不同的两方确有交锋，但其中一方的观点明显与事实不符，这时新闻又该如何处理呢？比如，在气候变化的问题上，各方专家一致公认人类活动是导致全球变暖加
15 剧的原因之一，但布什政府仍然对专家的共识表示质疑，并大张旗鼓地进行新闻造势，成功地把这种质疑变成了新闻头条。甚至当时有政府官员承认，曾收到上级指令修改某些有政府资金支持的科研项目的报告，使之与政府的立场一致。即便这样，布什政府对科学的质疑该上头条还是会上头条。[51]

如果在意见相左的双方中，其中一方的观点有明显错误的话，那新闻还应不应该包含双方的观点呢？如果虽然一方有足够的证据来挑战另外一方的观点，但处于权力核心位置的官员就是不愿意站出来发声，新闻是不是就可以只包含一方的观点呢？对于这两个问题，美国新闻体制都不能给出一个简单容易的答案。想要寻求这一问题的答案，就必须把新闻从对政

府和权力核心官员的依赖中解放出来，以事实为依据，而不是以政府和权力核心官员的看法为参考。

为什么在美国的新闻体制中，媒体如此依赖于政府官员对事实的看法？我把这种报道模式称为“新闻导向指征”（indexing），指的是主流媒体把某一政治形势中最权威、最具实力改变事态结果的那一方的观点作为判断和调整新闻导向依据的做法。[52]这种奇怪的报道模式是因为长期以来主流媒体习惯于遵循公正、平衡、客观的报道原则所造成的，对此，我们将在第五章详细地阐述。如果媒体追求的目标就是要看起来显得公正和平衡，那它们就不能过于纠结于详细的解释性报道，或试图告诉公众到底发生了什么。相反，记者需要做的是，找到显而易见的消息源，把他们对于这一事件的看法传递出去，而最为安全的消息来源莫过于那些能够影响事件结果的人了（有些新闻为了传递更明确的政治信息，甚至不惜歪曲事实，我们将在下一章讨论此类案例）。

这种新闻模式意味着，如果政府运作良好，选举出来的人民代表能够给人们提供足够多的政策解决方案，新闻中就可以听到各种不同思想的碰撞，能够激发人们对于关乎国家命运的政策进行充分的讨论。但是，如果掌权的一方精于徇私舞弊，耍弄权术，那么这一方的立场和观点在新闻中就会比实际显得更为可信。同样，如果某一政党出于某种考虑决定对错误的观点保持缄默——也许是因为这些观点不太容易向注意力缺失的公众解释明白，也许是因为担心自己会与已经被煽动起来的民众为敌——那么，这些实际错误的观点就会变成新闻的主流观点。如果记者想要把独立的证据放进新闻中以达到平衡，可能反而会被指责为有偏见或者设置自己的议程。总而言之，操纵者胜。

我们来看几个案例。尽管关于全球变暖的严重性以及人为因素的影响在学术界已经是公认的事实，但共和党在 2000 年初发起了一项公关行动，对学术界达成的共识提出质疑。结果，在全球大部分国家在采取行动对抗全球变暖的关键时刻，美国的媒体却根据新闻“平衡”原则，一方面在新闻中呼吁减少对碳能源的依赖，一方面又宣称科学界在这个问题上并没有定论（我们将在第四章的案例分析中对此作更详细的阐述）。再回到刚才讨论的关于战争报道的案例。

16 “9·11”事件之后，布什总统宣称，伊拉克与恐怖袭击有牵连，民主党出于自身利益的考虑，决定不去挑战当时风头正劲的布什总统，所以，新闻就为贩卖战争的政府公关所控制了。这一案例再次说明“新闻导向指征”的作用：因为没有其他政治权力派别的观点作为参照物，主流媒体无法对政府的一面之词提出质疑。

伊拉克战争的案例揭示了美国新闻体制的残酷现实。一方面，美国民众不关注新闻，对政治现实不甚了解；另一方面，公众对虚假新闻的关注可能意味着被新闻误导。在伊拉克战争的报道过程中，在如何帮助公众批判性地看待政府在战争问题上的立场这一问题上，有些媒体相对来说做得好一点儿，但总体上，大部分民众被新闻操纵下的歪曲报道误导了。比如说，在伊拉克拥有大规模杀伤性武器以及与恐怖袭击有联系的说法已经遭到政府以外的消息源驳斥时，仍然有80%的福克斯新闻的观众坚持原来的看法，而在公共电视网（PBS）和美国国家公共广播电台（NPR）的观众群中，只有23%的观众坚持原来的观点。其他的主流媒体对观众的误导程度介于福克斯和美国国家公共广播电台之间，哥伦比亚广播公司（CBS）在71%，美国广播公司（ABC）在61%，全国广播公司（NBC）在55%，美国有线电视新闻网（CNN）在55%，印刷类媒体的读者被不实信息误导的比例平均在47%。[53]

即使是最好的新闻机构，也误导了大批受众。而且，越是主流的媒体越不愿意对抗政府的宣传攻势。这里的意思不是说记者在编造事实，而是说，大部分的新闻媒体只是片面地关注权力机构的官员所提供的事实，即使别的可靠消息源能够驳斥这种所谓的事实。

把事实和权力混为一谈可能会降低新闻的可靠性。当记者成为官员操纵新闻的工具，满足于通过分享那些短命的传统智慧，从而成为体制的一部分，权力就成为事实的定义者。谁拥有了权力，谁就能按自己的想法定义事实。面对权力，现有的新闻体系不能讲出真相，因此，权力的淫威生产出了被喜剧秀演员斯蒂芬·考尔伯特（Stephen Colbert）称为“真相感”（truthiness）① 的新闻产品。

---

① Truthiness一词由考尔伯特发明，意为“感觉上真实”或“自以为是真的”。网络上也多译为“感实性”。——译者注

［案例研究］

新闻中的“真相感”

喜剧秀演员斯蒂芬·考尔伯特创造了一个名词“真相感”来形容这样
一种状况：在新闻报道中，一些政治言论明显与现有的证据不符，但除非
有其他官员站出来发表不同意见，否则记者很难提出独立的证据去质疑这
些言论。在这种情况下，新闻所展现的往往是事实的陷阱：虽然在新闻
里，官员和记者都努力表达一种真诚的坚定信念，也不遗余力地保证信息
的权威性，但实际上，新闻中重要的事实成分是缺失的。这种看似真实但 *17*
缺乏关键证据支持的事实给人的感觉就是“真相感”。正是因为新闻中事
实成分的缺失，考尔伯特和“囧司徒”这样的政治喜剧秀演员才把一些被
政府官员拿来当严肃新闻而实际上却是荒诞不经的政治蠢行的新闻事件当
成喜剧脚本。

当权者以及他们的媒体公关部门清楚地知道，在报道某一新闻事件时，除非记者能在华盛顿找到一个跟他们一样位高权重的消息来源对他们的说法提出反驳意见，否则，新闻就拿他们毫无办法，任由他们如何说，这也是出现新闻“真相感”的原因。权力和可信度的混淆让一些政治人物在强大信念的驱使下，按照自己的意愿随心所欲地对待事实。

并不是说所有记者都没有意识到问题所在，或者都不试图改变现状。事实上，很多记者并不甘于现状，所以，媒体和政治人物之间的互动经常是剑拔弩张，充满敌意。在新闻发布会和新闻采访中，记者经常试图让官员放弃他们的新闻操纵，面对现实，实话实说。回顾一下“名记”罗恩·萨斯坎德（Ron Suskind）采访一位资深总统顾问时的情景吧：记者穷追猛打，逼着他承认官方文件中有前后不一致的地方，这位总统顾问厌倦了这种猫捉耗子的游戏，突然就爆发了，说罗恩简直就是“现实控”一族。萨斯坎德后来回忆起这段经历时写道：

> 这名顾问说，像我这样的人都是他们“称之为现实控的人”，也就是说我们这些人都“相信人们只要对于显而易见的现实进行明智而审慎的研究，就能自然而然找到解决方案”。我点头称是，然后叽里咕噜说了些什么关于启蒙思想和经验主义的话，然后他就突然打断我。“今天这个世界根本就不是这么运转的，”他说，“我们现在是一个帝国，我们采取行动

时，我们就是在创造一个我们自己的现实，而在你们研究现实——审慎地研究——的时候，我们已经创造出另一个新的现实，然后你们可以接着去研究，这才是问题解决的方式，我们是历史的行动者……而你们，你们所有人，就只会跟在屁股后面研究我们的所作所为。”[54]

政治还能吸引许多正直的人为之奋斗，对于民主而言，这是幸事一件。但即使是正直的人也可能为坚定的信念所蒙蔽，从而看不清现实，听不到其他人的观点。在这种时候，媒体对于政治的盲目往往无法独立地进行修正。让我们来听听资深记者泰德·考佩尔（Ted Coppel）和“囧司徒”在美国广播公司的《夜线》（*Nightline*）节目访谈中的一段对话。“囧司徒”描绘了一个典型的采访模式，然后指出其中的事实缺失：

……她提供了美国传统基金会（Heritage Foundation）的数据，另一个人抛出布鲁金斯研究院（Brookings Institute）的数据，然后主持人，也就是事实的仲裁者说道：“谢谢你们双方的观点，这很有趣。”不，天哪，这并不“有趣”！要是可口可乐和百事可乐一起讨论饮料界的现实，你也会说这很“有趣”吗？为什么人们最后会说“算了，不看了”，我觉得这就是原因。[55]

达内格·扬（Dannagal Young）后来在分析这次采访时指出，“我们以前都认为，记者的职责就是要把官方的、彼此分歧的观点呈现给公众，
18 但‘囧司徒’不认同。他认为，忽略这些‘事实’背后的真实意义就意味着剥夺了公众对政治生活进行批判性研究的权利，记者应该成为‘事实的仲裁者’”[56]。后来采访继续进行，当谈到“囧司徒”通过喜剧秀节目揭露一些政治骗局时，考佩尔显得有点动心，考佩尔说，“囧司徒”的节目的确揭露了那些“胡扯”的事，但他还是坚持认为这不是一个记者应该做的。

考佩尔：那些看你节目的人会说，至少我在看乔恩的节目时，他比较幽默，敢在节目里大声说“瞎扯淡”，你懂的，就是“都是胡扯”。

囧司徒：但事实就是如此啊……讽刺从来都是……

考佩尔：好吧，我就不能那么做。

囧司徒：不，你也可以说那是“瞎扯淡”。这样说，并不需要什么幽默，因为你拥有我想要却没有的，那就是可信度和严肃性。这东西很有意思。这都是讨论的一部分，这是个很好的讨论。但是，我觉得以一种更具

批判性的态度来对待这个问题很重要，你不觉得吗？

考佩尔：不觉得。[57]

达内格·扬指出，跟一般的新闻节目相比，喜剧秀节目在揭示事件真相，至少是指出事件欺骗性和被修饰过的特征方面有更加强大的力量，正是因为这一点，喜剧秀节目成为一种“新的新闻方式”。而与此同时，主流媒体的记者还深陷泥沼，为自己设定的新闻原则所束缚，苦苦挣扎。根据主流媒体的报道原则，新闻中批评或反对的观点需要有官方消息来源。斯蒂芬·考尔伯特在他最富争议的一次喜剧秀表演中就把这种奇怪的媒体运作方式拿来调侃。有一次，他受邀参加全国记者俱乐部年度晚宴，这个晚宴是一个圈内的聚会，由于嘉宾都是些媒体精英和掌握实权的政治人物，总统本人经常也会参加，所以晚宴被看作华盛顿的盛事，经常一票难求。在晚宴致辞时，考尔伯特先是拿布什总统开涮，紧接着把媒体也戏弄了一番：

……新闻界的女士们、先生们，第一夫人以及总统阁下，我是斯蒂芬·考尔伯特，今晚很荣幸能有这个机会为总统庆祝，因为我们俩很像，他和我。我们都明白，像我们这样的人，既不是什么科学怪才，也不是什么事实百事通（factinista）①，我们都是凭着直觉说话、做事的，对吧，阁下？……

能与总统阁下一起站在这里我很兴奋，但同时，我也很震惊，在我身边还有这么多正意图搞垮美国的自由主义媒体人士，当然了，福克斯新闻除外。福克斯新闻的记者在稿件中总是会提供当事双方的观点：总统的观点以及副总统的观点。

但你们其他人呢？你们想干什么？居然敢报道美国国家安全局的窃听问题？还有东欧地区的秘密监狱？这些问题为什么会是高度机密，你们知道吗？一个重要原因就是，这些消息都太让人郁闷了……

在过去的5年里，你们都做得很好嘛，报道一下减税、大规模杀伤性武器的情报工作、全球变暖的后果就可以啦。我们美国人不想知道那么多，而你们也很贴心地不要让我们发现。就我所知，那段时间很和谐嘛。

---

① 这是考尔伯特造出来的词，大意是凭着自己从书本上得来的知识，整天告诉别人哪些是事实哪些是谣言的所谓专家们。——译者注

但是，你们大家听好了，我们在这里还是要重申一下老规矩。整个流程是这样的：总统负责做决策，他是决策者。新闻秘书负责宣布，而你们这些媒体记者就负责记录，把这些决策敲到电脑里。决策、宣布、记录，就是这个顺序。好了，把它们敲到电脑里，做个拼写检查，然后就回家
19 吧。好好跟你们的家人团聚，跟老婆亲热亲热，写写你们一直在脑海里构思的小说。你知道，就是那个关于无畏的华盛顿记者鼓足勇气站出来挑战政府当局的故事。你懂的……是小说！[58]

考尔伯特可能玩笑开得有点儿过头，打击面太大了，总之，后来这段视频在有线卫星公共事务网（CSPAN）播出的时候，能看得出来总统和当时观众席上的大部分人没有笑。《华盛顿邮报》后来批评这次脱口秀，说考尔伯特的玩笑一点儿都不好笑，“演砸了”。但是，原媒体评论家、现《纽约时报》政治专栏作家弗兰克·里奇认为，考尔伯特演砸了并不是因为他对总统无礼，“他真正的过错是把首都的媒体精英们比成速记员，这太无礼了。虽然华盛顿圈子里的观众不觉得考尔伯特的玩笑好笑，但是美国其他地方的民众看到这段表演，都快笑破肚皮了。在伊拉克问题上，面对白宫宣传攻势时媒体的拙劣表现让美国民众付出了惨痛的代价”[59]。就像里奇所说，尽管全国记者俱乐部的记者无法欣赏其中的幽默，但这段视频后来在互联网上疯传，在 YouTube 轰动一时，并且成为 iPod 最热门的下载之一。

全国记者俱乐部后来决定对这段痛苦的回忆不予理会，但也发誓不再承受第二次羞辱，所以在第二年的俱乐部年会晚宴上，他们邀请了喜剧演员里奇·利特尔（Rich Little）致辞。利特尔在 20 世纪 70 年代的电视屏幕上很受欢迎。弗兰克·里奇形容利特尔和他的表演是“……一个已经过气、不关心政治的夜总会红人笨拙地完成了一场滑稽的、不着调的表演”[60]。

连续两年目睹全国记者俱乐部对权力机构卑躬屈膝的奴态，《纽约时报》耻于与之为伍，决定不再参加以后的俱乐部晚宴。但是，大部分主流媒体机构的记者和管理层仍然没能解决更加具有普遍性的新闻“事实”问题。弗兰克·里奇总结说：“……整个传媒业界弄明白为什么他们会失去公众的信任了吗？依我看，答案还远没有搞清楚。”[61]

新闻的定义

新闻对于民主质量的影响是一个动态的变化过程。政治传播学者布鲁斯·宾宝（Bruce Bimber）做了一个大胆的推论，他认为，在美国，谁操纵政治信息的能力最强，谁的政治权力就最大。[62]顺着这个思路，他从信息体制的角度研究了从联邦主义时期（The Federalist）一直到今天美国民主的发展脉络。伴随着全国邮政体系的建立，报纸等各种出版物被邮递到各地，推动了第一次大规模民主参与意识的崛起，因此，美国邮政也许可以称得上早期美国民主发展的最主要推手。[63]如果我们把时间快进到20世纪后期就会发现，伴随着大众传媒信息王国的发展，美国的民主体制也在演进。由于科技的发展，特别是广播电视和卫星传播技术的发展，普通美国人可以分享和了解具有全国影响的事件。在大众传媒时代，政治人物利用媒体把他们所要表达的信息直接传递给公众，已经成为“直面媒体，公之于众”的行家里手。[64]

目前正处于大众传媒发展的后期。有人担心，随着大众传媒体制的不断削弱，越来越多样的个人化传媒形式不断出现，公众可能会根据自己的
生活方式和信仰来接收他们感兴趣的、站在他们的角度和立场报道的信 20
息。那么，在一个如此个人化的媒体现实下产生的民主真能形成有凝聚力的政策讨论吗？或者退一步说，大家能真正达成共同的目标吗？[65]我们至少应该把对新闻的考察从神话世界拉回现实，承认新闻是不断变化着的，这种变化是由一系列复杂混乱的因素导致的，而这些因素在形成信息产品时可能并不会考虑“最有利于民主发展”的问题。

政治人物、公众和媒体之间略显混乱的互动关系是以怎样的方式影响我们对于新闻的定义呢？我们有必要从头开始，给政治新闻下一个相对简单的定义：

· 新闻人物（政治人物和其他政治角色）认为是及时、重要和有趣等等的事件。

· 新闻机构从中选择、描述和包装等等的事件。

· 被传递给公众，并被公众用来进行娱乐消费或为其政治行为决策提

供参考的事件。

多丽丝·格雷伯认为，不是世界上所有的信息都能被称为新闻，甚至也不是最重要的信息就能被称为新闻。新闻包含的信息往往是适时的，经常是耸人听闻的（新闻经常为丑闻、暴力和各类奇葩的故事所充斥），并且与个人经历相关（新闻故事经常因为描述了与自己相似的人和相似的生活经历而使身处遥远的受众有一种亲近感）。[66]从这个角度出发，新闻是在记者、政治人物和公众寻求各自不同利益的过程中不断互动而产生的，有时这些利益能够统一，有时又大相径庭。记者常被叫作“看门狗”，他们负责根据事件的真实性和重要性审核和过滤信息，但我们必须承认，权力和影响力在信息审核的过程中扮演着重要的角色。总的来说，新闻的大门是敞开还是闭合，往往是权力在不同时间、不同事件上进行平衡的结果，了解这一点非常重要。

把关：何人何事造就新闻?

想要理解谁是新闻人物的问题，我们需要首先承认，一篇新闻只能容纳与某一特定事件相关的一部分言论、观点和事实。“把关”指的就是新闻工作者如何决定把谁的声音放进新闻，把哪些事实放进新闻，这也就是新闻媒体决定报道什么、采访谁以及报道他们的哪些言论、强调新闻的哪些要素的过程。记者——更重要的是他们所在的新闻机构——需要决定报道什么以及如何报道。对这些问题的选择不同，最后呈现的新闻也就不同，在有些新闻中，观点的冲突很多，而在其他一些新闻里就很少看到观点的冲突。有些新闻可能关注了普通民众中的激进主义者和一些利益集团的言论，但大部分新闻是为政府官员提供了更大的话语权。新闻选题部分由记者自己决定，但也要受到新闻机构里的编辑和管理层的影响，而这些新闻机构还要受到经济压力、公众反应以及其他一些因素的影响，所有这些因素交织在一起，共同影响着日常的新闻报道。

21 在一个理想的状态下，在对某一新闻事件的报道中，记者能够找到那些思想最深刻的被采访者，他们代表着最广泛的不同意见。而这些消息源也愿意站出来，跟他们的对手针锋相对地公开辩论，这样就能帮助公众思考如何做出最好的决策。而且，在理想状态下，公众也愿意花时间和精力从不同角度来了解一个重要的社会问题。但在现实世界里，有许多“把关”因素会导致这种民主的理想状态不可能实现，比如，新闻机构面临的经济压力、公众的疏懒，以及政治人物的狡诈等。

尽管有这样那样的缺陷，美国的信息体系完全有能力提供相当完善的信息，促使公众思考，帮助公众和决策者充分了解复杂的社会问题。[67]涉及个人利益并且公众矛盾冲突较多的事务往往更容易吸引媒体进行深度报道并最终在社会上引起强烈反响，比如，从涉及每家每户的堕胎问题到对外政策领域中可能引起国内失业的贸易争端问题等等。社会学家威廉·盖姆森认为，媒体关于堕胎的报道就是一个很好的例子，信息质量很高，公众观点交锋很多，反映了公众对于复杂政策的不同意见。[68]堕胎问题已经从新闻领域延伸出来，成为电影、电视节目、教堂宣教、谈话节目甚至朋友间聊天的主要话题之一。但在其他许多议题上，公众经常是被蒙在鼓里。盖姆森列举了一系列其他议题的报道，相比关于堕胎的报道，这些新闻的信息量就少多了，公众的参与程度也低多了。盖姆森认为，公众参与度不同的原因之一就在于，媒体在对一项议题的报道中，是否涵盖了与之相关的普通百姓的集体性公民行动，这会鼓励其他民众从普通人的角度来理解公众事务，从而参与其中。[69]

在许多议题的报道上，新闻是否反映了普通民众的意见，以及给予这些意见什么样的评价，在很大程度上取决于记者能否找到有影响力的政府官员或利益集团来肯定公众的声音。记者往往根据当权者以及能够影响事件发展方向的利益集团之间矛盾冲突的激烈程度来决定是否让新闻的大门对普通公众敞开，对于这种做法，我曾创造了一个词，称之为“新闻导向指征”。如果政策制定者之间出现公开矛盾（例如国会和总统在能源政策上的分歧），新闻的大门就会倾向于向范围更广泛的社会公众敞开，包括草根激进主义者和利益集团。[70]

新闻导向指征的存在可以帮助我们理解，在大量的立法、行政、法院裁定等政策措施以及议题辩论上，媒体如何组织报道。在出现突发事件、危机或者富有戏剧性的丑闻时，新闻报道往往比较流畅，覆盖全国的新闻网络就成了故事的叙述者、文化的释疑者，有时甚至是为人类战胜困难而欢呼的啦啦队。例如，“9·11”事件发生之后的几天里，所有的新闻频道反反复复播放的都是飞机撞向世贸大厦导致大厦倒下的瞬间、勇敢救援的场面以及整个国家沉浸在悲痛中的画面。非常少见地，所有的新闻如出一辙地强调了恐惧、失落、悲痛、爱国和希望的主题，戏剧性地讲述了一个遭受袭击的民族从废墟中站起来、勇敢面对恐怖主义挑战的故事。几天之
22 后，政府断然决定发动战争，通过更为严格的安全法，新闻也回到惯常的关注政府的轨道上。

就是在这个环节，新闻导向指征开始发挥作用，也更好地解释了前面提到的贩卖伊拉克战争中出现的“真相感”问题。根据新闻导向指征的潜规则，主流媒体的主要报道对象是当权者或决策者的所作所为，所以新闻所呈现的不一定是现实世界中最真实、最有利于决策的那一部分事实。实际上，在接受采访时，官员们往往会为了营造一种他们希望出现的政治现实而故意忽略或隐瞒部分事实，这也提醒我们一个独立的媒体在民主体制中应该扮演的角色：把像伊拉克或阿富汗战争这样具有重大影响的决策背后的实情告知公众，以便在错误决策出台之前激发公众的思考和讨论。

由于“把关”的过程受到政治人物的操纵，新闻渐渐失去了公众的信任，也遭到喜剧秀艺术家们的冷嘲热讽。新闻本来应该向公众提供权威的视角，告知公众什么事情是重要的、为什么重要等等，但一条严肃新闻很容易就沦为娱乐信息，这进一步降低了新闻的严肃性，使得新闻更加无法担当起为公众释疑解惑的重任。传播学专家迈克尔·德里·卡皮尼（Michael Delli Carpini）和布鲁斯·威廉姆斯认为，在许多新闻事件的传播上，传统的新闻节目已经变成次要的信息来源，其影响力还不如电视情节剧和晚间喜剧秀节目。他们进一步指出，现在政治信息已经不需要通过新闻传递，而是超越新闻渠道，通过其他更适于讲戏剧化、娱乐化故事的媒介载体来传播了，曾经神圣的新闻“把关”功能已经极度弱化。[71]在其最新出版的著作中，他们描绘了以电视新闻为中心的主流媒体的衰落，以及一个新的更加杂乱无章的公共信息秩序的崛起。他们认为，这一新秩序向我们提出了一个严肃的问题：“到底蒂娜·菲（Tina Fey）和凯蒂·柯丽克（Katie Couric）① 之间有没有什么不同?”[72]尽管问题多多，新闻仍是我们

① 蒂娜·菲原名 Elizabeth Stamatina，昵称“Tina Fey”，是一位赢得艾美奖和金球奖的编剧、笑星和演员，曾是《周六夜现场》的编剧，喜欢在节目中恶搞名人。凯蒂·柯丽克，主流媒体记者兼作家、主持人，曾采访佩林等名人。——译者注

政治信息体系的核心。从媒体、政治人物和公众各自不同的角度来了解这一体系的运行规律，至关重要。

政治人物、媒体和公众

不管是在政治体系还是大众传播体系中，新闻进程所涉及的三个主要角色——政治人物、记者和公众——所处的位置都是不一样的。尽管这些角色的政治世界千差万别，但每个角色都为新闻的构成作出了巨大的贡献。我们将利用以下的篇幅简要介绍由政治人物、记者和公众组成的新闻政治。

政治人物：新闻运作是王道

政治人物、企业领袖和利益集团基本上主宰了我们这个国家的政治生活。在他们看来，在一个民主社会中，一个人权力和影响力取决于其对信息的掌握和策略化的运用，对这一点，他们深信不疑。尽管公众对新闻的不信任日益加剧，新闻仍然是政治人物力图推动公共议程朝自己设定的方向发展的最重要途径。所谓“议程设置”（agenda setting）也就是利用新闻工具，在那些被认为是社会和政治生活中至关重要的、需要认真思考的 23
问题上对公众施加影响。[73]

由于制造新闻对公关来说意义重大，从总统到国会议员、堕胎支持者、环保主义者，以及反税收集团等，现在都学着如何“直面公众”（go public），以期把他们的政治信息通过新闻这一渠道传递给公众。[74]媒介化政治（mediated politics）的讽刺意义在于，当我们说某人“在公共事务方面消息灵通”时，意思是他总能从我们耳熟能详的大人物那里获得一点儿小道消息，而实际上，那些大人物想要达到的目的恰好就是利用媒体设置新闻框架，使之符合自己的党派观点。[75]一旦记者接受了政治人物的暗示，这种影响模式成功开启，新闻所承担的责任就不仅仅是告诉公众哪些问题值得思考，而且是要告诉公众该怎么去思考了。[76]

如果说在今天的数字时代，传统的信息传播方式受到挑战，那是因为人们可以更加轻易地躲开新闻轰炸，在他们真正关切的问题上寻找更加个人化的信息来源。政治人物越来越难以控制信息议程，也越来越难以把他们希望传递的信息送达民众。从某种意义上来说，这意味着更多的信息自由，同时也意味着统治的难度增加。当政治人物发现他们的信息难以到达公众，他们最典型的反应就是雇用传播专家设计出复杂的传媒攻势，好使政治信息能够传递到日渐冷漠的公众那里，这么做的结果就是增加了民主的成本。[77]民主理论家罗伯特·达尔（Robert Dahl）总结说，影响民主朝着更多公民公平参与方向发展的最大障碍就是，信息越来越被控制在部分政治精英的手中。[78]

媒体：商业化和新闻的堕落

在本章的开头我们谈到，目前大部分新闻机构属于大公司，所以，新闻机构的日常运转不可避免地受到来自母公司利润压力的影响。严肃的政治新闻（也就是我们常说的“硬新闻”）越来越少，新闻越来越向耸人听闻的小道消息、廉价的生活时尚特稿以及那些“你可以用得到的”实用资讯（健康、消费、天气、时装和旅游等）靠拢。现在传媒业的发展趋势是，尽量找那些最方便采写也最容易吸引读者的新闻事件进行报道，包括公关、政府发言人和传媒顾问提供的、经过精心包装的新闻素材和新闻事件。我们将在第七章详细讨论这一趋势，现在我们先举几个例子，看看传统的大众传媒是如何堕落的，这种趋势又对高质量的新闻报道产生了哪些影响。

2007 年，亿万富翁山姆·泽尔（Sam Zell）收购论坛报业集团，控制了《芝加哥论坛报》《洛杉矶时报》以及其他 30 家报纸和电视台。泽尔是靠房地产起家的，并不是一个真正的媒体人，他对此也毫不避讳。他说：“我做这项投资没别的目的，就是为了赚钱。”[79]走马上任后，他宣布的第一项计划就是改变他所认为的“媒体的傲慢”。他说，现在媒体对待读者就像对待学生而不是对待顾客。[80]2010 年，《洛杉矶时报》的母公司进入破产程序，《洛杉矶时报》却做了一个假头版的广告，以 70 万美元的价格卖给迪士尼用来推介一部电影。[81]

对严肃（成本也更高的）新闻的残酷打压已经持续了 20 多年，对硬新闻的报道造成了极大的影响。托马斯·帕特森给硬新闻下的定义是，包含
24 公共政策内容以及其他有用的公共信息的新闻。

硬新闻指的是那些涉及高级官员、重要事件或者导致日常生活中断的重大突发事件，如地震、飞机失事等新闻。这类信息会直接影响公民对公共事务的判断力和反应能力。[82]

帕特森对1980—1999年间电视、报纸和新闻刊物中的5 000篇新闻报道进行了调查。调查显示，不含公共政策内容的稿件从过去占35%上升到几乎占一半的水平。在所有地方性和全国性媒体中，包括印刷和广播媒体，增幅最大的软新闻类型包括：耸人听闻类（例如丑闻等），从过去的占20%稍强上升到接近40%；富有人情味类的内容，从10%稍强上升到超过25%；犯罪和灾难类，从8%上升到14%。[83]

20世纪80年代到该世纪末是传媒史上一段非常重要的时期，美国历史上大规模的传媒并购正是出现在这一时期。实际上，在这段时期，不论是全国还是地方，也不论是杂志、报纸、广播还是电视，信息娱乐化的趋势都非常明显：硬新闻越来越少，软新闻越来越多；关于政府和政治的报道越来越少，关于社会骚乱和个人戏剧性的内容越来越多。我们就以下几点变化展开讨论：

· 1990年至1998年间，娱乐、灾难、事故和犯罪类的电视新闻时长增加了一倍。同时，为了增加这类报道的时长，新闻频道减少了对环境、政府行动和国际事务的报道。[84]

· 国际新闻占电视新闻总量的比例从20世纪70年代的45%下降到1995年的13.5%[85]（当然，对于直接影响到美国民众个人生活的国际事件的报道也会出现例外。所以，近年来，媒体关于“9·11”事件、阿富汗战争和伊拉克战争都有大量报道）。

· 报纸上国际新闻占非广告版面的比例从20世纪70年代早期的超过10%下降到80年代初期的6%，进而下降到90年代的不到3%。[86]

· 1985年至1995年间，在全国性的新闻周刊类杂志中，《时代》周刊的国际新闻报道量从24%下降到14%；《新闻周刊》从22%下降到12%；《美国新闻与世界报道》从20%下降到14%[87]（娱乐、明星逸闻、休闲消遣、生活方式以及体育报道占据了大部分版面）。

· 总的来说，1977年至1997年间，广播电视新闻、新闻杂志的封面文章和主要报纸的头版文章报道明星、丑闻、小道消息以及其他人们感兴趣话题的比例从15%上升到43%。[88]

25 《时代》周刊 20 世纪末最后一期的封面文章是什么？是艾伦·德詹尼丝（Ellen DeGeneres）、史蒂文·斯皮尔伯格（Steven Spielberg）、珠儿（Jewel）和比尔·考斯比（Bill Cosby）、“今年夏天什么最酷?”、“情绪药物是如何发挥作用的?”和“美国最令人想入非非的人”。戴安娜王妃去世之后，《时代》周刊和《新闻周刊》分别连续两周刊登了有关戴安娜王妃的封面文章，结果，那两周两份杂志的销售额都创下了各自的历史最高纪录。[89]进入 20 世纪以后，这种趋势愈发明显，即使在 2008 年总统大选如火如荼展开时，社会名流安娜·妮可·史密斯（Anna Nicole Smith）的死讯仍然占据了 28%的有线电视新闻报道量，而同期有关大选的新闻只占 11%。[90]

尽管像山姆·泽尔这样的媒体高管都认为这就是消费者想要的新闻，但有证据表明，信息娱乐化只是挖掘传媒公司盈利潜力的一个短期良方。这个良方的确非常短视，因为它令公民对硬新闻和政治失去兴趣。帕特森总结说，以上种种新闻行业发展的新趋势足以解释为什么公众不再关心政治，也许第一步就是从不再关心新闻开始的。民调显示，在被问及需要什么样的新闻时，选择硬新闻与软新闻的公众比例是 2∶1。[91]在本书的第七章，我们会听到媒体负责人这样辩解：人们说什么和做什么是两码事。但是现在摆在面前的事实是，新闻受众的数量越来越少。

公众：在令人困惑的信息秩序中寻求视角

一面是随时准备操纵媒体，歪曲事实，进行新闻轰炸的政治人物，一面是提供的信息缺乏独特视角和思想的媒体，面对这样令人无奈的信息体系，还不得不选边站队，无怪乎公众各施其能，自寻出路了。很多人选择简单的不理不睬，一些人选择寻找符合他们政治信仰和价值观的信息渠道，还有一些人开始转向数字媒体，直接从消息源头接收信息。但不管公众采取什么策略，无休无止的政治宣传机器（political spin machine）总是试图找到一个渠道能与公众沟通。

我们前面提到，人们对新闻的关注越来越少，尤其是在年轻人中，这种趋势越来越明显。但这种现象并不意味着人们处在一个信息真空中。随着社交媒体的兴起，政治信息可以更多地通过脸书或者推特直接推送给广泛的民众。有人会说这类信息可能质量不高，但是有什么办法呢？越来越颓败的传统新闻体制也实在没能力提供什么更好的解决方案了。而且，随着大众传媒市场的日益细分，拥有不同生活方式或不同政治价值观的群体需要的新闻也是不一样的。人们试图寻求自我肯定的时候，媒体所做的就是去附和并强化他们已有的观点，而不是去通报信息或者挑战他们已有的观点。[92]

也许对于公众来说，利用数字化媒体参与高质量信息的加工和发布过程中去，这种方式更有希望。新闻媒体失去了挑战权威的能力，但公众利用自
己手里的信息资源可以做到这一点。只要互联网保持其开放性，就能降低政 26
治传播的成本，帮助公众用快速、低廉和有效的方式与其他人沟通。

环保主义者、堕胎权利拥护者和反堕胎组织、公平劳动和公平贸易的推动者、人权主义者以及计算机隐私权的捍卫者都掌握了利用互联网进行交流以及与公众互动的技巧。在这个过程中，有很多有趣的实验都在进行，这些实验性的方式也许可以重塑新闻，特别是改善公众之间的互相交流以及公众与领袖之间的交流。

既然新闻和公共信息的未来受到如此多因素的影响，我们还是有必要思考如何才能保证新闻更好地为民主服务。很多美国人都抱有一种幻想，认为宪法和第一修正案或多或少地总能保证新闻的质量。但本章列举的种种新闻乱象表明，没有什么无所不能的法案能确保一个理想的民主信息体系井然有序地运转。传媒公司的大老板们甚至在关闭新闻部门、降低新闻质量时，也是躲在第一修正案的背后，拒不理会民众要求他们承担责任的呼声。讽刺的是，第一修正案中保护新闻自由的条款是为了让新闻媒体敢于站出来挑战政府权威，现在的情况却是，虽然新闻自由仍然是民主的重要保障，却已经沦为某些公司化媒体逃避社会责任的挡箭牌。

第一修正案：为什么言论自由不能保证信息的有效畅通

把好新闻做坏的最典型例子就是地方电视台的新闻节目。大部分的地方新闻遵循这一原则："血腥的新闻才是好新闻。"但电台谈话节目主持人、"落基山媒体观察"（Rocky Mountain Media Watch）的创始人保罗·克莱特（Paul Klite）（几年前已经去世）对此极力反对。总部位于丹佛的"媒体观察"提出了"阴暗面报道指数"（mayhem index）的概念，并将各地的"阴暗面报道指数"发布出来，受到一些高质量的媒体的广泛关注。

“阴暗面报道指数”反映的是地方新闻报道的内容在多大程度上涉及犯罪、事故、火灾、毒品、黑帮、幼童伤害以及其他一些社会问题。1998年，“媒体观察”发现丹佛地方新闻的“阴暗面报道指数”过高，于是向联邦通信委员会（Federal Communications Commission，FCC）提交了一项请愿书，要求停止给丹佛的四家电视台发放执照，认为它们播报的地方新闻“毒害”了广大市民。在其中一家电视台的新闻节目中（KMGH，美国广播电视网的下属），60%的报道内容属于“阴暗面报道”的范畴。不幸的是，并不只有丹佛存在这一问题，丹佛其实是整个美国的缩影。“媒体观察”认为，整个美国的地方新闻都存在着“严重的不平衡现象，过分报道暴力和无价值的小概率事件”，从而造成了一种“比坏新闻还要糟糕”的“公共健康问题”。[93]

27 地方新闻是否对社区价值观和民主体制造成了毒害？以下列举一些当前媒体的发展趋势，读者可以自己作出判断：

• 媒体和公共事务中心（Center for Media and Public Affairs）在全国范围内进行了一项有关地方新闻的调研。结果发现，地方新闻中犯罪新闻的比例占绝对多数。在所有24分20秒的非广告新闻时间里，除了犯罪、天气、事故、灾难、其他软新闻和体育新闻，只有5分40秒是有关政府、健康、外事、教育、科学和环境的报道。[94]硬新闻所占的时间还不如广告播出的时间长。

• 涉及暴力犯罪的新闻越来越多，但这一趋势与社会犯罪率的真实情况并不相符。相反，这类新闻增加的同时，社会犯罪率实际呈下降趋势。1990—1998年间，美国全国广播公司（NBC）、哥伦比亚广播公司（CBS）和美国广播公司（ABC）三大电视台晚间新闻节目中的犯罪新闻条数从每年的542条增加到1 392条。而同一时期的社会严重暴力犯罪率是大幅下降的。[95]如果我们只是从全国电视新闻网中了解谋杀新闻，那么1993—1996年间，关于谋杀的消息增加了700%，而实际上，这一时间段真正的谋杀案发案率下降了20%。[96]

• 一项全国性的调查显示，近三分之二的人从电视上了解有关犯罪的消息并形成自己观点，另外有20%的人从报纸了解，7%的人从广播了解，只有不到10%的人是从他们的朋友、邻居、同事以及个人经验中了解信息并形成自己观点的。[97]

以上事实告诉我们什么？人们看新闻越多，看“真人秀”节目（比如我们将在第七章提到的犯罪/警界节目）越多，就越容易对当前犯罪问题的严重性以及自己成为受害者的可能性产生误读、误判。[98]事实上，民调显示，从20世纪80年代早期到90年代后期，对自己所生活的社区有安全感的人越来越少，其比例从44%下降到29%。而从同期犯罪率的实际情况看，人们的感受应该正好相反才对。[99]

媒体评论家丹尼尔·拉扎尔（Daniel Lazare）总结说，实际上，这些新闻的目的在于抓住目标观众的情感需求，而并非真正关注社会问题：

消费者对于看什么、读什么越来越挑剔。因此，如果报道内城①的严峻形势，即使那儿离目标读者和观众不过几英里，这条新闻也卖不出去：因为那些选择新闻就像选择时装一样的中产阶级消费者会觉得内城的事情与他们无关；因为穷人在广告商和零售商那里是不受待见的；因为对新闻界来说，消费者至上的理念要求媒体提供消费者想要的，而不是他们所真正需要的。[100]

“媒体观察”的看法触及一个尴尬但在经济上却很成功的行业惯例。其实，从20世纪80年代以来，华盛顿就放松了对通信行业的限制，联邦通信委员会（FCC）一般不愿意出面干涉商业电视节目的运作。这次“媒体观察”抱怨地方新闻缺乏社会责任的提案时机尤其不对，格外不合时宜，所以联邦通信委员会根本就懒得理睬。就在丹佛电视执照发布的听证会之前，国会和总统批准通过了具有历史意义的1996年《电信法案》，这一法案给媒体公司开了绿灯，允许企业为了追求公司利益而放弃社会责任（我们将在第七章深入探讨，阐明这一法案具有特殊历史意义的原因）。于是，联邦通信委员会光明正大地否决了“媒体观察”的请求。面对典型的信息质量争议，联邦通信委员会冠冕堂皇地用空洞的新闻自由理论为自己、自己的裁决以及整个电视广播业界辩护：“新闻自由的核心理念是允许记者和编辑用不同的方式来理解和处理新闻以及公共信息，这正是第一修正案所要保护的。”[101]全国的广播电视集团和丹佛各大电视台都把这一程式化的表述当作言论自由的重要胜利，宣称这一判决是对政府新闻审查和新闻干涉的胜利。很多媒体和法律学者担心，对于那些除了盈利之外没有其他任何政治责任和社会目的的传播内容来说，宪法成了它们的挡箭牌。[102]“媒体观察”认为，现在我们的新闻已经到了“只报道校园枪击事件

28

---

① 一般指穷人聚集的区域。——译者注

不报道学校，只报道火车事故不报道交通，只报道地方政治人物的丑闻不报道选举本身，只报道最近的谋杀案不报道正在降低的犯罪率”的地步，而高调保护软新闻、打压硬新闻的做法正是造成这一局面的主要原因之一。[103]

这里的观点并不是要削弱第一修正案，而是想提醒大家，这种行业惯例可能会伤害到第一修正案的精髓。实际上，关于民主最棘手的问题之一就是，民主应该在多大程度上保护新闻自由尤其是在保护可能伤及民主本身的行为上。我们承认，神圣的言论自由的主张保护了新闻免受政府的控制，这种保护极端重要。此外，还有很多理由可以要求维护宪法对新闻自由强有力的保护，例如，用第一修正案来保护新闻来源的隐私和安全。但可悲的是，目前公众几乎看不到什么威胁到政府权力的新闻报道，所以媒体也没有什么需要第一修正案来保护的。

我们现在的信息堡垒可能只筑起了一面防护墙，只能保护新闻免受政治审查的危险，但对于商业利益驱动下的新闻堕落却无能为力。对经济学略有了解的人都知道，商业利益的驱动没有任何承担社会公共责任的考虑，它唯一的目的就是为私人投资者和股东赢取利润。

新闻和民主之间的脆弱联系

在我们生活中占据如此重要地位的公共信息现在已经成为一个在企业盈利压力、政治谎言和公众低级趣味共同作用下的怪胎，为什么会这样？如果新闻对我们而言无足轻重，也许就不用如此关注这个问题了，但很少有什么东西能像新闻一样，成为我们生活不可或缺的一部分。尽管我们很
29 愿意认为新闻满足了公民对于信息的需求，但本章列举的种种情况表明，事实远非如此。目前没有任何制约和监督机制可以保证新闻在其不断的演化过程中能够始终服务于美国的民主政治。相反，大量的事实证明，新闻在很大程度上是随心所欲的惯性使然，是在新闻行业的商业运作、政府及其媒体顾问利用传播技术对媒体的操纵，以及公民的品位和娱乐习惯的共同作用下形成的。与其他先进的民主体系相比，美国的政治信息从生产到出售几乎没有任何的质量监控，这一点甚至不如我们的日常生活必需品。

影响新闻的各种力量从来没有协调一致地考虑过更大多数公众的利益。

即便如此，人们还时常为这样一种信息体系沾沾自喜。例如，国家和公民需要什么样的信息才能帮助其决定最佳的政治路线？对于这个问题，公众缺乏审慎的讨论，政府更是很少探究。尽管人们对美国的自由新闻体系信任度很高（也许正是因为这种信任），与其他的社会体制相比，美国公民对民主体制的最重要产品——政治信息——的质量关注度明显不够。

为什么号称世界上最自由的传媒体制所生产的新闻会经常性地偏离政治轨道？自由和竞争并不一定能保证最好的结果，对这一点，美国人几乎无法想象。美国民众有一种根深蒂固的文化信念，认为政治信息的传播不应该受到任何限制，所以几乎没有人会去讨论如何设计一种新的、更好地适应民主制度和公民参与需要的新闻和信息体系。如果允许我们来设计一种不同的新闻体系，从民主的立场来说，以下几个方面是必不可少的：

• 每个新闻机构应该独立设置新闻议题，这样将会创造一个更为多样化的信息环境。

• 报道官方渠道以外更为多样化的可信观点和声音，这样将会弥合普通民众与控制着新闻内容的政治人物和内部人士之间的鸿沟，也就是我们所说的“华盛顿圈内”（inside the belt）综合征。

• 对于政治决策的制定过程以及利益集团的参与等多作解释，这样将会提高民众的参与感。

• 对于新闻事件的报道多增加历史背景，这样可以帮助人们了解过去，追溯政治问题的源头，从而减少政治人物从自己的利益出发随意篡改历史的可能性。

• 更多地报道政治激进主义者，这样可以帮助普通民众了解个人参与政治事件的途径，倾听来自不同立场的声音，从而帮助他们以更加批判的态度评价官方观点。

• 更好地利用互动技术，这样可以加强新闻受众彼此之间的联系，也可以加强他们与公民组织之间的联系，从而帮助他们更好地了解事件真相，采取有效的行动。

新闻如何被制造出来又销售出去？如何被政治人物改写？如何被媒体 30
和记者报道？又如何被公众利用？本书的目的之一就是希望通过讨论现代新闻体制的演化过程，探寻在这样一个变革的时代如何改进我们的新闻。当我们对政治信息体系有了更全面的认识，我们就会明白，与我们面临的信息传播领域中的其他问题相比，所谓记者意识形态倾向性这样的无端指责就不值一提了。

注释

[1] Paul Starr, *The Creation of the Media: Political Origins of Modern Communications* (New York: Basic Books, 2004).

[2] See Robert W. McChesney and John Nichols, *The Death and Life of American Journalism: The Media Revolution that Will Begin the World Again* (Philadelphia: First Nation Books-Perseus, 2010).

[3] 关于危机的精彩概述请参见 McChesney and Nichols, Chapter 1。

[4] Leonard Downie Jr. and Michael Schudson, "The Reconstruction of American Journalism," *Columbia Journalism Review* (November/December 2009): 32.

[5] American Society of Newspaper Editors report on its 2010 survey of the industry. April 10, 2010. http://asne.org/annual_conference/conference_news/articleid/763/decline-in-newsroom-jobs-slows.aspx. Accessed July 22, 2010.

[6] See, among others: Alex S. Jones, *Losing the News: The Future of the News that Feeds Democracy* (New York: Oxford University Press, 2009); McChesney and Nichols, *The Death and Life of American Journalism*; and Downie Jr. and Schudson, "The Reconstruction of American Journalism."

[7] Paul Gronke and Timothy E. Cook, "Disdaining the Media? Americans' Changing Attitudes Toward the News," *Political Communication* 24, no. 3 (2007): 259–281.

[8] See McChesney and Nichols, *The Death and Life of American Journalism*; Downie Jr. and Schudson, "The Reconstruction of American Journalism."

[9] See W. Lance Bennett, Regina G. Lawrence, and Steven Livingston, *When the Press Fails: Political Power and the News Media from Iraq to Katrina* (Chicago: University of Chicago Press, 2007).

[10] Pew Research Center Project for Excellence in Journalism. "How News Happens: A Study of the News Ecosystem of One American City." January 11, 2010. www.journalism.org/analysis_report/how_news_happens. Accessed July 27, 2010.

[11] Paul Starr, "Goodbye to the Age of Newspapers (Hello to a New Era of Corruption)," *The New Republic* (March 4, 2009).

[12] See the report by Judicial Watch October 21, 2008: www.judicialwatch.org/news/2008/oct/new-judicial-watch-zogby-poll-82-7-american-say-political-corruption-played-major-role. Accessed July 27, 2010.

[13] Transparency International, 2009 Corruption Perception Index. www.transparency.org/policy_research/surveys_indices/cpi/2009/cpi_2009_table. Accessed July 27, 2010.

[14] Attributed to Stewart Brand at the first hacker's Conference in 1984. http://en.wikipedia.org/wiki/Information_wants_to_be_free. Accessed July 27, 2010.

[15] Talk at the Joan Shorenstein Center, Kennedy School of Government, Harvard University. September 22, 2009. www.hks.harvard.edu/presspol/news_events/archive/2009/shirky_09-22-09.html. For a full transcript see: www.niemanlab.org/2009/09/clay-shirky-let-a-thousand-flowers-bloom-to-replace-newspapers-dont-build-a-paywall-around-a-public-good/. Accessed July 27, 2010.

31 [16] Reuters, July 16, 2010. www.reuters.com/article/idUSTRE66F2B820100716. Accessed July 27, 2010.

[17] www.facebook.com/notes/sarah-palin/peace-through-strength-and-american-pride-vs-enemy-centric-policy/403777543434. Accessed July 22, 2010.

[18] Nick Wing and Erin Booth, "Sarah Palin's Foreign Policy Manifesto: Brought to You by Facebook." July 4, 2010. www.huffingtonpost.com/2010/07/04/sarah-palins-foreign-poli_n_632808.html. Accessed July 22, 2010.
[19] Jesse Lichtenstein, "Digital Diplomacy," *The New York Times Magazine*, July 12, 2010. http://twitter.com/JaredCohen/status/16294548702. Accessed July 27, 2010.
[20] http://twitter.com/JaredCohen/status/16294548702. Accessed July 27, 2010.
[21] Kim Gattas, "Watching Hillary and the State Department by Tweet." *BBC News* July 4, 2010. http://news.bbc.co.uk/2/hi/world/us_and_canada/10502057.stm. Accessed July 22, 2010
[22] http://wikileaks.org/.
[23] Associated Press report posted in the *Huffington Post*, February 16, 2010. www.huffingtonpost.com/2010/02/16/neda-video-wins-polk-award_n_463378. html. Accessed August 1, 2010.
[24] 拍摄视频的匿名人士把视频交给了别人，那人通过邮件又寄给了身处伊朗以外的几个熟人，并且留言说："请让全世界了解。"他们中间的一个人，一个住在荷兰的伊朗侨民把它上传到YouTube上。另一个旅英的伊朗人把它上传到自己的脸书页面。很快，这个视频在世界各地被数百次地上传。通过社交网络的个人内容分享，这个视频成了重大新闻，连传统新闻机构也无法视而不见了。See the story about the story in Brian Selter, "Honoring Citizen Journalists," *New York Times*, February 21, 2010. www.nytimes.com/2010/02/22/business/media/22 polk.html. Accessed August 1, 2010.
[25] Thomas E. Patterson, *Young People and News*. A Report from the Joan Shorenstein Center on the Press, Politics, and Public Policy. Kennedy School of Government, Harvard University. Prepared for the Carnegie-Knight Task Force on the Future of Journalism Education. July 2007.
[26] See Martin P. Wattenberg, *Is Voting for Young People?* (New York: Pearson/Longman, 2008).
[27] Ibid., 5.
[28] http://gopleader.gov/News/DocumentSingle.aspx?DocumentID=139131.
[29] One of hundreds: www.youtube.com/watch?v=wJb-TrmJl80. Accessed August 1, 2010.
[30] http://mediamatters.org/mmtv/200908060023. Accessed August 1, 2010.
[31] http://videocafe.crooksandliars.com/david/david-brooks-limbaugh-health-care-rhetoric-i. Accessed August 1, 2010.
[32] Jordan Fabian, "Death Panels May Be in Final Healthcare Reform Bill," *The Hill*, December 22, 2009. http://thehill.com/blogs/blog-briefing-room/news/73371-palin-death-panels-may-be-in-final-health-bill. Accessed August 1, 2010.
[33] See Stephen Coleman, "From Big Brother to Big Brother: Two Faces of Interactive Engagement," in *Young Citizens and New Media: Learning and Democratic Engagement*, ed. Peter Dahlgren (New York: Routledge, 2008).
[34] David Altheide and Robert P. Snow, *Media Worlds in the Post Journalism Era* (Hawthorne, NY: Aldine, 1991).
[35] Susan Herbst, *Reading Public Opinion* (Chicago: University of Chicago Press, 1998).
[36] Robert M. Entman, *Democracy without Citizens: Media and the Decay of American Politics* (New York: Cambridge University Press, 1989).
[37] Matthew Baum, *Soft News Goes to War: Public Opinion and American Foreign Policy in the New Media Age* (Princeton, NJ: Princeton University Press, 2003). 32
[38] Marc Peyser, "Jon Stewart: Seriously Funny," *Newsweek* (January 5, 2004): 70–77.
[39] Dannagal G. Young and Russell M. Tisinger, "Dispelling Late Night Myths: News Consumption among Late-Night Comedy Viewers and the Predictors of Exposure to Various Late Night Shows," *Press/Politics* 11 (2006): 113–134.

[40] Timothy Cook, *Governing with the News: The News Media as a Political Institution* (Chicago: University of Chicago Press, 1998).

[41] William Schneider, remarks delivered at the conference on "The Clinton Presidency: Campaigning, Governing and the Psychology of Leadership," held at the Graduate Center, City University of New York, November 18–19, 1993. (A video of Schneider's talk is available from the university's PhD program in political science; attn: Stanley Renshon.)

[42] Marvin Kalb, "Press-Politics and Improving the Public Dialogue," *Political Communication Report* 3 (June 1992): 1.

[43] Timothy Cook, "Afterword: Political Values and Production Values," *Political Communication* 13 (October/December 1996): 469.

[44] See Bennett, Lawrence, and Livingston, *When the Press Fails.*

[45] 主流媒体基本没有跟进的调查报道，可参见 Seymour Hersh, "King's Ransom," *New Yorker* (October 22, 2002): 35–44; and "Selective Intelligence," *New Yorker* (May 12, 2003): 44–51。有关原因，可参见 Robert M. Entman, *Projections of Power: Framing News, Public Opinion, and U.S. Foreign Policy* (Chicago: University of Chicago Press, 2004)。

[46] 有关于此的具体分析，请见本书第五章的案例研究。也参见 W. Lance Bennett, "Operation Perfect Storm: The Press and the Iraq War," *Political Communication Report,* International Communication Association and American Political Science Association 13, no. 3 (Fall 2003)。

[47] David Stout, "U.S. Ignores Saddam at Its Peril, Cheney Says," *International Herald Tribune,* October 11–12, 2003: 4.

[48] Based on national polls of 3,334 respondents taken from June–September 2003 and reported in Steven Kull, "Misperceptions, the Media, and the Iraq War," Report of the Program on International Policy Attitudes, University of Maryland, October 2, 2003.

[49] Based on Harris poll of December 29, 2005, www.harrisinteractive.com/harris_poll/index.asp?PID5623.

[50] Newsweek Poll (Princeton Survey Research Associates) June 2010. www.newsweek.com/2010/06/25/obama-s-approval-ratings-slump-in-latest-newsweek-poll.html. Accessed July 29, 2010.

[51] See Bennett, Lawrence, and Livingston, *When the Press Fails,* ch. 5.

[52] See W. Lance Bennett, "Toward a Theory of Press-State Relations in the United States," *Journal of Communication* 40 (Spring 1990): 103–127.

[53] Kull, "Misperceptions, the Media, and the Iraq War."

[54] Ron Suskind, "Faith, Certainty and the Presidency of George W. Bush," *New York Times,* October 17, 2004. www.nytimes.com/2004/10/17/magazine/17BUSH.html?ex=1255665600&en=890a96189e162076&ei=5090&partner=rssuserland. Accessed August 1, 2010.

[55] *Nightline, ABC,* July 28, 2004; from Dannagal Young, "The Daily Show as the New Journalism" (paper presented at the Annual Meeting of the National Communication Association, Boston, November 17–20, 2005).

33 [56] Young, "The Daily Show as the New Journalism."

[57] *Nightline, ABC,* July 28, 2004; from Young.

[58] Stephen Colbert at the 2006 White House Correspondents' Dinner, http://politicalhumor.about.com/od/stephencolbert/a/colbertbush.htm.

[59] Frank Rich, "All the President's Press," *New York Times,* April 29, 2007.

[60] Ibid.

[61] Ibid.

[62] Bruce Bimber, *Information and American Democracy: Technology in the Evolution of Political Power* (New York: Cambridge University Press, 2003).
[63] See also, Richard R. John, *Spreading the News: The American Postal System from Franklin to Morse* (Cambridge, MA: Harvard University Press, 1995); and Timothy E. Cook, *Governing with the News: The News Media as a Political Institution* (Chicago: University of Chicago Press, 1998).
[64] Samuel Kernell, *Going Public: New Strategies of Presidential Leadership,* 3rd ed. (Washington, DC: Congressional Quarterly Press, 1997).
[65] 有关这一问题的各种见解，可参见W. Lance Bennett and Robert M. Entman, eds., *Mediated Politics: Communication in the Future of Democracy* (New York: Cambridge University Press, 2001)。
[66] Doris Graber, *Mass Media and American Politics,* 3rd ed. (Washington, DC: Congressional Quarterly Press, 1989).
[67] See Benjamin I. Page, *Who Deliberates?* (Chicago: University of Chicago Press, 1996).
[68] William A. Gamson, "Promoting Political Engagement," in *Mediated Politics: Communication in the Future of Democracy,* eds. W. Lance Bennett and Robert M. Entman (New York: Cambridge University Press, 2001), 56–74. See also Myra M. Feree, William A. Gamson, Jurgen Gerhards, and Dieter Rucht, *Shaping Abortion Discourse: Democracy and the Public Sphere in Germany and the United States* (New York: Cambridge University Press, 2002).
[69] 此处谈及的新闻报道中的公民参与，既有产业崩溃以及工人流离失所等不大被重视的话题，也有类似发展核能所产生的争议这样的大问题，可参见Gamson, "Promoting Political Engagement "。
[70] See W. Lance Bennett, "Toward a Theory of Press-State Relations in the United States," *Journal of Communication* 40 (Spring 1990): 103–127.
[71] Michael X. Delli Carpini and Bruce A. Williams, "Let Us Infotain You: Politics in the New Media Environment," in *Mediated Politics: Communication in the Future of Democracy,* eds. W. Lance Bennett and Robert M. Entman (New York: Cambridge University Press, 2001), 160–181.
[72] Bruce A. Williams and Michael X. Delli Carpini, *After the News: Media Regimes and the New Information Environment* (Cambridge University Press, forthcoming).
[73] Shanto Iyengar and Donald R. Kinder, *News That Matters* (Chicago: University of Chicago Press, 1987).
[74] Kernell, *Going Public.*
[75] John Zaller, *Nature and Origins of Mass Opinion* (New York: Cambridge University Press, 1992).
[76] Shanto Iyenger, *Is Anyone Responsible?* (Chicago: University of Chicago Press, 1991).
[77] 有关这一点的深入讨论和解释，可参见 W. Lance Bennett and Jarol B. Manheim, "The Big Spin: Strategic Communication and the Transformation of Pluralist Democracy," in *Mediated Politics: Communication in the Future of Democracy,* eds. W. Lance Bennett and Robert M. Entman (New York: Cambridge University Press, 2001), 279–298。
[78] Robert Dahl, *Democracy and Its Critics* (New Haven, CT: Yale University Press, 1989). 34
[79] Thomas S. Mulligan and James Rainey, "Zell Closes Deal for the Times," *Los Angeles Times,* December 21, 2007: A.27.
[80] Ibid.
[81] www.editorsweblog.org/newspaper/2010/03/los_angeles_times_runs_front_page_ad_for.php. Accessed July 30, 2010.

[82] Thomas E. Patterson, "Doing Well and Doing Good" (Kennedy School of Government Working Paper No. 01-001, December 2000), page 3. Available at SSRN: http://ssrn.com/abstract=257395, doi:10.2139/ssrn.257395.
[83] Ibid., 4.
[84] Center for Media and Public Affairs study, www.cmpa.com/factoid/prevyrs.htm.
[85] James F. Hoge Jr., "Foreign News: Who Gives a Damn?" *Columbia Journalism Review* (November/December 1997): 49.
[86] Ibid.
[87] Neil Hickey, "Money Lust: How Pressure for Profit Is Perverting Journalism," *Columbia Journalism Review* (July/August 1998): 32.
[88] Ibid., 33.
[89] Ibid., 32.
[90] *Columbia Journalism Review* (May/June 2007): 15.
[91] Hickey, "Money Lust," 7.
[92] W. Lance Bennett and Shanto Iyengar, "A New Era of Minimal Effects? The Changing Foundations of Political Communication," *Journal of Communication* 58 (2008): 707–731.
[93] Lawrence K. Grossman, "Does Local TV News Need a Nanny?" *Columbia Journalism Review* (May/June 1998): 33.
[94] Ibid.
[95] "Ticker," *Brill's Content* (July/August 1999): 143.
[96] Center for Media and Public Affairs study reported in Richard Morin, "An Airwave of Crime: While TV News Coverage of Murders Has Soared—Feeding Public Fears—Crime Is Actually Down," *Washington Post National Weekly Edition* (August 18, 1997): 34.
[97] Ibid.
[98] See Mark Fishman and Grey Cavender, eds., *Entertaining Crime: Television Reality Programs* (New York: Aldine de Gruyter, 1998).
[99] Morin, "An Airwave of Crime," 34.
[100] Daniel Lazare, "The Upside to a Downturn," *Columbia Journalism Review* (May/June 1991): 56.
[101] Quoted in James Brooke, "The F.C.C. Supports TV News as Free Speech," *New York Times* (May 3, 1998): 27.
[102] Robert McChesney, *Rich Media, Poor Democracy: Communication Politics in Dubious Times* (Urbana: University of Illinois Press, 1999).
[103] Grossman, "Does Local TV News Need a Nanny?" 33.

第二章　新闻故事：四种重要的信息倾向性

把自己的叙事方式强加于某事是作家常做的工作。你把一堆材料加工成文字，就是把自己的叙事方式强加于某事。作家必须这么做。同样，记者的义务就是要假装他们从来不这样做。记者声称，相信故事会从这些材料里自然而然地产生，就像沼气从潮湿腐败的植物中自然产生一样，升腾而起，扑面而来。

——诺拉·埃芙隆（Nora Ephron）

虽然我们总在讲什么意识形态和能力问题，但实际上，我们从来不是根据这两项标准去评判总统的。真正起决定作用的是我们的看法，或者说是我们脑海里的幻象，也就是说，我们认为这个人是影响局面的，还是被局面影响的。现代意义上的总统职务感觉就像电视连续剧《糊涂侦探》（*Get Smart*）一样，讲的是失控与控制。

——迈特·白（Matt Bai）

……入主白宫刚一年，奥巴马就已经失去了关于自己的政治叙事主导权，已经没有能力按自己的方式讲述自己作为总统的故事。

——理查德·史蒂文森（Richard Stevenson）

36 如果你从始至终关注关于2008年总统大选的报道，就会发现，奥巴马的胜出有点出人意料。早在初选没结束的时候，恨不得全国各地所有媒体都已经宣布肯定是希拉里·克林顿胜出了——不仅仅是获得民主党提名，简直就是已经稳坐白宫了。《周六夜现场》（*Saturday Night Live*）节目曾经播出过一个关于候选人辩论的讽刺短剧，剧中有这样一幕，主持人对其他候选人说："你们可以离开了，因为媒体已经宣布希拉里获胜了。"媒体之所以得出这个结论，主要依据是竞选初期各种全国性的民调结果。其实，那时大部分选民对于到底要选谁还没有一个明确的想法。后来希拉里·克林顿丢掉了艾奥瓦州的初选，结果她失去领先地位的事实又被媒体添油加醋，变成了下面一条戏剧性的新闻故事："希拉里·克林顿大选之路困难重重。"竞选新闻就是这样以一种戏剧化的方式继续……

每个美国人都知道，总统大选的报道跟赛马报道没什么不同，在整个过程中，记者所做的就是猜测谁输谁赢（结果很多真正能帮助选民做出决定的重要信息反而没被报道）。其实早在现代新闻体系出现之前，在安德鲁·杰克逊（Andrew Jackson）时代，这种赛马式的报道就已经存在了，不过那时有关选举的消息需要通过口口相传的方式传递到边境小镇。[1]科学化民意调查的出现，加上人们对全天候新闻的需求，即便是在完全没有新闻发生的时候也不能停止新闻播报，使得今天的竞选报道已经沦为一种无聊的新闻公式，不再关注候选人的政见以及选民的真正关切。其实，记者自己也意识到这种报道方式的弊病。美国国家公共广播电台分析员考奇·罗伯茨（Cokie Roberts）在总结2008年大选报道时说："甚至民调专家自己都说，不要太关注谁输谁赢，而应该更多地关注其他问题……但我们就是没有办法不去谈输赢。"[2]

竞选就像赛马场赌输赢，如果说这就是大选报道的正常方式，那我们每次在竞选报道中更多展示的就是与竞选活动本身无关的候选人的个人故事。实际上，很多竞选新闻都是些道听途说的小道消息，来源就是候选人的竞选班子成员，他们成天挖空心思地到处打探竞争对手，希望选民对竞争对手的爱国心、性格以及个人历史等等产生怀疑，从而达到搞臭对手的目的。2009年至2010年间，围绕"医保改革法案"的辩论，"茶党运动"兴起并渗透到2010年中期选举。当时，社会上流行这样一种说法，医保法案的支持者不是社会主义者就是纳粹分子，反正都是想要"搞死你奶奶"

的死亡专家组（参看本章“案例研究”）。这些故事越讲越热闹，越讲越极端，最后竟然成为每天不可或缺的新闻主菜。甚至当竞选班子里的媒体策划团队不给记者提供新鲜素材的时候，记者也无法消停，索性自己行动，补充点旧材料，再杜撰点新内容，反正得保证新闻供应不能中断。

戏剧化元素和热闹的公共舞台使得政治不再只是照本宣科式的表演和令人头昏脑涨的政策细节，而变得生动有趣。但是，许多批评家认为，由于需要不间断地提供碎片化的新闻，媒体必须彼此竞争，想方设法争取公众的注意力，已经失去了对新闻平衡的控制，对什么才是问题的重点失去了自己的判断力。一位资深的媒体评论家在博客中这样写道：“媒体无视问题的关键、痴迷竞选表演的短视行为是在给公众帮倒忙。”[3]另一位评论家则指责说，媒体让陈腐的竞选表述充斥版面，没能担负起作为全国性政治交流的裁判和平衡力量的神圣职责。“……我觉得，哪怕评论员还有一 37
点点儿真正的媒体精神，他就应该多花点工夫了解一下一项特定的法案是如何影响美国人的日常生活和公共政策的，而不是仅仅告诉我们这个总统是如何成功地把法案贩卖给那些墙头草的，要是一个评论员能做到这样，我就觉得他很了不起。我的看法就是这样，我坚持这么认为。”[4]

在讨论这个问题时，我们应该明确，讲故事本身并没有什么问题，绝对没有。对我们而言，选举可以说是全国上下最重要的一个讲故事的场合，在这样一个时刻，候选人的存在正好可以帮助我们认真反省：作为一个民族，我们捍卫的是什么，我们面临的挑战是什么，我们的国家将向什么方向前进，谁将带领我们走向未来。但是，如果在这个时候，人们听不到候选人的声音，而只听见记者的聒噪，或者，如果记者讲述的都是些稀奇古怪的事情而不是更加客观中立的观点和内容，那结果会怎样呢？最可能的情况就是，希望看到更理性讨论的那部分公众转身离开了，而那些只想找点乐子或者寻求极端立场的公众留下了。

有趣的是，记者在似乎无法把握新闻平衡的时候，反倒真切地意识到新闻叙事方式的重要性。但他们又往往认为故事在某种程度上与他们的报道没有关系（与诺拉·埃芙隆在本章引言中的观点呼应）。所以，这两种情绪混杂在一起，感觉好像他们总是在追着自己的故事跑。新闻类博客甚至是主流媒体的新闻报道都会经常关注这样一个问题，那就是，清晰的政治叙事对于执政是如何重要，所以，就像《纽约时报》记者理查德·史蒂文森谈到奥巴马总统的故事一样（本章开头部分选取的最后一段引语），要是失去了对政治叙事的掌控，其政权统治就岌岌可危了。[5]奥巴马第一次发表国情咨文演讲之后，新闻焦点都集中在他的失言上。《华盛顿邮报》记者杰森·霍洛维兹（Jason Horowitz）曾经写过一篇文章，内容就是关于媒体如何揪住总统的表述方式大做文章。这篇文章的题目是《关于奥巴马的叙事给他的总统故事蒙上阴影》。文章开头举了很多例子，比如《华盛顿邮报》"……把奥巴马的国情咨文定义为'努力为第一年的履职经验定调'；四月份，《赫芬顿邮报》发表了一篇《重新认识奥巴马的叙事方式》；又比如说……《纽约时报》专栏作家莫琳·多德（Maureen Dowd）在一篇专栏文章中表示很奇怪，一个讲故事的高手怎么会'无法控制关于自己的叙事'。哦，天哪……诗神缪斯，告诉我，当马克·霍尔珀林（Mark Halperin）在他的博客上写下'时事评论员（媒体）的叙事方式于奥巴马不利'时，他该有多沮丧啊！"[6]

从上面的例子我们可以看出媒体并不仅仅是在关于竞选的报道上总想按自己的方式讲故事，在医保以及奥巴马政府推行的其他议题上，记者也都想掺和一把。不过，因为选举关乎候选人要对更美好的未来做出承诺，所以竞选报道，尤其是对于过去没有把柄被抓住的候选人的报道，就多少有点完全不受现实制约的感觉。这跟大选之后各机构如何运作、参政议政的报道还不一样。日常的政策报道在某种意义上更容易受到我们在第一章
38 提到的"新闻导向指征"的制约：媒体要根据可能影响政令决策结果的权力平衡来选择消息来源和新闻导向。但是，即便在这类例行公事的政策报道中，记者也经常会挑一些与权力斗争有关的个人故事来讲，而且最关注的就是输赢。所以，奥巴马执政的头几年，媒体一直纠缠于什么奥巴马的政治叙事方式失控、执政受到影响、是一个政治失败者等话题。一旦执政者被贴上了失败者的标签，执政就真的变得愈发艰难了。

所以，整个国家的大众传媒就是这样，看起来新闻报道丰富多彩、热点不断，但真正复杂的社会现实却很少受到关注。选举到底如何进行，政策如何被制定出来，又落实得如何，这些问题的答案很难预测。有效的表达和有效的管理之间有多大的联系呢？这个问题很耐人寻味。通过本章的分析，我们知道：如果在涉及实力和远见（或者是希望和变化）这样的问题上没能用一种引人入胜的清晰故事来表达，就很难实现有效的管理。但

是，掌权者想要达到有效表达的目的，也是困难重重，因为他们的对手总是伺机在新闻中坏他们的事，而媒体总在不断寻找新的故事。但是，讲一个好故事并不意味着这个故事就真能站得住脚。所以，在新闻中有一种好的政治表达也并不意味着就一定能实现好的统治。人们对新闻总是抱有一种幻想，认为政治人物一定会竭尽全力美化自己在某一问题上的观点和态度，以赢得公众的注意力，而媒体的责任就在于帮助公众尽早看清事实，明辨是非，而不是等到那些动人的辞藻最后被证明是对社会、政治、经济或环境现实的拙劣描述。但问题在于，媒体为了追求轰动效果，往往更关注故事的戏剧性而非故事的可信度和重要性。

不管是在报道医改问题大讨论这样的政策冲突，还是像2010年石油泄漏那样的重大自然灾害，又或者是围绕这些问题而进行的选举，媒体总是试图在新闻中反映某种叙事方式的特征。我们认为，正是新闻报道方式的结构性特征造成了新闻的某些信息倾向性。需要注意的是，我们经常会听到关于所谓记者的意识形态偏见的讨论，而这些更深层次可能也更重要的信息倾向性反而被淹没其中，无人关注。

正确看待新闻倾向性问题

许多人都把信息体制的问题归咎于记者本人的意识形态或党派倾向性。民意测验显示，大多数人认为记者在采写新闻时甚至没有把事实搞清楚，就把自己的政治倾向性放进新闻中。而且，持这种观点的人越来越多。根据皮尤民众与媒介研究中心（Pew Research Center for the People & the Press）所做的民意调查，过去的20年间，公众对于新闻的看法有了很大的变化。20世纪80年代中期，尽管公众对于新闻机构的信任已经开始大幅下降，大多数人（55%）仍然认为在大部分时间媒体至少能够把事实搞清楚。到了90年代后期，只有37%的人持这种看法。同时，人们对于新闻公正的信任度在20世纪末更是令人震惊地下降到27%。[7]新闻公正指的是人们相信新闻机构对于新闻事件双方的报道都是公正的。“9·11”事件之后，新闻报道普遍呈现出一种爱国主义基调，但认为新闻存在意识形态偏见的人群比例出人意料地降到50%以下，这也是多年来的第一次。后来，随着新闻逐步回归正常轨道，政治人物和评论家对媒体的批评也越来越多，到2005年，认为媒体存在偏见的人群比例又上升到60%。[8] 2010年的一次调查显示，55%的受访者相信，跟政治献金相比，媒体意识形态倾向性是更为严重的问题（钱的问题一向都被认为是个大问题）。[9]

民调结果确实证明记者比一般人更倾向于自由主义。[10]但传统观点的错误在于，它假定记者个人的政治倾向性一定会反映在他们的新闻报道中。在一个实验性研究中，记者被问到他们会如何报道一个假定的新闻事件，结果证明，记者自己的意识形态很少会影响他们的职业判断。[11]事实上，记者也不可能在这种他们想怎么报道就怎么报道的假想状态下工作。因为新闻机构要进行把关，保证新闻的平衡和公正，大部分记者不可能总是让那些充满个人意识形态的东西通过编辑和老板这道关。这其中有一些例外，但并不多，比如福克斯新闻（FOX News）标榜的就是保守派观点，而微软全国广播公司（MSNBC）宣称的就是自由主义，这都是它们有意识突出自身特点的结果。

总体而言，对媒体来说，吸引眼球要比凸显政治色彩更为重要。我们来看两个案例，比较一下媒体对两任总统的报道有什么不同。这两个案例都与“自由主义思想的记者”理论相悖。第一个案例是媒体对于里根执政时期（1981—1988年）的新闻报道。观察家普遍认为，这一阶段媒体对里根和他的“共和革命”的报道总体是正面的，即使有时记者想做一些批评报道，也经常会被白宫的新闻管理技巧和里根自己与媒体交好的个人魅力所弱化。因此里根赢得了“伟大的交流家”和“特弗龙总统”① 的称号。相反，比尔·克林顿在任期间（1993—2000年）跟媒体的紧张关系可以说是创下了新闻史之最，他本人也遭遇了有史以来最具敌意的媒体报道。克林顿的媒体关系与里根时代的大不相同：一是没有建立适当的日常交流机制，二是把记者排除在白宫每天的工作和生活之外，我们将在第四章对此进行详细讨论。

乔治·W. 布什（小布什）则经历了新闻戏剧的全部喜怒哀乐。从“9·11”事件之后到伊拉克战争的头几年，大部分主流媒体对于布什政府

---

① “特弗龙”原为不粘锅材料，这里指批评和负面新闻对其不起作用的政治人物。——译者注

的报道是严格按照政府意图执行的。成功的新闻管理也使小布什的公众支持率达到了历史新高。风头最盛的时候，他乘坐的直升机降落在“亚伯拉罕·林肯号”航母上，他得意扬扬地从直升机里钻出来，宣布取得对伊战争的一次重大胜利，这个镜头好像电影《壮志凌云》里的场景，媒体对此也进行了好莱坞式的新闻报道。但是好景不长，由于政府在卡特里娜飓风灾害中施以的人道主义紧急救援的力度不够，加上国会里的民主党人对伊拉克国内混乱局势的指责不断增多，反对声音高涨，有关他的负面新闻不断，形势急转直下。

这种反复无常的新闻态势无法用意识形态倾向性这个理由来解释。新 40
闻职业道德准则的核心就是公正报道，不可能允许记者把个人倾向带进新闻。由于面临巨大的经济压力，很多媒体不得不报道更多具有轰动效应的新闻，因此在有些地方，这一准则有些弱化。而对于某些媒体来说，比如福克斯新闻，政治倾向性本来就是一种成功的市场运作模式。总的来说，即便在记者有失公正的时候，还有编辑来帮助修正。在一个庞大的、试图以中立的产品适应市场需求的新闻行业中，记者只不过是一个小小的齿轮。就像新闻学者埃弗利特·丹尼斯（Everette Dennis）说的：

> ……对于媒体来说，利润才是最重要的。新闻越来越受到市场力量和消费者细分的影响。如果报道不够公正或者存在偏向，不管出自有意还是无心，都可能失去部分观众，这对于新闻机构来说是毁灭性的。更重要的是，发行商、公司管理层和集团大老板绝不会允许这种情况发生。据我观察，他们仍然是主宰这个行业的大佬。[12]

如果是这样，那么关于新闻从业者在新闻报道中存在明显政治倾向的看法是从哪里来的呢？首先，在涉及政治和价值取向的问题上，倾向性的存在往往是见仁见智的事情。调查显示，中间派一般认为媒体是基本中立的，左派经常抱怨媒体太过保守，而右派则认为媒体有左倾倾向。[13]由于长期以来保守派对于所谓自由主义媒体的批评比较多，所以强化了人们关于媒体意识形态倾向性的看法。30 多年以前，理查德·尼克松（Richard Nixon）曾指责新闻界在报道越南战争时更偏向于自由主义和左派活动分子，而对于支持他的“沉默的大多数”的意见置之不理。这之后的很多年，右派继续高举声讨媒体倾向性的大旗，以至于主流媒体甚至很少出现左派的声音。比如，媒体批评家诺姆·乔姆斯基（Noam Chomsky）的声音就很少出现在主流媒体上[14]，而“自由主义媒体”成为一个大家公认的无可争辩的事实。

虽然说保守主义者更喜欢公开批评媒体，但其实对媒体的指责左派和右派都有。而且，左右两派还都收集了大量证据来证明自己的观点。读者如果有兴趣，可以自己比较一下左右两派对于新闻媒体的批评。代表保守派利益的“准确报道”（AIM）的网址是 www. aim. org。而代表自由主义利益的“公正和准确报道”（FAIR）的网址是 www. fair. org。

我们确实会看到新闻报道在政治上左右摇摆的情况，但这种摇摆更多是由于政治权力的平衡在保守阵营和自由阵营之间不断变化的结果，是新闻导向指征原则投射在新闻事件上形成的。这种政治上的摇摆大都能从记者意识形态之外的因素中找到答案。[15]埃弗利特·丹尼斯总结说，关于新闻政治倾向性的争论是“重复和无意义的”，他说：“新闻机构秉持的是中
41 间立场，绝对是。”[16]关于这一点，我想再加一句，那就是，随着政府的更替，政治矛盾的反复摇摆这个中间立场的含义也在不断变化。所以，20 世纪 60 年代，“中间”的概念可能偏左一点，最近这几年，这个“中间”已经有点偏右了。而这种摇摆更多是因为华府内部的权力制衡，而不是所谓美国媒体长久以来的政治倾向性。

政党报刊有什么问题？

即使新闻政治倾向性的现象确实存在，那我们也应该对此持欢迎的态度。早在 19 世纪商业报纸出现之前，具有党派倾向性的新闻非常普遍。实际上，我们现在所宣扬的媒体公正与我们的国父们当年建国时所设想的媒体角色已经相去甚远了。按照托马斯·杰斐逊（Thomas Jefferson）的设想，一个社区应该有很多不同党派倾向性的新闻资源，当然并不是说一个人要看完所有的新闻资源才能找到自己认为的平衡点。半个世纪以前，著名的哈钦斯委员会关于美国媒体的报告（Hutchins Commission report on the American press）就曾经探讨过这样一幅场景：在一个各种具有党派倾向性的信息并存并互相竞争的社会环境下，公众的意见如何达成一致。

不是说公民必须订阅所有的地方杂志，相反，每个人只需选择与自己

观点吻合的那些来阅读，但是在每个乡镇，因为相对简单的社会结构和丰富的社会交往，不同的观点得以在面对面的场合下碰撞与交锋，值得期待的是，就在这种地方性的言论自由市场里，真理越辩越明。[17]

哈钦斯报告明确指出，我们现在生活的社会环境已经与过去全然不同了。早在50年前，那种具有明显党派倾向性的新闻彼此竞争的情况就已经不存在了，而人们生活的环境也不是过去那种联系紧密的社区，不可能就某一问题进行充分的思考和辩论，然后得出一个对形势更为充分的理解。不管是好是坏，现在的新闻已经采取高度统一的形式，以一种中立的形象呈现，人们需要自己从中得出他们个人化的观点，而在这一过程中，他们基本上没有机会与跟自己意见相左的人进行任何思想的交锋和碰撞。

哈钦斯委员会还认为，建国之初的新闻业是民主模式，这是美国立国的基础，但发展到今天，现代新闻业被赋予了更多的责任。特别是，人们认为媒体应该担当起挑战“主流观点”的重任，因为一个观点之所以成为所谓的“主流观点”，只是被政府或利益集团利用和宣传的结果。新闻媒体就应该跳出樊篱，更多地报道那些很少有机会跟大家交流的团体，倾听它们的诉求。但不幸的是，在大部分情况下，媒体并没有担当起这一重任。结果，在很多重要问题上，那些本应该出现在新闻中的丰富的思想和观点都没有出现，所以人们也无从了解这些思想和观点，利用它们帮助自己真正理解问题，更别说经过讨论和思辨，达成一致意见了。

媒体所做的更多的是痴迷于发现最有戏剧性的故事（往往也是被粉饰得最完美的故事），而非专注于对事件进行更深层次的探究，这种做法导致了主流媒体的信息雷同。例如，有研究人员比较了五个国家的新闻机 42
构，其中，美国的媒体在世界上自由度最高——至少在新闻报道中，美国记者受到的限制比其他国家的同行们要少得多，但是在被问及面对一个假定的新闻事件会如何展开报道时，他们的选择差异也是最小的。[18]

一种不同类型的倾向性

本章我们将要讨论的新闻倾向性没那么显而易见，是一种更深层次的倾向性，那就是，媒体往往比较热衷报道新闻事件中戏剧化和个人化的故事，而非新闻事件所映射的复杂的政治现实。由于对新闻人物个人以及戏剧化情节的过分关注，所以媒体对政治事件的报道显得零碎和混乱。观众经常被吊足胃口，等着每天的新闻故事更新，结果等到的都是些鸡零狗碎：这儿动乱了，恢复秩序了，那儿出现了异常情况，局面被控制了等，而不是认真解读新闻事件背后的政治意义。

我们来看一个案例。美军入侵伊拉克不久，布什总统乘坐直升机降落在航空母舰上，宣布“使命完成”，对于这样一个具有标志意义的时刻，一家媒体这样报道：

昨天，载着布什总统的“维京号”（Viking）在停泊在加利福尼亚海岸的“亚伯拉罕·林肯号”航空母舰上降落，总统的形象再次被提升到一个新的高度。布什身穿橄榄绿的战服战靴，左臂随意地夹着头盔，从驾驶员座舱中走出，他与水手们互致军礼的时候，他的弹射吊带紧紧裹着他的罗圈腿，他大摇大摆地走来，有一种电影《壮志凌云》的既视感。[19]

此后，接连好几个星期，电视新闻一遍又一遍地回放这个画面。总统的人气一下达到历史顶点。这种表述的唯一问题就在于，那时伊拉克战争正在逐步升级，而“使命”到现在也没有完成。

我们来设想一下，关于这个直升机在航空母舰上降落的消息，新闻媒体还有没有其他的处理方式。新闻框架理论（framing）指的是新闻报道选择某一个或某些个主题加以强调，把它（们）与故事的其他要素联系起来。新闻框架会吸引我们的注意力，就像一个相框会让我们把目光集中于相框里面的内容一样。新闻框架就是将场景、人物、行动以及相关的证据支持等内容放置在主旋律之下，并赋予这些内容深意。[20]

其实有很多种新闻框架可供媒体选择，比如，布什此前的军队背景很复杂，疑点很多，现在他却要摆出一副好莱坞“壮志凌云”的模样，这两者联系在一起多违和啊，媒体可以在报道中指出这一点。但媒体却普遍把最戏剧化、最具视觉效果的情节主线个人化。于是，总统就以“壮志凌云”的形象出现了，而且，在像极好莱坞大片的那一瞬间，战争好像真的结束了。以这种新闻框架进行报道，有些事实就被排除在新闻以外了，人们也就很难从新闻中看到它们：战争仍然在继续——总统本人也是这么说的。

43 这种简单化的新闻框架并不关注复杂的事实，而更关注戏剧化的表达方式、个人化的情节以及夸张的情感诉求。所以，关于“使命完成”这一基本新闻框架搭建起来以后，政府再宣称解放伊拉克的使命已经完成，或者这场战争是反恐的明智之举等，人们就很难提出质疑了。这种新闻框架的选择使得事件的表象（直升机在航母上的降落）和深层次的现实（伊拉克地面的真实状况及其对恐怖主义的影响）严重脱节。

其实新闻本可以把关注点放在好莱坞式的情节背后，揭露政府是如何雇用电视导演和公关专家来影响公众看法的，也就是过去我们常说的如何“宣传”的。但是，媒体却无视新闻舞台背后的故事，只突出了白宫精心设计的新闻舞台，总统则成为明星。好莱坞影片似的瞬间也为经典的新闻桥段“权威-失序”呈上了完美的终结篇：权威承诺让一切回归正常——“使命完成”。

随着时间的流逝，人们逐渐发现，政府提供的新闻框架与现实情况有很大的出入，美国士兵在伊拉克的伤亡不断，伊拉克国内的局势也持续动荡。这时，一些记者试图从白宫主导的新闻框架中跳出来，给公众展现更多、更现实的画面，都被指责为自由主义倾向、不爱国。最后，当事实再也无法掩盖的时候，政府干脆简单地把新闻框架重新设定为：“萨达姆·侯赛因是一个十恶不赦的大坏蛋，没了他这个世界会更美好”，或者“你是愿意在本土打击恐怖主义呢，还是愿意在异国他乡打击恐怖主义呢”。民主党显然是担心，当时总统的支持率很高（高支持率的部分原因也是因为媒体没有提出质疑），如果它站出来对总统提出质疑的话会引起民众的反对，因此也没敢站出来让媒体有机会听到更多质疑的声音。所以，从2002年9月到2003年2月期间，美国广播公司（ABC）、全国广播公司（NBC）和哥伦比亚广播公司（CBS）所播发的414篇关于伊拉克战争的深度报道中，只有34篇提供了白宫以外的消息源。[21]

公众会怎么想？在本书第一章开头我们曾经指出，民调显示，在伊拉克形势恶化之后的好几个月里，大部分公众还相信从电视新闻上看到的那些内容，支持政府设置的新闻框架。后来，伊拉克的局面越来越混乱，政府里的反对声音才逐渐浮出水面，媒体也才敞开新闻的大门，引入更多不同的声音。但是，新闻框架的突变存在一种风险，会让公众有一种上当受骗的感觉，从而变得更加无所适从，不知道该相信什么了，这也是公众越来越愤世嫉俗，对政府和政治越来越失望的原因之一。[22]讽刺的是，记者们一方面抱怨每天的报道内容都是政治作秀，另一方面又似乎找不到更好的报道方式，帮助公众更多地参与到政治生活中来。所以，许多人极力避免参与政治，遁入一种更为个人化的媒体世界，一位观察家把这种个人化的媒体世界与当今社会上的封闭社区或是郊区的世外桃源相提并论。[23]

44 传播学学者仙托·艾英戈（Shanto Iyengar）总结新闻框架的倾向性时说，新闻大多数是“情节式新闻”而不是“主题式新闻”。“情节式新闻”把记者和受众空投到一个已然的情境当中，关注的是矛盾冲突中的人。也就是说，这样的新闻是个人化、戏剧化、支离破碎的，它所讲述的故事无外乎社会秩序的井然和混乱。与此相反，“主题式新闻”则突破眼前的戏剧场景，挖掘新闻事件的根源，剖析更深层次的社会、经济或政治背景。艾英戈的研究表明，这种情节式新闻是媒体，特别是电视媒体最常用的一种报道模式，它让人们对世界的了解变得很肤浅。比方说，关注情节式新闻的观众可能会把新闻事件所反映的问题和冲突归咎于中心人物，而不是反思造成这些问题的社会、政治或经济的根本原因。[24]

艾英戈认为，新闻是造成人们对社会问题的认识变得肤浅的原因之一。如果人们把从一个国家的贫穷、犯罪到世界范围的人口爆炸和战争等，都归咎于某一个“个人”，那么政治人物和选民就不可能通过公共传播过程寻求解决问题的方案。所以，大部分新闻的问题就在于，当个人化、戏剧化元素的运用使报道脱离了大的社会、历史或政治背景，新闻就无法为受众了解事件真相并进行思考提供基础。在这种情况下，某种形式的“权威-失序”情节往往就替代了对某一事件深层次的解读。

为什么现在能够鼓励公民政治参与且富有创意的新闻那么少呢？本章从各种信息倾向性入手，近距离观察新闻内容，结果发现，正是信息的各种倾向性一叶障目，使得人们看不清日常事件背后的大背景，因此新闻很难为公众的行动提供指南。最具讽刺意味的是，新闻意识形态倾向性的危害远比我们所认为的小，但许多美国人却为这样一种新闻倾向性陷入无休无止的争论。而当人们把注意力集中在记者的政治倾向的时候，很少有人关注其他真正值得担忧的信息倾向性。在本书的其余部分，我们将深入了解美国的公共信息体系。所幸，拼图所需的所有图板都摆在我们面前。虽然有着种种缺陷，新闻依旧是公共产品，我们能够毫无障碍地研究和审视政府的新闻办公室、媒体以及公众的反应等等。这个体系的优点正是在于它的开放性，而开放性也许是拯救新闻命运的最后一根稻草。这一点我们将在本书后面的章节讨论新闻改革问题时涉及。

四种重要的信息倾向性：概述

我们对公共信息质量的期望很高。在我们的成长过程中，很多人都在历史书上读过有关媒体从业人员捍卫真理和言论自由的英雄故事。我们知道，正是地下出版物的政治言论和反对英国《印花税法案》（Stamp Act） 45
的抗争最终引发了美国独立战争，而“曾格案”① 给人们带来的“事实并非诽谤”的警示历经岁月洗礼，至今仍然掷地有声。这些名垂青史的新闻从业者的目标崇高而坚定：为了美国人民能够享受准确、清晰、独立、具有批判性、启迪心智的政治新闻报道。但如果曾格生活在现在，他可能不会认同现代传媒，若为其效力更不会感到舒服。

不管喜不喜欢，今天的新闻已经变成了批量生产的大众消费品，与历史书中的新闻定义相去甚远了。从电报发展到卫星，再到数码影像，通信技术在不断发展。而技术进步与媒体公司利益驱动的相互作用，创造出一种最普通的、迎合大众、平衡各方利益的信息模式。为什么美国的公共信息并不总能保证促进民主事业的发展？我们可以用新闻的四个倾向性解释这一切：个人化、戏剧化、碎片化、权威-失序的倾向性。

个人化

如果说今天的美国新闻有什么致命问题的话，我觉得应该是整个传媒界弥漫着一种势不可当的趋势，那就是，把所有重大的社会、经济、政治问题简单化、表面化，从个人体验、人生悲剧以及成败输赢的层面进行报道。比如说，不去报道权力本身以及新闻事件的发展，而关注在这些问题上钩心斗角的个人。出现这种现象的原因很多，有时是因为记者担心调查性报道会让受众望而生畏，有时是因为记者觉得相对来说，从人情味的角

① 1735年，纽约出版商彼得·曾格因为发表了抨击英国总督的文章而受审，律师安德鲁·汉密尔顿对曾格进行了成功的辩护，为美国的新闻自由奠定了基础。——译者注

度进行报道比深入剖析事情的来龙去脉更容易。无论关注对象是有同情心的英雄还是无辜的受害者，或者是可憎的无赖、罪犯，媒体对个人化、人情味新闻的偏爱造成了“只见树木不见森林”的信息倾向性，公众很难透过挤在媒体镜头前的众多“演员”看清新闻事件的全貌（或者说体制问题）。

其实，如果富有人情味的报道方式是为了把新闻受众吸引到对问题更严肃的分析上来，个人化这一新闻倾向性就不那么让人担忧了。自古希腊以来，几乎所有伟大的文学作品或戏剧都是通过塑造富有感染力的人物形象来唤起受众的认同和反应，并以此促使他们思考更重大的道德和社会问题。但美国的新闻往往停留在个人故事发展的层面，即使事件本身蕴含什么深层次的经验教训和需要进行反思的社会意义，那也是留给了公众自己去想象。因此，个人化新闻的主要问题在于，没有把对个人的关注与新闻事件更深层次的背景分析联系起来。在英国戴安娜王妃去世的新闻炒作中，有的报道用了这样的句子“他/她就是我们每个人的映射”，这种不知所云的程式化语言就算是新闻分析了。有时，个人化的新闻轰炸甚至已经到了让大多数公众开始厌烦的地步，比如关于克林顿性丑闻事件的报道。即便如此，媒体和政界还是紧紧揪住克林顿个人的性丑闻问题不肯放手。
46 整个新闻界弥漫着一种体制性的倾向，就是把宏观问题个人化，这才是最重要的新闻倾向性之一。

戏剧化

伴随着新闻的个人化倾向，新闻的第二个特点产生了，那就是，在整个新闻事件中，新闻最愿意突出表现的是能被戏剧化处理成简单故事的那些元素。我们在前面曾经谈到，美国新闻最擅长的套路就是讲故事或者说叙事，相比之下，分析性文章、政治辩论或科普类型的报告则很少见。既然是讲故事，当然就要求戏剧化，尤其是故事的中心线应展示个性鲜明的演员。

戏剧化的新闻重危机而轻常态，重现在而轻过去或未来，关注中心人物之间的冲突或关系。新闻戏剧将复杂的政令政策、政府机构运作以及新闻事件中心人物背后的权力问题等都简单化处理。对于这个时代的一些痼疾——不平等、饥馑、能源危机、人口压力、环境恶化、有毒废物和政治压迫等问题，新闻戏剧（其实叫情节剧更合适）缺乏持续的关注与分析。虽然人类面临的这些问题很严重，但从日常角度来看，其戏剧性程度不够，所以构不成新闻，除非有突发的危机出现，满足了“权威-失序”的叙事结构条件，新闻才予以关注（我们将在后面的篇幅讨论）。

对媒体来说，危机是最好的新闻素材，因为只有危机才符合新闻戏剧化倾向的要求。新闻所展现的“危机周期”可谓经典的戏剧大餐：情节跌宕、有始有终、人物形象鲜明。根据其定义，危机往往会在人为努力或人道主义的援助下戏剧般的结束。但是新闻所展现的危机周期只不过强化了人们的一种普遍认识：人类所面临的巨大困难是无法避免的，因此也是可以接受的。[25]当困境“可以掌控”的时候，危机也就算解决了，虽然其深层次的问题仍在持续并不断加剧。有意思的是，2010 年的石油严重泄漏事件并没能促使拖延了很久的环境法案通过，从而解决美国的石油依赖，相反，新闻只是近距离关注了其中某些戏剧化的情节，比如，石油泄漏对当地社区的影响、油井所属的英国石油公司的反应能力以及奥巴马是否掌控了形势等等。

正如个人化倾向一样，戏剧化本身也不是坏事。戏剧可以帮助我们感受历史、科技、政治和人际关系的伟大力量。如果戏剧被用来激发人们思考，就是有意义的。但如果戏剧只被当作一种廉价的情感工具，只表现人的冲突、艰辛、脆弱，或者干脆沦为闹剧，那新闻事件背后所暴露的深层次问题就会淹没在肤浅的情感波动中。戏剧原本具有潜在的启迪心智、释疑解惑的作用，却沦为只能刺激兴奋、愤怒情绪的情节剧，这进一步加剧了新闻的个人化倾向。

视觉手段的运用，如照片、图像和实景视频，使新闻具备了戏剧效果，俨然把新闻变成了真正的戏剧。这些元素的运用不仅使遥远的世界变得更真切，也让新闻显得更为可信。在许多情况下，特别是在电视新闻领域，画面能够帮助记者、编辑决定哪些事件值得进行报道以及如何报道。同样，在新闻制作过程中强调视觉效果原本无可厚非。事实上，有人认为在视觉辅助手段下进行思考是调动身体的各种感官、充分理解和传播社会政治信息的最好途径。但是，确实存在这样的问题：一些重要的新闻因为画面难以拍摄而没有被报道；而一些无关紧要的事件只不过因为视觉效果完美便成了新闻。新闻编辑部有一条不成文的原则，那就是，“先从画面开始，然后才是文字”，我们将在第七章讨论这一原则背后的经济学。之所以我们的新闻显得琐碎，或者缺少与宏大的政治、经济背景的关联性，至少有一个原因就是新闻的选择往往以画面的效果为标准。如果不是这样的话，也许本来故事可以用另外一种方式来讲述。

碎片化

我们在前面提到，对新闻事件个人化、戏剧化特征的关注带来了新闻的第三个特点，那就是，新闻故事之间以及新闻故事与宏大的新闻背景之间彼此孤立，缺乏联系。因此，新闻中的信息就非常琐碎，很难形成一幅整体的画卷。造成新闻信息碎片化的根源在于过分强调新闻中的人物个体，而忽略人物所处的政治背景。戏剧化的报道模式又使新闻事件变得更加孤立。另外，由于担心新闻信息量太大会让人厌烦，所以媒体对刊播版面或播出时间作出严格的限制，这种现象进一步加剧了信息的碎片化。

结果，新闻往往以一种一知半解的、戏剧化的压缩形式呈现在我们面前，使我们难以看清问题的根源、历史意义，或者与其他问题之间的关联。加上媒体经常被重要公众人物的举动牵着鼻子走，而不是基于对事件的独立调查写出报道，受众要搞清楚某一事件的来龙去脉不大容易。另外，因为新闻报道不能提供历史背景，很少解释事情发生的原委，报道给人留下的印象就是，这个世界一片混乱、危机四伏，不知道什么时候危机就出现了，然后不知道什么时候危机又突然消失了。

“权威-失序”的倾向性

不管这个世界是否恢复了安全和正常，甚至不管“一个正常的世界”这一想法是不是本身就值得怀疑，新闻最关注的就是秩序，以及与之相关的话题，比如，当政者是否有能力建立或恢复秩序。为什么这些泛泛的情节结构会成为新闻的中心？答案显而易见：因为它们可以构成各种各样、取之不尽、用之不竭的主题，永无休止地融入个人化、戏剧化、碎片化的新闻情节中。万一恢复秩序这样的情节结构对某一新闻事件来
48 说不合适，新闻报道会立刻调转枪口，拿权威说事儿，比方说，公布一个领导人最新的丑闻，或者为一个有意攻击其政敌的政治人物敞开新闻

的大门。

过去可能还有人会认为（正如本书前几版所做的那样），在衡量“权威-秩序”之间的平衡时，媒体往往更倾向于报道权力机构为“恢复正常秩序”所进行的官方表态，制造出太平盛世的表面现象。政治学家莫雷·埃德尔曼说，一个经典的政治场景就是，当权者站在讲坛中央，充满感情地承诺，危机将得到有效处理（有时危机就是他们自己挑起的）。[26]现如今，当权者依旧在认真扮演自己的角色，但媒体对官员的声明和社会秩序稳定的推论却越来越不买账了。简而言之，自本书前几版出版以来，在有关权威和秩序的问题上，新闻报道的最大变化就是，新闻的着眼点已经不再是值得信赖的权威机构保证平息混乱、恢复秩序了。当然，诸如恢复正常社会秩序的报道还是会时而出现，但越来越多的新闻笔墨集中在那些没有同情心、工于心计的政治人物身上：由于缺乏解决问题的能力，所以身后留下一堆烂摊子。新闻报道的这种变化也许更多是怪政治人物自己，为了制造新闻，吸引公众（短期的）注意力，招致了更多的反对声音。地方新闻干脆进一步简化了“权威-失序”的报道公式，报道的全都是社会的混乱局面。

不管新闻事件本身符不符合“权威-失序”的情节模式，媒体都会想办法让它符合，这很容易办到。墨西哥湾的石油泄漏事件就是一个很好的例子。虽然说石油泄漏并不是奥巴马总统的责任，但他很快就成了新闻的焦点，大家很关心他是不是能够掌控局势，他怎么做才能掌控局势。新闻中“权威-失序”的情节主线有点太过明显，于是《华尔街日报》刊发了这么一篇文章《奥巴马、石油泄漏及混乱局面的认知》，还配发了一张奥巴马站在海滩上，跟工人以及其他官员聊天的新闻照片，照片的标题是《掌控》，照片说明是这么写的：“5月28日，奥巴马总统在福尔雄港（Port Fourchon）视察石油泄漏事件，用行动表明一切都在掌控之中。”[27]由于媒体把这一严重的危机事件的关注点放在总统身上，导致总统的支持率进一步下滑，有民调机构干脆把他与在卡特里娜飓风中布什的不作为相提并论。在稍后的“案例分析”中，我们会具体讨论奥巴马总统如何丧失了叙事的主导权。在剖析奥巴马的新闻形象问题之前，我们先从更深的层次探讨新闻的四种倾向性，以更好地理解它们。

新闻的四种信息倾向性：深层次剖析

造成新闻存在各种问题的根源并不在故事本身，而在新闻讲故事的方式，认识到这一点非常重要。如果个人化或强烈的情感元素被用来帮助公
49 众理解深奥的观点或者引导他们关注新闻事件背后的深层次原因，那戏剧化的表现方式还是有其可取之处的。在本书的结尾部分，我们将重新讨论用什么样的方式来讲新闻故事才能够对公民的政治参与产生积极的引导作用。

在实践中辨别我们以上提到的各种信息倾向性非常重要。本章将通过新闻实践中这四种倾向性的实例，来解释为什么媒体会热衷于寻找符合这些信息模式的新闻。

重新审视个人化新闻

从前面的概述中我们了解到，个人化的新闻是指报道中突出个人，从富有人情味的角度报道新闻，而弱化制度、社会和政治大背景的一种新闻倾向性。随着新闻受众与新闻产品之间变成品牌认知的关系，新闻在个人化的道路上越走越远。比方说，电视节目主播的播报风格，甚至在节目中的形象都要依据市场调查的结果而定，而报纸则要紧跟读者的生活时尚。这种个人化的包装趋势是由那些职业新闻顾问或者说“新闻策划大师”（news doctors）开创的，比如说菲利普·麦克休（Philip McHugh）。麦克休曾说过：“必须强调个人和人情味。电视节目必须要有一个能够让观众感到亲切的主持人……要做到这一点，主持人必须具有非同寻常的人格魅力。”[28]

以电视（对于大部分美国人来说，电视是获取新闻最主要的渠道）为主的大众传媒已经确立了一种新闻报道模式，其特点就是赚钱的、廉价的并且易于生产的。但对于消费者，也就是公众来说，这种模式毫无益处。这种个人化和感情化的倾向在新闻界的地位非常重要，大多数媒体把它当作一条金科玉律。美国广播公司（ABC）的一名执行制片人这么提醒他的下属：

大家都知道，我们《晚间新闻》的节目是要经过筛选的。我们不可能把什么都放进去。为了满足观众的要求，我建议大家用下面这些标准来对节目内容进行取舍判断：

1. “我所处的世界、国家和城市安全吗？”

2. “我的家和家人安全吗？”

3. “如果他们一切都平安无事，那么过去的24小时当中发生了些什么事让这个世界变得更加美好？”

4. “过去的24小时当中，发生了什么事才使我们能够更从容地应对所发生的一切？”[29]

有趣的是，几十年来，这个标准一直都没有什么变化。我们看一下全国广播公司（NBC）《今日》（*Today*）节目制片人乔纳森·沃尔德（Jonathan Wald）在“9·11”之后是怎么说的：“早上醒来，人们希望知道他们身处的世界是否安全，他们指望我们来帮他们确认是否一切正常。”在今天这个到处充满着凶险的新闻时代，对于“我所处的世界是否安全”[30]这种问题，答案可能未必让人觉得安慰，但是新闻个人化的倾向，也就是对“我所处的世界”的强调，依然占据主导。

随便翻翻报纸、杂志，或者听听广播，看看电视，你就能发现个人化新闻报道的例子比比皆是。我们下面举两个例子，一个是关于我们都熟悉的福利制度改革这种政治事务报道，一个是关于政府构成的重要一环——总统的报道。

把政治事务个人化：福利制度改革 在过去20多年里，社会福利问题一直是新闻报道的热点。20世纪80年代早期，里根领导的共和党政府掀起了一场福利制度的革命，也翻开了福利政治的新篇章，当时，在削减穷人和长期失业者福利的问题上，美国两党存在激烈的政治斗争。到了90年代末，克林顿政府主张大幅削减政府福利，抢了共和党的风头。这20多年中有关政策变化的新闻有一个共同特点，那就是，笔墨都集中在个人故事上，包括从“开着凯迪拉克领政府救济”、里根痛恨的救济金诈骗犯，到那些失去福利的穷人们的悲惨经历，以及后来不靠救济、在社会上找到工作的人自食其力的故事。 50

举个例子来说吧，早些时候，《华尔街日报》刊登了一篇关于政府决定停止一项大规模公共就业计划的报道。虽然该报道可以从社会、政治和经济等诸多宏大背景的角度展开，但它的开头却是这样的：

旧金山——第一缕尚带寒意的阳光洒在海特-阿什布里街区（Haight-Ashbury）人行道上，一名清洁工停下脚步，把路边排水沟散落的落叶、垃圾和狗屎扫在一起。“对我们穷人来说，这样一份工作已经很好了。”清洁工说，“有了这份差事，我就能养家糊口。等我把这儿的活儿干完，还可以回家照料我的小女儿，帮她把硬纸壳塞进鞋窠里保暖。我妈妈过去就是这样做的。”[31]

虽然按照新闻写作的习惯，最重要的事情应该最先交代，最无关紧要的事情放到最后再说也不迟，但这篇文章一直到第八段才谈及停止该就业计划可能对社会、政治和经济造成的影响，而且在三段简单的内容之后，文章又开始讲述那个催人泪下的清洁工的故事。

在90年代后期的克林顿时代，福利制度改革席卷整个美国。记者纷纷涌向福利部门办公室和各种职业培训项目，试图寻找与以前不一样的个性化故事。在这一阶段，民主、共和两党在福利制度改革问题上意见一致，所以整体新闻报道的语气很积极，对决策持肯定态度：政府推动改革的做法是正确的。在这一过程中，至少有好几百名穷人当了15分钟的媒体明星。事实上，在他们的故事里，新闻的个人化倾向发挥到了极致，以至于新闻本身也成为他们个人故事发展的一部分，而不仅仅是对个人经历的一种隐形记录。一个德国摄制组采访威斯康星州密尔沃基市的一个妇女，问她该市的一个培训项目给了她什么样的帮助，这位女士对找工作或取得学位之类的事只字不提，反倒大谈“全国广播公司（NBC）《日界线》（*Dateline*）栏目的采访让我受益匪浅”之类的话，还说什么一位社工向她传授了接受媒体采访的技巧。有一位刚找到工作的人录了一段同期声，从罗斯福谈到了当下的“新希望”，可谓字字珠玑。还有一名女性，因为接受了《纽约时报》、美国广播公司（ABC）等多家媒体的采访，高曝光率甚至给她带来了大量的粉丝来信。在《纽约时报》后来的一次采访中，这名女性告诉记者，在从一名接受救济的穷人转变成一个自食其力的劳动者的过程中，最让她感到骄傲的时刻就是她11岁的儿子大声说：“妈妈，你要上新闻了。”[32]

51 **把总统职务个人化** 个人化的处理方式并不仅仅出现在复杂的政策报道中，即使在有关政府机构的报道中，个人化的主题也是被优先考虑的。

其结果就是，我们从新闻中了解的更多的是政府里有哪些有权有势的、光芒四射的个人，而不是政府如何运作。正如帕利兹（Paletz）和恩特曼所说，“重要新闻一般都离不开地位显赫的权力人物的活动，或者，按媒体的设想，最好是这些人的冲突”[33]。

我们来看一个经典案例：媒体对里根在任期间的报道。上任初期，里根提出了不少重要的内政外交政策。然而，在报道这些具有历史意义的举措时，媒体的关注点全都集中于里根个人与国会、政府机构、商界领袖以及外国政府的斗争是“赢了”还是“输了”。这样的主题设置把重大的政治事件处理成了有趣但琐碎的问题，讨论的不外乎里根的个人能力、政治业绩以及他遭受公共尴尬的可能性等等。新闻媒体对里根个人的关注度如此之高，他甚至通过强调他本人在政治决策中的作用，就能够操纵新闻，提高自己的曝光率。

里根的成功并不仅仅得益于他本人的个人魅力和公关能力。正如小布什乘坐直升机在航母上降落的案例告诉我们的那样，电视上的政治角色需要依靠专业的公关团队来策划新闻事件、拟定公关策略，才能在一贯具有倾向性的美国媒体报道模式中占到便宜。戴维·格根（David Gergen）就是最早了解媒体“政治事务个人化”报道倾向的传播策略大师之一。在为克林顿效力之前，戴维·格根是里根的媒体主管，里根能赢得新闻界给他的“伟大的交流家”的雅号，戴维·格根功不可没。戴维·格根认为，政治人物的政治生命取决于他们在新闻中的个人形象是强悍还是软弱。他奉行的原则是“最好的防卫就是进攻”，在白宫精心安排的新闻事件中，他的老板总是占据中心位置。这样做的目的就是要树立总统有能力控制局面的形象，消除那些对总统不利的传言（在第四章的“案例分析”中，我们还将详细探讨有关新闻管理方法的问题）。

在传媒至上的时代，这种权力观已经成为华盛顿政界思维的一部分。比尔·克林顿在任期内就吃过苦头。由于个人丑闻、政策上的党派斗争等问题，再加上没能掌握戴维·格根教诲的精髓，克林顿在许多重大政策的推行上都遇到了麻烦，公众支持率持续徘徊在50%上下。一名克林顿内阁成员这样告诉记者：“一个总统如果总是只有48%的支持率，那每次大的投票都意味着生死关头。因为在这种情况下，你要对付的局面是，这些国会议员们不知道应该拥抱总统还是抛弃总统。”[34]戴维·格根离开克林顿内阁班子不久，克林顿支持的一项重大犯罪法案就被国会众议院用程序性策略给否决了。虽然两周之后，该法案稍加修改后得以通过，主流媒体仍然把第一次国会表决当作克林顿个人的重大失败加以报道。美国广播公司
52 （ABC）记者考奇·罗伯茨同时也是美国国家公共广播电台（NPR）的评论员，法案遭否决的次日清晨，他在接受美国国家公共广播电台采访时说："对于克林顿先生来说，这可不是个好日子。我能听到在媒体旁听席上，记者们都在说什么'惨败''令人震惊的失败'。但我更喜欢你们（NPR）的说法：'令人感到刺痛的失败。'"[35]美国国家公共广播电台又进一步将报道个人化，说总统在随后接受记者采访时表现出"明显地动摇了"的样子。[36]不过，克林顿最终及时调整了自己的媒体策略，在其第二任顺利渡过了弹劾危机。所以，就像所有现代的政治人物一样，克林顿从痛苦的经历中学到了这样一个教训：政治事业的成功不仅取决于个人思想的力量和行政管理的能力，同样也取决于个人的媒体形象。

很少有总统像巴拉克·奥巴马（Barack Obama）经历那么多个人化的新闻报道。随着茶党运动的兴起，对奥巴马的指责迅速在新闻、访谈节目以及社交网络上蔓延，人们说他是社会主义者、法西斯分子等，原因是他支持银行救援方案和医疗改革方案。其中最离奇的个人攻击莫过于对他美国身份的质疑，也就是所谓的"出生地质疑运动"。尽管这些质疑的消息源都是些极端主义分子，但对其出生地的个人攻击还是在新闻上反复出现，持续了一年多的时间，在这期间，一些国会议员也在媒体上煽风点火。据统计，有17名国会议员曾直接或含沙射影地对总统的美国公民身份提出过质疑。[37]（斯蒂芬·考尔伯特曾经调侃说，应该让这些人去证明自己不是一只短吻鳄的非法孙子。）后来，不仅总统本人要出示自己的出生证明，相关调查部门也都出面证实他的确出生在美国夏威夷。据美国有线电视新闻网（CNN）报道，后来夏威夷州州长也不得不出面试图平息这件事情。

琳达·林格尔州长（夏威夷州州长）说："……卫生局局长本人也具有从医背景，他亲自到卫生局的档案室检查了这份出身证明。"她接着说："……总统先生的确出生在夏威夷檀香山市的卡皮欧拉尼（Kapiolani）医院，这就是事实。"

"他的确出生在这里，这一点已经非常清楚。"州长说，"我非常理解

人们为什么一定要确认他的身份，作为总统，宪法要求他必须是真正的美国自然公民……现在这个问题已经提出来，也已经回答过了，我想我们大家应该继续朝前看了吧。”[38]

可惜的是，一旦这种有争议的问题成为新闻话题，人们就开始听到各种不同的声音和看法，虽然有些看法明显是错的，但人们在形成自己观点的时候也会不由自主地被其吸引，认为是有道理的。所以，美国有线电视新闻网在奥巴马 49 岁生日时公布的一项调查显示，在有关奥巴马总统的身份证明文件公布一年之后，仍然有 27%的公众相信他“有可能”或“肯定”出生在别的国家，另外 29%的人认为他“可能”出生在美国，只有 42%的人说他“肯定”出生在美国。[39]

个人化新闻的政治代价　如果新闻只关注政治斗争中的胜利者、失败 53
者、他们的个性以及个人冲突，那么，新闻受众获得的对有关权力及其政治后果的看法就是扭曲的。帕利兹和恩特曼指出：“媒体对权力的解读极为有限……新闻报道强调的往往是表象，政治斗争中愤怒的声音和激烈的斗争场面，以及涉及其中的各类名人——反正只要是充满戏剧性的东西就行。而问题的根本原因和实际影响在新闻中却很少触及，或者说，很容易被忘掉。”[40]不了解权力的架构，就很难理解政治体系实际是如何运作的。所以，在公众的眼里，政治世界就变成了一个神秘的王国，里面的角色要么有足够强大的政治力量呼风唤雨，要么软弱得无所作为。

另外，对遥远的新闻人物进行直接的感情投射可能会造成新闻受众形成自我中心和种族中心的思想。新闻往往给受众造成一种“老子天下第一”的观念，强调的是“我”的安康、“我”的群体和“我”的国家的重要性，而与己不同的社会现实则无关紧要。虽然大多数新闻会平衡地报道正反两方面的意见，但很少能为受众提供解决双方分歧的有效方案。相反，在新闻中，媒体往往喜欢把不同派别的观点描述成截然对立的两面。这样的话，新闻受众若想不费力气地把事情搞明白，就只能选择那些与自己信仰和偏见最接近的事实了，再不然就只能稀里糊涂，搞不清楚究竟谁是对的，或者到底发生了什么。

重新审视戏剧化新闻

记者与编辑总是挖空心思寻找带有戏剧化色彩的新闻事件，并在报道中突出其戏剧化的特点，这种做法在业界已经不是什么秘密了。下面我们来读一读一家主流电视网的执行制片人的政策备忘录，看看他对编辑和记者提出了怎样的忠告，要他们有意识地强调新闻戏剧性的：

> 在不丧失公正和责任的前提下，每条新闻都应该力图体现事件的小说元素或戏剧色彩。新闻要讲究结构和具备冲突，要提出问题，还要有结局，要有情节起伏，要有始有终。这些不仅是戏剧所必备的要素，也是我们叙事中必不可少的。[41]

以上的证据很有说服力，也让帕利兹和恩特曼得出这样的结论："戏剧色彩是定义新闻不可缺少的一个特点。如果一个事件具备了某些戏剧元素，那这个事件就会特别具有新闻价值……当年媒体对于美国官员在伊朗被劫人质事件的报道就是一个很好的例子，虽然伊朗对美国人来说很遥远，但对新闻记者来说并非遥不可及。"[42]人质事件把卡特总统拉下了马，却给新闻媒体制造了源源不断的报道话题。相关报道持续了444天，因为整个事件有太多戏剧性的报道角度，每个角度都能找到个人化的主题和情节：今天事情有了什么进展？人质情况如何？总统尽了怎样的努力来确保他们安全返家？当然，还有一个最重要的问题会让人们每天关注新闻：这件事最后会如何收场？

54 新闻的戏剧化与个人化倾向配合得天衣无缝。毕竟，戏剧是展示个人冲突的绝佳载体。因为可以从中寻求心理释放和力量鼓舞，戏剧可以满足观众伴随人物、情节的发展而产生的各种情感需求。虽然剧中有时也会有普通人的角色，不过那都是匆匆过客，大多数新闻的故事情节是围绕着人们所熟知的官员展开的，他们在新闻戏剧中起着规范剧情的作用。当然，新闻中还有很多有钱人、名人、权力人物和魅力人物，也有威胁这些体面人生活的坏蛋。

我们最熟悉的坏蛋当属那些恐怖分子。但是这些坏蛋是谁呢？他们在新闻戏剧中是如何被塑造成恐怖分子的？关于如何定义他们，世界上没有统一的标准，因为，我们眼中的恐怖分子在别人眼里很可能就是英雄和自由斗士。史蒂文·利乌斯顿做了一项有趣的研究，结果表明，在几乎所有的案例中，对于政治暴力行为，在政府官员把它们定性为恐怖事件、意外事件或英雄行为之前，新闻对此都没有进行界定，而政府官员在界定好人坏蛋的问题上有着他们自己的政治考量。[43]

一般来说，媒体在决定谁将在晚间新闻的戏剧舞台出场时，更多的是考虑这些新闻人物作为戏剧演员的潜能，而不是他们在政治体制中的实际地位。比方说，在美国政体中，总统、国会和最高法院依照宪法享有平等的权力，在现实的政治生活中，大多数情况下也是如此。然而在新闻中，总统的戏份总是最多的，因为毕竟只有一个总统，他的行踪比较容易掌握，并且，想把他固定塑造成某一形象也很方便（他可以是一国国父，可以是抗击敌人、捍卫自由的坚定斗士，或者可以是一个虽有缺点但在某种程度上依旧得到公众支持的领袖），而且，几乎所有的政治场景都可以把他拉上场。除此之外，总统通常愿意把尽可能多的具有戏剧化效果的料"抖"给记者，只要他们愿意刊登或播出，这一点对新闻戏剧来说也很有吸引力。

相比之下，最高法院的法官们"上镜率"就低多了，这主要是因为他们不愿意走到前台面对观众。不然的话，这些凤毛麟角的古怪人物，口才又好，应该也可以扮演很好的戏剧角色。而且，有关法庭审判的信息量也很丰富。问题就在于，最高法院的工作虽然也很重要，但因为不太符合个人化、戏剧化新闻的报道要求，所以最高法院和法官们很少成为新闻主角。如果媒体采取的是另外一种新闻报道模式，那最高法院也许就会与总统在报纸头版上平分秋色了——这样才与它在宪法中的地位般配。

另外，虽然宪法规定国会两院的地位也是平等的，但媒体给予的关注却大不一样。几个颇有名望的参议员在新闻中频频亮相，但是众议院给人的感觉好像是一群无名的乌合之众。华盛顿的媒体观察家斯蒂芬·赫斯（Stephen Hess）指出：

> 依据宪法，参议院有权否决总统签署的条约和总统的任命提名，这一点正对媒体的胃口，媒体喜欢的就是冲突。参议院被认为是总统候选人的孵化器，这些人当然有新闻价值了。但是最重要的一点是，众议员的人数 55
> 差不多是参议员人数的 4.5 倍。就像哲学家戴维·斯多斯基（David Sidorsky）所说的那样，记者的目标就是要把"本来模糊不清、复杂的事件转述成一个简短、具有中心主题、能抓住受众兴趣的故事"。讲述一个连贯的故事，涉及的人物越少，讲起来自然就会越容易、越快。众议院的规模很像《战争与和平》，而参议院则更像《罪与罚》。[44]

对新闻倾向性的逐步了解已经让国会议员们学会了利用媒体。蒂姆·库克指出，原来总是默默无闻的众议院现在也越来越依靠新闻管理来吸引人们对立法的关注，把新闻的聚光灯吸引到他们的政治事业上来。[45]

当记者写作剧本时 罗伯特·达恩顿曾回忆说，他在做记者时，是费了一番周折才学会如何从枯燥的细节中抽丝剥茧、凸显事件戏剧性的。那时他在新泽西州纽瓦克一家报纸的市政报道组工作，曾被派去采访一起报童丢车案。但他把稿子写出来之后，却被编辑退了回来。他的一位同事建议他写得再生动一些，要有戏剧性才行：要把这个男孩对自行车的感情写进去，要写车子被偷之后这个孩子有多伤心，还要写这个孩子打算靠自己的努力再买一辆新车的宏伟计划，就像霍拉肖·艾尔杰（Horatio Alger）的励志小说一样。罗伯特·达恩顿把这个戏剧性的新闻策划跟事实比较了一下，觉得事实跟这个戏剧版本还是挺接近的，于是决定采纳同事的建议，最后，他按照这个模式写出了稿子，就被发表在报纸上了。[46]

《哈珀氏》（*Harper's*）的编辑刘易斯·拉帕姆（Lewis Lapham）早年做记者时也有过类似的经历。他说他曾对市政报道组的一名高级记者在报道日常灾难事故的驾轻就熟表示赞叹。[47]最后，这位前辈向他透露了自己的秘密：

> 在他的抽屉里，除了一瓶波旁威士忌和他写了20年的史诗手稿外，还有一本活页笔记本，里面有五六十篇一般性的新闻报道模板。这些模板按内容类别的字母顺序排列（火灾、凶杀、撞船等），然后每个类别又再细分（火灾——1—警报、2—仓库、3—住宅等等）。模板中相关的姓名、数字、伤亡情况、街道地址都是空着的。就像下面这样："昨天下午________街的________（地方）发生了一场火灾，造成________人死亡和________的财产损失。"[48]

作为新闻界的一项发明，戏剧化的倾向性在地方电视新闻报道中已经发展到登峰造极的地步。随着新闻策划大师们开发了所谓的"动态新闻"（action news）模式之后，不仅新闻的内容专注于社会阴暗面，就连新闻的传输和视觉模式也被苦心孤诣地打造成特定的风格。现在几乎所有的主流媒体都开辟有《动态新闻》或《目击新闻》栏目。动态模式决定了节目的节奏、传输、场景以及演员阵容。对于事件发展动态的关注甚至直接影响了新闻播出的内容和呈现方式。比方说，一个普通的谋杀案有许多种不 56
同的报道方式。我们可以用分析式报道方式，或者用艾英戈的话来说，“主题式”报道方式剖析这个案子在哪些层面反映了与暴力犯罪有关的社会问题（比如贫穷、家庭暴力、失业、酗酒、社会不稳定或者监狱体制的无效等）。但这种报道方式在动态新闻节目中很少被采用，因为这种方式与那些新闻策划大师们奉行的动态新闻理论是矛盾的。在高度竞争的媒体市场，电视台和电台都愿意对像弗兰克·马吉德（Frank Magid）这样的新闻顾问言听计从，哪怕他们的建议真执行起来要花很多钱。据说，马吉德曾经支持利用摄像机逼真的镜头效果，重现杀人犯跟踪受害者的场景，以此构建谋杀案的报道。马吉德说，这种报道模式的好处在于让你觉得“你仿佛真的就在现场”。[49]

戏剧化的新闻更追求情节上的轰动，只能说是情节剧而不是严肃戏剧，只能说是肥皂剧而不是莎士比亚戏剧。人们看完了《哈姆雷特》之后不会感到可怜的哈姆雷特是个真正的输家。如果记者追求的是更严肃的戏剧表现技巧，其结果可能并不会像现在这样令人反感。其实，在新闻选择和呈现事实的方式上有所变化并不需要莎士比亚的天赋。在正统的戏剧中，包括许多电影和畅销小说中，人们能够意识到历史、制度、权力、冲突、隐藏的利益以及意外事件在故事中所起的作用，而在新闻情节剧中，这些因素经常被全部忽略了。

新闻戏剧化的政治代价　戏剧化最直接的后果就是使新闻内容显得琐碎。一种越来越严重的戏剧制作倾向取代了对于重大事件和问题的持续关注。即便新闻戏剧确实反映了新闻事件的某些特质，比如说国会投票的报道，但对戏剧效果的过分强调也往往会让公众转移注意力，不再关注新闻事件本身所具有的更重要、更深远的意义。动态新闻需要的就是事态的迅速发展。盖伊·塔奇曼（Gaye Tuchman）说，长期性的社会问题和政治问题通常会被媒体忽略，就是因为这些问题的节奏太慢。塔奇曼的看法一语中的。[50]从这点来说，新闻戏剧化与个人化造成的结果是一样的。

以情动人和戏剧手法的独特结合使得美国的新闻体系与其他新闻体系相比异乎寻常，同时也把美国人与他们生活的外部世界割裂开来。小说家唐·德里洛（Don DeLillo）在外交事务报道中捕捉到了这种特质：

我认为美国人只有在危机中才能看到外国人。当然，这还必须是美国人的危机。如果是两个并不向美国提供某种特殊商品的国家打起来了，那就没必要让美国公众了解有关这两个国家的知识。但是，如果这个独裁者倒台了，石油供应受到威胁，这时你打开电视机，电视节目就会告诉你那
57 个国家在哪里，讲什么语言，国家领导人的名字怎么读，那里的人们信仰的宗教是怎么回事，甚至你可以把报纸上的波斯菜菜谱剪下来跟着学。我告诉你吧，全世界都对美国这种自我教育的奇怪方式感兴趣。全是电视。看，这是伊朗，这是伊拉克。来让我们把这个单词的发音搞正确。伊-朗，伊-朗人，这是逊尼派，这是什-叶派。非常好。明年我们该认识一下菲律宾群岛了，怎么样？[51]

戏剧化的新闻还会造成另外一个信息困境：媒体在报道的过程中，不是努力挖掘最具代表性的典型案例，而是乐此不疲地寻找极端个案。记者对新闻的戏剧效果孜孜以求，不知道他们是在报道事实还是在创作小说。帕利兹和恩特曼发现，在一条重要新闻里，戏剧性已经成为不可或缺的要素。在对一些自身戏剧性不强的事件进行报道时，媒体甚至会把戏剧元素“移植”到新闻事件上。“说他们编造冲突可能有点言重了，但我们都知道记者一贯善于强调并夸大冲突，并想方设法找到冲突各方的代言人。这样做的原因之一就是为了吸引观众，他们总是担心观众对那些抽象的、专业的、模棱两可或者毫无争议的故事没有什么耐心。”[52]

相对来说，戏剧化的新闻往往情节比较简单，容易把握，并且对行为背后的个人动机提供了一种表面的解读，所以，这种新闻有可能对人们理解和判断真实政治事件造成误导。人们往往以为他们对某个问题有了一定的了解，而实际上他们的理解只是建立在幻想、虚构和神话的基础上。刘易斯·拉帕姆认为，在这种情况下，政治世界完全变成了抽象的概念，“我们满怀热情地讨论那些没人真正看到的事情。我们谈论第三世界，仿佛它真的是一个地方，而不是人们为了方便指代而创造的一个具有象征意义的名词；我们谈论国民经济的齿轮，仿佛它就像自行车上的齿轮一样伸手可及”[53]。情节式的新闻造成人们对世界的一种错误理解，而这种错误理解最终导致的结果就是，在严重的社会问题面前，人们毫无准备，不知如何有效应对。在危机、冲突以及简单化的现实映象面前，人们运筹帷

幄、审慎权衡和敏锐分析的能力渐渐消失，化为乌有。

我们后面会谈到，公众其实并不像传媒专家们想的那样头脑简单，但这个问题现在不在我们的讨论范围之内。没有任何新闻学教程把新闻定义为“受众需要的任何东西，不管这些东西是如何编造出来或毫不相干的”。至少从理论上说，新闻的作用应当是告知公众，而不仅仅是娱乐公众。新闻越来越向戏剧化、娱乐化的方向发展，这种趋势也许表明，一种新的传播形式正在产生。这种正在形成的传播形式可能还是被叫作“新闻”，但如果我们认为传统的新闻定义依旧适用于这种新的传播形式，那我们就大错特错了。比方说，现在很多人把“警察秀”和其他一些戏剧化的真人秀节目也当成是新闻。

在当今的世界里，政治距离普通人的生活本来就已经很遥远，戏剧化的新闻还要推波助澜，最终把公众的政治自觉意识葬送在小说般的虚幻中。关于外交事务的报道如此，与百姓生活密切相关的问题的报道也是如此，比如犯罪的报道。举个例子，一个大城市的电视台花巨资制作了一部
关于暴力犯罪的纪录片，并进行大规模的广告宣传。在报纸和电视的广告 58
文案中，“恐惧”这样的字眼铺天盖地，好像在给一部恐怖片做宣传。也正如广告宣传的那样，这部纪录片报道了大量恐怖暴力犯罪案例以及当地人的反应。新闻采用的都是通俗戏剧和文学作品的表现形式，难怪人们分不清现实与幻想了。一位报纸的专栏作家指出，我们的个人生活已经被戏剧化了：

> 如果一个女人深夜走在城市的街道上，她的脚步声在夜幕中回响，她能不感到自己仿佛置身于布赖恩·迪帕尔玛（Brian DePalma）的电影中吗？我是无法摆脱这种感觉的。我已经养成了一种迪帕尔玛式的条件反射：一听到异常的声音或看到异常的东西就浑身颤抖、眼神不定。小巷里那个像影子一样晃动的是什么东西？是个垃圾袋还是蹲坐在门口的一个男人？如果午夜之后我独自在外，我会觉得周围的气氛都与平常不同，仿佛置身水下一般。我可以听到自己的呼吸、心跳和鞋跟敲在人行道上的咔嗒咔嗒声。独自一人的时候，我总觉得自己是在与恐惧为伍，与自己想象中的幽灵为伴。为什么我转弯的时候，那个男人改变了方向？他是不是就跟在我后面？[54]

成为犯罪受害者的确令人恐惧，但肺癌、贫穷、饥饿、失业、无家可

归、战争、艾滋病和许多其他社会灾难也同样可怕。但就像戴维·阿什德在《制造恐惧》（*Creating Fear*）一书中告诉我们的那样，这些问题在新闻中的出镜率是不一样的，有些问题受关注的程度远高于其他，这其中的决定因素并不在于这些问题就比其他问题更严重、更可怕，而是因为这些问题具备的情节剧元素更多、更集中。[55]犯罪题材可以说是为超戏剧主义表现手法量身定做的。几乎人人都承认犯罪是个严重问题，应该被铲除；几乎人人都同意罪犯是坏人，他们的行为没有什么借口；政治人物谈论犯罪问题也是好处多多，肯定能得到那些被犯罪问题吓到要死的公众的支持；而媒体刊播一些提醒公众防卫犯罪的报道则显得自己是在履行为公众服务的职责。然而这样的结果是，公众对犯罪的恐惧程度要比他们实际上受犯罪影响的可能性高，而纳税人的钱往往白白花在只能解决表面问题、消除不必要的恐惧心理的措施上，却并不会对问题的根本解决产生多大的影响。

以下是戏剧化新闻造成的政治后果：（1）干扰公众对于问题潜在重要根源的关注；（2）从个案的角度对问题进行解释、分析，误导受众；（3）为那些从戏剧角度看很令人满意但从实际操作角度看毫无作用的解决方案提供了更广的政治空间。莫雷·埃德尔曼曾经指出，许多长期以来影响美国和世界人民生活的问题由于不恰当的新闻呈现方式而变得愈发严重。新
59 闻已经成为一种工具，把现实问题变成了政治奇观，阻碍了严肃讨论，却培养了受众渴求速效、戏剧化解决方案的胃口。[56]

重新审视碎片化新闻

剧中人物完全脱离政治背景，然后又被放置在某种令人兴奋而虚幻的主题之中，这样的新闻很难反映整个世界的全貌。[57]碎片化的新闻在戏剧化的窠臼里故步自封，在空间和时间上彼此孤立。这样的新闻给人的感觉好比一套焦点模糊而且还缺失很多块的拼图。即使是焦点清晰了，也只是每一块单独的拼图焦点清晰，不能确定每块拼图的位置，还是没法组成一幅完整的图画。既然信息是这样零零碎碎地传递给受众的，那受众就更觉得应该按自己的理解去解读这个世界了。新闻报道本该向受众提供有关局势的最新信息，但这些信息不是散落得漫无边际，就是被同化成老一套的情节模式。无论是哪种情况，在新闻中，这个世界总是看起来就像由无数

个胶囊事件拼凑而成的大杂烩，每个事件都有各自的情感线索而又彼此孤立。尽管它的每一个部分并不松散，而且从戏剧角度看都是完整的，但整个世界还是显得支离破碎而杂乱无章。古语常说，整体永远大于各个部分的和。但从信息碎片化的角度来看，新闻不是这样。在今天的新闻现实中，整体肯定小于各个部分的和。专栏作家鲁塞尔·贝克（Russell Baker）曾经嘲讽地模仿现代新闻写作，写了下面一段新闻串烧。

> 与此同时，在华盛顿……据称，政府今天……消防队员仍在布鲁克林严重火灾留下的废墟中搜寻……据说有两个国会议员接受了韩国代理商的现金馈赠……虽然他们连续五次败在波士顿凯尔特人队的手中……
>
> 已有17人死亡，几十人受伤……指控说两名参议员，但他拒绝透露他们的姓名……在开罗的街头发动了骚乱……此前她的儿子由于枪杀一名教师被校方开除，这个教师曾经在谈到……白宫随和的处事风格的时候提及过他……关于B-1轰炸机问题的争论就是最好的例证。[58]

由于在分析和批判方面缺少真正的指导原则，媒体在报道中试图体现分析性和批判性的努力无异于痴人说梦。埃德温·戴蒙德（Edwin Diamond）讲述过这样一个故事：一家电视新闻网的制片人去麻省理工学院参加一场关于电视新闻的研讨，这位制片人骄傲地拿出一盘有关经济问题的“分析性”报道录像向众人展示。戴蒙德是这样描述这个报道以及学生的反应的：

> 一上来，主播先向大家问好；然后镜头切换到华盛顿的记者报道最近通货膨胀的坏消息；接着是全国三个不同地方消费者的访谈；然后屏幕上出现了一张美国地图，以及各地生活成本的图表；之后镜头回到演播室，然后又切换到华盛顿记者那里，然后是采访现场的画面和同期声——从国会领袖到内阁官员，15秒的同期声；最后是华尔街的反应……当然接下来就是商业广告了。整个节目的时间是三分钟。
>
> 放映过程中，随着每次镜头的切换，从不同的画面，到声音，到图 60
> 表，那位制片人就会打着响指小声说：“真到位！”她很得意，觉得电视网的活儿干得很漂亮，可是教室里的学生们纷纷举手。这些都是什么啊？这是什么意思？关于现在的经济状况，你们到底想要告诉我们些什么呢？……观众不大懂什么电视技巧，什么图像和声音的平滑切换，他们也不关心这些。所以，当我们从观众的视角将整个录像重新看完一遍之后，

我们不得不承认，这段新闻的确很难让人抓住要领去理解电视制作背后真正的新闻。[59]

上面的例子告诉我们这样一个事实：动态新闻总想放弃故事叙事结构，代之以拼贴画式的报道形式来体现所谓的分析，充其量不过是模仿分析而已。这种拼贴画的方式包含的图像画面很多，彼此却没有什么内在的关联。[60]报纸新闻也是一样：一篇报道在访谈、人物介绍、场景描述、事实信息、情节要素等之间来回切换。比如，我们可以回忆一下前面提到的政府取消就业计划的那篇报纸新闻：读者的思路不得不从一个旧金山街道清洁工的个人故事一下子跳到故事所反映的经济问题。

新闻很少报道问题的发展趋势和历史渊源，因为这些东西很难用简单的故事说明白，所以，很多事情往往是莫名其妙地一下子就发展成了新闻。从新闻中，公众看到的不是一个具有统一连贯性的世界，有着历史、经济和政治的清晰脉络，而是一个专断的神秘力量掌控之下的混乱世界。

碎片化的新闻有其自身的现实性和生命力。故事情节可以独立发展，而如果加进宏大的社会背景，那这部简单的情节剧就会信息超载。因为新闻里的大多数内容至少还算确有其事，这就给这种大杂烩式的报道增添了一丝可信度，当然了，还有很多发生过的事情没有被报道，不过，就不用去管它们了。

新闻碎片化的政治代价 这种报道形式当然有许多“正当的”理由。新闻界的神圣行规不允许记者对新闻事件发表评论或解读，所以不管报道内容之间是不是彼此关联，报道本身只能是孤立的，这也没什么错。而且，官方宣传部门提供的新闻稿很少会劳神地指出新闻事件的矛盾性、复杂性或者所处的大背景。新闻媒体往往只关注当日新闻，报道重点也是每天更新，这种做法正好帮了宣传部门的忙。对新闻事件的后续的更新报道往往只能出现在报纸靠后的版面，在广播电视中，分析性的报道也搭不上黄金时段的班车，只能在没什么新闻的平常日子里拿来充数。

对戏剧性和动态的追求使得新闻事件在报道中被进一步地彼此割裂。因为戏剧化模式的新闻故事有着独立的情节发展和解决方案，若是把这些新闻故事联系起来，就会削弱其戏剧效果，打乱原有的故事节奏。实际

上，剖析新闻事件之间的相互联系会引起人们的不安，让人明白凡事不能 61
只看表面，每个故事背后都隐藏着一个更大的故事。[61]把故事当成新闻报道的基本单位会带来一个令人遗憾的副作用，那就是，挖掘故事之间的联系容易让原来简单而孤立的事实复杂化。相反，如果用其他的方式，比如说从思想或是从理论的角度来呈现信息，就可以通过剖析新闻事件之间的联系使报道做到深入浅出、意义突出。

我们可以举个例子，看看在20世纪90年代的医保大讨论问题上，个人化、戏剧化的报道倾向是如何导致了报道的碎片化，进而影响报道质量的。大讨论引发了公众对于4 000万被排斥在医疗和意外伤害保险以外的美国人生活窘境的关注。但当时的新闻报道焦点并没有放在如何使每个人都享受到新医改方案庇护这个问题上，大部分媒体关注的是些戏剧化的个人故事，比如说，那些已被纳入医保体系的人是否会遭遇政策的变化或不确定性这种让人崩溃的问题。医生、保险行业协会以及克林顿方案的反对者给媒体提供了很多可怕的案例，很快，报道就变成了支离破碎的情感诉求和反诉求。这些零碎而令人恐惧的报道极大影响了人们对于这个方案本身的理解。大规模的集中报道之后，公众对医保问题有了怎样的理解呢？时代明镜人民与新闻中心（Times Mirror Center for the People & Press）（现在的皮尤中心）进行了一项研究，结果表明，在媒体进行了三个多月的集中报道之后，对克林顿政府医保方案的主要内容有所了解的美国人比起方案刚宣布时反而少了。[62]

传播学者凯瑟琳·贾米逊（Kathleen Jamieson）认为，这样的报道偏离了应有的轨道，对真正切实可行的政策出台没有任何帮助，相反却让公众感到了一种威胁，担心自己现有的医疗保障会被取消，担心总统与国会之间的斗争会愈演愈烈。随着反对总统医改方案的声音持续高涨，一些国会议员纷纷提出了自己的替代方案，但也是让人不知所云。就连希拉里·克林顿也因为组织人马完善一项新的医保方案细节而受到攻击。当然，新闻最关注的核心焦点还是集中在总统的领导力和权威上。

关于2010年医疗改革方案的报道也惊人地相似，不过这次对总统的个人攻击更加残酷，也更加戏剧化。新闻里到处都能看到这样的镜头：市政厅前的集会上，国会议员原本希望帮助公众加深对新方案的了解，但讲话却屡屡被激昂的抗议活动打断。在国会通过医保法案的前一天，民调显示超过半数的受访者已经开始反对这一法案了（尽管在立法程序开始之初，医改方案的支持率非常高）。[63]

最终，这两次具有历史意义的医改努力在新闻中都被刻画成一出政治游戏，而游戏的重点就在于总统的权威是否受到挑战，同时，对于国家政府是否有能力井然有序地履行自己的职责，新闻也含沙射影地表示了质疑。克林顿时期，媒体形容总统正在遭受最大的一场政策斗争失败，并且，对于政府是否有能力达成重要的国家目标，媒体也普遍提出了质疑。在奥巴马的案例中，医改方案获得通过，这被看成是捍卫了总统宝座。而
62 对于真正法案的内容，新闻报道涉及的却少之又少，以至于2010年国会投票前的一次民调显示，只有20%的受访者认为国会议员们真正明白他们到底投的是什么票。[64]

新闻报道本来可以联系事件的政治背景，把关注点放在更为重要的问题上：比如，医疗行业在挫败（在克林顿的案例中）或者暗中破坏（在奥巴马的案例中）医疗改革的过程中扮演的角色是否适当？医疗行业是如何利用竞选资助拉拢国会议员掉转矛头反对医改方案的？虽然这些问题在报道中也有所涉及，但都没有成为被关注的焦点。就这样，医改问题的新闻报道再次轻而易举地被倾向性打败，围绕医改问题出现一系列问题都被简化成了一个个小小的胶囊事件（capsulized events），剥夺了人们对于医改问题更深层次的理解。

公共舆论研究表明，大多数人不擅长对政治问题进行抽象的、具有完整逻辑性的思考，这没什么奇怪的。大量公共舆论调查的数据都与新闻碎片化所造成的结果不谋而合：一般人很难明确地说出自己在某些问题上的立场；对于重大问题，大多数人只能记住很少的事实；大多数人看不出问题之间的联系；许多人都很容易改变自己对某一问题的看法和观点。约翰·左勒曾研究过美国从越南战争到海湾战争期间的外交政策问题，他发现，人们对于某一问题越是“消息灵通”，其观点就越容易受那些占据新闻主要位置的党派领袖和政治精英的影响。[65]

莫特·罗森布卢姆（Mort Rosenblum）是一位德高望重的美联社记者，长期从事国际报道。在他的一本书中，罗森布卢姆以饱含激情的笔触讲述了为什么在美国新闻里，世界总是处在风雨飘摇的边缘。这本书的书名非常煽情，叫作《谁窃取了新闻？为什么我们不能如实反映世界上发生

的事情？我们怎么做才能改变这种局面？》。[66]他把英国广播公司（BBC）的《新闻间》（*News Desk*）节目和哥伦比亚广播公司（CBS）的《晚间新闻》（*Evening News*）节目进行了比较，结果发现两者在报道形式和报道重点上差别很大，好像是从两个不同的星球播出的节目一样！对于罗森布卢姆对美国新闻的批判，记者马克·赫兹伽得（Mark Hertsgaard）做了一下总结：

> 一个不幸的事实是，对于许多美国人来说，世界上的其他地方好像并不真实存在。在美国人眼里，“其他地方”更像是个抽象的概念，而不是一个实实在在的地方，实实在在的人在赶公交、看报纸、养家糊口、过日子。如果我们这个世界以外的人开始给我们制造麻烦，比方说，如果那些皮肤黝黑的、留着胡子的狂热分子把美国人当人质抓了起来，或是切断了我们的石油供应，那美国人的意识才会被唤醒。不过等我们对外面的世界开始关注的时候，往往为时已晚：在自身动力的推动下，事态的发展已无法阻止，我们别无选择，只能接受一切后果。[67]

重新审视“权威-失序”的倾向性

即使媒体对某些问题进行了一定数量的报道，也难以保证政策讨论的细节为公众所知晓，这很正常。我们举过的很多例子都表明，如果关于某一问题的新闻报道过多，人们给予此事的关注和感情投入太多，反倒会影响人们对问题的理解。为什么会这样？原因之一恐怕就是因为新闻倾向性 63
的存在，新闻过多强调了当权者的所作所为（执掌大权、失去控制、胜利、失败或是陷入党派纷争），以及局势看起来是向更有秩序、更令人安心的方向发展还是向相反方向发展等等，结果，这样的新闻报道反而干扰了公众对问题的理解。

在新闻报道中，如果事件发生的大背景被完全割裂的话，有关权威的故事情节和“有序-失序”的场景就成为最方便易得的新闻素材。在新闻编辑部，编辑们最重要的使命莫过于为那些琐碎的故事撰写戏剧性的结尾。有时候是当权者扭转了局面，这个世界的某个角落恢复了正常秩序。有时候虽然当权者奋力抗争，但邪恶势力过于强大，于是混乱的局面仍然持续。在有些情况下，比如关于医保体制改革的报道，新闻中的当权者要么表现得软弱或是狡诈，要么就是只顾彼此之间的个人纷争而无所作为，所以，权威和社会秩序都受到了挑战。我们并不是说新闻报道的内容是虚构的。大多数新闻真实反映了新闻事件的某些方面，但媒体在报道内容上是有选择的，而且它们在报道焦点的选择上往往并没有对准事件最核心的本质。这里想要表达的意思是，因为新闻具有戏剧化、个人化和碎片化的倾向，也就必然会在报道中首先关注权威人物和社会秩序的问题，所以，在判断当权者是否貌似解决了问题或者恢复了社会秩序的时候，新闻媒体还是有着相当大的决定权。

或许记者在写作新闻稿时最艰难的决定就是采用“最戏剧化”的结尾还是“最有代表性、最准确”的结尾。这两个选项本来就是矛盾的、无法统一的。在社会生活中许多严肃而敏感的领域都会出现新闻误导，其原因我们将在第七章进行讨论。比方说，罗伯特·恩特曼指出，20世纪90年代媒体关于政府平权行动（向少数族群提供教育和就业机会的政策）的新闻报道与当时的公共舆论有很大出入。当时的民意调查表明，超过70%的民众支持政府的这种积极行动，但相关的新闻报道却把美国描绘成一个充满种族分裂和冲突的社会，而且无法去除这一痼疾。媒体在新闻中大谈什么“白人愤怒的浪潮”“白人社区的强烈抵制”和“黑人大失所望”等等。恩特曼把新闻媒体的这种做法叫作“制造不和谐因素”。[68]恩特曼指出，实际上，媒体是把极端的政治人物和评论家的观点当作整个社会的典型观点进行报道。他认为，其实媒体应该在报道中说明白，对于这样一个复杂的问题，公众的支持率很高，但的确有一部分人企图制造政治上的分裂和种族之间的不和，但这种企图最终以失败告终。如果这么处理，媒体的报道就准确多了。当然，这种报道模式的唯一问题就在于，这样一来，新闻故事就完全没有戏剧效果了，反而是人为制造不和谐因素才更有戏剧性。

当然，新闻里也会出现真正的权威和社会秩序受到挑战的情况。必须要分清这到底是政治现实还是新闻策划，这一点很重要。在现代史上，像越南战争和水门事件这样的重磅新闻是权威和社会秩序受到严重挑战的典
64 型案例。此类事件的影响非常深远（比如，事件持续时间很长，引发了很多公众的激进主义情绪，卷入了许多新闻人物，牵涉更多深层次问题），已经不是戏剧性新闻表现手法所能随便创造或压制的。通常，历史学家和政治学家会把水门事件和越南战争这样的惨痛教训看成是特殊的历史事

件。很多记者也认为这两个事件是一个特例，标志着更具批判性的“看门狗”式（批评家们会认为这是以丑闻为导向的）新闻的开端。[69]我们认为，虽然在这种里程碑式的冲突事件和一般的戏剧化新闻事件中，我们都能看到对权威的挑战以及社会秩序的失衡，但它们之间有着重要的区别：

· “权威-失序”的倾向性显然是把某一特定事件与其社会背景和历史潮流割裂开来，通过一种肤浅的情节模式（如政治游戏、领导地位受到挑战和社会崩溃的迹象）对事件进行戏剧化处理，而不是把事件放置在历史、政治和现实的背景下进行阐释。

· 相比之下，重要历史事件的报道往往会打破一般新闻的情节模式，顺着文献信息的踪迹，挖掘社会和制度根源。在这些案例中，权威和社会秩序的问题没有把新闻事件与其所处的大背景阻隔开来，而是拓宽了公众思考的范围：事件本身有什么意义？有什么可以让整个社会汲取的经验与教训？

比方说，20 世纪 60 年代，数以百万的反战人士走上街头示威抗议，反对越战，全国性的民权运动蓬勃发展，有人可能会说，此时的权威显然是受到了来自多数人的挑战，而社会秩序也出现了某种混乱。在水门事件中，总统进行了一系列的非法活动，随后又试图加以掩盖，被曝光后，总统的权威因此受到挑战。于是新闻成为关于滥用职权以及弹劾依据等问题大讨论的有效阵地。但在其他大多数情况下，“权威-失序”模式的新闻故事往往是因为媒体采用了特定的新闻公式而出现的，而不是记者针对公共生活的基础是否动摇这一问题进行深入调查后揭露出来的。处理新闻的手段越是奇葩，对受众的干扰越大，就越有可能成为新闻“热点话题”或“噱头”（第二天大家工作间隙的谈资），也越有可能成为媒体老板要求记者炮制的新闻。例如，我们经常可以听到人们谈论为了赢得大笔赔偿金而滥用法律条款，提出一些荒唐权利要求的现象。20 世纪 90 年代有一个经典案例，一名妇女因为被热咖啡烫伤而将麦当劳告上法庭，并因此获得了一笔数目不小的赔偿。可是，正如政治学家威廉·霍尔托姆和迈克尔·麦卡恩所指出的，实际上，这位妇女的赔偿要求比新闻中所描述的要合理得多。而且，在现实生活中，类似这种无聊琐碎的小官司和极端案例是减少了，并不是像一系列报道所描述的那样增加了。[70]

“权威-失序”倾向性的政治代价 记者最常用的新闻用语中，有一句
65 大概是这么说的：“今天的世界有点儿不太平，但是有关部门充满信心，认为情况很快会恢复正常。现在，我们是从现场为大家发回报道……”如果权威部门对于采取什么样的措施恢复秩序意见不一致，或者，如果记者提出的问题挑战了权威，刺激官员做出反应，并以此作为事态的新的发展进行报道，新闻的情节就会变得更复杂。这种关于权威受到挑战的故事通常有两种戏剧化的结果。一种典型的结果就是官方采取的行动取得了最终的胜利，世界得到了拯救，恢复了“正常”。另一种结果就是行动失败，或者又受到了另外一方势力的挑战，新闻报道在对权威的能力和社会秩序能否恢复的怀疑中结束。问题是，这两种戏剧化结尾的方式可能都是让人把注意力集中在问题的假象上，而不是提醒人们关注问题背后的政治因素。在一般的日常新闻中，无论报道是偏向于对权威的信任和对社会秩序恢复的信心，还是偏重于对权威的质疑和对社会混乱情况的担忧，其重点都脱不了“权威-失序”的俗套，忘了其实新闻事件还有其他的呈现方式。更糟糕的是，由于在大多数情况下，媒体更倾向于负面报道，“权威-失序”的倾向性可能会导致新闻在反映社会和政治问题时产生严重偏差。关于这一点，我们曾经在犯罪问题以及平权行动的报道案例中讨论过。

当然，虽然媒体在报道犯罪以及种族机会均等的问题上有失偏颇，但好歹新闻报道的这些问题的确是现实存在的问题。还有许多关于其他问题的新闻报道就近乎编造了，极端的非典型个案被当成具有代表性的普遍问题加以报道。比方说，我们在第七章会谈到，新闻杂志已经把歪曲事实的误导性报道变成了一种模式：“唬他们一下，他们就会关注你了。”偷拍设备的运用和戏剧化的编辑写作手法让人产生世界险恶的印象：从平静的超市门前到安静的医生办公室，处处潜伏着威胁与危险。

美国广播公司（ABC）的《黄金时间》（*Prime Time*）节目曾经播出过一条典型的偷拍新闻。这条新闻曾获过两项新闻奖。时隔几年之后，一个著名的新闻行业评论机构对这则报道进行了调查。该报道大意是说一个医学实验室在对妇女早期宫颈癌变检查过程中马马虎虎，不负责任，致使许多癌症的早期征兆从眼皮底下溜走。节目的几个制片人化装后进入亚利桑那州的一个实验室，而另外一个制片人则装扮成一个顾客，携带大量化

验数据要求实验室分析（这样做的目的是增加分析师的劳动量、增加其分析数据时的错误概率）。这种采访形式的结果会怎样就不用问了：报道称，这个实验室的报告漏掉了好几项警告数据。然而，新闻评论机构的调查结果显示，这则新闻中自始至终未曾提过这样一个事实：对于一个本身尚不完善、分析难度很高的测试来说，这家实验室的分析结果完全符合正常的行业标准。相反，这则新闻却把实验室操作者刻画得很险恶，好像每天都在危害妇女健康一样。报道造成的最终结果就是，这家实验室没了生意，美国广播公司却因此获得两项新闻奖，而受众则可能无端受了惊吓，更不用说在癌症测试的知识上被故意误导的事实了。[71]或许这种电视节目的根本目的就是吓人，而不是传递信息。

这样的日常新闻，无论是强调善还是强调恶，都不能很好地履行自己的社会职责，反映社会和政治生活中具有代表性的问题，帮助公众得出理性结论。或许，我们应该这么说更接近问题的本质：因为戏剧化的失实报道更符合新闻行业在选材以及写作上的潜规则，所以新闻只能让人们加深自己的政治成见。一位批评家指出，公众和记者都更愿意生产方便的通俗小说，而不愿意去挖掘有说服力的事实："我们所干的事都差不多，人人都忙于各种类比和隐喻，人人都试图唤醒并呈现我们认为可以称为人性的东西。新闻（故事）从追求真相变成了罗列事实，而不是从事实中获取真相。"[72]奥巴马入主白宫不久，很快便无法把握关于自己的政治叙事，这在美国历史上比较鲜见，我们将利用以下的案例进行详细分析。 66

［案例研究］

奥巴马如何失去了关于自己的政治叙事主导权

大选过程中，巴拉克·奥巴马的竞选策略简单而有效：一个承诺在困难时期带来希望和变化的圈外人（相对而言）。当时，整个国家对内陷入严重的经济危机，对外面临两场战争以及国际威望的降低。奥巴马的主要竞争对手（党内初选阶段的竞争对手希拉里·克林顿和普选阶段的竞争对手约翰·麦凯恩）都是曾经支持战争的华盛顿资深政治人物，而战争已经越来越不得民心了，同时，对银行业监管的失败他们也都脱不了干系。所以，对于大多数支持者来说，奥巴马所代表的是一种强烈的、令人振奋的向上的力量。就像《华盛顿邮报》的一篇文章所描述的那样：

记者和政治人物们知道，选民和我们所有人一样，都是通过新闻来了解这个世界的。奥巴马和他的形象设计师也很清楚，所谓总统大选的竞争其实就是新闻故事字里行间的竞争，而奥巴马本人的文字功底很深厚。因此在新闻中，他们把他塑造成这样一种形象：一个充满变革精神的华盛顿政治圈圈外人，有着严肃的超党派信条，他相信竞争、良好的沟通以及只做正确事情的坚定信念会让这个国家变得越来越美好。这种极富魅力的形象为他赢得了53%的选票……但是现在，关于他的叙事开始自行其道，仿佛拥有了自己的生命。[73]

的确，在奥巴马的故事里，从竞选到执政的转变非常艰难，对他本人的人身攻击以及对他的立法提案的戏剧化处理使得他似乎没法解释和推进他的议程。而他文明理性的语言在茶党抗议者的尖刻攻击下似乎也显得苍白无力，茶党抗议者们在各地的医保市政大厅挂满了各种标语，称奥巴马是社会主义者加法西斯分子。奥巴马的竞选口号是“希望”，在他标志性的竞选海报上有他大幅的头像照片，在示威活动中，抗议者就给竞选海报上奥巴马的头像添上希特勒式的小胡子，然后这样的图片就上了新闻和博
67 客。还有的图片把他处理成电影《蝙蝠侠》里一个阴险小鬼的形象。我们前面曾提到，甚至他作为美国公民的合法性都受到质疑，但是他还是努力表现出愿意沟通和妥协的姿态。对许多奥巴马的支持者来说，在对付丝毫不会退让的强硬派反对者时，这种姿态毫无意义。所以，有的支持者在博客或者新闻评论里对奥巴马是否能够表现出强硬的一面，是否有能力推行自己的议程以及维护自己的荣誉表示质疑，正因为如此，奥巴马政治叙事的主导权被进一步弱化了。

无论奥巴马是不是选择以牙还牙，新闻故事都是以一种个人化、碎片化和戏剧化的方式呈现，所以，最可能的结果就是，公众忽略了他所推行项目的实质内容，也没人听他解释这些项目将如何改善人民的生活。现在主要的政治焦点都集中在总统本人身上。在这幅支离破碎的政治图画里，批评和危机带来的负面语气已经在不知不觉中影响到他的支持率。他入主白宫时，支持率高达70%；抗议者搅乱医保市政大厅时，已经急速下降到50%的水平；到2010年夏天石油泄漏事件的时候，更是进一步下降

到45%。[74]

墨西哥湾石油泄漏事件占据了新闻版面长达数月，大量的图片展示了数以百万加仑的石油倾倒在海里，污染海滩，破坏海湾沿岸渔业和旅游业的惨状，但所有新闻关注的好像都是关于总统怎么样了，而非更为严肃的问题，比如，为什么会出现这样的情况，今后如何避免类似的事故再次发生等。杰森·霍洛维兹后来在《华盛顿邮报》的一篇文章里谈到，媒体对奥巴马个人的报道盖过了当时真正的新闻事件的风头。他这样写道：

在这个特殊的时刻，有关奥巴马本人的新闻铺天盖地，凌驾于事件之上，新闻脱离了海湾灾难的主题，在有关政府所采取的行动是否足够这样的问题上含糊其词，让读者和观众无法了解事实真相。媒体自身的报道周期以及缺乏耐心的观众都要求新闻不断提供新的结论，加上患有"关注饥渴症"的媒体根本无法满足只简单依靠"历史的第一份草稿"过活，因此，随着故事的发展和不断更新，在新闻中，奥巴马今天成了英雄，明天又变成了替罪羊。[75]

对漏油事件的各种猜测最后变成一种典型的新闻报道模式，关注的是局面的混乱以及控制，新闻纠结于总统的反应是否及时，对待英国石油公司（BP）的态度是否足够强硬，是否真正理解沿海居民的痛苦和伤心，能否有效地帮助他们，以及他是否真的掌控了国家的命运。当然了，把所有这些希望都寄托在他一个人身上，这样的期望是很高的，但是，对于很多生活在高失业率和经济不确定性环境之下、饱受长期经济危机之苦的人来说，这样的高期望值与他们的心态很吻合。不难看出，长期遭受个人微观世界问题折磨的人很容易对"权威-失序"的情节模式产生情感共鸣。还有一位记者也在思考为什么是这种以"混乱"为主线的情节模式而不是其他更有启发性的模式，主导了一系列复杂事件的新闻报道，他认为：

从深层次来说，这可能是我们对于自身作为劳动者、供养者、父母等等身份时缺乏控制感的一种自然反应。40多年来，随着工业衰退的出现，美国人民一直在试图抵御越来越不稳定的经济和文化危机，这种状况在很多社区显而易见——工厂废弃，田地荒芜，药物滥用，学校衰败，犯罪率和离婚率居高不下。这些混乱的状态包围着我们，渐渐地，我们 68

对一个总统的要求就是希望他能利用政府的权力来掌控并解决这些问题。[76]

讽刺的是，尽管我们现在更需要的是通过主题式的报道寻求更丰富的观点和解决方案，但媒体却把更多失序和权威（混乱和控制）的故事以一种个人化、碎片化和戏剧化的方式呈现给大家。而公众在被暗示要进行情感联系时，比如说，在面对民意调查时，似乎也能做出相应的反应，在没有政治操纵煽风点火时，民调就成了个人化叙事发展的推手。在石油泄漏事件中，尽管总统筹集了200亿美元的资金帮助受灾群众并且成立了一个独立的部门去处理各种诉求，媒体表述的重点仍然是总统是不是掌控了局面。到了2010年的夏天，对于石油泄漏量和可能造成的损失的估算有所增加，漏油口的堵漏装置还需要一个月或者更长一段时间才能完成，这时的一项全国性民调显示，57%的美国人认为奥巴马对漏油事件的处理并不令人满意，即便不能说比5年前布什总统处理新奥尔良的卡特里娜飓风灾难的表现要差，顶多也就和那时一样。[77]

看看奥巴马面临的困境吧：在海外，两场战争正在进行中；在国内，经济持续衰退，立法议程处处受阻，对他的强烈个人攻击已经变成了一场社会运动，现在又遭遇石油泄漏这样的危机，而且这场危机还没有一个即刻的解决方案。对于这样一位领导者来说，希望新闻报道能保持一种统一协调的报道语调似乎是不太容易。但从另一方面来说，即便奥巴马真的想出什么高招，能在新闻中重塑强有力的形象，制造出一种一切尽在掌控之中或者凌驾于所有派系矛盾之上的幻象，这对于我们理解当前国家面临的实际问题，促进有益的公众讨论又有什么帮助呢？

政治信息体系内生的倾向性

想想看，新闻受众每天都要接受许多彼此割裂、毫无联系的戏剧化新闻的狂轰滥炸，这会是个什么景象？由于新闻短剧中的角色会让人产生强烈的认同感或反感，倒是满足了受众的情感需求。但新闻事实呢？那些知识性、实用性的信息呢？除非受众自己对一个问题很有兴趣或很有见解，否则，要试图回忆新闻中的事实，那简直就像一个人做“益智问答”游戏一样困难。电视新闻播出之后，大多数人会立刻就把其中四分之三的内容忘了，而记住的四分之一内容也最多就是记住了个大概。[78]

现在有不少论著都涉及以上这些问题。[79]上一章，我们曾讨论过近年来新闻媒体面临的经济压力越来越大的问题，正因为如此，新闻个人化、戏剧化、碎片化的倾向可能表现得更加突出，但这些倾向性的存在由来已久，绝对不是一个新问题。虽然说长期以来，对于权威与社会秩序的关注一直是新闻的一个重要特点，但现在其平衡点已经从社会有序转移到了社会混乱以及针对官员不分青红皂白的指责和否定上来，许多观察家对此感到困惑并表示关切。实际上，很多政治人物表示，媒体的负面审查太残酷，他们不得不选择离开政坛，其他政治人物则在身边雇用了一大批媒体顾问和助手。许多记者也在自我批评，承认自己的作品存在这方面的问题，同时他们也承认，因为在现行的体制下，新闻行业受利润和收视率的驱动，而对此自己没有力量改变现状。 69

新闻倾向性与失望的公众

本书一个总的观点就是，我们在这里所讨论的政治信息体系的各个要素是互相影响的。比方说由于新闻规程自身存在某些缺陷，加上社会上普遍存在一种文化价值观，认为新闻应该承担起教育民众的责任，这可能会让公众轻易放弃对严肃问题的认真思考。而对于政治人物来说，因为公众放弃了对严肃问题的认真思考，他们就可以利用肤浅的、情感上的公关手段来阐释党派政治问题和推动政策选择。媒体注意到公众对硬新闻不怎么感兴趣，加上也没有进行调查性报道的资源，因此干脆就把政治人物经过策略包装的政治讯息当作每日新闻的材料，或者顶多加上一句愤世嫉俗的评论，说政治人物在玩弄政治游戏。这成为日常政治新闻的核心，其中不乏丑闻和个人化的戏码，反正收视率调查的结果也证明这种新闻存在的合理性：尽管人们很反感这种做法，但每天还是有很多人跟踪这样的新闻。

不管人们关注丑闻和骚乱是为了满足罪恶的快感还是内心充满了愤怒和厌恶，媒体主管们认为这就是公众想要的。这种武断的看法至少忽略了两个重要的问题。首先，现在已经有很多人不再关注政治新闻而转向更加个人化的健康、体育、名人、时尚、旅游、生活类信息。我们在后面的章节里将谈到，虽然现在可以接触到的新闻话题很丰富，新闻信息也可以轻易获得，但人们还是放弃了政治新闻，转向其他节目。而且年轻的一代是最容易对硬新闻丧失兴趣并转头离开的，对于未来公众参与的前景而言，这或许是最令人沮丧的信号了。其次，根据传播学者约瑟夫·卡帕拉（Joseph Cappella）和凯瑟琳·贾米逊的研究，即使那些仍在关注新闻的人也被愤世嫉俗和负面的新闻报道搞得对政治和公共生活失去了信心。[80]

公共信息的循环就这样周而复始：媒体—政治人物—公众之间的新闻三角彼此无法良性互动，直到有一天，所有人都失望了。可是，没有多少公众能够对整个信息体系有全面的了解，并提出令人信服的解决方案。当下的公共信息体系已经不再是一个理性的过程，客观性也不再是这个体系最崇高、最理想化的追求目标。相反，把这个体系当作一个游戏可能更合适——不同的玩家有不同的目标，甚至是他们遵循的游戏规则也不一样，但是，在这个游戏里，每个玩家都彼此利用以达到自己的目标：

·政治人物为了获得公众支持和圈内的有利评价而参与到游戏当中，利用新闻管理和公关技巧把自己的政治意图融入新闻内容当中。

70 ·媒体挖空心思相互竞争，为的就是收视率、销量和新闻的独家首发权，或者说，最重要的是在某一报道领域不要被其他媒体打败。商业利益驱动下的新闻模式要求媒体创作出最具戏剧化、最能吸引眼球而且成本最低、干扰性情节最少的故事。一天下来，我们就会发现，不同媒体的新闻报道几乎如出一辙，但是看它们为了争取新闻受众打来闹去的样子，以及它们对政治人物一副咄咄逼人的态度，又给我们造成一种各个媒体之间彼此独立的假象。

·公众偶尔以选举人或某个利益组织成员的身份进入游戏，在新闻中寻找那些可以帮助自己作出政治决定的信息。有时候他们能找到有用的信息，尤其是当他们在某个特殊问题上有切身利益关切的时候。不过，通常情况下他们会充满迷惑或垂头丧气地转身退出游戏。大多数情况下，他们扮演的是看客的角色。政治学家莫雷·埃德尔曼把每日新闻比作政治表演，虽然往往不能提供太多对公众有用的信息，但因为自身的娱乐价值，它依旧能吸引人们的注意力。[81]

能改造谁？

虽然今天的信息传播技术取得巨大的发展，互联网也表现出非凡的潜力，但这并不能保证未来的新闻会比今天的新闻更能满足民主的需要，除非像本书读者这样的公众开始了解这种信息体系如何运转，并思考如何纠正这个体系之中的错误。问题是，在目前这个信息时代，很多人并没有认真思考有关信息的问题，他们干脆远离政治，加入了对政治人物和新闻界横加指责的“合唱队”。但是抱怨本身并不能带来信息质量的改善，而高质量的信息是保证民主健康发展不可或缺的要素。虽然对新闻的批评可谓来势凶猛，但是很少有批评家能提出切实可行的改革建议。在本书的最后一章，我们将重点讨论新闻改革的问题，现在我们先来简单了解一下一种更有效的新闻报道方式。

在信息体制的改革过程中，最近的一次尝试是一种叫作公共新闻或公民新闻的运动，但这个运动已经日渐衰微。虽然新闻改革的尝试并非某种单一的方法就能够奏效，但这些实验性的做法都很类似，主要是地方性的新闻媒体邀请公众参与报道策划，以此“鼓励公民的参与，特别是参与选举，并且支持社区参与到解决问题的过程中来”[82]。在20世纪90年代末，这项运动发展的势头相当不错。到1998年，皮尤公民新闻中心（Pew Center for Civic Journalism）已经资助了62个项目，每个项目都有一个以上的新闻媒体参与，根据民意调查和社区民众论坛来协调决定事务议程以及选举活动的报道。[83]

但讽刺的是，这样的实验招来了知名记者和新闻媒体的猛烈抨击。比如说，《纽约时报》和《华盛顿邮报》的编辑们指责说，让公众帮助决定报道重点使新闻丧失了其独立性。许多记者认为，把注意力集中在那些政府可能还没有着手解决的问题上恐怕会超越客观报道的界限，变成了“议题游说”。1997年，美联社所做的一项针对媒体高管的调查表明，新闻界对公民新闻的支持率很低。例如，只有14%的媒体高管认为，新闻媒体听 71

取公众的意见使新闻报道得到了改善；而 33%的媒体高管认为，建立公众与媒体之间的直接交流是个糟糕的想法。对于超越客观报道与“议题游说”之间的界限会不会进一步损害新闻可信度这个问题，媒体高管们的意见持平，分别占 35%和 34%。还有一种观点认为，所谓的公民新闻充其量就是起哄，是一种促销手段，或是“让那些发行人自我感觉良好的噱头”，这可能是最不客气的说法了，但高达 41%的媒体高管对此说法持赞同意见，只有 33%的人强烈反对。[84]

到了 21 世纪头十年的末期，情况已经越来越糟糕。我们在第一章曾经讨论过，媒体高管，特别是印刷类媒体的高管，每天都看着自己的媒体挣扎在倒闭消失的边缘。网上的信源搅乱了政府的新闻运作，更多的公民开始直接从脸书或者推特上获取新闻。但是所有这些杂乱无章的变化都没能找到一条途径可以让社会机构和政府试图创造更有用的公共信息。在本书最后一章，我们将探讨公民和草根媒体改革运动正试图讨论并推进的一系列改革，比如，限制企业对媒体的影响，保持互联网的开放和公开，鼓励新闻创新行动，用多样性、高质量的信息照亮那些以往缺少新闻监督的领域。在这个过程中，我们还将探讨个人博客以及公民行动网站的爆炸性发展，它们催生了大量的民间观点，有关公民在关涉自身利益问题上所做的积极努力，也正是通过这些渠道传播出去。另外，正如我们在第一章所讨论过的那样，拿每日新闻做调侃的深夜喜剧秀也给公民提供了更多的渠道以对抗新闻运作，并使他们获得了更丰富的看问题的视角。但是，不管怎样，对于我们大多数人来说，传统的新闻和信息体系仍然定义着我们身边每天发生的事件。政治信息体制仍将继续塑造美国民主中的公共舆论，对此，我们将在下一章展开讨论。

注释

[1] John William Ward, *Andrew Jackson: Symbol for an Age* (New York: Oxford University Press, 1955).

[2] National Public Radio, *Morning Edition*, January 14, 2008, www.npr.org/templates/story/story.php?storyId=18067887.

[3] Eric Alterman, in *The Guardian* blog, Blowhards and Windbags, January 11, 2008, http://commentisfree.guardian.co.uk/eric_alterman/2008/01/blowhards_and_windbags.html.

[4] Matt Welch, "The Obama 'Narrative' Narrative: Imagine What the President Could Do If Only He Had A Better Bumper Sticker!" *Reason* (March 18, 2010). http://reason.com/archives/2010/03/18/the-obama-narrative-narrative. Accessed August 8, 2010.

[5] Richard W. Stevenson, "The Muddled Selling of the President," *New York Times*, January 29, 2010. www.nytimes.com/2010/01/31/weekinreview/31stevenson.html?scp=7&sq=stevenson&st=nyt. Accessed August 8, 2010.

[6] Jason Horowitz, "The Obama 'Narrative' Is Overshadowing This Presidency's Real Stories," *Washington Post*, June 20, 2010. www.washingtonpost.com/wp-dyn/content/article/2010/06/18/AR2010061803052.html. Accessed August 8, 2010.

[7] Based on Pew Research Center polls taken in 1985 and 1997, www.people-press.org/97medrpt.htm.

[8] Pew Research Center polls, http://people-press.org/reports/display.php3?ReportID5248. Accessed January 7, 2006.

[9] *Rasmussen Reports*, pril 6, 2010. www.rasmussenreports.com/public_content/politics/general_politics/april_2010/55_say_media_bias_bigger_problem_in_politics_than_big_contributions. Accessed August 9, 2010.

[10] This finding is reported, for example, in David Weaver and G. Cleveland Wilhoit, *The American Journalist: U.S. News People at the End of an Era* (Mahwah, NJ: Lawrence Erlbaum, 1996). 1996年自由论坛对139名华盛顿新闻人所做的调查表明，持中间偏左思想的新闻人人数与持中间偏右思想的新闻人人数比例分别是61%和9%，参见Neil Hickey, "Is Fox News Fair?" *Columbia Journalism Review* (March/April 1998): 31。

[11] 托马斯·帕特森和沃尔夫冈·道斯巴赫认为，自由派和保守派记者在如何报道一个假想事件时有轻微却显著的不同。但是，如果把假想事件换成真实事件，需要通过新闻机构的编辑流程的话，目前并不清楚这种轻微的不同是否仍然会延续，请参见 Thomas E. Patterson and Wolfgang Donsbach, "News Decisions: Journalists as Partisan Actors," *Political Communication* 13 (October/December 1996): 455–468。

[12] Everette E. Dennis, "How 'Liberal' Are the Media, Anyway? The Continuing Conflict of Professionalism and Partisanship," *Press/Politics* 2 (Fall 1997): 116.

[13] Gallup-Times Mirror, *The People and the Press* (Los Angeles: Times Mirror, 1986): 28–29. See also Robert P. Vallone, Lee Ross, and Mark R. Lepper, "The Hostile Media Phenomenon: Biased Perceptions and Perceptions of Media Bias in Coverage of the Beirut Massacre," *Journal of Personality and Social Psychology* 49, no. 3 (1985): 577–585.

[14] Edward S. Herman and Noam Chomsky, *Manufacturing Consent: The Political Economy of the Mass Media* (New York: Pantheon, 1988).

[15] See, for example, W. Lance Bennett, "Toward a Theory of Press-State Relations in the United States," *Journal of Communication* 40 (Spring 1990): 103–127.

[16] Dennis, "How 'Liberal' Are the Media, Anyway?" 119.

[17] From Robert D. Leigh, ed., *A Free and Responsible Press* (Chicago: University of Chicago Press, 1947), 15, Report of the Hutchins Commission on Freedom of the Press.

[18] Thomas E. Patterson, "Irony of the Free Press: Professional Journalism and News Diversity" (paper presented at the Annual Meeting of the American Political Science Association, Chicago, September 3–6, 1992, 2).

[19] Dana Milbank, "The Military Is the Message: Triumphant President Casts Strong Image for '04 Election," *Washington Post*, May 2, 2003: A24. 73

[20] See Robert Entman, "Framing: Toward Clarification of a Fractured Paradigm," *Journal of Communication* 43, no. 4 (1993): 51–58.

[21] Brent Cunningham, "Re-thinking Objectivity," *Columbia Journalism Review* 4 (July/August 2003), http://cjr.org/issues/2003/4/objective_cunningham.asp.

[22] See Joseph Cappella and Kathleen Hall Jamieson, *Spiral of Cynicism: The Press and the Public Good* (New York: Oxford University Press, 1997).

[23] Joseph Turow, *Breaking Up America: Advertisers and the New Media World* (Chicago: University of Chicago Press, 1997).

[24] See Shanto Iyengar, *Is Anyone Responsible? How Television Frames Political Issues* (Chicago: University of Chicago Press, 1992).

[25] Murray Edelman, *The Symbolic Uses of Politics* (Urbana, IL: University of Illinois Press, 1964).

[26] Ibid.

[27] Matt Bai, "Obama, the Oil Spill and Chaos Perception," *New York Times*, June 10, 2010. www.nytimes.com/2010/06/06/weekinreview/06bai.html. Accessed August 9, 2010.

[28] Quoted in Edward W. Barrett, "Folksy TV News," *Columbia Journalism Review* (November/December 1973): 19.

[29] Reported in David L. Paletz and Robert M. Entman, *Media Power Politics* (New York: Free Press, 1981), 17.

[30] Howard Kurtz, "Since September 11 Attacks, TV Morning Shows Rediscover World News," *Seattle Times*, November 25, 2001: A2.

[31] *The Wall Street Journal* (June 17, 1981): 1.

[32] Jason DeParle, "From the Welfare Rolls to the Starring Roles: TV Offers Recipients Brushes with Fame," *New York Times,* June 25, 1999: A10.

[33] Paletz and Entman, *Media Power Politics*, 16–17.

[34] Quoted in Ann Devroy and Don Balz, "The White House Wins Again, but Was the Victory Pyrrhic?" *The Washington Post National Weekly Edition,* November 22–28, 1993: 12.

[35] National Public Radio, *Morning Edition,* August 12, 1994.

[36] Ibid.

[37] Gabriel Winant, "The Birthers in Congress," *Salon* (July 28, 2009). www.salon.com/news/feature/2009/07/28/birther_enablers. Accessed August 9, 2010.

[38] Eric Zimmermann, "Poll: 27 Percent of Americans Doubt Obama's Birthplace," *The Hill*, August 4, 2010. http://thehill.com/blogs/blog-briefing-room/news/112619-poll-27-of-americans-doubt-obamas-birthplace. Accessed August 9, 2010.

[39] CNN/Opinion Research Poll – Obama birth. August 4, 2010. http://politicalticker.blogs.cnn.com/2010/08/04/cnnopinion-research-poll-obama-birth/. Accessed August 9, 2010.

[40] Paletz and Entman, *Media Power Politics*, 17.

[41] Reported in Edward Jay Epstein, *News from Nowhere* (New York: Random House, 1973), 4–5. 鉴于多数新闻从业者很难清楚地定义自己的职业产品，这位制片人的忠告可谓明明白白地揭示了新闻的最基本特点。

[42] Paletz and Entman, *Media Power Politics*, 17.

[43] See Steven Livingston, *The Terrorism Spectacle* (Boulder, CO: Westview Press, 1994).

[44] Stephen Hess, "Covering the Senate: Where Power Gets the Play," *Washington Journalism Review* 9, no. 3 (June 1986): 41–42.

74 [45] Timothy E. Cook, *Making News and Making Laws: Media Strategies in the U.S. House of Representatives* (Washington, DC: Brookings Institution, 1989).

[46] Robert Darnton, "Writing News and Telling Stories," *Daedalus* 104 (Spring 1975): 190.

[47] Lewis H. Lapham, "Gilding the News," *Harper's* (July 1981): 34.

[48] Ibid.

[49] Reported in Barrett, "Folksy TV News," 19.

[50] Gaye Tuchman, *Making News: A Study in the Construction of Reality* (New York: Free Press, 1978).
[51] Don DeLillo, *The Names* (New York: Vintage, 1982), 58.
[52] Paletz and Entman, *Media Power Politics,* 16.
[53] Lapham, "Gilding the News," 35.
[54] Opening paragraph of a column by Laura Cunningham, *New York Times,* September 3, 1981: 16, Home section.
[55] David Altheide, *Creating Fear: News and the Construction of Crisis* (New York: Aldine de Gruyter, 2002).
[56] Murray Edelman, *Constructing the Political Spectacle* (Chicago: University of Chicago Press, 1988).
[57] Dan Nimmo and James E. Coombs, *Mediated Political Realities* (New York: Longman, 1983).
[58] Russell Baker, "Meanwhile, in Zanzibar," *New York Times Magazine* (February 6, 1977): 12.
[59] Edwin Diamond, "Disco News," in *Watching American Politics,* eds. Dan Nimmo and William L. Rivers (New York: Longman, 1981), 250.
[60] Paletz and Entman, *Media Power Politics*, 23.
[61] 例如，爱德华·杰·爱泼斯坦有一个有趣的推论，认为也许水门事件背后还有比卡尔·伯恩斯坦和鲍勃·伍德沃德在《总统班底》中揭露的丑闻大得多的丑闻。戏剧化的情节把故事局限在了白宫以内。而且，任何关于更大阴谋的猜测都会使已经非常复杂的情节不堪重负，从而影响结构精良的白宫故事的可信度。参见 Epstein, "The Grand Coverup," *The Wall Street Journal* (April 19, 1976): 10。
[62] Reported in Stuart Schear, "Covering Health Care: Politics or People?" *Columbia Journalism Review* (May/June 1994): 36–37.
[63] "Only 20% Say Most in Congress Will Understand Health Care Plan Before They Vote on It," *Rasmussen Reports,* March 19, 2010. http://politicalticker.blogs.cnn.com/2010/08/04/cnnopinion-research-poll-obama-birth/. Accessed August 9, 2010.
[64] Ibid.
[65] See John Zaller, *The Nature and Origins of Mass Opinion* (New York: Cambridge University Press, 1992). See also, Zaller, "Elite Leadership of Mass Opinion: New Evidence from the Gulf War," in *Taken by Storm,* eds. W. Lance Bennett and David L. Paletz (Chicago: University of Chicago Press, 1994), 186–209.
[66] Mort Rosenblum, *Who Stole the News?* (New York: John Wiley, 1993).
[67] Mark Hertsgaard, "Isolated by the Media," *Washington Post National Weekly Edition* (November 22–28, 1993): 35.
[68] Robert Entman, "Manufacturing Discord: Media in the Affirmative Action Debate," *Press/Politics* 2 (Fall 1997): 32–51.
[69] See, for example, Bob Woodward, *Shadow: Five Presidents and the Legacy of Watergate* (New York: Simon and Schuster, 1999).
[70] William Haltom and Michael McCann, "Law and Lore: Media Production of Legal Knowledge and Tort Reform" (paper presented at the Annual Meeting of the American Political Science Association, Boston, 1998). 75
[71] D. M. Osborne, "Lab Scam," *Brill's Content* (February 1999): 100–103.
[72] Lapham, "Gilding the News," 33.
[73] Jason Horowitz, "The Obama 'Narrative' Is Overshadowing This Presidency's Real Stories."
[74] "Gallup: Obama Job Approval." www.gallup.com/poll/113980/gallup-daily-

obama-job-approval.aspx. Accessed August 10, 2010.
[75] Ibid.
[76] Matt Bai, "Obama, the Oil Spill and the Chaos Perception."
[77] Marist Poll, June 10, 2010. http://maristpoll.marist.edu/630-57-say-obamas-handling-of-gulf-spill-no-better-than-bushs-katrina/. Accessed August 10, 2010.
[78] David H. Weaver and Judith M. Buddenbaum, *Newspapers and Television: A Review of Research on Uses and Effects* (Washington, DC: American Newspaper Publishers Association Research Center, Report No. 19, 1979); and John Stauffer, Richard Frost, and William Rybolt, "The Attention Factor in Recalling Network Television News," *Journal of Communication* (Winter 1983): 29–37.
[79] See, for example, David L. Altheide, *Media Power* (Beverly Hills, CA: Sage, 1985); Michael Parenti, *Inventing Reality: The Politics of the Mass Media* (New York: St. Martin's Press, 1986); Epstein, *News from Nowhere;* Herbert Gans, *Deciding What's News* (New York: Vintage, 1979); Timothy Crouse, *The Boys on the Bus* (New York: Free Press, 1978); Darnton, "Writing News and Telling Stories," 175–197; Mark Fishman, *Manufacturing the News* (Austin: University of Texas Press, 1980); Todd Gitlin, *The Whole World Is Watching* (Berkeley: University of California Press, 1980); Harvey Molotch and Marilyn Lester, "News as Purposive Behavior," *American Sociological Review* 39 (1974): 101–112; Harvey Molotch and Marilyn Lester, "Accidental News: The Great Oil Spill," *American Journal of Sociology* 81 (1975): 235–260; Leon V. Sigal, *Reporters and Officials: The Organization and Politics of Newsmaking* (Lexington, MA: Heath, 1973); Paletz and Entman, *Media Power Politics;* Robert M. Entman, *Democracy Without Citizens: Media and the Decay of American Politics* (New York: Oxford University Press, 1989); and Iyengar, *Is Anyone Responsible?*
[80] See Cappella and Hall Jamieson, *Spiral of Cynicism*.
[81] 有关新闻作为大众游戏的探讨，可参见 Edelman, *Constructing the Political Spectacle*。
[82] Charlotte Grimes, "Whither the Civic Journalism Bandwagon?" (discussion paper Joan Shorenstein Center, Harvard University, February 1999, 3).
[83] Ibid.
[84] Ibid.

第三章　公民和新闻：公共舆论和新闻处理过程

76

对于民主而言，公众思考辩论的过程必不可少，这样才能确保公众的政策倾向是在知情、明智的基础上产生的真实想法。这一切是民主决策的基础。但是在现代社会，公众思辨主要是（或许应该说"必须是"）通过传媒的介导而进行的，是一群专业的传播工作者在彼此交流，而不是普通公众在彼此辩论……

——本杰明·佩吉（Benjamin I. Page）

当前，媒体进行的民调有时根本不能反映真实的公共舆论，也不能反映真实的公众状况，这样的民调损害了民主的意义。并不是说所有的民调都存在这个问题。当民调关注到个人的经历和感受时，可以反映某一群体的文化和价值观，但是大部分赌马似的民调，以及那些声称判定公众政策偏好的民调，只会歪曲甚至错误地解读公共舆论，继而对民主进程造成伤害。

——戴维·摩尔（David Moore）

公共舆论可谓是民主的引擎。公众的参与可以界定问题，影响政策辩论，决定选举结果。正是因为舆论的重要性，政治人物无不竭尽全力推测甚至试图改造它。有些舆论与我们的个人关切有关，是在我们个人经历和情感基础上形成的，如经济形势、医保政策、堕胎或者纳税等问题。但其

77 他更多的问题因为与我们的日常生活并不息息相关，所以只是通过政治人物或者利益集团的诉求，我们才会对其产生某种情感，最后形成舆论。20世纪20年代，也就是现代传媒产生的初期，记者沃尔特·李普曼（Walter Lippmann）就曾抱怨说，大部分人对政治生活的了解就只是来自新闻。[1]这意味着，在许多方面，舆论的形成不是建立在直接的个人经验之上，而是建立在新闻报道所传递的有关人、事和问题的意象之上的，因此，了解新闻意象是如何构建的以及新闻意象如何影响我们的思想、感情和行动至关重要。新闻内容如何帮助人们形成关于这个共享世界的印象？我们可以从以下三个方面来理解。

1. 政治关注度和事件的重要程度。对于不同新闻事件，媒体的报道力度不同，比如，对于有些戏剧化程度比较高的事件，媒体报道得多一些，而对其他一些事件，媒体就很少关注。这种关注度的差异可能影响人们对于这些事件的重要性的判断，也会对他们是否接受了足够多的信息，从而帮助他们形成较有意义的舆论产生影响。

2. 公众群体的形成。在今天这个时代，人们作为某一电台谈话节目听众或者某一电视节目观众这一角色的共同点要比他们作为工人、邻居、某一政党成员以及其他社会组织成员的共同点还要多，他们经常会依赖媒体经验，比如说备受瞩目的新闻大戏，来获得政治暗示或者认定自己的公共身份。因此，人们会根据新闻暗示以及新闻内容提供的形象（以及之后不断重复的谈话节目、博客和晚间新闻喜剧秀节目）聚集在一起，形成一个团体，或者分裂成大大小小的舆论阵营。

3. 塑造政治行为。并不是新闻中的所有政治信息都影响个人思考和行动，但有些信息确实有这种作用。市场研究的目的是找到迎合大众想法的信息，雇用传播专家的目的也是将这些信息渗透到新闻之中。即使只有一小部分的选民或者“对某一事件关注的公众群”对候选人或者新闻事件改变了想法，也可能会影响选举结果或者事件进程。

人们在多大程度上、以什么方式依赖媒体给我们的暗示？这个问题在学术界争议很大，几十年前，很多人认为媒体对个人的影响微乎其微，现在却很少有人愿意承认这一点，我们将在本章详细讨论这一问题。[2]

新闻以及抢夺公共舆论之争

舆论是多变而难以控制的，因此，不断的民意调查和信息修正不仅会贯穿选举的整个过程，也成为政府和利益集团政治生活的基本要素。出于政治需要，政府和利益集团往往利用市场调查来评估各个阶层的公众的观点倾向，在此基础上，再通过焦点小组以及其他一些技术手段，对所要传
递的信息进行进一步的调整和测试，然后，这些信息通过直邮、政治广 78
告、社区走访、广播等各种渠道被传递出去，当然，这些渠道也包括新闻。发布新闻已经成为政治人物和利益集团劝说公众支持某一政策最主要的策略之一。

如果一项议题在公众中激起了深层次的不同反应，舆论管理就变得至关重要。对于大部分公众来说，许多议题或者说绝大多数议题太复杂、太抽象，很难去跟踪了解。如果某一议题很少有人关注，比如说环境、农业补贴或者可能影响汇率走势的贸易政策等问题，此时传播主要通过专业媒体进行，比如行业类或专业性杂志或者直接针对目标客户的邮件提醒等，相比而言，传统新闻媒体报道的只是问题中很小的一部分，但却是渗透到社会和政府里的最敏感的那一部分。

在上一章我们讨论过新闻的倾向性，曾经提到，戏剧性的事件对于大多数人来说比较容易理解和接受，也容易受到媒体的关注，所以，传播专家往往会把公共事务改头换面，使之符合新闻倾向性的要求。最容易以个人化和戏剧化形式呈现的事件往往是新闻关注的焦点，也是政治人物和利益集团争夺舆论支持的战场，他们往往会在这些事件上争取按照自己的政治需求去演绎。例如堕胎、税收、医保、就业、恐怖主义、战争以及安全问题都比较容易受到公众关注，一旦这些问题成为新闻焦点，舆论的变化就会非常快，可谓瞬息万变。

媒体在设计民调问题时使用的语言和表述方式往往与政治人物设定的议题框架相吻合，也不管这种框架是如何歪曲了事实或者加剧了公众意见的分化。正因为如此，媒体所进行的民调往往成为政府进行新闻操纵的最后一个环节。这也意味着，在很多问题上，民意调查与政治操纵有着千丝

万缕的联系，并不是以一种更中立或者说更接近事实的方式进行，所以也不可能真正反映民意。我们来比较一下两种民调在用词上的区别。一种民调是这么问的：据称，伊拉克有大规模杀伤性武器（最后被证实是一种误导），因此美国入侵了伊拉克，你对此有何看法？我们也可以换一种问法，不提大规模杀伤性武器，或者在问题中给出除了入侵以外更政治化的解决方案，比如说继续对伊拉克实施制裁。提问方式的不同会得到两种不同的民调结果。在使用第一种方式进行的民调中，公众对战争的支持率明显比后两种民调方式中的支持率高，这就毫不奇怪了。但是，因为使用布什政府美化其战争行为的这些措辞而进行的民调与新闻中政府的立场更吻合，所以在现实世界中，媒体所报道出来的公众支持率比采取其他民调形式所得到的结果更高。

新闻的倾向性还在更深层次上影响民意调查的进行。因为公众往往被认为是民主最重要的象征，所以媒体希望公众的意见更明确，更富有深意，虽然实际情况未必如此。因此，媒体会向民调机构施压，让它们确保受访者即便还没有形成自己的立场时，也要明确表明自己的立场和态度。所以，我们很少看到在新闻报道中某项民意调查中回答“不知道”的比例会很高，就是因为在调查中，人们往往在没有观点的情况下被迫选择了一个观点。盖洛普（Gallup）机构的戴维·摩尔曾经举过一个例子，阐述隐
79 藏在这种“导向性民意调查”（push polling）背后的逻辑，一次，CNN为了一个民意调查项目换了好几家调查公司，就是因为在它们的调查结果中，“不知道”的回答比例太高了。

> 我觉得几乎所有的主流媒体都固执地认为公众是理性的，无所不知并对政治议题全身心投入。CNN不惜一切办法要让公众选边站队，即使是很小比例的受访者对所有的问题都不作回应，也不能容忍，CNN这种想法其实在媒体中间很典型，它们就是觉得，民调中必须有神一般存在的公众才能体现它们对于公众舆论报道的正确性。如果很大一部分公众，有时甚至是大多数公众，在一个问题上没有真正明确的想法和意见，媒体就会放弃这次调查，视之为没有新闻价值。如果这种情况经常发生，那新闻民调行业的命运也就岌岌可危了。媒体不想让公众知道它们自己的这点儿事。[3]

由于民意调查的问题设置往往与主要的党派信息相呼应，而且民调总是强迫人们即使在意见不明确的时候选边站队，所以在新闻中，公众意见

的分歧往往比实际存在的更大。更加令人担忧的是，新闻调查很少探求一个更深层次的问题，那就是，人们是不是真的那么在意他们所做的选择。他们倾向的政策是不是被执行，或者他们喜欢的候选人是不是赢得了选举，他们真的在意吗？戴维·摩尔在盖洛普公司做编辑的时候曾经进行过一系列冷静严肃的研究。他在研究中发现，被访者在被问起“如果所希望的结果没有发生，会很不安吗？”这个问题时，大部分人的回答是“没什么可不安的”。[4]但是媒体很少报道这样有价值的舆论评估结果。它们一边倒地希望报道更为激烈的意见分歧，结果就是，新闻中的公众比现实生活中对政治议题更投入，分歧也更大。

戴维·摩尔和他的同事杰弗里·琼斯（Jeffrey Jones）在一系列的全国性民意调查中都问了“如果……，你会有多不安？”这样的问题，这其中包括在阿拉斯加一个自然保护区的石油开采、竞选经费制度改革方案、同性恋婚姻、导弹防御系统以及克隆人技术等，这些议题都是当时在政治精英中争议最多的。表面看来（在新闻中通常是这么报道的），公众对这些问题的参与度很高，而且在大部分问题上有占绝对多数的舆论倾向，比如：58%的人赞成竞选经费制度改革方案，26%反对；56%的人支持石油开采；53%的人支持严禁克隆人技术；64%的人支持建立导弹防御系统；45%的人支持同性婚姻，而46%反对。但是进行深层次的分析就会发现，多数派中的大多数人在被问及如果他们希望的结果无法实现他们会怎样时，都表示不会不安：58%的人表示在竞选经费的问题上，无论出现怎样的结果都不会令他们感到不安；在石油开采的问题上，44%的人持这种观点；在同性婚姻的问题上，这个数字是44%；在导弹防御系统的问题上是47%。在以上所有这些议题（包括伊拉克战争问题）中，只有在克隆人技术的问题上，有明确的支持者和反对者（73%）表示，如果他们自己所支持的结果没有出现，他们会很在意（大部分人反对克隆人技术，并且明确表示，如果真的出现克隆人技术，他们会不安）。[5]

研究结果让我们对新闻报道中展现出来的典型化公共舆论的描述心存 80
疑虑。如果真如上面的研究所显示的，公众的意见如此飘忽不定，那么新闻中常常宣称公众不是支持就是反对政府的某项动议就是一种误导。而且，新闻中常说公众在许多问题上分歧很大，就是在歪曲事实，其目的在于添油加醋，让新闻故事的戏剧性更强。也许我们换种说法更准确：政治精英们的意见分歧很大，新闻就是按照他们的意见分歧采写出来的，而新闻民调只不过是为了把公众驱赶进不同的分歧阵营中去。所以，许多——也许是绝大多数——关于民调结果的报道是对事实的歪曲，这已经成为家常便饭。政治学家莫里斯·菲奥丽娜（Morris Fiorina）也曾经指出，所谓美国民众意见两极分化严重的说法只是适用于冲突中的政治派系，并不适用于普通公众。[6]

夸大公众的参与度以及意见的分歧不仅让新闻看起来更引人入胜，而且很可能在无意间就帮了竞选或政策决策的其中一方，让他们能够宣称自己一方的胜利或获得比实际更高的支持率，尽管也许事实并非如此。这样一来，媒体对于民调结果的报道就成为一种自我实现的预言。比如说，选民可能会因此决定支持在民调中明显胜出的一方，而放弃对落后者的支持，即使也许实际上前者的支持率并没有民调显示的那么高。在其他一些情况下，也许公民就沉默地接受了某项政策或决策的出台（比如说发动战争），虽然事实上这一决策并不像新闻民调结果所显示的那样支持率那么高。莫雷·埃德尔曼把这种被表象诱导的公众意识状态称为“缄默”。[7]

我们在这里举个例子，探讨一下种族问题以及政治人物在这个问题上产生的各种持续不断的争端，比如说在选举过程中以及立法过程中围绕移民问题的辩论和冲突。恩特曼和罗杰斯基（Rojecki）曾经做过一项研究，结果显示新闻报道经常会夸大种族矛盾的主题，并且经常会报道符合这一规律的民调结果。所以，你会看到一家知名杂志的封面文章标题是这样的：“种族和愤怒”（Race and Rage）。其实，杂志可以采用一种更加合理的报道角度，围绕种族和谐和种族合作做文章，当然，这最终取决于民调问题如何措辞。有观察家同时认为，对于民调中公众意见两极分化的报道使得公众不由自主地加入了一小部分处于政治版图两极的政治精英们所挑起的所谓的文化战中（在这个案例中，是保守派挑起的）。[8]精英们已经注意到，媒体喜欢报道戏剧化的场面，喜欢报道他们为形成两极化意见所做的努力，不喜欢报道更加温和但更有代表性的言论。恩特曼和罗杰斯基指出：

看起来，记者似乎是根据提供消息的精英们的立场给自己的新闻定调，殊不知精英们有他们自己的利益诉求，是要推广一种白人觉醒的印象，这种诉求与记者不断追求冲突以及戏剧性的目标不谋而合。事实上，记者们是混淆了精英们的花言巧语与普通大众的喜好和优先事务。[9]

通过民意调查就能对公共事务施加如此巨大的影响，这么做必然会带来一定的后果。可能出现的后果之一就是，如此两极分化的（或者说是“民调引起的”）新闻可能会妨碍温和派或者左派政治人物公开支持“平权行动”① 或者试图引导公众在移民政策上达成一种更加温和的共识。恩特曼和罗杰斯基总结说：“很显然，有些能够设置媒体议程的重要人物，比如说政治领袖，特别是总统候选人对于平权行动有比较大的敌意……很难说他们的观点就代表了美国普通白人民众的想法。”[10] 同样，近年来的新闻热点问题，关于移民法案的讨论，可能也存在这样的情况。 81

近年来，移民政治在竞选和政府政策制定过程中引发了热烈的种族问题讨论。2010 年，亚利桑那州通过一项法律，赋予执法部门盘查居民的移民证件的权力，这项法案引起社会各阶层的广泛争议，从前，盘查移民证件是联邦法院的权力，现在下放给执法部门，加剧了种族歧视的危险，拉美裔居民感觉比其他族裔居民更容易遭到警察的拦截盘查。法案颁布后，新闻媒体和其他独立调查机构做了大量的民意调查，媒体的民调往往与戏剧化的报道相呼应，以保证新闻 24 小时不间断。比如说，亚利桑那州的移民法案通过一个月后，CNN 的调查显示，在被问及对亚利桑那州的行动有何看法时，只有 6%的受访者表示不确定，而昆尼皮亚克大学（Quinnipiac University）的调查机构同期所做的调查则显示，18%的受访者表示对这一问题不知该怎么看。CNN 的调查给人的明显印象是，公众对此法案的参与度更高，意见更明确，但实际上许多受访者是被迫选择了自己的阵营（支持和反对）。[11]

这一案例也表明，调查问卷的措辞对于调查结果的影响巨大。皮尤研究机构在业界享有很高的声誉，在调查公众对于美国司法部介入亚利桑那州移民法案的看法时，小心翼翼地按照基本事实设计了调查问卷：“你也许知道，这个星期司法部针对亚利桑那州的移民法案发起了一项法律诉讼，就你所了解的而言，你是支持还是反对司法部针对亚利桑那州法案做出的决定?”而在昆尼皮亚克大学所做的调查问卷里，则包含了更加具有情感色彩的字眼，如“奥巴马”以及“打击”等等。昆尼皮亚克大学的调

① 优待少数族群的行动措施。——译者注

查问卷是这样问的："奥巴马政府发起了一项法律诉讼，旨在打击亚利桑那州的移民法案，你认为这项诉讼是好事还是坏事？"由于问题中充斥着"奥巴马""打击"这样的字眼，所以，与皮尤的调查问卷相比，在昆尼皮亚克大学的调查中，反对这项诉讼的比例从 45％上升到占绝对多数的 60％，而回答不确定的受访者比例从 19％降到 12％。[12]

当我们听到新闻报道说，民调结果显示多少人支持哪些候选人或者什么政策的时候，我们最好想想，这样的结论是多么经不起推敲啊！关于政治努力对公共舆论的影响，有以下两点值得注意：（a）依赖公关能够在公
82 众中真正带来多少强烈持久的感情，非常值得怀疑。（b）民调的方法和关于民调的新闻报道经常是夸大了公关以及游说组织的作用。所以，正如我们早前指出的那样，由于夸大了公众意见的分歧以及公众对某一问题的支持和反对力度，对公众产生了信息误导，媒体自己也变成了政府或利益集团新闻操纵的帮凶。

把信息传递给心不在焉的公众

对于试图调动起公众积极性的传播专家来说，媒体和社会都在变，想要获得公众的注意力越来越难，想要把信息传递给公众也越来越难。从社会变化的角度而言，人们的生活越来越个人化，参加的小团体或者与其他人共同的经历越来越少，很难形成或者强化舆论。[13]而随着可以满足个人需求的个性化信息渠道越来越多，媒体形态的变化不仅反映了社会的碎片化倾向，也强化了这种倾向。[14]由于这些变化，想把信息传递给个人越来越不易，也越来越昂贵。比如说，年轻一代更喜欢打游戏，而不是看电视，所以就很难把一些传统的信息传递给他们。

虽然影响公共舆论很难，控制公共舆论更难，但是政治人物仍然不遗余力地试图这么做。比如，在竞选中一掷千金、收买所谓摇摆选民选票的做法就说明想要控制舆论很难、很贵而且不确定性很高。在今天这个时代，公众生活在一个热闹非凡的媒体世界，在他们的关注排行榜上，政治远远落后于娱乐、时尚、体育、天气以及购物。想得到这些心有旁骛甚至漠不关心的观众的注意就需要采取很多措施，需要把戏剧化、个人化的信

息翻来覆去地进行重复。本章的案例分析将探究这种全国性的注意力缺失症。

［案例研究］

全国性注意力缺失症？

在其新闻经济学分析中，詹姆斯·汉密尔顿（James Hamilton）认为，传统的新闻五要素，5个“W”，也就是“何人、何事、何时、何地与何因”实际上是由另外一套更重要的五要素所决定的：“谁关心这个信息？他们或者其他人愿意为这个信息付出什么？媒体和广告商在哪里能找到他们？什么时候信息能够赚钱？为什么这个信息能够赚钱？”[15]他从中得出结论，市场经济的发展并没有为民主思想的坦诚交流创造一个有利条件。市场的目的是要采取一切可能的手段把消费者卖给广告商。而能够吸引消费者注意的并不一定就是公民所关心的。媒体吸引到公众的注意力之后也未 83
必就要满足公众的知情权，鼓励公众的政治参与。现在很难说哪个是因，哪个是果：是因为软新闻和耸人听闻的故事太多，让受众没有机会接触更严肃的新闻呢，还是因为大批公众放弃民主生活造成新闻媒体不得不想尽办法吸引受众的注意力呢？不管是哪种情况，结果都是一样的，那就是全国人民对于关乎国家命运的重要事件不关注，而且这种状况呈螺旋上升的态势。

汉密尔顿曾经做过一个关于新闻受众习惯的调查，我们可以从中了解一些媒体注意力模式。在年龄18至34岁的人群中，只有不到10%的男性和女性经常性地收看晚间电视新闻节目，而在50岁以上的人群中，23%的男性和32%的女性会这么做。在六个关键人群分类中有三组人群（18至34岁男性、18至34岁女性以及35至49岁女性）觉得电视新闻杂志节目（《20/20》《日界线》《60分钟》）比普通的电视新闻节目更吸引人。在六个关键人群分类中有五组人群觉得福克斯新闻（FOX）比美国国家公共广播电台（NPR）的新闻节目做得好。只有35至49岁的女性喜欢听NPR（16.9%）的节目超过看福克斯（15.9%）的节目。除了50岁以上的男性群体，警匪类的节目在几乎所有其他的人群组中都享有比NPR节目更高的得分。喜欢看《欧普拉》（*Oprah*）和《菲尔博士》（*Dr. Phil*）等谈话类节目的观众人数超过收看美国公共电视网（PBS）《吉姆·莱勒新闻一小时》（*Hour with Jim Lehrer*）节目的观众人数的4倍。很少有美国人会宣称自己对政治保持高度关注，这并不奇怪。[16]市场调查人员发现，在六个关键人群分类中，只有一组人群（50岁以上的男性）中的大多数人认为自己大部分时间比较关注政治。[17]

对于多数人来说，什么样的东西可以冒充新闻呢？试着搜索一下全国广播公司（NBC）《日界线》栏目的专题报道便可知一二。在谷歌上，我们会搜索到这样的条目标题："NBC《日界线》：关于犯罪、名流和健康的新闻"。搜索结果显示，本周的头条新闻大标题就是："纠缠不清的生活：一位母亲在家门口被陌生人谋杀，不祥的预感成真；另一位母亲了解线索，能够帮助找到凶手，她会冒着失去一切的危险告发凶手吗？"[18]

公众消费着这种披着新闻外衣的娱乐信息，其实并没有获得真正政治事件的知情权，这种事已经不奇怪了。比如说，《纽约时报》的专栏作家查尔斯·布洛（Charles Blow）指出，奥巴马总统严谨的政治风格带来的唯一后果就是人们对他的政治议程并不理解，必须用犀利和不断重复的信息来刺激稀里糊涂的公众，才能引起他们对像医改这样重要问题的重视。布洛分析说，政府由于缺乏一个重点突出的媒体宣传计划，再加上总是想跟态度强硬的对手进行理性的讨论，反而落入了共和党的圈套。其实共和党的策略就是"对一切说不"，所以奥巴马干脆把共和党称作"说不党"，但这种死硬的立场不仅没有给共和党带来什么形象上的伤害，甚至公共舆论也几乎对此没有什么负面评论。其部分原因也许是国会中两党的支持率都太低了，所以已经没有什么继续降低的空间了。但是，布洛分析说，还有一个重要原因就是公众的注意力很难集中，所以共和党是拒绝合作还是妥协让步似乎都对他们没什么影响。他援引皮尤的调查数据说："只有四分之一的人知道，在参议院需要有60票才能挫败一场阻挠议案通过的行动；三分之一的人知道没有一个共和党参议员投票支持医改方案。"[19]关注度不高的问题在年轻人群中更为严重，在18～29岁人群组中，只有16%的人知道共和党在医改方案上是怎么做的。布洛总结说，对历史事件的关
84 注度如此低下，这种情况堪忧，很可能改变H.L.门肯（H.L.Mencken）对美国公众特征做出的著名论述：

H.L.门肯曾经有一段非常著名的评论："低估广大普通老百姓的集体智慧从来不会有什么问题，没人会因此赔钱，也没人会因此丢官。"我对

此不敢苟同，但是如果你把“智慧”一词换成“注意力”，那我就完全赞同了。[20]

即使在全国性的大选活动中，公众的关注也少得可怜——从理论上讲，这原本是公众可以对权力施加约束的机会。2000年，世界摔跤联盟《冲击波》(*Smackdown!*)比赛节目的收视率达到当时民主党候选人第一轮辩论直播的4倍（《冲击波》节目得以挤进当周电视收视榜前100名)。[21]实际上，公众类似的漠不关心态度一直延续了整个竞选过程。大部分人直到选举结束才突然对选举关心起来，一下子恍然大悟，原来之前并没有什么明显的赢家。[22]

支离破碎的传媒体系也许可以解释注意力缺失的部分原因，因为注意力和兴趣会反映在公众所关注的媒体源头上。[23]比如说，18～29岁年龄组的选民比50岁以上的选民更倾向于从电视喜剧秀节目中了解选举信息。统计显示，21%的年轻人通过这一渠道了解选举信息，而只有3%的50岁以上的人群这么做，差距高达7倍。同时，通过电视网新闻或报纸新闻报道了解选举信息的年龄较大组选民是青年组选民的两倍。选民和候选人通过网络互动还有很大的潜力。在2000年到2004年间，在一定程度上利用互联网了解大选进程的公众人数从24%增加到了33%，其中大部分是年轻人。但是，调查发现，2004年，当受访者被问到是否经常性地利用网上信息关注大选时，只有13%的人回答说会经常性地搜寻大选信息。这些经常性的互联网使用者也往往是最了解候选人及相关事务的。2008年，皮尤的一项调查重新调整调查问题的询问方式，结果发现，52%的受访者说他们的确通过互联网了解了不少选举信息，但基本上都是在搜寻其他内容时无意了解到的。在被问及是否经常性地跟踪大选消息时，只有24%的受访者表示会经常性地从网上搜寻大选消息。[24]同时，奥巴马的竞选班子利用社交网络的成功案例以及竞选双方阵营独立制作的许多视频在网络上的病毒式传播也告诉我们，在新媒体环境下仍然有很多方式可以聚集起大批民众关注政治。但是，做到这一点很不容易。当年在广播电视的黄金时代，虽然三大广播电视网的节目都差不多，但还是会有一大群“着了迷”的观众聚在一起，观看其中某一个台的新闻节目，像这样的盛况现在很难再出现了。[25]

不同意注意力缺失症观点的人会说，评判人们是不是关注了新闻事件的细节就像让人做益智问答游戏一样，很难真正反映人们对政治是如何理解的。有的政治学家认为，人们从脱口秀节目和娱乐节目中已经了解到了他们所需要了解的内容——至少他们已经了解到了足够多的关键内容，能够帮助他们形成观点，有意义地参与到政治生活中去。[26]但是这种观点没能解决信息质量的问题，也没能回答为什么公众参与度这么低的问题。让我们回忆一下第一章曾经讨论过的内容，我们谈到不同媒体的观众对伊拉克战争的误解和偏见。即使是观看电视新闻节目的观众也会对战争起因产生各种不同的理解。与美国公共电视网（PBS）《新闻一小时》（*News Hour*）的观众相比，两倍以上的《福克斯新闻》的观众可能对涉及伊拉克战争的基本事实产生误解，比如说伊拉克和“9·11”恐怖袭击之间的关
85 系。这向我们提出了一个问题，持有如此毫无根据、毫无道理的观点的公众真正有资格参与到公共生活中吗？另外还存在一个更加难解的问题，那就是，政治人物是不是利用了公众的注意力缺失，故意剥夺人们的知情权，从而为推行自己的政策寻求盲目支持呢？

全国性的注意力缺失症最主要的问题就在于，政治人物和利益团体可能会借口无法与公众沟通，从而放弃告知和教育公众的努力。这也解释了为什么会有那么多情绪化、重复的浅层次交流，其目的就在于短期的舆论引导，从而为当选或者继续执政获取恰好足够的选票。也许美国信息体制的最大问题就是没能刺激广大民众对政治生活的深层次参与。

即使目标公众的注意力被部分吸引过来，信息也需要与公众的思想、情感，以及例如投票或抗议之类的行动联系在一起，才能真正有意义。但是搞清楚什么样的象征物或者思想能够成为这种联系的纽带绝非易事。约翰·左勒指出，人们在形成舆论观点的时候会把各种看似矛盾的因素考虑进去，这也意味着，一个特定的信息可能会触及各个不同层面的个人关切，然后这些联系和冲突会在数以百万计的人群中引起连锁反应，正是他们构成了某一事件的公众群体。[27]因此，需要利用大量的民意调查和焦点小组讨论（用小组讨论的方式来了解个人对于某一信息的反应）来监控信息传递过程中的行文和符号，确保这些行文和符号能够引发人们的关切并进而取得理想的舆论效果。

一般说来，想要在公共舆论中获胜，必须做到以下几点：（a）能够创造出最简单的信息；（b）最能打动人心；（c）能把信息传递给最多的人

群；(d) 能够被不断重复；(e) 从而能在碎片化的社会和媒体体系下不断引起反响；(f) 引起共同的关切；(g) 使得人们相信应该共同采取某种立场。

把这种不断重复、引起反响的信息传递到社会有很多渠道，新闻就是其中最重要的渠道之一（其他渠道包括广告、谈话类广播节目、直邮、电子邮件以及社交媒体等）。[28]我们此前讨论过，信息的倾向性，比如个人化和戏剧化，在政治传播顾问争夺公众注意力的斗争中以及媒体进行新闻选材的过程中都发挥着非常重要的作用。新闻机构希望选择的是易于表达同时易于采写的新闻素材，公关顾问对于要把哪些信息揉进新闻事件、挤进新闻版面有自己的考虑，两者不断互动中，我们在上一章介绍过的新闻倾向性产生了，并不断得到强化。其结果就是，独立的新闻故事把复杂的社会现实变成碎片化的新闻片段，凸显了个人化的戏剧情节。这再一次反映了记者和新闻人物之间的相互作用。新闻记者更善于处理简单的、界限分明的故事，不善于处理复杂的故事，所以公关经理的目标就是要保持信息简单明了，杜绝一切的复杂化。

通常来说，最重大的新闻往往是那些涉及个人安全威胁的新闻，这类 86
新闻正好符合“权威-失序”的新闻模式，也正好满足了政治人物吸引公众注意力的要求。广告商有时会故意制造出某种问题，而这种问题正好是他们的产品能够解决的，同理，政治传播策略所做的就是暗示一种危害个人安全的威胁，而通过某一项政策措施（或者相反的政策措施）就能把这种威胁消除。[29]当这类信息打包传递给有着共同关切（情感或者信仰）的广大民众的时候，就能够影响公共舆论，然后通过新闻对于民意调查的报道，其影响力和效果被进一步放大。

贩卖伊拉克战争

带着这些思考，让我们来看看政治传播专家们是如何把他们想要表达的信息塞到新闻中，给公众造成一种印象，好像对远在地球另一边的某个国家的大规模入侵得到了广泛的公众支持。伊拉克战争被贩卖给美国民众是基于这样一种不断重复、精心策划的暗示，那就是“9·11”事件与萨达姆·侯赛因之间有某种联系，而萨达姆拥有大规模杀伤性武器所引发的关切，无异于火上浇油。对于大多数美国民众来说，萨达姆是一个令人生厌的角色。1991年，第一次海湾战争爆发，伊拉克入侵科威特，美国插手，为了赢得公众对这次战争的支持，政治传播大师们甚至把萨达姆与希特勒相提并论。但是仅仅是对于萨达姆个人的恶感并不足以改变舆论，让民众支持另外一场战争。赢得公众支持还需要在大众传播的天平上再加上一点公众的个人关切，比如说把他与本·拉登和大规模杀伤性武器联系在一起，再让政府高官们谈点什么蘑菇云之类的威胁。这种在复杂形势下特意强调某一特定议题，以凸显关切，进而影响舆论的做法，我们称之为"激发效应"。[30]

贩卖第二次伊拉克战争的运动始于2002年的秋天。就像大多数的游说行动一样，时间的选择很重要，需要放在一个公众注意力能够集中在新闻上的时间段（在这一案例中，这个时间段是暑假之后）。正如白宫办公室前主任安德鲁·卡德（Andrew Card）2002年在接受《纽约时报》采访时说的："从市场营销的角度来说，你不应该在八月份推出什么新的产品。"[31]

可怕的画面和概念一遍一遍回荡在新闻直播间，与公众之前的关切重合，不断强化，最终让公众改变了观点，转而支持战争，新闻信息是如何做到这一切的呢？公众原本更赞成保持对萨达姆的监控和对伊拉克的制裁，显然，对萨达姆·侯赛因的敌意远不足以让公众放弃这一原则，支持战争。虽然没有证据显示萨达姆参与了"9·11"恐怖袭击的策划，但布什政府坚称萨达姆和"9·11"事件有某种联系。为了避开烦琐的细节，白宫的传播战略专家想出了伊拉克与"基地"组织有"某种联系"的说法。政府每位高级官员在面对记者时都不断重复这一信息。国家安全事务
87 顾问康多莉扎·赖斯宣称，"基地"组织"很显然与伊拉克有联系，更别说伊拉克与其他所有恐怖分子的联系"。国防部长拉姆斯菲尔德说："现在是没什么问题，但是以前伊拉克政府、伊拉克官员和'基地'组织是有过互动的。"副总统切尼则宣称："我们知道伊拉克和'基地'组织十年之前就有过高层交往。"[32]尽管外界专家纷纷指出，没什么确凿的证据证实以上说法，反而大量事实表明萨达姆是本·拉登反对的世俗阿拉伯政权中的一分子，但是政府不断重复的信息还是占据了新闻版面达数月之久，一直到

战争爆发。这向我们提出了一个问题：仅仅因为新闻模式要求媒体给予官方表态更多的新闻话语权，媒体就应该报道官员未经证实的言论吗？这个问题我们将在第六章深入探讨。

这一新闻造势的结果怎样呢？50%的美国民众很快形成了一种印象，似乎萨达姆本人参与了“9·11”恐怖袭击，持这一观点的人在战争爆发时达到峰值，甚至一年多之后这一观点才开始慢慢被修正。更为严重的是，大多数美国人相信他们从政府那里得到的关于伊拉克与“基地”组织的关系以及伊拉克拥有大规模杀伤性武器的信息是准确的，战争爆发一年多后，舆论才开始转向。

这个案例告诉我们，虽然影响舆论并不容易，但并非完全不可能。通过用个人化、戏剧化和碎片化的简单信息占据新闻版面，回应大多数人的关切，特别是对于秩序和安全的关切，舆论是可以被影响的。这也说明，能够影响舆论的那些信息恰好是那些满足了信息倾向性的信息。电视报道乐于夸大这些倾向性，也意味着主要从电视中了解新闻信息的观众在形成个人观点的时候很少会考虑个人关切以外的问题。相反，那些从报纸获取新闻的人则往往对问题有更全面的理解。[33]因为目前大部分人还是习惯从电视里获取新闻，所以公关顾问的首要任务还是制造出最简单的、最个人化的、最戏剧性的、适合电视播放的新闻事件。

所以，布什政府才能够宣称战争伊始就得到广大民众的强烈支持，甚至在战争概念渐渐褪去光环之后还能继续利用这一说辞为战争辩护。但是，在接受所谓“广泛支持”这一说法之前，我们回忆一下此前我们谈到的新闻民调帮助政治人物完成自我美化的理论。戴维·摩尔对舆论力量进行了深层次的研究，进一步询问那些被迫在战争问题上表明立场的受访者的想法。他问他们，如果自己倾向的意见没有被采纳，希望落空，他们会不会感到不安。这一下，政府所宣称的所谓高支持率一下子就掉了下来。只有29%的受访者支持战争，并且说如果没有这场战争，他们会感到不安！另外30%的受访者反对战争，并且明确表示如果战争爆发，他们会感到不安。共有41%的受访者表示，如果出现与他们的选择相反的情况，他 88
们并不太在意。[34]这个简单的问答向我们呈现了一种完全不同的公众态度。但是新闻报道中对这些分析却只字未提。当党派政治宣传与新闻报道的目标和价值观一致的时候，公众的利益就要受到损害了。

新闻和公共舆论：民众的窘境

对于传播专业人士来说，新闻管理是政治的一个重要环节。虽说参与公共舆论的争夺战未必能赢，但是缺少制造新闻的策略则是必输无疑。你也许没有注意到，媒介化传播行动往往不仅仅是舆论民调增加几个点或减少几个点那么简单。政治人物传递信息的过程往往都很聒噪而且消极。并且，随着锁定目标受众的技术越来越复杂，公共交流越来越具有排他性了。有时候，因为大多数公众被认为是难以沟通、难以说服的，或者只是因为他们的意见对于赢得选举或者向华盛顿施压来说无足轻重，所以有的信息根本就不把他们当作传递对象。所以，越来越多的人开始逃避新闻和其他的政治信息，因为他们发现这些东西很负面、令人沮丧或者干脆就没把自己当作交流对象。

不幸的是，脱离新闻常常意味着脱离政治和公民生活。传播学学者罗德里克·哈特（Roderick Hart）认为，我们目前的传播方式可能让一些人们觉得，远离政治会使他们更加“圣洁”。[35]他们把自己定位成像他们在新闻里听到的一些政治人物、学者和批评家一样，是与扭曲的体制抗争的圈外人。对于许多人来说，玩世不恭已经成为一种他们对现有传播方式表示不满的方式。他们认为，现有的传播方式除了想要影响舆论、拉动选票、提升和降低公众的不满度以外，就再也没有别的什么目的了。这里并不是说人们必须要认同政治人物在新闻中兜售的全部或者大部分内容，但这的确意味着，如果他们参与政治，他们所能选择和使用的语言就只能是本书所描述的这些传播过程中所出现的内容。

我们在第一章曾经谈到，也许现在最令人沮丧的是年轻人对新闻和政治的漠不关心，而且这种状况已经成为一种恶性循环。专业的媒体策划活动都觉得把精力放在吸引年轻人身上是一种资源的浪费。年轻人一般不愿意参与政治，更愿意自己一边待着，没人打扰，什么都不关注（虽然在2004年和2008年的选举中，两党都做出过大规模的动员年轻选民的尝试，并且取得良好的效果）。并且，在当代社会中，年轻一代很少会参加一个什么组织。想当年，他们的父辈和祖父辈都参加过各种俱乐部和机构，这是一种很好的与其他人以及公共机构沟通和交流的方式。因为社会和政治生活的种种变化，年轻一代越来越少地参与到诸如投票这样的核心政治活动中去，对于可能让他们参与其中的政治事务的了解程度也越来越低。就像罗伯特·普特南（Robert Putnam）说的那样： 89

尽管信息来源不断增加，战后婴儿潮一代（大概就是 1964 年以后出生，八九十年代长大成人的一代）对政治事件的知晓程度要欠缺得多。举例说，80 年代和 90 年代，即使是在全国大选过程中，知道众议院被哪个党控制的年轻人数量也比他们父辈时要少三分之一。[36]

这还不是说年轻人因为刚成年，受到其他因素的干扰比较多，以后慢慢长大就会对政治更加投入。事实上，过去的几十年间，刚踏进社会的年轻人一代比一代更孤陋寡闻，更不愿意接触新闻中的政治，或投入到政治生活中去。整个一代人甚至几代人都反感政治，这在现代社会中非比寻常。普特南是这么描述的：

现在的年轻人对政治知识的了解与他们的父辈相比存在一种代沟，这种现象不是一种必然，也不是一个长期存在的问题，相反，是最近这些年才出现的新情况。20 世纪 40 年代到 70 年代中期所做的调查表明，当时的年轻人至少与他们的父辈一样见多识广，但现在这种情况已经不复存在了。这种新闻和信息的代沟不仅反映在政治新闻上，甚至在空难、恐怖活动以及财经新闻上也是如此。它最早出现在 70 年代的婴儿潮一代身上，随着“X 一代”的成长，这种鸿沟愈加明显。从 1965 年到 1990 年间，35 岁以下人士读报的比例从三分之二下降到三分之一，收看电视新闻的比例从 52%降低到 41%。现如今，30 岁以下的年轻一代不管是与年龄长于自己的人比，还是跟二三十年以前同一年龄段的人比，都更少关注新闻，对身边的发生的大事也更少了解。[37]

也许我们现有传播机制最大的问题不是有时舆论受到影响，而是那么多公众由于失望放弃了政治参与。虽然出现这种趋势不能完全归咎于传播行为，但是新闻和政治的确都没能吸引和引导公众参与，故而难辞其咎。即使是那些还在继续试图从新闻中寻求意义和价值的人也经常会为负面的、耸人听闻的、与自己的关切和行为选择毫不相干的新闻内容所深深挫败。一个充满参政热情并享有充分知情权的公众群体是高质量民主的基石，但在上述谈到的两种情况下，新闻及其背后的政治传播逻辑都妨碍了这样一个公众群体的形成。公众对很多问题都缺乏应有的关注和了解，只有少数年龄较大的保守派白人男性对新闻保持跟踪。[38]

90 在考虑是否参与公共生活的问题上，人们陷入一个两难境地：如果他们忽略或者轻视那些新闻人物——包括政府官员和舆论领袖——的意见和立场，那么他们就可能被孤立，也不能为形成公共舆论贡献自己的力量，这种公共舆论的形成是民主国家最为重要的公民资源。相反，如果人们放弃犬儒主义哲学，参与到公众生活中去，又经常会感到某种压力，必须调整自己的观点，在重要问题上与媒体主推的议程和立场保持一致。无论是选择孤立，随大流还是逃避，人们总是抱怨他们的意见被政府的不作为或者那些中听不中用的政策打击得体无完肤。人们的切身体验也许可以解释，为什么在过去的25年中，民意调查和选举结果都显示，公众对政治的不满情绪不断上升。[39]造成公众这种两难困境的原因在于，这个国家的政治传播是单向的，普通公众很少有机会为公共行动提出另外的解决办法。即使是公民抵抗运动——例如，要求对当选者实行任期限制的运动——也往往是由某些与传统政治势力和金钱相关的利益集团来组织的。

这种两难处境对每个人的影响不同，这很正常。有些人有目的地接纳了他们比较熟悉的思想和党派观点，不管这种观点是否真正解决了现实世界的问题。有些人则完全放弃了政治，躲进了由愤世嫉俗和孤立构成的掩体里。另外一些人认为，尽管参与公共生活很令人失望，但是总比孤立的生活好。一般来说，一个人在感觉无力改变现状时不大可能认为新闻中的事件有什么重要意义，但如果新闻中说到其他普通公众能做点什么改变现状的时候，他们就会对新闻故事有认同感。从这点我们可以总结说，被政治抛弃的感觉也许能够解释为什么了解政治和政府运作的公众这么少。

在公民基础知识测试中，比如说迈克尔·德里·卡皮尼和斯科特·基特（Scott Keeter）所开发的测试，大部分美国人得分很低。[40]有专家反对这种测试，比如说多丽丝·格雷伯，他们认为，这种测试不过是像益智问答游戏一样，并不能帮助人们真正了解政治形势。[41]但是，不仅仅是选举中获胜官员的名字或者参议院要推翻总统的否决到底需要多少票这样的问题大多数人闹不清楚，更为关键的是，很少人会真正关注他们从新闻中了解到的东西。皮尤研究中心跟踪调查了公众10年间对于670条新闻的关注度，结果发现，只有5%的新闻得到了受访者的密切关注。[42]

对新闻进行加工

许多政治传播策略的目的根本就不是让公民更多地了解和参与，在报
道过程中，政治信息还要受到商业化新闻公式的进一步过滤，这样的话，
我们怎么可能保证充分的知情权呢？只有一件事是肯定的，那就是，想依
靠无所不达的媒体来进行大众说服根本就靠不住，因为传播策略大师和媒 91
体市场根本意不在此。尽管如此，还是有不少人认为大众说服是一件平常事。比如说，政治学家拉塞尔·纽曼（Russell Neuman）、马里恩·贾斯特（Marion Just）以及安·克里格勒（Ann Crigler）认为，大众传媒信息对于被动的民众来说仍然有很大的影响力。“传统观点认为，公众从媒体接收信息的过程仍然是无意识的、被动的，就像没有反应的植物人，被动接受媒体的影响。”[43]因为他们把我也归为这种观点的拥护者，所以在这里我要澄清一下：大量的证据表明，个人在接收媒体信息的时候，会主动进行选择、过滤并根据自身需要对信息进行个性化处理，所以，就像我们此前讨论过的那样，有很多人会对大部分的新闻主动回避。

然而，是主动拥抱还是完全避开这个充满政治运作的新闻环境会让人对这个社会的感觉更好些、与他人联系更密切、更有效地扮演公民的角色，这仍然是个悬而未决的问题。并且，因为新闻并没能激发那些放弃参与政治进程的人的积极性，这意味着越来越多的人（特别是年轻人）在逃避公共生活。传播学学者托马斯·帕特森和菲利普·瑟伯（Philip Seib）认为，媒体最重要的功能不是告知信息，而首先是吸引公众的注意力。一旦人们对政治产生了兴趣，他们就会自己在唾手可得的媒体世界里寻找有用的信息。[44]

因为缺乏对政治的兴趣和好奇心，所以很多人觉得信息看起来铺天盖地，很难应付。政治学家多丽丝·格雷伯是最早注意到人们怎样“驯服信息大潮”的学者。她深入研究了公众对新闻进行再处理的过程，结果发现，许多个人因素会影响人们的关注点以及对于新闻意义的理解，比方说，在某些事件和问题上的个人关切，那些提供最新消息和解读的朋友对他们的影响，以及个人成长过程中形成的、影响个人新闻判断的价值取

向。她最近的研究课题之一就是，如何在年轻人与能够激励他们更好参与政治的有效信息间重新搭建起一座桥梁。根据有关大脑处理信息过程的研究，她认为，更多可视化的互动电视和网络新闻有可能将年轻人与政治重新联系在一起。[45]

研究表明，人们会采取一种个人化解读的策略对自己接触到的新闻主动进行意义重构。在某些情况下，这种重构过程非常奇怪，明显脱离了新闻（或者娱乐）原来想要表达的含义。比方说，传播学学者约翰·菲斯克（John Fiske）发现，无家可归的街头流浪汉对热门电视节目经常进行“逆向阅读”，对里面的坏人拍手称快而对好人加以抵制——这正反映了现实生活中“正常社会”对他们的排斥。[46]

社会学家威廉·盖姆森认为，人们往往通过日常谈话或者交流对新闻事件进行深层次探索，并且在这个过程中形成很多新闻故事字面以外的解读。比如说，一些人用“集体行动”（collective action）的框架原则去理解司法、共同身份以及社会行动可能性这类问题，从而摆脱新闻事件与自己
92 无关的孤立感。盖姆森同时承认，对于那些对新闻事件有直接个人经验的人来说，摆脱新闻报道设定的框架相对来说容易一些。而那些没有直接经验的人则更容易受到新闻框架的影响。[47]循着这一思路，纽曼、贾斯特以及克里格勒的研究表明，如果人们觉得对某一事件无能为力、无法改变的话，即便是媒体广泛关注，他们也不大可能把这一事件看得非常重要。但是，如果新闻故事里包含“你能采取什么措施解决问题”这样的信息，那么，他们就愿意从纷繁复杂的故事中抽丝剥茧，寻求答案。[48]

而且，媒介本身也很重要。与传统看法相反，实际上，人们从电视新闻中了解的东西比从报纸上了解的要多。除非人们对某一事件本身就有个人兴趣，或者有个人背景做参照来帮助他们梳理纷繁的新闻事件，否则的话，大多数人很难从报纸新闻中对更多的细节进行解码和整理。与报纸比起来，新闻类杂志更容易阅读，信息量几乎与电视一样大。这可能是因为周刊这种形式能提供给读者更全面的主题化视角。对于人们为什么愿意把电视作为首要的新闻来源，这项研究可能给出了一个简单的解释：因为他们实际上从电视新闻中了解到更多的东西。[49]但是，正如之前我们提到过的，当人们确实有动力想要挖掘纸媒新闻背后的内涵时，他们对某一新闻事件往往能够形成更深入的理解，更能抓住关键，而非个人化、碎片化的

理解。

为什么人们偏爱电视：声像信息

我们前面提到，人们从电视中了解的东西比从其他传媒方式中了解的多。大多数的人口统计学数据表明，电视是最受人欢迎的新闻来源，这毫不奇怪。当被问起遇到影响他们生活的事件时，他们会从哪儿找信息，大约一半的人会说电视，42%的人会选择广播，1/3 的人选择报纸，1/4 的人会选择主要新闻机构的网站。只有 6%的人会选择去看博客或者其他的民众背景的信息来源（因为有些人是利用多种渠道获取信息的，所以这些数字加起来总和超过了 100%）。当人们想看娱乐新闻或者八卦新闻的时候，互联网倒是一个更受欢迎的选择。[50]

美国人还是喜欢电视。早前的一些调查表明，平均来说，人们从电视中获得的满足比从其他很多事情比如体育运动、美食、业余爱好甚至性生活上得到的快乐还要多![51]大多数人看电视的目的很明确，就是为了寻找一种愉悦或者情感刺激的体验。有一个有趣的调查反映了电视的中心地位，这项调查涉及 680 个家庭的 1 624 名成员。在这些被调查者的家里，电视不是被偷了就是坏了（19%是被人偷了，81%是坏了）。结果显示，在 24%的家庭中，人们有过类似失去亲人般哀痛的反应，68%的人出现过诸如焦虑（39%）和中度不适（29%）这样的心理问题。[52]

多丽丝·格雷伯认为，这些研究说明，相对于其他媒介形式，电视（以及 YouTube 这类视频网站）对人类大脑的刺激更为复杂和全面。格雷 93
伯援引一项对大脑功能和信息处理过程的研究成果说，信息处理的过程并非封闭和孤立，而是由各个不同感官系统获得并不断集成的。与其他大多数传媒方式不同的是，电视提供了文字、声音和图像帮助我们处理信息，使得我们的理解更加丰富，对媒体展示的情境了解得更加全面。[53]当然，一个重要的问题是，电视新闻的创作者们如何能够不负使命，审慎选择图像、声音以及故事。

新闻和个人经验：什么得以通过

让我们化繁为简，归纳一下信息处理的过程：人们反复从媒体中接触到一件事情或一个问题，形成模糊的关注和认识；如果正好对此事有个人关切，人们就会把此事归类入自己的兴趣框架，以便继续关注，收集整理更多信息，继而进行更深入的思考；在对信息进行归类后，人们会把更多的细节信息分门别类地放置其中，并开始慢慢形成自己的思想和观点。在对一些问题开始关注、产生兴趣并有了一些基本的归类之后，人们就会从以下几个方面挑选和评价新闻信息：

· 获取暗示：寻找信息中的暗示或标签（比如说左派、右派，共和党、民主党，鹰派、鸽派，环保主义者、枪支爱好者、恐怖分子，等等）。

· 寻求支持：选择用来支持代表某种政治暗示、标签的伪事实或些许信息。

· 情感权衡：在与新闻报道中的政治暗示和信息相关联的情感因素支配下，开始关注并主动了解信息。

· 亲自整理：过滤新闻信息，使之成为指导个人生活的中心原则（价值、兴趣以及生活方式选择）的一部分，这些原则构成了个人的生活经验。

利用这些聪明又省力的方式，人们创造性地将各种媒介形式（新闻，政治广告，评论，专家言论）提供的信息融入个人的思考当中。每个人都形成了自己的一套办法，来选择或摈弃政治新闻中的某些信息，在这个过程中，选择和摈弃既来源于公共舆论，同时又构成了公共舆论的一部分。下面我们来探讨一下信息处理的各个步骤是如何发挥作用的。

获取暗示：从新闻中获取解释性的大概提示　我们中的绝大部分人会通过熟悉的、可信赖的参照群体来甄别政治信息，从而使自己的生活简化。在对这个混乱的世界做出思考判断时，我们从为我们解读新闻事件和提供观点的领袖人物、政治党派、利益集团以及其他我们熟悉的新闻来源那里寻求提示，或者根据他们的观点作出相反的反应。并且，陈词滥调、口号以及老式的谩骂可以简化我们对复杂现实的思考。2009 年至 2010 年
94 间，茶党成员把当时的医疗改革计划称为法西斯主义、奥巴马医改等等，给广大的新闻受众一种印象，他们是“茶党爱国者”，是反抗恶魔政府的斗士，也给奥巴马总统的“医保法案”蒙上了一层负面的阴影。国会中的共和党领袖不断重复这些暗示，使其可信度进一步提高。然后，所谓的专家在保守倾向明显的谈话类广播节目、有线电视或者网上博客以及论坛上不断对这种提法加以强调和支持，更加深了对公众的暗示作用，最终导致

医保法案的公众支持率不断下滑。

政治学家约翰·左勒的研究表明，人们对新闻越是关注，就越容易受到政治党派的领袖、知名的政治团体以及其他著名人物的政治暗示的影响。[54]这也表明，实际上，人们从新闻中对某一事件了解得越多，其观点与政治精英、政府官员、利益团体和党派提出的观点越相似。

更为令人吃惊的是，那些教育程度较高的人尤其如此，他们往往是所谓的知情公众，对新闻的关注度很高。虽然这么说对于知情公众来说是一个讽刺，但是如果我们考虑到新闻中的信息大部分是由政府官员和知名精英提供的时候（或者说，在茶党抗议的案例中，信息是被政府官员和精英强化了），我们就不会太吃惊了。

这并不意味着，人们随便听到一句什么话，里面包含某种熟悉的象征意义或者来自某个熟悉的信息来源，就一定会受其影响。相反，大部分人生活在一种严重的信息泛滥的环境下。一般情况下，他们倾向于不关注，只有当媒体对某个事件持续报道了很长一段时间，报道量达到铺天盖地的程度，并且新闻中的精英的立场越来越明朗、越来越简单的时候，人们才会给予更多的关注。一旦这种信噪比（我们将在第四章进一步讨论）提高到一定的程度，人们就开始接受我们之前讨论过的信息暗示，并借此形成自己的思想。正因为如此，布什政府对于新闻的控制才会最终导致伊拉克战争的爆发，不断地把伊拉克与大规模杀伤性武器联系在一起的提法才能最终导致美国人把伊拉克看作一种直接的威胁。

寻求支持：选择报道中符合政治暗示的伪事实　即使是纯粹的自由主义者、保守主义者、共和党人、民主党人或者拉什·林宝的忠实粉丝，人们从自己喜欢的政治高参那里获得暗示时，还是希望能有一些理由和借口。这时，报道中那些似是而非的伪事实就粉墨登场了，一些零散的、支离破碎的信息就能帮助人们形成对当前形势的理解。这时，新闻管理也就变得非常重要了，事件的双方都竭尽全力使自己讲述的那个故事版本能继续朝前推进，并不断加料，强化于己有利的解读，并打击对方。举例说，在政治竞选过程中，当候选人范围越窄、媒体聚焦越是集中的时候，斗争双方越是每天都要想尽办法传递自己的信息，损害对方的形象。

在政治斗争中，新闻和广告、信息和宣传的界限越来越模糊。媒体顾问经常试图在电视广告中塞进去一些新闻和纪录片图像，而在筹办新闻活动时也会考虑其广告价值。新闻和广告的协同作用对于引起大众关注和影响舆论来说非常重要。当广告的主题渗透到新闻中的时候，就增加了“真实性”因素（貌似客观性、合法性），从而能够消除公众的抵触情绪。

举个例子，在1994年医保体制改革的辩论中，为了让人们对总统提出的全面医疗保障计划可能产生的负面影响产生疑虑，医疗机构、保险公司和制药企业投入了大笔的广告费。铺天盖地的广告大打情感牌，意图传递这么一些信息和隐忧，比如成本上升、政府官僚作风、医疗质量下降，以及具有政治重要性的中产阶级（大部分是那些已经被纳入医疗保险的人）可能需要等待较长的时间才能得到治疗等等。

其中最让人难忘的广告宣传片之一就是医疗保险行业制作的《哈利和露易丝》（*Harry and Louise*）。一旦推行新的医保改革方案，保险企业被要求限制其利润，并把医保范围扩大到需要昂贵医疗支出的患者，比如说癌症和艾滋病患者，就会面临盈利大幅下降的危险。所以相比较来说，精美广告宣传片的几百万美元制作费比起医改中可能要面临的数亿美元的损失要少多了。在广告宣传片中，哈利和露易丝被描绘成一对有同情心的中年中产阶级夫妻，就像出现在许多电视连续剧和广告中的那些中产阶级一样。他们担心医改可能让他们失去很多东西，每集连续剧都针对医改方案的一项新措施提出质疑，特别是希拉里和比尔·克林顿支持的方案。

同时，在幕后，医疗产业花巨资游说议会的关键人物反对总统的计划。结果一点儿都不奇怪，权威的反对声音在议会大厅里响起，并被媒体广泛报道，与广告宣传片里的质疑相呼应。[55]于是，公共舆论的组合拳——获取暗示和寻求支持——协调一致，开始行动了。

这些做法影响了公众对改革方案的支持态度。克林顿医保改革方案的核心是建立一个普惠的全民医保制度。在长达一年多的新闻报道和广告宣传的协同进攻下，虽然74%的公众仍然觉得全民医保的想法很不错，但只有33%的人表示支持克林顿的方案。[56]因为有76%的人说他们不愿意改革使他们选择医生和医院的机会减少，74%的人相信全民医保的改革会导致配给制。[57]斯坦利·格林伯格（Stanley Greenberg）领导的白宫民调小组的发现可能最具说服力：当各方面力量权衡之后，公众对于克林顿方案的真正了解程度反而不如方案刚刚推出的时候。

2009—2010年的医改方案情况也很相似，只是这一次又增加了些令人作呕的新内容，那就是对总统本人的质疑，包括宣称他不是出生在美国，所以根本就没有资格当总统。虽然这样的伪事实跟医改方案没有直接的联 96
系，但也是茶党运动的一部分。在医改方案辩论的那一年，媒体没少进行报道，给很多人对于奥巴马的看法蒙上了一层阴影。尽管后来夏威夷州（奥巴马的出生地）的官员在各种场合做了各种表态，证实他的确出生于那儿，但是只有42%的公众表示相信这绝对是真的，27%的人觉得绝对不是真的或者可能不是真的。[58]这一案例表明，一旦谣言变成了新闻，就很容易成为支持人们信念和偏见的东西。

这个故事给我们的启示是，一旦重大的信息暗示，比如总统和议会、民主党和共和党、大政府和小政府、知名政治人物或者他们支持的运动，已经构成了信息画面的主结构，那每天再在新闻和广告宣传上添枝加叶、添油加醋就能起到很大的作用。正如信息和舆论管理方面的宗师罗伯特·梯特尔（Robert Teeter）所指出的那样："人们并不是根据重大的消息披露来做出决定，而是根据电视广告和新闻故事里成千上万条小消息来形成自己的观点。"[59]

情感权衡：关注正面和负面情绪 信息处理的前两种手段还远不足以影响公众对新闻的反应。在大多数情况下，如果没有感情诱因或悬念，人们甚至不会去关注这些故事。从这一点来说，如果我们说斗争中的政治派别双方经常会采用一些下流卑鄙的传播战略，就不奇怪了。在竞选以及重大国家政策的斗争中经常会出现这样的状况。比如说，在关于堕胎政策的长期斗争中，情感因素的运用就是一个极好的例子。

在斗争中，某一观点的支持者不仅要对事实进行挑战，对反对者的个性进行攻击，他们还经常散播一些毫无根据的怀疑。的确，当争夺公众情感支持的斗争达到白热化的程度时，至于哪些信息是真实的或者相关的这样的问题基本上就不在考虑范围之内了。战略传播的关键就变成了以下几方面：什么才能引起公众的注意？什么才能在他们思考时引起或打消他们的怀疑？虽然媒体经理们在广告上有更大的自由度，但如果同样的信息能以新闻的形式出现，那效果就最好不过了。

这里并不是说在人们思考政治的过程中掺杂一些感情因素不好，或者说跟事实相比，感情因素与政治思考毫不相关。相反，乔治·马库斯（George Marcus）、拉塞尔·纽曼以及迈克尔·麦昆恩（Michael MacKuen）的研究表明，在许多情况下，必须形成一定程度的情感刺激才能引起人们对某一情境中的其他信息的关注。在有些情况下，在人们的思考和行动中，他们接受的情感诉求（情感）可能比事实（认知）更重要。[60]对这一点的理解也能帮助我们解释，为什么对于大多数人来说，电视比其他媒体更重要。注意到人们在某些社交网站获得的情感满足以及政治人物日益频繁地利用网络直接与公众交流的现状，我们可以很轻松地判断，未来情感化信息处理的主战场将会是在网上。

97 很多媒体人士担心，缺少编辑环节的质量控制会导致传播过程的腐败，使其更容易被操控。另外一些观察家则认为，当前的新闻（和广告）体系已经被政治宣传和新闻运作腐化了，其结果就是，政治传播中的情感应用并不是为了激发人们批判性思考和判断，而且媒体的报道倾向和习惯也并没站在有利于民众的一方，而是向着那些势在必得要即刻取得政治斗争胜利的传播策略家们。比如说，媒体总是倾向于在报道中无情地攻击失败者（我们将在第五章讨论），这样的话，一个政治团体的主张和指控很可能变成另外一个政治团体的新闻灾难。如果对新闻中哪怕是最下流无耻的指控不及时反驳的话，即使公众在收听、收看新闻时努力忽略肮脏的字眼对他们的影响而关注实质性信息，这些指控也会慢慢侵蚀公众，在他们的思想中扎根。这也解开了政治传播中的一个大谜团：虽然大部分公众表示讨厌负面传播，会在思考时尽量把负面传播的影响排除，但是负面传播还是经常能够奏效。

但是在此我们也要郑重提醒，负面传播并不总是能够奏效。老布什1988年和1992年两次参加竞选活动的不同结果就是一个经典的案例。这两次竞选中，老布什的竞选广告中都充满了对竞争对手的负面信息，据保守估计，老布什的竞选广告和新闻声明中的负面内容占50%或更多。到了竞选的最后关头，这一比例上升到75%至80%。[61]然而结果是，老布什非常轻松地赢得了第一次竞选，却无话可说地输掉了另外一次。我们把原因说得简单一点就是，如果对手（或者称之为受害者）了解信息处理过程中“寻求支持”这一步骤的重要性，然后用大量的信息去回应对方的每一条负面信息，转移对方的指责，引起公众对负面消息散布者的质疑，或者把公众的注意力重新转移到别的重要信息上去，那负面信息就不那么容易成功。在1988年的竞选活动中，老布什的竞争对手迈克尔·杜卡基斯（Michael Dukakis）好像对负面信息的进攻缺乏策略回应，从而使这些负面信息沉淀下来；而克林顿在1992年对老布什的负面宣传采取了一种“一眨眼一耸肩”的一笑置之策略，倒显得老布什的负面攻击有点黔驴技穷，走投无路了。

总之，当人们碰到那些没有得到有效回应的负面信息时，即使他们有意识回避，但往往还是把信息下意识地接收了，融入他们自己的思维之中。舆论专家芭芭拉·法拉（Barbara Farah）和埃塞尔·克莱因（Ethel Klein）认为，人们都在尽最大的努力去处理他们能够获得的信息，即使这些信息有时是负面的、值得怀疑的或令人反感的。[62]

亲自整理：比照个人经验来判断新信息 关于信息处理，目前比较流行的观点认为，民众是懒惰的信息处理者或者认知的吝啬鬼。[63]人们主要依赖直觉、个人经验以及他们当时的生活境况来甄别信息和对政治进行判断。鉴于此，许多来自外部世界的信息因为没能触及个人经验，所以在被接收的过程中大打折扣。人们在处理信息的过程中往往抄近路，随便对政治形势作出判断，这也就是政治学家塞缪尔·帕普金（Samuel Popkin）所 98
说的“低信息合理性”。[64]这种基于经验对政治进行推理的行为可以解释，为什么人们记不住某个特定新闻故事中的许多事实，却能以报道的潜台词、似是而非的伪事实以及新闻报道的感情色彩为依据，做出相当坚定、有意义的政治判断。

详细了解了公众处理新闻的各个步骤之后，我们须谨记，隐藏在民意调查那些粗略的指标和简单的判断背后，是人们在形成自己观点的过程中所构建的意义。大量的证据表明，从民众用来帮助解读新闻的手段来看，针对性强的新闻内容可以在很大程度上影响一般人的想法。如果是根据目标观众进行量身定做的信息，效果就更加明显。艾英戈和金德（见第二章）所做的研究表明，某一事件一旦得到媒体的关注，成为新闻的一部分，那这一事件就显得比其他没有被报道的事件重要。这与另外一种假说相吻合，那就是，新闻的确可以告诉人们该思考什么。[65]艾英戈后来做了一系列实验，结果发现，个人化或者说“情节式”的新闻框架使得观众在对经济或社会政策等相关事件做出思考时表现得短视、情绪化和个人化。艾英戈认为，新闻报道缺少能帮助人们了解和思考导致社会问题产生的社会、政治以及经济原因的“主题式”框架。[66]在作出判断并形成公共舆论的过程中，人们不是被新闻吓坏了，就是被新闻惊呆了，要么就只是娱乐开心了。实际上，如果没有那些人情味的成分，很多高度政治化的内容对一般民众来说根本就没什么意义，只有那些新闻迷才会感兴趣。

娱乐以及人们跟踪新闻的其他一些原因

到目前为止，我们讨论了新闻信息在最民主的背景下的情况：人们通过跟踪新闻，获取信息，帮助自己思考政治，形成舆论，采取更有效的政治行动。但是，正如之前以及本章“案例分析”所讨论的那样，很明显，人们跟踪新闻还有其他一些原因：

· 好奇心和监测：搜集日常生活有用的信息（比如有关航班价格战、天气预报、通货膨胀、房贷利率等新闻）。

· 娱乐和逃避：跟踪政治新闻中经常出现的各种有趣的闹剧，人们可以尽情欣赏政治生活百态。

· 社会和心理调整：与社会保持联系并且立足于社会（我的世界如何？我在里面处于何种位置？）

新闻机构也知道人们利用新闻的方式很多，往往据此调整自己的报道
99 内容和报道面。大众的口味和兴趣不断变化，新闻马上就紧随其后，这与民主社会理想化的公民参与导向的新闻背道而驰。批评家指出，那种迎合大众趣味的做法只能继续导致新闻价值的螺旋式下降。也有人反驳说，不管新闻或娱乐机构的标准如何变化，人们会自己进行选择并把信息转化成为自己所用的东西。比如说，一项关于美国流行电视剧的研究表明，电视剧在其他国家播放时，当地人对于美国观众不太可能认同的一些观念也能发现其意义，比如说，对一些甚至有点肮脏的信念的认同和肯定，比如贪婪、暴力、腐败以及其他一些美国社会的形象。[67]

针对新闻和娱乐节目进行的所谓“使用与满足”理论的研究有很多，研究的重点主要是受众对媒体内容高度个人化的解码过程。[68]传统的新闻“使用与满足”理论可以归纳为以上列举的三个方面。[69]

好奇心和监测

人天生好奇，好奇心既可以成为纯粹的愉悦之源，也可以促使人们探

寻新的信息，帮助解决日常问题。研究证明，人类的好奇心是由同时包含熟悉和新奇两种特征的事物（如情境、观念、风景、电影、艺术以及新闻）所激发的。[70]一方面，反复接受完全熟悉的刺激可能形成潜意识里的精神“脚本”，从而在不需要考虑的情况下就对某一情景产生反应。[71]在存在“脚本”的环境下，好奇心和注意力降到最低。另一方面，完全陌生的刺激又可能非常不和谐，令人难以消化吸收，所以人们容易忽视、逃避它们或者对它们进行错误解读。[72]

尽管新闻中的政治信息往往是可预测的，但是事件、情节和人物都在不断变化。新发生的事情以及旧主题的曲折发展都容易吸引人们的好奇心。并且，有些新闻事件本身对关注者可能就有一定的影响。因此，很多人认为很有必要浏览新闻并将潜在的重要事件纳入自己的监控之下。新闻是熟悉和新奇两种特性的最佳结合体。当看到他们非常熟悉的事件有了新的发展或者旧的情节又节外生枝的时候，人们会油然升起一种满足感。举例说，选择的自由对每个美国人来说都是一个非常熟悉的主题，但是它如何与堕胎、吸毒、色情、医改或者在公共场合禁烟等内容结合在一起呢？只要世界上不断有新的事件发生，人们就会被新闻吸引，将其作为应用、检验或者调整自己对现实理解的工具。

然而，当熟悉的政治脚本对我们思维中固有的信念以及看法做出肯定的时候，新闻就太容易满足我们的好奇心了。比如说，如果有些人本来就对黑人当选总统抱有偏见，那他们就很容易相信奥巴马不是“真正的”美 100
国公民这种说法，如果推销这种说法的人再能够霸占一个新闻时段的话，那这种说法就更容易被接受了。再举一个例子，如果新闻在报道南半球的问题时总是千篇一律，指出发展是一个长期的过程，发展的目的就是要摆脱欠发达的耻辱，这种报道方式就让新闻受众很难关注到一些主导发展模式带来的问题。有时，会有批评家指出，因为所谓主导发展模式破坏了当地的经济和文化，培养了穷国对富国的出口依赖，在一些专制政权下，容忍了伴随着经济发展而滋生的腐败，从而导致欠发达国家面临的核心问题长期存在。尽管有种种局限性，但政府官员和记者们还是把“发展”“发展援助”这样的魔法词汇写进了新闻的脚本。

为了把公众的注意力重新集中在全球化以及其他一些发展神话所带来的虚假承诺上，一场大规模的全球正义运动已经蓬勃发展起来。在发展和贸易组织举办会议的许多大城市里，人们都组织过游行示威活动。一些激进主义者还发起了“标识运动”来抵制国际上的知名品牌和公司，诸如麦当劳、耐克以及可口可乐，以唤起人们对环境变化、劳工虐待以及人权等世界性问题的关注。[73]如果新闻能够定期给公众提供一些与公众直接相关的信息，并且帮助公众进行以行动为导向的思考，这样的报道无疑是最令人满意的。这样一来，把全球化问题转化成公众能够理解的语言就能帮助人们理解政治和参与政治。

娱乐和逃避

媒体可能自认为呈现给新闻受众的都是事实，但正如我们在第二章所指出的那样，新闻借鉴了小说的各种表现手法：短小而紧张的场景，文学性而不是分析性的处理方式，几乎统一的故事格式，对戏剧性、感情冲突以及高于生活的角色的强调。新闻描述的可能都是真实的事情，但是这种描述方式让人没法把它所呈现的信息拿来分析或者当作工具来用。造成这样的结果可能不是叙事本身的问题，如果呈现方式合适，叙事可以激发一些具有启迪意义的反应和行动。事实上，当公众投入持续的全国性讨论时，一些新闻叙事的确具备了激发思考和行动的潜能。

但是大部分的新闻故事持续的时间不够长，同时也缺乏一个好的角度，能让大家有强烈的认同感，从而激发更多的思考和重要行动。在这种情况下，人们所做的就只能是欣赏戏剧化的故事情节了。新闻会让这个世界上每天发生的事件看起来比现实生活更重要。大多数新闻报道能让我们暂时逃避现实世界，走进由痛苦、悲剧、道德教化、危机、悬疑、危险以及偶尔的异想天开组成的新闻世界中。特别是当这些事件涉及的是那些像我们一样的人，或者那些我们有着强烈好恶的人的时候，我们就更容易为戏剧性的新闻世界所吸引了。

101 每天的新闻菜单为我们提供了品种丰富的新闻短剧供我们娱乐。我们能够暂时进入眼花缭乱的幻想世界，体验一下其他人和其他世界的生活，然后再进入另外一个幻想世界。前一分钟我们还是遥远国度中的游击队员，下一分钟我们又跟地震的幸存者站在了一起；突然之间，我们又穿越到了某个银行抢劫谋杀案的现场，而闭路电视捕捉到了这一切。最后，广告时段打断了高度紧张的剧情，给我们一点儿时间休整一下，吃吃点心，为我们晚间再次经历现实世界的探险做准备。

参与新闻剧并与剧中人物产生共鸣，这可比躲进传统的戏剧和文学中有趣多了。毕竟，新闻剧以真实、严肃和重要为主要特征，值得每个人关注。而小说描写的都不是真正的间谍、小偷或者地震。小说有时的确能吸引我们的注意力，但很少能像新闻那样把强烈的感情、普适的吸引力以及现实性结合得那么完美。最畅销的恐怖小说即使长期占据畅销书排行榜也不过卖出一百万册，而在像“9·11”这样的日子里，一天之内可能就有上千万人同时关注一条新闻。

矛盾的是，新闻的严肃性或现实性正是其让人逃避现实、遁入幻想世界的关键所在。人们普遍认为新闻真实、重要、客观，因此更容易认认真真地介入其中。然后，人们就为比小说更奇特、更戏剧化的形象和观点所包围了。举例说，小说中也很少有这样的情节，即一伙伪装成警察的小偷为形势所迫意图逮捕伪装成小偷的警察，但在新闻中就有这样的事。没错，你猜对了，真正的警察正在调查一桩小偷伪装成警察的案子，所以卧底成为小偷。如果小说家将这样的构思交给出版商，出版商可能会认为太不可信或太不现实而拒绝。而一旦变成新闻，就没有什么情节会因为不可信而不能吸引人的。小说对政治权力和阴谋的描写可能会有一定的可信度，但很少有小说比得上水门事件期间新闻报道那么精彩，那段时间，新闻每天连篇累牍对白宫的权力和腐败进行披露。同样，“9·11”恐怖袭击那一幕幕可怕的景象经过新闻的传播也将永远铭刻在人们的脑海里。

实际上，新闻的戏剧性太强了，所以能不断为小说、电影、电视连续剧以及文献电视片提供情节素材。小说和电视脚本的题材离不开法律纠纷、谋杀、抢劫、劫机、人质——这些主题都是先在新闻中引起公众的强烈关注和丰富想象的。记者对于有关恐怖主义、政治腐败、军事演习和间谍冒险等主题的处理已经催生出大批的电影。现在，在新闻现场，紧随记者之后出现的就是书商和电影出版商了，这种趋势只会强化新闻作为人们逃避现实介质的作用。可以说，娱乐化的媒体已经逐渐为基于生活的现实剧所控制了，一位观察家注意到这种趋势，把他的著作命名为《生活：电影》。[74]

正如沃尔特·李普曼许多年前所指出的那样，大众眼中的政治世界永远是戏剧化和小说化的。[75]控制信息流向的政治人物会采取一切可能的手 102

段对新闻加以改造，使之对己有利。但是，当媒体也积极主动地为乐于接受一切的公众寻找戏剧化的现实素材时，政治现实的呈现也就可以不受任何节制了。当政治人物、媒体和受众都以戏剧化的标准而不是更多地以道德标准来评判政治表现的时候，对事实的评估以及平衡性也就无从谈起了。

如果说政治现实的戏剧性是理解公共生活命运沉浮的钥匙，它对于了解公民的私人政治世界也同样重要。间接获得政治经验虽然与直接参与不同，但毕竟也是获取经验的一种有效形式。因此，逃避和娱乐并非毫无意义的追求。不管还有什么其他作用，政治戏剧至少可以帮助人们张开幻想的翅膀，正视潜意识里的感受，帮助他们缓解心理和社会压力。用这种方式，新闻的逃避和娱乐功能为人们进行重要的社会和心理调整铺平了道路。

社会和心理调整

当人们遁入新闻戏剧世界的时候，他们并非把自己的关切都抛在脑后了。尽管单向的大众传播方式可能妨碍了我们采取直接行动，但我们从心理上还是会对新闻报道中的人和事产生反应。实际上，我们很容易认同新闻中的角色，从情感上对他们做出回应，并且在某种程度上我们会把自己想象成他们经历的一部分。在一个很有趣的有关大国崛起的讨论中，政治学家本尼迪克特·安德森认为，在很大程度上，游离于我们日常生活之外的那个陌生人组成的社会其实是我们想象出来的，而媒体就是这种想象的催化剂。[76]

无论在睡梦中还是清醒状态，人类的很多时间都花在创造一个幻想的世界上，在其中，他们探索梦想、希望、恐惧和欲望。通过幻想，我们能够预演我们不熟悉的社会角色，期待与他人相遇。幻想可以帮助我们在不适合公开表露强烈情感的特定场合下控制我们的情感，诸如气愤、性欲或者害怕等。而在其他一些情况下，幻想可以帮助我们决定如何更好地在公众面前表达这些感情。

健康的幻想对于我们应对现实生活中的场景和人物相当重要。由于包含具有强烈视觉冲击的图像、情感化的主题以及各种各样的人物，新闻可以为人们的幻想提供丰富的材料。我们可以进入新闻情节，想象如果变得富裕、贫穷、强悍、弱小、性感、勇敢、聪明，或者变成男人、女人是什么样子。新闻将外部的真实世界带入我们的私人精神空间，在这里，我们可以宣泄感情，与他人建立某种认同和联系，而这些在现实世界是不方便甚至不可能的。

对戏剧性、情感主题、强有力的形象以及鲜明人物个性的强调使新闻成为解决心理紧张和社会矛盾的方便介质，人们甚至不必离开起居室就能 103
遇到那些他们对其怀有强烈感情的人，那些似乎影响他们幸福的事。在与幻想世界的邂逅中，人们可以形成对社区、国家以及个人在社区和国家中位置的印象。通过将个人关切与新闻中的事件和人物联系在一起，人们就可以不受约束地甚至是愉悦地尽情表达情感，思考问题。新闻故事所描述的那个世界与人们真实的生活距离太远了，很难直接经历，所以，人们在跟踪新闻时产生的情感和理解也很少需要通过现实的检验，也正因为如此，这种利用共鸣的间接方式对于解决社会和心理压力更加有效。

幻想不需要植根现实就能够枝繁叶茂。实际上，从定义上讲，幻想是现实的中止，因此，几乎不需要什么暗示或什么有实质内容的意象就能够生根发芽。只要我们的幻想世界继续存在，我们最喜欢的新闻评论员在现实的私人生活中是什么样子又有什么关系呢？只要他举止大方，彬彬有礼，我们就会感觉很舒服，就会欢迎他进入我们的家中，像对待值得信赖的朋友一样，听他与我们分享自从上次一别之后发生的新闻。

因为幻想不需要以大量的事实信息为基础，再加上新闻传递的都是一些经过压缩的、模棱两可的形象，因此，从同一个故事中，人们产生不同的幻想，也就不足为奇了。有谁知道在灌木丛中飞奔、为了国家的自由而进行生死斗争的游击队员到底是什么样子呢？一些人可能把他想象成一个浪漫的形象，勇敢、聪明、充满道德感、魅力四射，如果可以选择，他们也想成为他那样的人。有的人可能认为他是一个嗜血的杀人狂——是对他们的价值观和生活方式产生威胁的、毫无道义感的敌人。同样的新闻故事，由此产生的幻想却大相径庭。

新闻中一部分的幻想元素是因为新闻故事过分强调政治的幻想主题而产生的，比如说权力、团体精神、秩序以及安全等等。[77]对于普通民众的社会生活质量和情感健康来说，这些都是他们的重要关切。如果一篇政治演说不强调权力、团体精神、秩序以及安全等主题，就不能被当作一篇很典型的演说，可能只能算一篇没有任何意义的声明。通过新闻，政治表演的幻想主题被传递给大众。实际上，大众传媒愿意把焦点放在这些幻想主题上，因为它们代表了政治表演中最具有戏剧性和最令人感动的成分。想要通过媒体把冗长的政治表演浓缩在简短而有意义的新闻胶囊里，唯一的办法就是找到其幻想主题。

比如说，我们来设想一下总统就职的电视新闻报道该怎么做。要想看到幻想主题是如何被宣扬的，那诸如就职典礼、竞选、葬礼、国情咨文讲话这样神圣而庄严的国家仪式是最好不过的场合。这类仪式的设计就是为了以力量、团体精神、安全和“新开端”等意象激发大众的想象力。就职典礼的目
104 的就是把大家聚集在一起，提醒他们是同一个国家的公民，被一个共同的目标紧紧联系在一起，呼吁他们重整旗鼓，为了实现繁荣、和谐、和平和安全的目标而努力。因为大部分人会在不同程度上对繁荣、和谐、和平、安全这些问题感到担心，因此，当每个新当选的领袖一遍又一遍地重复，承诺要保护这些美国幻想（人们通常称之为“美国梦”）的基本元素时，大家就会感到安慰。就职演说给新总统们提供了一种机会，让他们使出浑身解数点燃深藏在美国人民心中的激情和政治幻想，重新定义政治社会。

1980 年里根上台时面临一个严峻挑战。当时，整个国家陷入衰退，国家自豪感处于最低谷，人们对未来前景的预期暗淡。在发表就职演说时，里根借用曾经令自己当选的那个主题，恳请大家回到过去，寻找美国的价值和精神，并以此武装自己，面对未来。他为自己的演讲选择了一个完美的舞台。站在国会大厦西阶，里根指向华盛顿特区一座座历史纪念碑，历数当年的英雄人物和往事，仿佛他们就站在大家面前。提起乔治·华盛顿（George Washington）的名字当然很重要，但给大家展示华盛顿纪念碑和映影池的震撼场景更能激发听众的想象力。

为了把演讲中所提到的意象运用到极致，里根还需要媒体的一点儿帮助。他当然可以谈谈周围的纪念碑和国家象征，但是如果媒体能将所有这些画面整合起来，使它们浑然成为表演剧本的一部分，效果不是更好吗？里根和他的媒体顾问可能早就料到记者会怎么做。白宫需要做的就是宣布表演的时间和地点，并提前发放演讲文本，剩下的就交给媒体了。欧内斯特·鲍尔曼（Ernest Bormann）分析了哥伦比亚广播公司（CBS）关于里根就职演说的电视报道。他指出，记者和政治演员携手把新闻事件中的幻想元素发挥到了极致。以下是分析的摘录：

在演讲即将结束时，里根说，这是第一次在国会大厦西阶举行这样的仪式，他说："站在这里，眺望着雄伟壮丽的景色（导演命令对远景进行长焦拍摄），让我们想起这个城市特殊的美丽以及她悠久的历史。在开阔的林荫道的尽头（导演命令将摄像机对准开阔的林荫道）矗立着伟人们的纪念碑、纪念堂，我们站在他们的肩上。我的正前方是一位不朽人物的纪念碑（为华盛顿纪念碑来一个特写镜头），乔治·华盛顿，我们的国父……"对华盛顿进行盛赞之后，里根接着说："旁边是庄严的托马斯·杰斐逊纪念堂（镜头转到杰斐逊纪念堂）。"赞扬过杰斐逊之后，里根继续说："映影池的那边，林肯纪念堂的巨大圆柱庄严肃穆（摄像师把镜头推到林肯纪念堂）。"当里根将人们的注意力转移到"阿灵顿国家公墓斜坡上一排排朴实无华、刻着十字架或者大卫王之星的白色墓碑……"时，导演命令将摄像机的焦点对准公墓。[78] 105

在政治意象和新闻强调的共同作用下，毫无疑问，新闻给人们提供了丰富的幻想素材。这种幻想剧有两个特征，一是强烈的情感和观点表达（比现实生活中大家普遍能接受的更加强烈），二是与新闻故事中演员产生共鸣。传播理论学家用"类社会关系"来形容人们与媒体世界中遥不可及的演员们建立起的那种亲密的情感纽带。[79]林赛①还在戒毒所吗？Lady Gaga放弃禁欲行为了吗？（或者她真的尝试过禁欲吗?）萨拉·佩林和她的"妈妈熊"团队会赢得选举吗？茶党支持者们下一步打算干什么？

显然，共同的生活方式和信念与对这些问题的个人兴趣交织在一起，使得个人关注汇聚成了公共舆论，其特点是有着显著的群体与人口统计学差异。比如说，比尔·克林顿与年轻的实习生莫妮卡·莱温斯基（Monica Lewinsky）的性丑闻就引起了公众个人层面的广泛关注，不仅仅因为其戏剧性和娱乐功能，而且还涉及情感和社会身份认同的问题。同时，低收入和高收入群体对丑闻的社会层面和情感层面的反应表现出惊人的差异。皮尤中心（Pew Center）的调查结果表明，低收入阶层更倾向于肯定克林顿的工作表现，也更倾向于认为他不该被弹劾。这仅仅是出于经济利益的考虑吗？可能低收入群体觉得经济上受益于克林顿的政策，所以选择支持克林顿，而忽略他与莱温斯基的丑闻。但还有另外一种解释是，这种差异恰

① 当红女星，话题女王。——译者注

恰印证了美国两党的党派之争。也可能在这个问题上，经济利益和党派忠诚两方面的原因都有。公众对克林顿担任总统一职的工作表现还是相当肯定的，但对于他作为一个普通人的生活方式，公众感情普遍不认可，但这两者应该如何区别对待，不同的社会和经济阶层对此看法大相径庭。皮尤中心在调查中给了受访者以下几个选项："就个人而言，我喜欢克林顿，并且我认同他的政策""我不喜欢克林顿，但我认同他的政策""我既不喜欢他的政策，也不喜欢他个人"。对于这几种说法，不同收入阶层的选择也有很大差异。只有 19%的高收入阶层和 24%的较高收入阶层表示他们既喜欢克林顿又认同他的政策，而在两个低收入阶层的回答中，43%和 47%的受访者对两方面都作出了肯定回答。相反，76%的收入高于 5 万美元的受访者表示他们不喜欢克林顿个人，而收入在 2 万美元和 3 万美元之间的受访者中，有 53%的人表示不喜欢克林顿个人，在收入低于 2 万美元的受访者中，有 44%的人表示他们不喜欢克林顿个人。[80]

对于许多低收入美国人来说，克林顿尽管性丑闻缠身，但还是一个令人同情的人。毕竟，他出身贫寒，并且他也不断地在公开场合利用这一点打造
106 自己的政治形象，把自己定位成"希望之子"。对于美国的穷人阶层来说，克林顿从一个穷孩子一跃成为白宫主人的象征意义可能比性丑闻更重要。所以说，美国的穷人阶层在对他与莱温斯基的丑闻作出反应时，显然有对克林顿作为一个普通人的同情成分。这显示出，不仅不同收入阶层的人对政策层面的意见不同，就连对事实描述的情感构建也不一样。虽然后来国会中的共和党领袖对克林顿发起了弹劾议案，并且操控媒体对他的人格和领导力都提出了很多质疑，但在克林顿最终渡过弹劾危机之后，他的支持率反而上升了。

对政治报道中的人和事作出相应的反应，这对于受众的情感调节以及在这个辽阔且充满矛盾的社会中保持一种归属感，是十分重要的。人们在真实的环境中往往迫于压力，不能表达真切的感受，但在与媒体的私密互动中，他们可以尽情批判和谴责社会不公和政治愚蠢。在新闻中，每天都有很多旗帜鲜明的、简单化的、门槛不高的社会结盟和社会对抗在上演。

公民、信息和政治

人们日常接触新闻的方式显示出政治传播的复杂性。一方面，如我们

所讨论的那样，当堕胎政治、克林顿丑闻、奥巴马出生地等各不相干的多元化事件充斥新闻和娱乐媒体的时候，人们可能会被深深地吸引，更多地去了解和接触。但是，这种接触是否能对公共政策产生正面影响并不清楚。

政治角色总是会忍不住要利用神话、老套的伎俩、替罪羊以及其他一些象征手法对某一问题提出魔法般的解决方案或者展现妙不可言的政治蓝图。当媒体因为它们符合新闻价值而报道这些故事的时候，对政治现实的杜撰与捏造就会毫无约束地恣意发展。在这种情况下，政治角色就可以抛出一些具有象征意义的东西来达到对事件、矛盾以及危机的管理，这些所谓的象征物可能与事件本身毫不相干，却能激发公众强烈的情感反应。

我们在前面提到的研究结果表明，人们可以选择用一种批判的眼光来审视新闻，并对新闻进行自己的解读，这为人们摆脱政治幻象带来了希望。但是，在现有的新闻体制下，具有批评意识的公众也会觉得受到了政府和政治人物的欺骗。威廉·盖姆森指出，有证据表明，当人们把个人经验与政治事件联系起来时，就能开始对具有相同经验的人们产生认同感，并进行以行动为导向的思考，这种行动可能会对现状有所改变。[81]我们在前面也曾谈到，那些提供公民行动备选方案的新闻更能够刺激公众对新闻事件产生兴趣，也使信息更加易于存储和使用。总之，这两个观点为记者传递了一个信息：应该更多地采访普通公民对于新闻事件的感受，以及提供公民在面对这些问题时可以采取的政治选择。

如果希望年轻人更多地参与政治的话，很有可能是通过社交媒体，因为这种新的媒体方式提供了更为丰富、参与性更强的视觉信息模式。当 107
然，如果政治领袖能与年轻人保持一种有效的沟通，对于他们的政治参与也会大有裨益。但是，除了2008年大选中奥巴马有所尝试以外，在大多数选举和政治问题的宣传过程中，为年轻公民提供的信息很少，其原因要么是觉得他们很难打交道，要么是嫌他们离政治太远，其参与对最终结果起不到什么作用，也可能是这两种原因兼而有之。不过，最近的选举显示，候选人对年轻人的选票也越来越重视了。另外，现在很多年轻人已经找到了新的信息渠道和行动方式。近年来，“社会正义运动”在全球的兴起表明，年轻一代对政治的参与兴趣可能比 60 年代以来的任何时候都高。但是因为它与传统的政治参与方式（比如投票）以及信息传播渠道（比如大众传媒等）之间缺乏联系，这种运动如何才能更多地获得公众支持，影响政府的政策决策，现在还不是很清楚。

新闻机构会自觉自愿地改变它们的报道方式吗？可能不会，虽然新闻受众的减少已经让很多媒体开始苦苦思索新的解决办法。因为我们讨论的是整个信息传播体系的问题，所以要从媒体、政府传播方式以及公民信息处理习惯等三个方面入手，探讨其可能出现的变化，才更有意义。本书的最后一章，我们将详细探讨信息传播体系的这三个要素分别能在哪些方面进行改革，以便更好地服务于民主的需要。在这些改革实现之前，人们最好的抵御办法就是理解政治人物是如何试图对新闻进行改造的，新闻媒体又是为什么会最终选择按照政治人物提供的材料报道新闻的，这也是我们后面三章将要讨论的主要内容。

注释

[1] Walter Lippmann, *Public Opinion* (New York: The Free Press, 1922).
[2] See, for example, Dan Nimmo and David L. Swanson, "The Field of Political Communication: Beyond the Voter Persuasion Paradigm," in *New Directions in Political Communication: A Resource Book*, eds. Dan Nimmo and David Swanson (Newbury Park, CA: Sage, 1990), 7–47.
[3] David Moore, personal communication.
[4] David Moore, *The Opinion Makers: When Media Polls Undermine Democracy* (Boston: Beacon, 2008).
[5] David W. Moore and Jeffrey M. Jones, "Directive vs. Permissive Public Opinion" (paper presented at the Annual Meeting of the American Association for Public Opinion Research, St. Petersburg, Florida, May 16–19, 2002).
[6] Morris P. Fiorina, *Culture War? The Myth of a Polarized America* (New York: Pearson/Longman, 2005).
[7] Murray Edelman, *The Symbolic Uses of Politics* (Urbana: University of Illinois Press, 1964).
[8] Jennifer L. Hochschild, "Affirmative Action as Culture War," in *The Cultural Territories of Race,* ed. Michele Lamont (Chicago: University of Chicago Press, 1999), 343–370.
[9] Robert M. Entman and Andrew Rojecki, *The Black Image in the White Mind: Media and Race in America* (Chicago: University of Chicago Press, 2000), 110.
[10] Ibid.
[11] www.pollingreport.com/immigration.htm. Accessed August 16, 2010.
[12] www.pollingreport.com/immigration.htm. Accessed August 16, 2010.

[13] See Robert Putnam, *Bowling Alone: The Collapse and Revival of American Community* (New York: Simon and Schuster, 2000).
[14] See Joseph Turow, *Breaking Up America: Advertisers and the New Media World* (Chicago: University of Chicago Press, 1997).
[15] Hamilton, *All the News That's Fit to Sell: How the Market Transforms Information Into News* (Princeton: Princeton University Press, 2003), 262.
[16] Ibid., 90.
[17] Ibid., 85.
[18] NBC Dateline, August 13, 2010. www.msnbc.msn.com/id/3032600/. Accessed August 11, 2010.
[19] Charles M. Blow, "Lost in Translation," *New York Times*, January 29, 2010. www.nytimes.com/2010/01/30/opinion/30blow.html. Accessed August 11, 2010.
[20] Ibid.
[21] Thomas E. Patterson, *The Vanishing Voter: Public Involvement in an Age of Uncertainty* (New York: Vintage Books, 2003), 16.
[22] Ibid., 18.
[23] "Political Information Sources and the Campaign," Pew Internet and American Life Project, www.pewinternet.org/reports/reports.asp?Report=110&Section=ReportLevel1&Field=Level1I&ID=475, Report of January 11, 2004.
[24] Pew survey reported at www.electiongeek.com/blog/2008/01/13/new-findings-on-the-internet-election-2008/.
[25] Markus Prior, *Post-Broadcast Democracy: How Media Choice Increases Inequality in Political Involvement and Polarizes Elections* (New York: Cambridge University Press, 2007).
[26] Matthew Baum, "Sex, Lies, and War: How Soft News Brings Foreign Policy to the Inattentive Public," *American Political Science Review* 96, no. 1 (2002): 91–109.
[27] John Zaller, *The Nature and Origins of Mass Opinion* (New York: Cambridge University Press, 1992).
[28] See David Domke, *God Willing? Political Fundalmentalism in the White House, the "War on Terror," and the Echoing Press* (London: Pluto Press, 2004).
[29] See Edelman, *The Symbolic Uses of Politics.*
[30] See Shanto Iyengar and Donald Kinder, *News That Matters: Television and American Opinion* (Chicago: University of Chicago Press, 1987).
[31] Barton Gellman and Walter Pincus, "Errors and Exaggerations: Prewar Depictions of Iraq's Nuclear Threat Outweighed the Evidence," *Washington Post National Weekly Edition* (August 18–24, 2003): 6.
[32] Tom Zeller, "The Iraq-Qaeda Link: A Short Story," *New York Times*, June 20, 2004: Week in Review, 4.
[33] Mira Sotirovic, "How Individuals Explain Social Problems: The Influences of Media Use," *Journal of Communication* 53 (2003): 122–137.
[34] See Moore, *The Opinion Makers*, ch. 1.
[35] Roderick Hart, *Seducing America: How Television Charms the Modern Voter* (New York: Oxford University Press, 1994), 22.
[36] Putnam, *Bowling Alone,* 36.
[37] Ibid.
[38] See James T. Hamilton, *All the News That's Fit to Sell*, Chapter 3.
[39] 更详细的探讨参见 W. Lance Bennett, *The Governing Crisis: Media, Money, and Marketing in American Elections* (New York: St. Martin's Press, 1992)。
[40] See, for example, Michael X. Delli Carpini and Scott Keeter, *What Americans Know About Politics and Why It Matters* (New Haven, CT: Yale University Press,

1996), 21.
[41] Doris A. Graber, *Processing Politics: Learning from Television in the Internet Age* (Chicago: University of Chicago Press, 2001).
[42] Pew Research Center Database, "Public Attentiveness to Major News Stories, 1986–1998." Updated 2007 http://pewresearch.org/assets/pdf/NewsInterest1986-2007.pdf.
[43] W. Russell Neuman, Marion R. Just, and Ann N. Crigler, *Common Knowledge: News and the Construction of Political Meaning* (Chicago: University of Chicago Press, 1992), 8.
[44] Thomas Patterson and Philip Seib, "Informing the Public," Report to the Press Commission, Institutions of Democracy Project of the Annenberg Foundation Trust, Commission meeting at Rancho Mirage, California, February 5–8, 2004.
[45] Graber, *Processing Politics*; see also, *Processing the News: How People Tame the Information Tide,* 2nd ed. (New York: Longman, 1988).
[46] John Fiske, *Television Culture* (London: Methuen, 1987).
[47] William Gamson, *Talking Politics* (New York: Cambridge University Press, 1992), 179.
[48] Neuman, Just, and Crigler, *Common Knowledge,* ch. 7, especially p. 111.
[49] Ibid., ch. 5. See also, Graber, *Processing the News.*
[50] Enid Burns, "Blogs Suffer in Poll on Preferred News Sources," ClickZ, October 3, 2006, www.clickz.com/showPage.html?page=3623588; based on LexisNexis survey of 1,500 people aged 25–64.
[51] See, for example, Robert Kubey and Mihaly Csikszentmihalyi, *Television and the Quality of Life: How Viewing Shapes the Everyday Experience* (Hillsdale, NJ: Lawrence Erlbaum, 1990).
[52] Charles Winick, "The Function of Television: Life Without the Big Box," in *Television as Social Issue,* ed. Stuart Oskamp (Newbury Park, CA: Sage, 1988), 217–237.
[53] Graber, *Processing Politics.*
[54] Zaller, *The Nature and Origins of Mass Opinion.*
[55] 有关这一宣传运动的影响力，可参见 the report "Well-Heeled," published by the Center for Public Integrity, Washington, DC, 1994。
[56] *Newsweek* poll reported in Steven Waldman, Bob Cohn, and Eleanor Clift, "How Clinton Blew It," *Newsweek* (June 27, 1994): 28.
[57] Polls reported in Melinda Beck, "Rationing Health Care," *Newsweek* (June 27, 1994): 30.
[58] CNN Opinion Research Report, Poll taken July 16-21, 2010.
[59] Quoted in Maureen Dowd, "Bush's Top Strategists: Smooth Poll-Taker and Hard Driving Manager," *New York Times,* May 30, 1988: 11.
[60] George E. Marcus, W. Russell Neuman, and Michael MacKuen, *Affective Intelligence and Political Judgement* (Chicago: University of Chicago Press, 2000). See also W. Russell Neuman, Michael B. MacKuen, George E. Marcus, and Joanne Miller, "Affective Choice and Rational Choice" (paper presented at the Annual Meeting of the American Political Science Association, Washington, DC, September 1997).
[61] 更详细的探讨参见 Bennett, *The Governing Crisis,* especially ch. 1 and 4。
[62] Barbara G. Farah and Ethel Klein, "Public Opinion Trends," in *The Election of 1988: Reports and Interpretations,* ed. Gerald M. Pomper (Chatham, NJ: Chatham House, 1989), 103.
110 [63] Arthur Lupia and Matthew McCubbins, *The Democratic Dilemma: Can Citizens Learn What They Need to Know?* (New York: Cambridge University Press, 1998).
[64] See Samuel Popkin, *The Reasoning Voter: Communication and Persuasion in Pres-*

idential Campaigns, 2nd ed. (Chicago: University of Chicago Press, 1994).
[65] Shanto Iyengar and Donald R. Kinder, *News That Matters* (Chicago: University of Chicago Press, 1987).
[66] Shanto Iyengar, *Is Anyone Responsible? How Television Frames Political Issues* (Chicago: University of Chicago Press, 1991).
[67] See, for example, Tamar Liebes, "Cultural Differences in the Retelling of Television Fiction," *Critical Studies in Mass Communication* 5 (1986): 277–292.
[68] 有关该领域趋势的概述，可参见Elihu Katz, "Communications Research Since Lazarsfeld," *Public Opinion Quarterly* 51 (1987): 25–45。
[69] 有关"使用与满足"概念的介绍，可参见Jay G. Blumler and Denis McQuail, *Television in Politics: Its Uses and Influences* (Chicago: University of Chicago Press, 1969)。也可参见 Lee B. Becker, "Two Tests of Media Gratification: Watergate and the 1974 Elections," *Journalism Quarterly* 53 (1976): 26–31。
[70] See, for example, Dan Berlyne, *Conflict, Arousal, and Curiosity* (New York: McGraw-Hill, 1960).
[71] 有关这种脚本如何形成并产生作用的解释，可参见Roger Schank and Robert Abelson, *Scripts, Plans, Goals and Understanding* (Hillsdale, NJ: Lawrence Erlbaum, 1977)。
[72] 有关新的刺激如何融入人的精神意象，可参见W. Lance Bennett, "Perception and Cognition: An Information-Processing Framework for Politics," in *The Handbook of Political Behavior*, Vol. 1, ed. Samuel Long (New York: Plenum, 1981)。
[73] See Naomi Klein, *No Logo: Taking Aim at the Brand Bullies* (New York: Picador-St. Martin's, 1999).
[74] Neal Gabler, *Life: The Movie: How Entertainment Conquered Reality* (New York: Knopf, 1998).
[75] Lippmann, *Public Opinion*.
[76] Benedict Anderson, *Imagined Communities* (London: Verso, 1983).
[77] "幻想主题"这一概念是由欧内斯特·鲍尔曼创造的，可参见其文章："The Eagleton Affair: A Fantasy Theme Analysis," *Quarterly Journal of Speech* 59 (1973): 143–159。
[78] Ernest G. Bormann, "A Fantasy Theme Analysis of the Television Coverage of the Hostage Release and the Reagan Inaugural," *Quarterly Journal of Speech* 68 (1982): 137–138.
[79] See, for example, Donald Horton and R. Richard Wohl, "Mass Communication and Para-Social Interaction," *Psychiatry* 19 (1956): 219–229; see also Mark R. Levy, "Watching TV News as Para-Social Interaction," *Journal of Broadcasting* 23 (Winter 1979): 69–80.
[80] 有关这些数据更详细的展示与分析，可参见W. Lance Bennett and Regina G. Lawrence, "Rethinking Media Politics and Public Opinion: Reactions to the Clinton-Lewinsky Scandal," *Political Science Quarterly* 116 (Fall 2001), 425–446。
[81] William Gamson, *Talking Politics* (New York: Cambridge University Press, 1992).

第四章　政治人物如何制造新闻

……如果被剥夺了知情权，公众就会对自己的分内之事表现得很漠然，他们不再相信政府的管理，最终也不再能够决定自己的命运。

——理查德·尼克松（Richard Nixon）

当今，根本没有什么思想不能清楚明白地在 30 秒之内向选民解释清楚。

——迪克·莫里斯（Dick Morris）

……我们已经进入一个依靠公共关系维系的社会。美国民众每天收听收看的大部分新闻其实是为了上新闻而上新闻。很多头条新闻都是公关人员一手炮制出来的——新闻发布会、演讲稿、公关通稿、预先录制的视频脚本，最糟糕的是，还有所谓“新闻发言人”或者“专家”们俏皮的评论。

——沃尔特·平卡斯（Walter Pincus）

在今天的美国社会中，很少有专业的传播人士能有弗兰克·伦茨那样的本事，改变美国民众对政治人物、新闻事件或者党派的看法了。为了向潜在的客户展示和推介他自己及其政治影响力，伦茨的咨询公司“文字大师”在其网站（网站的口号就是，重要的不是你说了什么，而是人们听到了什么）上登载了一些报纸和杂志文章的摘录：

过去20年里，几乎所有大老党（共和党的别称）的政治活动家和国会议员都接受过伦茨的建议……作为一名政治信息专家，伦茨对于语言的出色掌控经常能够重新定义政治辩论。 112

信息交流大师……伦茨彻底改写了公共政策事件的呈现方式。

伦茨对于美国公众有着深刻的理解，知道他们就是一群难以取悦的野兽……也知道这些野兽在面对政治信息时会有什么样的反应。[1]

他以前的公司伦茨-马斯蓝斯理战略调查公司（Luntz Maslansly Strategic Research）的网站上，有一篇热情洋溢赞美伦茨沟通技巧的文章，真正戳到了民主党的痛处。

一说起共和党对语言的运用技巧，民主党人就心生敬畏，想不明白他们怎么能把词汇修饰得这么巧妙，像什么"充满激情的保守主义""清澈的天空""生命的文化""所有权社会"等。媒体已经把大老党的语言大师弗兰克·伦茨当成了语言学的斯文加利①，伦茨帮助共和党独创了一系列新的提法，比如说用"气候变化"替代"全球变暖"，他也因此名声大噪。随便你去哪儿，都能听到民主党在讨论什么"新闻框架"（framing）和"信息再造"（remessaging）的重要性。[2]

事实上，伦茨在其《说话的力量》（*Words That Work*）一书的开篇曾谈到他在阿丽亚娜·赫芬顿（Arianna Huffington）家中的一次聚会。赫芬顿是《赫芬顿邮报》的发行人，原来是一个保守党人，后来转变成一个自由主义者。当时在座的包括好莱坞的自由主义精英分子罗布·雷纳（Rob Reiner）、沃伦·比蒂（Warren Beatty）、拉里·戴维（Larry David），还有其他一些人。见到伦茨，他们就很想知道为什么民主党人总是在交流传播方面显得很弱智，而共和党的形象却总是那么高大威武。当时民主党诸事不顺，所以对共和党的顺风顺水既羡慕又嫉妒。伦茨给共和党编制了如此完美的"玩家手册"，使得共和党完全控制了90年代的国会以及20世纪初的白宫。伦茨说，他的传播理论超越党派甚至政治界限，跟向企业界和广告界提供的方案相类似。他宣称，他的传播技巧适用于"你能想象到的任何一种产品、任何一个政治人物"[3]。他透露给好莱坞自由主义精英们的信息和他告诉全球500强公司的客户完全一样：要得到你想得

① 催眠大师，控制别人思想的人。——译者注

到的，你需要（a）搞清楚你的观众都是谁，（b）了解他们此前如何看待你的产品或者问题，（c）找到一种合适的语言，把你的议题在他们思想和情感可接受的范围之内表达出来。

共和党把这种简单的战略传播模式运用到从税收到医改等很多议题上。甚至在 2008 年民主党重夺国会和白宫控制权以后，伦茨还帮助共和党在很多问题上阻挠民主党提出的议案，包括医改、金融改革和环境问题等。伦茨的做法是这样的：第一步，先把政府在这些领域推行的政策与政府的无能画等号，也就是说，要给人造成一种印象，因为政府的无能才导致了这些问题的存在；随后，伦茨呼吁共和党利用公众对政府的愤怒情绪来阻挠政府提出的新方案，即便新方案的目的就是保护公众利益。他向共和党提交的一份战略备忘录曾这样写道："美国人民现在不仅仅是在说
113 '不'。他们是对更多的政府部门、更复杂的官僚机构、更多的特殊利益群体炮制的法案说：'见鬼去，绝不！'"[4]这段文字的可笑之处在于，正是由于上任政府的错误行为——放松对产业的限制，停止执行现有法规，在政府监管部门任用原行业的内部人士——才造成了特殊利益集团的胡作非为，从而导致了目前医疗、能源和经济领域的危机。但是对部分民众来说，伦茨的说法无疑听起来感觉很过瘾，如果我们想了解"阻止政府"运动真正的战略目的，就必须拥有一双慧眼，看清这一事实。从短期来看，这么做是为了获得公众支持，但从更长远的利益来看，是为了把权力重新交还给那些特殊利益集团，这正是伦茨的客户（在这个案例中，就是共和党）所希望看到的。政治的关键问题不在于杜绝涉及利益的政府运作，而要看政府运作服务于哪个利益集团。把公关行动建立在人们长期对政府的不满情绪之上就掩盖了这一事实。所以，共和党就成了"说'不'党"，而且在民意测验中，共和党的这种形象并没有影响他们的支持率，而民主党在医保、银行业监管以及消费者保护等领域取得的成绩也没能给民主党添彩。

有一个绝好的案例可以帮助我们了解伦茨如何帮助政治人物巧制有效的传播策略的，我们来看看他在公众有关环境问题关切（和政府行动）上的处理方式。当时，全世界的科学家已经达成实质性的共识，认为全球变暖不仅确实存在，其人为原因和造成的严重危害也是有目共睹。但是减少对于化石燃料的依赖会影响某些现有行业的利益。比如说，美国汽车行业

就反对进口轻便省油的产品，而在市场上主推（当时）非常赚钱的烧油神车，比如悍马（Hummers）、西拉（Sierras）、拉姆斯（Rams）等。他们游说政府采取更加宽松的石油政策，好让这些“大恐龙”继续奔驰在车道上。结果，在21世纪初的金融危机中，政府对汽车工业实施了一揽子援助计划。除了汽车工业，其他许多行业也变本加厉，采取一切办法延续化石燃料依赖的产业模式。当然，其中叫嚷得最凶的是几大石油巨头，由于油气资源日益匮乏的预期，石油天然气价格不断上涨，石油公司赚得盆满钵满，很多政治人物的政治捐助都来自这些行业。虽然有充分的科学依据支持全球面临的危机以及化石能源依赖带来的国家安全风险，但利益集团互相勾结，阻挠了政府的环境法案以及清洁能源政策的出台。

90年代中期，伦茨发现公众对于环境问题的关切越来越多，而共和党因为在许多环境问题上的立场尤其容易受到攻击。2002年，他向小布什提交了一个备忘录，强调说，在讨论从清洁空气到水质标准和全球变暖等环
境话题时，一定要换种说法。在概括共和党的形象问题时，他说：“公众 114
脑海里已经形成了这样一幅讽刺的画面：共和党成了大企业、大财团的囊中之物，出于好玩的想法或者受利益驱动，这帮坏东西污染了美国的环境，惹出了麻烦，现在却只是抱着膀子讪笑着，袖手旁观。只有民主党和其在华盛顿那些好心的朋友们才能把美国从那些邪恶公司的手下拯救出来，这些公司对美国的大好河山垂涎三尺，恨不得采尽每一个山头下的矿藏，在每一寸白色的沙滩上都钻出石油钻孔，伐光绿色森林里的每一棵树。”[5]

伦茨建议的解决方案是创作一个新的故事，改变共和党一直扮演的坏蛋形象。这个新故事的主题必须跟普通美国民众的道德观相吻合，比如说热爱自然、保护清洁的开放空间等。他说，要编一个能够让公众从经验和情感上产生共鸣的故事：“一个引人入胜的故事，即使在某些事实上不很准确，也比干巴巴的事实陈述更具有情感魅力。”[6]如果有更多的选民感受到共和党和他们一样热爱大自然，那么，在诸如全球变暖这样的重大议题上想要改变公众的看法就相对容易一点。一旦共和党的候选人被认同是大自然的关爱者，接下来他们就有资格在公众面前发表意见，提出用更加平衡、更加“理智”的方案回应人们对于纯净水质、清洁空气以及全球变暖的关切，这种方案既能保护环境，又不会动静太大，给产业界和消费者留

下政府干预太多的印象。

在这个过程中，从呼吁人们“理智”对待饮用水的砷含量到用“气候变化”的说法替代更加令人警觉的“全球变暖”一词，整个行动的每一步都要突出一个主题，那就是，在这些问题上科学界仍然没有定论。[7]挑战科学是一步很妙的政治棋术。科学界并非没有定论，只是因为媒体是根据政治冲突——而不是根据事实——来报道政治新闻的。虽然科学研究已经在大部分实质问题上达成共识（比如说，全球变暖很大一部分是人为原因），但媒体在报道中还是很奇怪地为了“平衡”而把共和党的质疑放进去，就是因为这是来自政府的官方说法（回忆一下我们在第一章介绍的“新闻导向指征”），而且这种说法得到了众多智库专家的呼应，而这些智库的背后大都有埃克森这样的企业巨头支持。这些我们非常熟悉的华盛顿纷争为新闻戏剧提供了绝好的素材，有丰富的人物冲突，在谁能为这些悬而未决的潜在问题提供权威的解决方案这一问题上，还有程式化的情节转折。深层次事实的缺乏使得这些新闻故事琐碎而又令人困惑。简言之，对于环境变化/全球变暖的新闻报道的确达到了政治上的平衡，但是从事实和科学结论对双方支持的角度来说，是不平衡的。其结果就是，一方面，越来越多的证据表明我们应该采取更为紧迫的措施，另一方面，公众对于环境的关注反而一度下降。

本章的“案例研究”将讨论政治传播策略是如何钻了“平衡性”这一新闻原则空子的。这一策略由弗兰克·伦茨一手打造，由众多共和党政治人物传递并得到了背后有着巨额赞助的智库专家的呼应。关于这一点，我
115 们还将在第六章详尽地阐述。双方博弈的结果是，冗长的新闻故事里一方面提供了关于某些事实的科学证据，另一方面又对同样的事实证据提出质疑，而两方面都是受到了不同党派政治人物和意识形态的暗示和影响。当事实与政治斗争纠缠在一起，公众就需要自行选择符合他们自己政治信仰的信息了。有关气候变化的信息是怎样被湮没在党派新闻表述之下的？本章的“案例研究”将会告诉你答案。

［案例研究］

全球变暖如何成为党派新闻故事

2009 年哥本哈根国际气候大会开幕前夕，英国一所大学气候研究小组

的电子邮箱遭到黑客攻击。在数千份被盗的邮件中有一部分涉及环境问题。面对环境怀疑主义者的不断指责，科学家们在邮件里对于如何展示一些粗略数据表示了关切。后来，信件内容曝光，演变成了重大新闻，有媒体暗指环境科学家数据造假。尽管此后的调查澄清了这种无端的指控，肯定了此前的科学论据，证明全球变暖的人为因素，但公关危机已经造成。持续不断的公关行动和媒体策略的目的就在于引起人们对于环境科学的质疑，现在可算抓住了这个戏剧性的话题。媒体揪住一点儿小问题不放，断章取义，不断地把问题放大（用戏剧化、碎片化、个人化的方式进行演绎）。2008 年到 2010 年间，相信全球变暖这一问题存在的美国人比例从 71%下降到 57%，41%的受访者表示他们越来越倾向于相信这一切根本就不存在。同时，在诸如全球变暖是否存在人为因素以及全球变暖是否已经严重到我们必须采取措施等问题上，原来的多数派渐渐变成了少数派。在被问及他们是否认为大多数科学家相信全球变暖的说法时，被调查者的意见就更为分散了。[8]也许皮尤研究中心做过的一个关于政府优先事务的全国性调查最能说明问题。调查显示，全球变暖在长长的优先考虑名单中垫底（只有 28%的人认为全球变暖应该排在政府优先考虑事务的第一位，83%的人选择经济，65%的人选择教育，44%的人选择笼统的环境概念）。[9]在全球变暖的问题上，美国跟其他大多数民主国家和发展中国家民众的观点明显不合拍。[10]

在环境问题上，美国民众态度的变化并不是“自然而然”发生的，而是能源巨头们多年公关努力的成果，这些能源巨头同样也是那些政治人物——媒体眼里的新闻人物——的背后支持者。实际上，美国之所以与世界上大多数国家意见不合拍的原因之一就在于，在这一问题上新闻报道的导向不同。在美国，全球变暖问题更多地被当成一个党派之争的问题被报道，而不是被当作一个科学界一致公认需要采取行动的科学事务来报道。[11]在大多数此类报道中，是其中一方提出全球变暖的观点（通常是民
主党的消息来源暗示或提出），然后另一方提出对科学观点的质疑（往往 116
是由共和党人提出，完全按照弗兰克·伦茨的游戏手册来操作）。20 世纪 80 年代末，关于全球温室效应的科学研究日渐成熟，这一问题逐渐引起公众的普遍关切，从那时起，根据党派分歧来过滤环境问题的做法就开始了，到现在已经有 20 多年的历史。

早期，反对派只是简单地否认气候变化的存在，但是随着国内以及联合国支持的学术团体公布出来的科学信息越来越多，公众对反对派的观点越来越不认同。阿尔·戈尔（Al Gore）担任讲解的纪录电影《难以忽视的真相》（*An Inconvenient Truth*）上映后，公众了解到更多关于气候变化问题的事实，对这个问题也愈加关切。戈尔也因为唤起公众关注的努力获得奥斯卡和诺贝尔两项大奖。看到公众对这个问题越来越关切，保守的反对党改变了大众传播策略，不再简单否认气候变化的存在，转而对科学界关于气候变化的人为原因以及人为因素的严重性的解释表示质疑。在这样一个对人类的地球家园（包括美国人民和美国经济）构成真正威胁的问题上，为什么新闻报道反而需要政治人物来定义呢?

虽然科学界早已就这个问题达成越来越多的共识，但主流媒体还是很难从科学的角度进行报道，原因就在于新闻界所普遍采取的“新闻导向指征”和“新闻平衡原则”，我们在第一章曾经介绍过这两项原则。“新闻导向指征”意味着，在新闻事件中，政府内部掌握权力的政治派别如果在某一新闻事件中持有立场，那么其立场会在很大程度上决定这一事件如何被描述。如果其中一方的立场与科学结论背道而驰，由于美国媒体普遍遵循一种奇怪的政治平衡原则，也很难纠正新闻报道中事实的不平衡。这种媒体行规也解释了为什么政治人物可以利用政治手腕插手新闻，使得像全球变暖这么简单的事实也变得模糊不清、令人困惑。

还记得我们前面讲过的故事吗？就是在这样的背景下，弗兰克·伦茨粉墨登场了。伦茨警告共和党人，在环境问题，尤其是在全球变暖的人为因素这个问题上，共和党很可能失去民意，这一弱点很可能会被民主党候选人利用。我们在前面谈到，他建议从两个层面实施他的传播策略：第一，用个人化和情感化的方式对环境和自然进行表述，这样更容易被公众接受；第二，在宣传策略上，大肆宣扬现有的观点缺乏足够的科学证据，公众应该用更加理性和理智的态度讨论这个问题。伦茨在他的策略备忘录中写道，可以把科学问题排除在大讨论的中心话题以外：“科学讨论正朝着越来越不利于我们的方向发展，不过我们还没有完全输掉，我们还有一线希望挑战科学。”[12]

这绝妙的一招也说明伦茨真正理解隐藏在公众和新闻背后的深刻本质。因为科学家在描述科学发现时经常习惯性地使用“可能性”“不确定程度”这样的字眼，很多人实际上并不真正理解或者说相信科学。与气候变化反对派应和的专家和智库们就是从这一点入手，不断提醒和强化公众对科学结论的质疑和不信任。在被问及对某事的反应或被要求就某一问题做出澄清时，科学家们往往因为缺乏传播技巧而表现欠佳，因为没有传播专家的指导，科学家们往往只是发表一些含糊其词、语焉不详的声明，里面充满各种专业术语。或者更糟糕的情况是，他们干脆认为这些批评幼稚无知、不值得理会，结果就保持沉默，不发表任何评论。这样一来，对科学的质疑和挑战就变得更具新闻性了，很容易被媒体当作新闻事件处理。曾经有一部很流行的电影就描写了反对派政治人物把科学家玩弄于股掌之中的故事，这部电影的名字叫作《一群大笨鸟》(*Flock of Dodos*)。[13]

要想给公众灌输对气候科学的质疑，首先需要建立一种令人可信的形象，能够与公众产生共鸣，体现对环境负责任的态度和承诺。伦茨建议说：“首先，要让民众相信你是致力于保护环境的，但是保护环境可以以 117
一种更聪明、更有效的方式进行。”[14]其次，候选人应确保使用正确的安慰性措辞：“美国人希望听到的关于环境政策的三个词就是‘更安全’‘更干净’‘更健康’。”[15]最后，要用“气候变化”（这个词暗指造成这一结果的原因可能还包括人类无法干预的自然原因）取代“全球变暖”一词（这个词暗示了当前的现实，容易引起人们的不安和焦虑），这一点非常重要。当被问到为什么要以这种方式来定义这一事件时，伦茨说：“公众对‘气候变化’和‘全球变暖’的反应不同。‘全球变暖’对于公众来说更可怕。对于美国人来说，‘全球变暖’意味着要承担长期的影响和后果，而‘气候变化’听起来比较柔和一点。”[16]

现在的新闻就是围着政府里的各种派系打转转，热衷于表现它们之间的政治冲突，即便其中某一派别或者某些派别的立场明显缺乏事实依据。如果媒体不是以这种方式采写报道的话，那我们上面所谈到的利用修辞操纵民意的做法就行不通了。有关环境问题的新闻报道真的受到政治操纵的影响，向没有任何事实基础的观点妥协了吗？有关全球变暖/气候变化的新闻报道的研究表明，确实是这样。主流学术刊物很少会看到对气候变化持异议的报道，在气候变化的人为原因这一问题上，主流学术刊物的报道论调也基本上以科学界达成越来越多的共识为主。与之相反，一项对于美国知名媒体的分析显示，一半以上的知名新闻媒体在报道中采用了“平衡”原则，对科学结论的客观报道和对科学结论提出质疑的文章占据了同样多的篇幅。麦克斯维尔·波伊科夫（Maxwell Boykoff）和朱尔思·波伊科夫（Jules Boykoff）随机调查了1988年至2002年在《纽约时报》《华盛顿邮报》《洛杉矶时报》和《华尔街日报》上发表的600多篇关于环境问题的文章。结果发现，53%的文章采取了“平衡”原则，报道中对全球变暖的人为原因提出质疑的声音占据相当大的篇幅，另外35%的文章支持全球变暖有人为原因的观点，但文中也提到一些质疑的声音，还有6%的文章通篇都是报道各种质疑。只有不到6%的文章把全部笔墨放在人类活动导致全球变暖的报道上面。[17]在对调查结果进行总结时，他们把调查报告的题目定为“平衡即偏见”。

从这个意义上说，弗兰克·伦茨的传播策略在利用政治博弈方面做得非常高明，先是在气候问题上制造出一些质疑的声音，然后又把新闻当作佐证，证明质疑的存在。由于全球变暖问题变成了一个党派之争的话题，公众只能置事实于不顾，根据自己的政治信仰决定自己的立场。2008年大选之前的民调显示，在导致气候变化的人为因素的问题上，公众的态度根据党派不同基本分为两派：只有23%的共和党人相信人为因素的理论，而民主党的支持者有75%相信人为因素有科学依据。[18]更重要的是，由于在这个问题上没有任何一个党派占明显优势，大部分美国人在罗列他们认为的优先事务时把环境问题排到比较靠后的位置。[19]

基于对公众心理的了解，在被问到环境问题会否成为2008年大选的中心议题时，弗兰克·伦茨很干脆地回答说“不会”。他的判断真实反映了他所采用的传播策略。要使环境问题成为公众关注的优先议题，他说：“……你必须制造出一种紧张气氛，让人感觉这件事迫在眉睫。”相反，为什么移民问题会成为全国政治辩论的焦点？“……当我们看到非法移民每天通过边境线涌进来……每个美国人看到这个都会马上说：‘哦，天哪！这可真是个大问题，我们得做点什么……’全球变暖的问题就在这里，它可能是个问题，但即使是，也不是必须马上解决的问题。”[20]当然，伦茨没
118 有接着分析为什么许多美国人会把移民问题看作“必须马上解决”的大问题，而对环境问题却视而不见，其原因就是，这两件事情都是在像他这样的传播策略大师的操纵下经过系统化的修饰改造以后才呈现给公众的，其目的就是要达到这样的效果。

不过，最近在一系列关于环境问题的讨论中，伦茨似乎想把他染指气候问题的痕迹全部抹掉（也许是为了避免被视为导致“气候变化法案”流产的元凶）。他承认说，就气候科学界似乎取得了更多共识，现在也许是应该做点什么的时候了。后来伦茨还说：“人们不想再看到一场党派斗争了，人们更希望看到解决方案。”从一个造成环境问题党派之争的直接责任人嘴里说出这样的话，其讽刺意味恐怕更甚吧。[21]

幻象的政治

新闻中充斥着各种精心设计、巧妙安排的新闻事件，这已经被视为正常现象了。随着越来越复杂的民意调查、信息设计和市场推广技术的应用，新闻往往根据受众的情感和价值观需求，用一种个人化的呈现方式把政治世界展示给公众，这种做法也越来越常见。事实上，评判政治能力的标准就是，不管怎么歪曲或者简化事实，只要能让公众对你所呈现的事实深信不疑就算成功。前国务卿迪恩·艾奇逊（Dean Acheson）曾经说过，官员要想就某一政策寻求公众支持，就要把自己的观点表述得“比事实还清楚”。[22]

我们在前几章曾经提到，尽管近年来新闻报道发生了很大的变化，但一个重要的新闻模式始终没变，那就是，大多数政治新闻的消息来源仍然是政府官员。从很多方面来看，官员都应该是政治新闻最显见、最合适的消息来源，毕竟，政治新闻涉及的主要是政府的活动。然而，由官员来设置新闻议程不仅使他们在定义公众想什么以及怎么想等问题上获得更大的发言权，也使他们可以运用战略传播技巧对新闻报道的事实进行重新塑造——包括事件本身、情境以及公众参与的意象等等。首先，我们来看看官员们是如何占据政治新闻版面的；接下来看看他们如何构建新闻事实；最后，再来看看记者如何努力摆脱那种被人操纵的印象。

政治新闻的消息来源

政治人物为控制新闻形象作出了不懈努力，我们可以从几个方面来思考其造成的影响。比如说，每天的新闻内容中有多大比例直接来自官方控制的新闻源。了解这点很有益处。只要随意浏览一下每天的报纸或电视晚间新闻，就会发现，大部分的重要新闻是关于现任政府和官员的官方活动。的确，有时媒体会以一种嘲讽的态度描述这些活动，称之为政治游戏，或者，把这些活动置于反对党大肆抨击的背景之下予以呈现，但大多数政治新闻是简单浓缩了这些政治人物说了什么、做了什么，这一点没什
119 么变化。简而言之，新闻似乎就是由这样一些故事组成的，在这些故事里，至少有一方代表官方的立场。许多故事都被限定在我们熟悉的两种官方视角的框架之内，比如说，共和党和民主党。

新闻的内容主要来自事先准备好的官方信息，这种印象的准确性如何呢？里昂·西加尔（Leon Sigal）做的一项经典研究可以回答这个问题。他调研了美国两家最好的报纸——《纽约时报》和《华盛顿邮报》——的新闻内容。人们一般认为，这种声望很高的报纸是最不可能照搬照抄官方提供的新闻稿的。《纽约时报》和《华盛顿邮报》的政治报道涵盖范围很广，也很有深度，它们拥有大量的新闻采编人员，不需要依赖官方的新闻发布或通讯社通稿。而且，这两家报纸素以富有批判精神、敢于揭露政府阴谋而闻名。

结果证明，在报道政府官员日常言行的榜单上，这两家报纸也名列前茅。试想一下，如果面对那些已经准备好的政治消息而置之不理，这两家大报得抵御多大的压力和诱惑啊！以下是西加尔的一些发现：

·近四分之三的硬新闻的消息来源是政府官员（包括国内、国际），只有六分之一的新闻源自政府之外。新闻来源的细目分类如下。[23]

来源	百分比
美国官员、机构	46.5
国外或国际组织的官员、机构	27.5
美国州或地方政府官员	4.1
其他新闻机构	3.2
美国民间人士	14.4
外国民间人士	2.1
不确定来源	2.4

·只有不到1%的新闻是基于记者的个人分析，超过90%的新闻建立

在当事人提供的经过精心锤炼的信息基础之上。[24]

• 绝大部分新闻内容（70%～90%，取决于分类标准的不同）的采编是由新闻人物完全控制或基本控制的。以下是《纽约时报》和《华盛顿邮报》消息采编方式的细目分类。[25]

来源	百分比
访谈	24.7
记者招待会	24.5
新闻通稿	17.5
官方会议记录	12.0
背景介绍	7.9
其他经过预先安排的事件	4.5
新闻评论和社论	4.0
泄密	2.3
非官方材料	1.5
突发事件	1.2
记者自己的分析	0.9

在西加尔开拓性的研究之后，多名学者也做了类似的研究，结果证 120
明，同样的模式一直延续到现在。[26]即便是在目前流行的新闻事件现场直播中，媒体也经常会把官员请到战争或者危机现场，请他们介绍看法和观点，为新闻定调。[27]在外交政策问题上，官方控制就更为严格，反对的声音和来自其他国家的观点经常被挤到一边。在诸如堕胎、医保政策或税收等国内事务上，利益集团的观点已经越来越多地进入新闻。然而，新闻媒体还是倾向于根据华盛顿政府要员的看法，决定在新闻报道中呈现哪些观点。[28]我们在第一章谈到过媒体面临的经济压力，在第七章还会继续探讨这一问题，随着媒体经济压力越来越严重，媒体不得不减少调查性报道记者的数量，削减调查性报道的预算，新闻越来越向政治人物、商业巨头及其公关部门精心炮制的消息敞开大门。

不管怎样，我们不得不得出这样的结论：即使世界上最好的媒体也非常依赖于官方提供的政治消息。这也是有关全球变暖的“案例研究”的寓意所在。当然，与其他大部分媒体相比，《纽约时报》和《华盛顿邮报》

会在稿件中提供较为详尽的背景资料（对其他媒体没有关注的事件也有更多的报道），但其新闻报道中的基本信息仍然来自官方。我们在以后还要谈到，当新闻机构发表与官方说法不一致的新闻时，它们经常会受到来自官方的压力，要求它们重新编辑、延迟发稿或者干脆把稿件毙掉。

当然，伴随着这种照搬官方故事版本的报道模式，也出现了其他一些值得注意的趋势。比方说，记者们越来越多地把自己的声音放进新闻中，对官方消息加以评论和解读。[29]此外，丑闻报道以及对政治人物的新闻攻击也越来越多，与其说这些新闻有助于公众了解事实真相，还不如说让公众对新闻心生厌恶。不管怎样，所有这些现象都说明，媒体正在试图找回自己对新闻内容的控制权。但具有讽刺意味的是，在一些具有重大影响的问题上，比如说战争以及全球变暖等，即使反对方有足够的证据来支持自己的观点，记者也不愿意把自己的声音或者政府以外的观点放进新闻，去挑战官方立场，除非反对方是有同样影响力的政治人物。媒体对卡特里娜飓风的报道是个例外。那段时间，全国人民都能看到记者质问政府官员是如何应对事态发展的，提醒毫无头绪的官员现在面临的问题和状况。在卡特里娜飓风问题上，媒体真正进入了一片没有新闻操纵的净土，这是非常少见的。当时的情况是，政府官员和舆情监督部门的工作人员大都在休假，所以记者有机会直接接触到新闻事件本身，而不是像平时那样需要通过政府的层层审查和各种掩饰。

121 **为什么政治人物处心积虑制造新闻幻象**

我们在第一章曾提到新闻行业所面临的经济压力，在第七章我们还将就这一问题详细地阐述。正是这种压力压缩了严肃政治新闻的空间。政治人物都想把自己的观点和形象挤进新闻版面，这一游戏越来越具有挑战性，也越来越激烈。同时，新闻的倾向性原则也使记者越来越多地报道更富有戏剧性、更个人化、情节和信息更简单（也更碎片化）的新闻，根本腾不出空间阐述新闻事件或政策决策中那些细微的差别、公开的讨论以及各种背景等等。既要达到理想的传播效果，又要把事件掌握在可控范围之内，就需要一定的战略传播技巧，这也使得政治人物更加依赖像弗兰克·伦茨这样的传播专业人士。

民调公司、形象设计、形象管理以及新闻运作大师们的任务就是利用以下手段帮助其客户推进政治议程：(a) 帮助客户设计政治议程，(b) 了解公众的关切，(c) 设计媒介事件以传递信息，(d) 确保政治客户的言行与既定政策保持一致，最重要的是，(e) 确保他们不会与媒体、反对者以及公众做毫无准备的互动交流，(f) 主动接洽（忽悠）记者，给他们提供看似不错的新闻报道角度，其实这些都是经过精心准备的可控事件。在这种新闻操纵过程中，最具讽刺意义的是，一旦某位官员不小心说漏了嘴，冒出了没经过事先安排的某些言论，记者就马上煽风点火，把小事放大，仔细揣摩其中的深层含义，然后把他的竞争对手请到新闻里来，抨击这种言论过于激进、考虑不周或者非常危险。所以，（历经痛苦之后）政治人物也学乖了，努力保持自己的立场与既定政策一致，并且对传播专家言听计从，因为这些传播专家是经过市场调查才设计了相关的信息。最终的结果就是，公众很少能够近距离地看到政治人物在很随性、毫无准备的状态下与他们交流。新闻变成了一种设计好台词的电视真人秀节目，只可惜这个节目远不如《美国偶像》(*American Idol*) 或者《飞黄腾达》(*The Apprentice*) 那么有趣和引人入胜。[30]

新闻内容尽管并非总是政治现实最真实的反映，却可以影响全国性政策决策如何制定，制定出来的效果好不好，公众对这些政策决策有什么反应，以及从中判断哪些政治人物或政治集团权力最大、最有影响力。看似自然发生的新闻事件实际上是经过政治人物和利益集团精心打造，用来赢得公众认同、推进政策议程并打击政敌的一种宣传方式，了解这一点至关重要。

官方新闻的政治影响

新闻管理的最显著作用在于帮助当权者把自己的议题转化成公共政治议程。而那些未能参与决策过程的政治活动家和集团则很难制造新闻。政治学家伊迪·戈登伯格 (Edie Goldenberg) 对草根组织进行了深入研究，结论显示，对于非官方人士来说，想要获得必要的可信度、资源和信息控制权，从而长时间控制新闻并最终影响事件结果，是一件很困难的事。[31] 草根组织即使能够制造新闻事件，也通常是一些被认定为消极的事件，如示威、静坐以及其他抗议示威活动，这些活动通常会冒犯公众并很容易遭到公共官员的谴责。

122 官方控制新闻的一个长期结果就是使得呈现在美国人民面前的那些问题、解决方案、价值观和思想都局限在一个很窄的范围内。政治变成一个完全可预知的世界，充满了陈词滥调、政治姿态以及肤浅的表面形象。莫雷·埃德尔曼指出，在新闻中，相似的解决方案在戏剧化的努力中被重复回收利用，以期解决长期存在的问题。[32]人们逐渐接受了诸如贫穷、犯罪、渎职、战争以及气候变化等问题的存在，视之为生活的现实，而并不把它们看作政治权力集中、经济关系中的剥削关系以及对政治传播方式滥用所造成的惨痛后果。

除非官方论调受到竞争对手的攻击或者挑战，否则，新闻媒体一般会站在官方立场上报道，对官方论调进行宣传。这种做法进一步减少了公众对存在的问题加以了解的机会，而公众的知情权是有效政治行动和真正政治变革的前提。本书第三章曾经提到，新闻受众在解读新闻内容时可以做到相当独立，但对于他们所看不到的东西，他们就无从解读了。他们在新闻中看不到或听不到的内容通常就是有效的媒体管理的结果。

新闻形象：战略性政治传播

60 多年前，沃尔特·李普曼在其关于公众舆论的经典论著中说："对于未曾经历的事件，人们唯一的感受就只能来自自己头脑中关于这一事件的幻象。"[33]公众本来就是政治世界的局外人，当公众的知情权掌握在少数圈内人士手里时，出于政治形势的需要，他们要把什么样的意象和信息呈现给公众，也就无从约束了。国务卿艾奇逊曾经指出，聪明的官员不是想方设法教育公众或传达什么"客观"形象，他的目标是以一种能够赢得支持、塑造行动并影响结果的方式来呈现问题或新闻事件的。[34]

如果官方政治立场所传达的意象仅仅被当作一场虚无缥缈的娱乐盛宴的话，那倒也无须过分担心。但是，只要新闻中出现的形象被公众当作真实世界去接受，人们就会作出某种反应。甚至——也许正是——那些与事实关联度极低的意象也能在真实世界中引发某些行动，并导致真实的后果，比如，腐败领导人的当选，对不公正法律或思想的接纳，为社会群体贴上某种标签，对伊拉克战争的支持，对长期存在的经济或社会问题的容忍，等等。这样一来，政治世界中的新闻意象就会变成残酷的现实。处于统治地位的政治意象会自动创造出一个想象的世界，即使这个想象的世界一开始并不存在。

出于政治形势的需要，政治人物必须创造出某种意象，但这并不意味着新闻充满了疯狂、多变和虚构出来的政治故事。莫雷·埃德尔曼对此有着独到的看法，他说，大多数的政治形象是建立在人们耳熟能详的象征性符号、公式化情节、标准化口号以及单一语言风格基础上的。[35]政治幻象的世界是由可预知的符号转化形成的：新的变成旧的，令人诧异的变成耳熟能详的，利己主义的变成有公益精神的。甚至威胁或危机也可以用“敌 123
人入侵”“美国人民的坚定”“通过努力获得和平”“严肃而富有成果的辩论”等陈词滥调来包装。莫雷·埃德尔曼认为，在公共传播的过程中，陈腐的、可预测的、公式化的意象严重阻碍了公众进行批判性思考，却滋养了越来越丰富的政治语言。[36]老生常谈的各种声明和党派之间的争权夺利、吵吵闹闹取代了对政治形势的详细分析。

所以，新闻的采编过程很有讽刺意味。媒体在判断一个政治形象是否具有新闻价值时并不是对它的事实准确性或重要性进行独立的判断和检验，而是关注它过去作为一个新闻公式是否成功。在这样一个传媒现实里，新闻价值成了可信性的替代品，而公信力则沦为一种公式，即“谁”在“什么”场合就“哪些”问题展示了“什么样的”公众形象。一般的逻辑常识告诉我们，一种形象的标准化程度越高，它在这个独特的真实世界里的作用就越不可靠，越没有意义。另一方面，戴维·阿什德和罗伯特·斯诺告诉我们，所谓的现实其实是一种意象的构建，只要这种意象在各种主流传播渠道一直处于控制地位，它就变成现实，这就是他们所说的“媒体逻辑”。[37]把这一逻辑推而广之，如果新闻事件中的另一权力派别对当前的官方立场提出质疑和挑战，新闻就会把这一冲突戏剧化（通常以个人化的表现形式），让观众自己来决定事件的是非曲直。

以上所说的媒体逻辑特征与我们在第二章谈到的新闻信息倾向性密不可分。信息倾向性也可以帮我们了解信息业以及媒体管理战略的发展历程。利用这种战略，新闻人物可以把自己的意见、观点体现在新闻中。[38]对新闻失去控制往往也意味着政治上的失败。一位总统候选人的竞选主管曾经说：“传播即竞选。”[39]或者，如一位总统高级顾问所言，新闻呈现的现实才是政治现实。说这话的是罗纳德·里根（Ronald Reagan）的高级助手詹姆士·贝克（James Baker）（他后来成为老布什政府的国务卿），当时，里根向国会提交的一项预算案受阻，全国广播公司（NBC）记者采访贝克，问他为什么总统那么不情愿在这个问题上做一点儿让步。贝克回答说，任何妥协或示弱都是不可取的，因为在媒体眼里，“任何一件事都是从输赢的角度去解读的”[40]。因此，不管其立场多么不现实，总统都不能退让。被认为是“不现实”总比被认为是“失败者”要强，因为，如果被贴上“失败者”的标签，那他就真成了一个失败者。

战略性政治传播的目标

很显然，政治的要务之一就是塑造新闻形象。因此，我们需要知道这一过程涉及哪些内容，了解这一点至关重要。大多数公共关系专家认为，成功的形象塑造包括以下几个方面：

- 清楚了解客户的政治目标——是打击对手、提升客户的领导形象，还是将一个环境法案包装得让对手觉得更无懈可击，等等。

124
- 了解客户的弱点，避免对手反过来利用战略传播的方式攻击客户本人。比如说，如果客户本人也有类似污点的话，那么从道德上指责对手性生活方面的不检点就不合适。

- 准确定位目标受众（群），这一步对于任务的完成至关重要。也许目标受众就是在上次选举中投反对票的那些人，或是国会中的几个主要议员，需要让他们相信，公众反对医改的呼声很高。

- 利用民意测验和市场调研等手段设计信息和传播方案，保证信息能够传递至目标受众，并达到预期的目的。

- 策划新闻事件（通常要与广告以及其他一些直接的交流方式配合使用），使之占据公共讨论的主导地位，并赋予信息发布的权威性。

战略传播过程的核心包括信息设计和信息传播两方面，通过吸引目标受众群，在遭到攻击时牢牢占据道德象征意义的制高点，推动政治目标的实现。比如说，如果在冲突中，你方的定位是爱国主义和对国家的忠诚，那对手对你表示质疑时，就比较容易被贴上不爱国的标签。2004 年总统大选时，参议员约翰·克里（John Kerry）对小布什总统推行的战争政策表示质疑。虽然克里本人是一名经验丰富的被授勋老兵，而小布什的兵役记录却比较复杂，但一个名为“快艇老兵寻求真相”（Swift Boat Veterans for Truth）的组织还是炮制出一部极具破坏力的电视广告片，诋毁克里的海军服役经历。虽说观看广告片本身的选民并不是很多，但在新闻和网络上这个片子被反复播了很长时间。

战略传播过程的信息构建可以分解为以下四个重要步骤：

1. 设计一个简单的主题或信息，以方便观众在思考手头的问题时使用。这称为信息塑造。

2. 把这一信息填满一切能够被你的目标受众接触到的传播渠道，使之比其他对手的信息更为显著。这称为信息凸显。

3. 利用权威的信息发布平台，由公众熟悉的消息来源发布信息，然后找到德高望重的权威人物对信息表示支持，以增强信息的可信度。这称为信息增信。

4. 利用合适的脚本和表达方式来传递信息（比如说，同期声），并引导记者采用既定的主题进行报道，以此强调要传达的信息。这就是设置信息框架。

在现实的政治传播过程中，政治形象塑造的这四个步骤协力合作，共同发挥作用，我们将把它们分解开来，逐个检视，以了解每个步骤在界定政治形势的过程中各自发挥了什么作用。

信息塑造 125

通常，政治信息的内容应该简单明了，无论在感情或理性层面都容易接受。弗兰克·伦茨成功的传播学金科玉律之一就是“简单：用简单词汇”。另外一条就是“简短：用简短句子”。[41]政治信息通常以一个关键短语、观点或主题开始，为人们思考某一政治客体（一项议题、一桩事件，甚至可以是一个人）提供一个方便的途径。例如，富兰克林·罗斯福用简单的“新政”一词来指代他复杂、试验性的庞大经济计划，迎合广大公众的希望。借用其简单性和理想主义特征，约翰·肯尼迪将他的计划定义为“新边疆”，增强了计划的亲切感。罗纳德·里根则把他的计划贴上了“新联邦主义”的标签，显示他逐步废除罗斯福的“新政”、肯尼迪的“新边疆”以及约翰逊的“伟大社会”所作的努力。比尔·克林顿用“新开端”（New Beginnings）的提法表示他对福利改革的支持，抢了共和党的风头。而小布什则通过“邪恶轴心”的概念告知美国人民和全世界的公众，在阿富汗战争之后，反恐战争仍将继续，从而引起了广泛关注。但小布什的例子同时也说明，仅仅具备简单的特征并不能保证信息一定能起到好的传播作用，因为伊朗、伊拉克和朝鲜这三个轴心国家之间缺乏关联性，这一说法也遭到很多批评。

有效的政治主题和口号会鼓励人们对某一局势发挥自己的想象。因此，一面是象征性的暗示，另一面是人们对暗示作出回应时产生的感情和假设，两者共同作用就形成了某种意象。传播学专家多丽丝·格雷伯、马里恩·贾斯特、拉塞尔·纽曼、安·克里格勒、迈克尔·德里·卡皮尼和布鲁斯·威廉姆斯以及其他一些学者的研究都表明，人们往往会从媒体报道提供的启发性象征符号和意象出发，积极主动地进行个人解读。[42]当人们开始为一个意象的完成主动提供某些事实和感情时，政治传播中具有象征意义的信息内容就越发变得真实可信。这也是为什么一些最简单、最不实际的想法往往能激发公众最衷心的理解。比如，1968年的大选中，理查德·尼克松的竞选班子评估他的政治前景时，认为最大的问题就是人们有一个普遍的印象，觉得他是一个失败者。针对这一问题，竞选活动借用了一个促销旧产品时常用的经典广告策略，把诉求点放在“全新的尼克松”这一象征性的暗示上。“全新的尼克松”成为一个公众广泛热议的概念，对许多人来说，它为尼克松一系列新的政治举动提供了一种明确而具体的参考，不然的话，这些举动就显得模棱两可，带有欺骗性了。[43]所以，弗兰克·伦茨传播学箴言之三就是“新奇：拿出点新东西来”。他还建议，政治传播中人情味应该更浓一点儿，比如说，问一句：“来点奶？”

信息凸显

许多颇有吸引力的信息都因为缺乏广泛的关注而未能激发公众的想象。信息必须能够吸引注意力，因此，形象塑造的第二个目标就是，充分
126 利用各种传播渠道，并在整个过程中把关注焦点持续保持在所要传递的信息上。为什么广告商不惜重金要让简单的产品广告词在媒体上一遍遍地重复播出？为什么在克林顿-莱温斯基性丑闻曝光之后连续数月的新闻轰炸

中，共和党要不断向脱口秀主持人和记者灌输“性、性、性”这样一个信息，并在国会中强调“克林顿撒谎、克林顿撒谎、克林顿撒谎”，而使本来似是而非的政治信息合理化？这一切都是出于信息凸显的考虑。

因为到处都充满了彼此竞争的信息，传播顾问会小心提醒（并规定）他们的政治客户，无论什么时候发出所谓的“今日”信息，都必须“切中要点”。也就是说，不要使信息复杂化，不要跑题，要直指当前的政治主题直至战略行动的使命完成。

除了保持信息传递的连贯性，伦茨的另外两条“原则”也可以提升信息凸显程度。一是“声音和背景很重要”（让你的口号容易被记住——甚至给它们配上音乐），二是“视觉化你的信息”（让你的观众可以感受到并记住某一形象）。这也就是为什么演讲中经常会有这样的句子：“让我们在这里停下，哪怕是一秒钟，设想一下未来。有一天，我们的经济如此强大，没有债务，所有的美国人都能共同分享一个美国梦。”“想象一下，如果我们生活在这样一个国度，有清洁的海岸线、安全的饮用水，会是多么美好。”[44]

考虑到这些因素，我们就不难理解为什么政治人物那么关心他们的公众形象了。从某种意义上说，他们认为“形象就是一切”也没什么错。各种形象之间互为依存，如果政治人物能够展现出领袖魅力，他们所要传达的某种政治主张就会得到彰显。如果一个事件看起来特别重要，被称为“危机”，那么反对的声音就很可能被淹没。如果能够赢得公众的好感，那么政治人物未来的信息传递就能少些批评的声音，从而进一步提高其声望，而声望的提高又进一步增强其未来信息传递的有效性，循环往复，螺旋上升。

信息增信

面对扑面而来的政治信息轰炸，公众未必会全盘接收。即便是烂熟于耳，人们也未必全都相信。凸显后的政治信息如果再具备一定的可信度就更有可能获得支持，大部分的政治传播还需要一点逻辑、证据，或者权威意见的支持。弗兰克·伦茨除了提醒要把政治信息包装得简洁易懂以外，还提出了一项原则，那就是“提升形象的可信度”，其核心就是找到一个简单明确的信息，并使之具体化。比如说，你现在想传递“没有新的税赋”这一信息，一旦你迫于压力，需要找个新的增收途径，那你的可信度就要大打折扣了（也许可以把它叫作收“费”，但千万不要叫它收“税”）。

此外，政治人物往往喜欢在一些富有戏剧效果的场合发表演说，宣布自己的政策或决定，比如在总统办公室或者航空母舰的甲板上，以增加他们所传递信息的分量。一些突发事件也可以作为合适的契机，推动信息的传播，比如，街头枪击事件频发之后往往紧跟着就是加强控枪法案的诉求，恐怖袭击之后是新一轮的推倒萨达姆政权的努力。尽管如此，看到存
127 在诸多反对和质疑的信息在被政要一遍又一遍地重复之后总能为大多数公众所接受，我还是感到很诧异。比如说，小布什政府总是把“基地”组织和伊拉克联系在一起，虽然批评家早就指出这根本就是无稽之谈，但小布什政府的说辞却总能让公众相信。我们在第六章会谈到，很多似是而非的观点，只是因为它们代表了官方的立场，所以才会在新闻中一再被报道，从这种意义上讲，正是由于新闻体制的存在，这些说法才有了可信度。

信息框架

简单地创造出一条信息、不断地重复它，给它提供各种各样的支持，这一切还不足以保证传播策略的成功。新闻不是简单的信息公告，更重要的是，它是一个讲故事的过程。新闻故事总是要体现某一中心思想或被划归某一主题意义类型，然后，根据这些中心思想或主题意义类型来组织、屏蔽、强化信息。这样的信息组织过程叫设置框架。信息框架帮助我们将大量信息提炼，归纳成不同的故事类型，比如说性丑闻、政府浪费、自然灾害、赛马式选举、恐怖主义或者大规模杀伤性武器等等，不一而足。

信息框架会涉及很多精神层面如情感的、视觉的以及认知的活动。比如说，“我有一个梦想”这样一种框架就让我们穿过日常生活的层层迷雾回到过去那个伟大的政治时刻，它之所以有这么强大的力量就是因为它涉及情感，激发了我们对于伟大事物的一种期盼，也同时帮助我们认清了我们之前可能忽视的可悲问题。除了能够帮我们构建视觉形象，这样的表述也体现了伦茨的另一条原则：“演讲要激发人们的远大抱负。”梦想能激发我们的远大抱负。如果再能根据伦茨的要求，“提供上下文的背景，解释其中的关联性”，影响力就更大。马丁·路德·金（Martin Luther King Jr.）有一个独特的、富于时代特征的梦想，那就是白人的孩子和黑人的孩

子能在同样的社会环境下成长，拥有同样的机会。这样一个梦想今天已经实现，在他的影响下，很多美国人改变了对种族主义的看法。因此，伟大的思想框架确实能够帮助人们产生想象，追求远大的理想，并且把信息融入他们的个人生活中去。

符号政治和战略传播

形象塑造的过程直接明了：设计一个主题或信息来激发想象，确保这一信息贯穿于整个传播过程，把信息置于一个可信的背景之下，讲述或者干脆上演一个故事，这个故事要能为信息提供最佳的思想框架。这一切说起来很简单，但实现这一目标可不那么容易。

有效的形象塑造需要对各种传播技巧有深刻的了解并加以巧妙的运用。这些技巧包括民意测验、焦点小组讨论、以了解信息运作为目的的市场研究，以及确保把信息纳入适当的思想框架的新闻管理技巧。当然，还需要时间、精力、资源和人力的投入。据推测，在薪酬丰厚的白宫庞大雇 128
员团队中，30％～50％的工作会多多少少涉及媒体关系[45]；一般国会议员的主要任务就是为下一次选举做准备[46]；国防部每年的预算中有几十亿美元要花在公共关系上[47]；美国军方甚至有一个专门学校来为其训练公共关系官员[48]。注意到以上这些现象，一位观察家得出了这样的结论："庞大的、彼此关联的联邦信息机器存在的最主要的目的就是推销政府。"[49]

在传播学者加罗尔·曼海姆（Jarol Manheim）看来，如今形象塑造的技术突飞猛进，传统的"公共关系"一词甚至已经不足以表现其复杂性，而应该改称"战略传播"（strategic communication）。[50]弗兰克·伦茨应该也会赞同他的观点吧。政治传播专家的工作是怎样的呢？简单来说，他们的工作就是精心策划，运用各种符号手段，达到塑造形象的目的。

符号在政治上的运用

符号是大多数人交流的基本单位。单词是代表物体和思想的符号，旗帜、徽章和制服是代表民族、群体或权威的符号。某些特定的人甚至能成为代表一些人类普遍属性的符号，比如英雄主义、爱国主义、美丽或者贪婪。符号的存在使得人们在交流客体并不实际存在的情况下进行交流成为可能。所以，“树”这个词就是一个符号，不管面前是否存在这样一棵树，人们都能就“树”进行交流和讨论。而“核战争”一词则使某种在人们想象之外并不存在的事物的交流成为可能。政治人物和利益集团的主要任务之一就是把当前的实际形势以最巧妙的方式呈现给大众，因此符号在政治中发挥的重要作用也就不言而喻了。通过技巧性地运用符号，实际的政治形势就有可能被改写。

要理解符号如何被运用，以及在什么情况下符号的运用是有效或无效的，我们首先需要了解符号可能给人们造成哪些心理影响。每一种符号至少都以两种方式影响我们——认知作用和情感作用。认知作用指的是符号信息引发我们产生的思想和逻辑。情感作用是指符号信息引发我们产生的情绪和感情。信息的认知作用可以是狭窄的，也可以是宽泛的。例如，“自由”一词可以有很多含义，每个人的理解都不相同，而“国会代表团”就有着狭窄的特定含义。从情感角度来说，有的符号可能不会让人产生什么情感反应，有的则可能会激发强烈的情感宣泄。比如说，“自由”一词可以带有强烈的感情色彩，而在大多数情况下，大多数人对“国会代表团”一词不会有什么特殊的好恶（但是现在“国会”一词也能够引发一定的感情反应了）。那些只能传递很狭窄的意义、几乎不带什么感情色彩的
129 符号，我们称之为指称性符号（referential symbols），而那些含义很丰富、可以激发强烈的感情的符号则称为浓缩性符号（condensational symbols）。[51]我们甚至还创造出能够帮助我们谈论符号的符号！

在一种政治形势下需要创造什么样的形象，这要看在这种形势下主要的政治角色希望公众采取什么样的行动。希望扩大影响范围和公众积极参与的一方可能会使用浓缩性符号来描绘当时的政治形势，而希望缩小影响范围以及降低公众关注度的一方则多半会使用指称性符号。例如，反对美国对越南军事干预的人会使用浓缩性的词汇描述美国对北越的轰炸，强调野蛮的破坏、政府的谎言以及战争扩大的危险。与之相反，政府当局则希望尽量减少公众对战争细节的关切。白宫和五角大楼的公关部门发明了一套指称性符号的词汇表，来模糊军事行动可能产生的含义和情感。所以，对北越的轰炸就被称为“防御性反击”（protective reaction strike）。这一说法是如此苍白狭隘，估计只有词汇的创造者才能准确理解它的含义。

在当今高科技的战争中，经常会听到阿富汗的敌军阵地“被激光制导导弹以外科手术般精确端掉”这样的话。这样的表达可能会让国内的新闻观众宽心，但对于住在“被以外科手术般精准端掉的”目标建筑物附近的居民来说，这些词就没有任何安慰作用了。“附带损伤”或者“友军误射”这样的词都是常用的政治术语，目的是减轻公众对于误伤无辜百姓的愤怒。

一个特定的符号是具有指代性还是浓缩性作用，既取决于符号本身，也取决于符号如何被运用。在特定条件下，最无伤大雅的指代性术语也可能变成一个强大的浓缩性符号。例如，在越南战争早期，五角大楼用“在行动中失踪”（MIA）来指代在战斗中失踪或下落不明的士兵。这个说法一直有着特定的含义，很少带有什么感情色彩。然而，随着“在行动中失踪”的人数不断增加，越来越多的美国人因为自己所爱的人音讯全无，却没有人对此作任何解释而深感痛苦。这时，整个国家分化为支持战争和反对战争两大阵营，形成一种高度情绪化的氛围。在这样的情况下，尽管当时反战的呼声很高，理查德·尼克松还是希望把战争继续下去，所以他千方百计要为继续战争找一个站得住脚的理由。突然之间，尼克松就有了主意。他向公众解释说，和谈的失败在很大程度上是因为北越拒绝承诺对战俘和“在行动中失踪”的美国士兵作出说明。他说他无法对这些勇敢的士兵置之不理，所以，战争还不能结束。于是，形势一下子被扭转过来，不知从哪里冒出很多支持战争的示威和签名行动。宣传“在行动中失踪”的美国士兵的困境的宣传单雨后春笋般的出现在汽车保险杠上。短短几个月里，使用方式的改变使得“在行动中失踪”从一个模糊的指称性词组转变为一个强有力的浓缩性符号。这给我们上了重要的一课：符号并不是一成不变的，其作用（包括认知和情感两个方面）在很大程度上取决于它在特定的背景中如何被运用。

界定政治形势 130

符号的可塑性给政治人物提供了一种可能，让他们有机会把“现实的政治世界”变成一个“看起来很真实的政治幻象世界”。符号和现实之间的差距可以非常大，有时政治角色对于现实形势的界定可能非常荒谬，甚至让人一眼就看出在作假。如果新闻对此总是不做任何反馈或评论，那时间久了，荒谬即使没有看起来显得崇高，也至少是可以接受了。例如，地方警察部门增加雷达测速的巡逻，引起市民对令人心惊胆战的浓缩性符号“超速监视区”（speed trap）的反感。于是警察部门不得不采取一系列的公关措施平息市民的愤怒。警局安慰市民说，采用雷达测速巡逻只是“为了避免事故的发生”，如果驾驶员觉得不放心，可以拨打一个专门的电话号码来了解这些巡逻车每天会经过哪里（这样司机就能保证在这些地区提前减速，避免发生事故）。[52]

我们再举一个例子。弗吉尼亚州路易莎（Louisa）核电站发生放射性气体泄漏事故，股东们讨论决定，必须采取措施确保此事不成为新闻靶子，不能让宾夕法尼亚州三里岛（Three Mile Island）核泄漏事件的故事重演。因为没有做好媒体的应对工作，三里岛核泄漏事故后患无穷，至今仍然影响当地的核电发展。路易莎核电站泄漏事故发生后，通信中断长达十一个小时，在这期间，电站准备了一则新闻简讯，供核电站所在地和位于华盛顿特区的核能管理委员会（Nuclear Regulatory Commission）总部同时发布。简讯说，这家电厂向空气中“打嗝一样地排放”了少量的放射性气体。为了进一步说明情况，公司发言人说：“不是‘泄漏’，就像朝空气中打了个嗝。”[53]于是，事态很快平息了，一个荒谬的比喻竟然起到了决定性的作用。

以上故事告诉我们两个道理。第一，只要政治人物能够把复杂的、模棱两可的或者不那么受欢迎的事实隐藏在简单、清晰、令人愉快的符号背后，他们就一定会那么做，这一点基本上可以确认。第二，如果媒体不能挺身而出，对官方信息的可信度提出质疑，我们想要了解新闻事件背后的真相就变得更加困难。媒体是否按照政治人物的意图和立场进行报道，基本上决定了新闻管理是否有效。因此，在与新闻媒体打交道的过程中，政治人物往往会谨慎选择适当的措辞，试图提高在新闻管理中的胜算。

新闻管理：基本要素

媒体的表现经常会很奇怪。有时，媒体似乎很容易受骗，公关人员想制造重大的政治新闻（其实说白了就是历史性骗局），媒体也轻易就钻进了圈套。但有时，媒体又会吹毛求疵，把关注重点放在个人丑闻、政治人物的失败或者派系间的攻讦上。记者有时只是传声筒，被各种公关人员哄得团团转，有时却也能提供一些内幕和评论。也许是因为媒体对于自己所肩负的公众责任并不那么肯定，所以才会有这种忽左忽右、忽上忽下的奇怪表现。[54]在精心打造新闻故事的过程中，媒体人似乎更关注彼此、每天 131
与他们打交道的政治人物和政界内部人士以及从编辑部传出来的公众调查数据。

正因为采用了这种参考系统，所以记者在报道新闻时很容易被政治圈内人牵着鼻子走，报道他们眼里的重要新闻。所谓的“当日要闻”其实就是靠着圈子的这些内部人士对信息的操纵、编造或者泄露来维系的。我们在前几章讨论过，虽然这种奇怪的体系可能会让公众对新闻媒体和政治人物失去信心，但它已经成为政治生活必不可少的一部分。是什么使得这一制造假象的新闻系统得以运转？在接下来的篇幅中，我们将逐个考察各种不同的新闻事件呈现形式，从提供预制新闻稿到策划新闻事件，再到那些没怎么控制好的新闻事件，最后一种情况也是最考验新闻策划大师水平的。

预制新闻

争取并保持记者的关注越来越困难，政府部门、企业以及利益集团的新闻人物和媒体顾问已经开发出更为复杂的技术手段来监控公共舆论，管理新闻流。战略传播的大行其道让原本就人手不足的新闻机构更感压力重重。1980 年以来，公关人员与记者的人数比例已经从原来的1∶1 稍强提高到现在的 3∶1。正如麦克切斯尼和尼克尔斯（Nichols）曾经指出的那样，“……即使记者人数大幅缩减，‘新闻’还是存在的。只不过新闻来源不同了，现在的新闻主要是由成千上万高薪高效的公关人员提供，他们随时准备向公众提供信息、呈现事实，即使媒体不用他们的东西，他们也坚持提供。当然了，公关人员呈现的事实总是有利于他们的企业或政府雇主”[55]。我们来看看以下两项政治传播技术的应用：预制新闻通稿和战略民意调查（strategic polls）。

视频新闻通稿 随着专业传播技术的发展，目前电视台新闻编辑部收到的所谓视频新闻通稿（VNRs）泛滥成灾。新闻机构人手紧张，预算又少，所以就只好屈就使用那些以新闻形式包装好的公关通稿，而不是花更多的钱和时间独立采写新闻。从兜售新型特效药的制药公司到努力在社区保持出镜率的国会议员，预制的公关新闻通稿已经成为日常新闻的主要来源。

视频新闻通稿一直被称作新闻机构的“汉堡帮手”（Hamburger Helper）。这类视频也是通过卫星传送到编辑部，跟记者自己采写回来或者新闻批发商提供的原始视频新闻资料相似。不同的是，视频新闻通稿并不是真正的新闻，而是经过公关、广告、政治咨询机构或企业宣传部以新闻形式包装出来的战略信息。视频新闻通稿一般分为两种：一种是完整的新闻片段，可以直接原样播出，或者用来帮助编辑部的制片人理解整个新闻事件。另外一种就是所谓的B卷，它包括原始视频和一段脚本，电视台可以拿来自己编成一段新闻。

尼尔森媒体研究（Nielsen Media Research）对110名电视新闻编辑部的决策者进行了一项调查，结果显示，所有人上一年都曾签发过视频新闻
132 通稿。借助于嵌入视频脚本内部的隐形电子编码，尼尔森还对视频新闻通稿的观众进行了跟踪研究。尼尔森的调查显示，4 100万观众收看过洛克希德·马丁公司（Lockheed Martin Corporation）的F-22战斗机首航报道；9 100万观众收看过尼曼百货（Nieman Marcus）① 发布的圣诞商品目录“新闻”。到目前为止，辉瑞制药（Pfizer）的治阳痿神药伟哥的新闻视频应该算是最成功的，这段视频被送往大约800家电视台，负责视频制作的公关经理扬扬得意地说，大约有2.1亿观众收看了这一新闻的全部或部分内容。[56]效果这么好的免费广告可是花什么样的大价钱也买不来的，况且，这种广告看起来还很真实，并不像一个广告。搜索公关观察（PR Watch）网站，你会找到更多直接把视频新闻素材当作新闻播发的案例。[57]

有时，政治人物并不满足于视频新闻通稿的制作，他们希望拥有更大的新闻控制权。比如，小布什政府就曾花24万美元请记者阿姆斯特朗·威廉姆斯（Armstrong Williams）在全国性的电视秀节目中赞扬一下政府推

---

① 美国以经营奢侈品为主的连锁高端百货商店。——译者注

行的教育政策，还请他在节目中假装采访一下教育部长，当然，报道必须正面，以褒奖的语气进行。威廉姆斯还跟负责教育部公关事务的公关公司——凯旋公关（Ketchum Communications）——签了一个更大单的合同。为了完成订单，威廉姆斯特意制作了一系列很像是真正新闻的视频节目。为了推广其医改方案，小布什政府也曾花钱制作了一个视频，在视频的结尾，假扮的记者也像真正的记者一样说结束语："凯伦·瑞恩（Karen Ryan）华盛顿报道。"[58]这些政府广告与很多地方电视台花钱买来的真正的新闻节目相比，几乎看不出任何区别。很多地方电视台的记者覆盖面没那么广，所以也会从驻华盛顿的记者或新闻机构那里购买新闻视频，作为对全国性新闻的补充。

威廉姆斯制作的视频短片播出之后，政府审计部门对此事进行了调查，认为把纳税人的钱用在制作这类宣传片上可能并不合法。[59]但是，除了威廉姆斯从新闻机构离职以及因其中的虚假账目被处以罚款之外，没有任何其他的处罚措施。政府也并没有因为虚假宣传受到指控。

战略民意调查：把公众作为目标 民意调查的现状再次向我们证明，在信息传播的过程中，先进传播技术的利用往往不是为了促进民主的发展。虽然民调行业发展迅猛，各类调查机构激增，有关民意调查的新闻报道却未能帮助人们更好地理解和参与政治生活。研究表明，不管是政治人物还是记者，都没能利用民调创造出一种更具启发性的政策对话机制，增强公众的参与度。事实上，有证据表明，与过去相比，现在的政治人物更少根据民调结果指导政策决策，而只是利用民调结果选择适当的语言表达方式，向公众推销他们早已准备好的决策。[60]

即使是在独立进行民意调查时，新闻机构也常常只是利用调查反映极端的政治现实和政治冲突，对政治人物评头论足，把他们划分成三六九等。用雅各布（Jacobs）和夏皮诺（Shapiro）的话来说，涉及民调的报道就像"新闻行业的飞车扫射"，只有那些对新闻里的戏剧性焦点提供支持的数据才有可能被报道。[61]另外，在报道中，新闻机构还喜欢夸大民调中
公众意见的变化，虽然实际上也许公众的意见根本没什么变化。还有，在所有提到过民调的新闻中，大约有40%的新闻压根就没报道任何民调数据。[62]政治人物已经学会利用媒体的这些习惯，有时会故意透露给媒体一

些自己进行的民调结果，或者委托一些看似独立的机构替他们开展民意调查，通过这种方式达到自己的政治意图。

新闻事件的管理：从新闻策划到损害控制

很多新闻人物都拥有专业的媒介事件策划资源：文稿写手、媒介主管、服装顾问、能够随时调用的戏剧化场景，以及一个随时准备对官方表态和事件进行报道的新闻团队。他们的任务是通过精心安排，控制新闻事件整个发展的进程，使之符合所有的新闻要素：场景（地点）、演员的身份（人物）、政治行动的动机或目标（原因）、达成目标的途径（方式）以及政治行动本身的意义（事件）。但有时会出现一些突发情况，或者因为政治角色的演技太差，或者因为新闻资源过于匮乏，新闻人物无法完全掌控某一新闻事件的全部过程。因此，我们可以把政治人物对新闻的操纵程度看成一条直线，一端是对新闻事件的完全控制，另一端则是完全失控的状态（这也是政治操纵者的噩梦）。

虚假新闻事件：完全被控制的新闻局面

媒体被完全控制时，就会出现我们通常说的“虚假新闻事件”（pseudo-events）。[63]虚假新闻事件是利用貌似真实的新闻事件掩盖实际的政治形势，从而制造出一种政治上的有利形象。在精心准备的舞台布景、脚本和表演的烘托下，被创造出来的政治形象栩栩如生，令人信服，实际上却与现实毫不相干。通过把碎片化的事实整合到戏剧化的表演中，虚假新闻事件让观众通过想象来填补碎片之间的空白，并以这些碎片化的事实为基础，构建出个人对于现实世界的理解。丹尼尔·布尔斯廷（Daniel Boorstin）认为，虚假新闻事件有以下四个特征：

1. 它不是自发产生的，而是经由专人策划、安插或煽动而形成的。
2. 安排虚假新闻事件的主要目的就是被媒体关注、报道。
3. 它与现实之间的关系是模棱两可的。
4. 它必须能够自圆其说。[64]

2003年，小布什身穿飞行服，仿佛电影《壮志凌云》的镜头一样，从停泊在航空母舰上的直升机舱钻出来，发表了伊拉克行动“使命完成”的演说，这就是一个经典的虚假新闻事件。（1）它不可能自发产生——需要排练、服装道具，甚至需要把航空母舰驶离海岸线；（2）安排这一事件的目的纯粹就是制造新闻；（3）独立而完善的表演模糊了总统神气活现的形象与他此前遭到质疑的军队服役记录之间的差距；（4）由于在整个新闻表 134
演中，那些可能让人产生质疑的因素都被巧妙地排除掉了，所以一个自信的领袖形象和一个战争胜利的说辞就自我成立了。只要媒体把关注焦点放在事先安排好的场景上，观众就只能接受这样戏剧化的形象和信息了。结果，在这个精心策划的“使命完成”的案例中，媒体真的入了戏，不仅帮助政治演员把角色演绎得淋漓尽致，甚至对白宫公关团队能策划出这么一桩轰动的新闻事件交口称赞。[65]唯一的问题在于，残酷的现实是伊拉克战争才刚刚开始。

部分被控制的新闻局面

有些政治形势并不像总统登上航母那样容易控制。在很多公共场合都容易出现突发情况。比如说，举办一场记者招待会，时间、地点以及开场白可能很容易掌握，但总有一些不易控制的风险，比如说有的媒体可能会毫无预期地问一些不那么友好的问题。在其他一些情况下，官员可能会在毫无防备的情况下突然被提问或要求就某一问题发表评论。也许正是因为记者招待会的不可控因素太多，与电视出现之前的那个年代相比，现如今总统举行记者招待会的次数少多了。

如果没有为虚假新闻事件准备好脚本，政治人物就得依靠其他手段来保护他们想要维持的形象了。惯常的做法就是提前做好预案，避免突发事件的发生。比如说，记者招待会一般都安排得很紧凑，确保想要传递的信息能够被传递出去，但同时又可以避免节外生枝。在记者招待会上，开场白就要定下基调并确定新闻的标题。记者可以提问，但你可以不理会；还可以对发布会的时间和发布场合进行控制。但即便如此，有时新闻发布会还是免不了变得很棘手，让记者钻了空子，有机会挑战官方的说法，或者政治人物一时口出狂言，偏离了正轨。所以，慢慢地，总统越来越少召开新闻发布会了。罗纳德·里根时期新闻发布会开得最少，他的公关团队喜欢通过策划媒介事件与记者交流，不太喜欢开新闻发布会，免得给媒体机会问些不友好的问题。后来，老布什和克林顿任内召开新闻发布会的次数有所回升，但到了小布什任内，新闻发布会的数量又再次下降。在他任期的第三年，小布什只开了11场新闻发布会。[66]奥巴马可能会是在位期间举行发布会最少的一位总统了，在他任期的前18个月，他只开了5次新闻发布会（到本书写作之时）。[67]当然了，这也要看你怎么界定新闻发布会这个概念。什么样的场合能被叫作新闻发布会，有很多不同的标准。奥巴马总统有很多机会在媒体面前亮相，比如说与外国领导人一起，或者出席一些官方的仪式或者发表宣言等，有些场合会涉及现场记者提问。[68]但总体来说，记者公开提问的机会越来越少。为什么总统越来越不愿意在公众场合下跟媒体见面呢？原因很简单，就像小布什的白宫公关主任丹·巴特利特（Dan Bartlett）说的那样："在新闻发布会上，你没法控制你的信息。"[69]

135 包括总统在内的很多官员都越来越倾向于有选择性地接受记者或电视主持人的采访，比如说杰·雷诺（Jay Leno）或戴维·莱特曼（David Letterman）。而且，往往只有在记者同意他们设定的某些原则要求的前提下，他们才同意接受采访。奥巴马总统虽然很少开新闻发布会，但他在任期第一年接受了158次采访，其中包括90次电视采访，也算突破纪录了。[70]2010年，他甚至走进美国广播公司（ABC）的日间访谈节目《观点》（*The View*），直接与女性观众互动，以平衡他严肃刻板的形象。当媒体抱怨没有机会跟总统面对面交流的时候，记者霍华德·库尔茨（Howard Kurtz）说：

> 最近几个星期，总统上了不少的电视节目，跟美国广播公司（ABC）的黛安·索耶（Diane Sawyer）、乔治·史蒂芬诺普勒斯（George Stephanopoulos）、查理·吉布森（Charlie Gibson）以及哥伦比亚广播公司（CBS）《60分钟》节目的史蒂夫·克罗夫特（Steve Kroft）和周日《超级碗》节目的凯蒂·柯丽克都见过面。每个节目就不同的议题采访他。奥巴马跟索耶承认，答应所有的医改辩论都会通过有线卫星公共事务频道（C-SPAN）转播，这样做是犯了一个"合法的错误"。其实，因为有严格的时间限制，加上主持人习惯性地总想多涉猎几个主题，奥巴马还是占据先天优势的。[71]

有时，面对一个很难控制的局面，最好的办法是避免召开新闻发布会和接受采访，而是躲在幕后，以消息泄露的方式匿名发布。在很多时候，因为形势不明朗，以消息泄露的方式发布信息非常有效。在有些情况下，某位官员可能比较青睐于某项政策，但不知道公众会如何反应，通过匿名的方式把这一政策泄露出去，官员就可以伺机行事。如果反对的声音过于强烈，他还来得及改变路线。还有一些情况是，泄露出来的消息本来就是属于特权范围内或者保密性质的，因此很难正式公开发布。有时，一条政治信息没那么重要，如果通过正式的新闻渠道或利用设计好的虚假新闻事件进行发布，媒体还真未必愿意报道。但是，如果选对了记者，泄露给他那么一点点儿内容，那这条消息被关注的机会反而大得多。一家媒体对某条新闻的特别关注会引起其他媒体的跟风报道。在一次记者招待会上，里根一上来就说，今天没有什么开场白，因为他准备发布的声明太重要了，所以他决定要将之"泄露"出去。他的幽默也证明了"泄露"消息的重要。

在部分掌控新闻的形势下，以"泄露"的方式发布消息还有一个好处，那就是，方便对其中一个最重要的变量进行控制。泄露消息或发布新闻稿的时机至关重要。比如说，常识告诉我们，不好的消息最好放在周末发布，因为那时记者们不上班，报道方案不足，公众的注意力也比较分散。另外，好的时机往往意味着先下手为强，先于对手发布，避免公众脑海里留下先入为主、于己不利的印象。我们看一下1983年里根政府预算案的消息发布。这个预算案简直就是一场政治灾难。里根许诺要实现预算平衡，可实际上却出现巨额赤字，他还不得不大幅削减原本已经非常脆弱的社会福利项目。最糟糕的是，整个国家陷入严重的经济困境。在这种情况下，新闻管理的目标是缓和气氛，避免更多坏消息的打击。里根的媒体顾问们清楚地知道，预算案的消息会是个巨磅炸弹。为了避免造成太大冲击，在某个周五，一场国会高层听证会结束后，预算案负责人假装把汇报材料的复印本"忘在"国会听证室。几个小时之后，没有像往常那样打上"禁止发 136
布"封印的预算案就到了媒体手中。按照正常惯例，如果这个消息在周一发布，一定会占据各大媒体的头条，但因为是在周五被泄露出去的，反而就散落在不那么显眼的周末新闻栏目里。到了周一，预算案已经是旧闻了。白宫媒体关系负责人戴维·格根对故意泄露消息的说法矢口否认。他解释说，带到听证会上的那份预算案材料"不小心"忘了打上"禁止发布"的戳。[72]

泄露消息的另一个好处是，记者们为了获得秘密消息，往往会对消息来源采取保护措施。这意味着，对于新闻故事怎么讲，泄密者往往有相当大的决定权。一般说来，记者在做此类报道时会把新闻处理得好像与消息源完全无关，所以实际上，整个新闻故事并没有完全展开，隐藏其后的政治纠葛也没有全部暴露，也正因为如此，泄露的消息往往能给目标对手造成很大的伤害。

当然，突破新闻控制的新闻泄露就是另外一回事了。比如说，记者收到消息说，小布什政府实施了一项秘密计划，对普通民众的日常生活进行监控。这一计划的合法性问题导致一场旷日持久的新闻控制战。政府担心在如此重要的问题上失去新闻控制权，因此动用了一切办法向《纽约时报》施压，把这个消息压制达一年之久。这边，政府还在忙于堵小漏；那边，维基解密公开政府机密档案的事件已经引起轩然大波。维基解密是一个新型的媒体组织，专门公开被认为是可信的匿名来源文件。2010年，海量的文件被泄露出来，其中包括40万份有关伊拉克战争的军方文件。随后又有大量有关阿富汗战争的文件被公开，维基解密还联合一些国际上的知名报纸共同发布解密文件，这下，奥巴马政府想要施压堵漏也够不着了。[73]紧接着，25万份美国外交电文被公开，内容涉及阿富汗腐败状况、有损某些世界领导人形象的资料以及沙特阿拉伯在伊朗核问题上向美国施压的证据等等，每一条都是一个重磅新闻炸弹。政府企图利用黑客攻击维基解密网站，对维基解密网站的支持者施加政治压力，结果网络上出现了更多维基解密的克隆网站，有些支持维基解密的黑客还对那些迫于压力而与维基解密分道扬镳的机构实施报复性攻击。将来，不受控制的新闻形势会是怎样的一种情景？也许我们可以从维基解密的案例中窥得一斑。

完全失控的新闻局面

在政治人物心中，没有什么比新闻失控更让他们害怕的了。有时，是
137 因为事实很清楚，根本没法隐藏。比如说，林登·约翰逊（Lyndon Johnson）承诺说美国将获得越战的胜利，但随着时间的推移，这种承诺变得越来越空洞。在有些情况下，是因为知情者不再缄默，揭开事件的面纱。比如说：在“水门事件”中，约翰·迪恩（John Dean）提供了不利于尼克松的证词；越战期间，前军方分析师丹尼尔·艾尔斯伯格（Daniel Ellsberg）泄露了有关越南问题的政府机密文件。在很多时候，政治人物对一个局面没有处理好，新闻报道就会失控。一个经典的例子就是杰拉尔德·福特（Gerald Ford）在总统竞选辩论中一时失言，说苏联对东欧的控制不存在，结果酿成大错。

为了应对复杂多变的政治形势，“损害控制”（damage control）应运

而生，其目的就是要塑造一个政治上占优势并且形势完全在掌控之下的假象，从而避免事态继续恶化。2010 年，路易斯安那州沿海一个钻井平台发生爆炸，大量原油泄漏到墨西哥湾。事故发生后，奥巴马总统多次造访这一地区，在沙滩上漫步，安慰受到影响的当地居民。后来，总统还携第一夫人和女儿萨莎（Sasha）到佛罗里达州的巴拿马城度假，好让媒体拍到他们在海湾游泳的照片，暗示石油泄漏问题得到妥善的解决。[74]虽然漏油事件本身不是总统的错，但是媒体关注的焦点总是集中于总统面对这种情况做了什么，这种关于“失序和掌控”（disorder and control）的报道方式影响到总统的支持率，因此，必须塑造一个身体力行、积极应对的形象才能减少负面报道带来的损害。

对于如何转危为机，把失控的新闻局面转变成收放自如的公关盛宴，虽说没有一个包治百病的药方，但重要的新闻管理技巧还是不可或缺，政治人物要是忽略了这些管理技巧就很危险。与大多数政治人物相比，总统要承受更多的媒体压力，但同时也掌握更多新闻管理的资源。正因为如此，大多数精密巧妙的新闻操纵技巧都源于总统的新闻运作，这并不奇怪。约翰·安东尼·马蒂斯（John Anthony Maltese）的研究表明，在过去的半个世纪中，从杜鲁门到克林顿，白宫的新闻运作无论在规模上还是在复杂程度上都有所提高。[75]下面我们来看看几任总统是如何进行新闻管理的。

新闻管理风格和现代总统职位

1945 年，哈里·杜鲁门（Harry Truman）下令将原子弹投向日本时，他亲自把这一消息通报给一个由 25 人组成的白宫新闻团。而当克林顿抵达华盛顿就职时，他发现有超过 1 700 名记者负责白宫报道。包括电视制作人、技术人员和其他相关人员在内，共有 2 800 人被允许通过白宫的新闻媒体入口。[76]难以想象，如果没有充分的筹备、安排和脚本设计，一位政治人物该如何应对这么一大群人。因此，白宫的新闻运作是伴随着媒体大军同步成长的，甚至可以说早于媒体大军的成长。到了 2010 年左右，白宫和媒体的关系经历了一个转折，奥巴马连续好几个月都没开过一次记者招待会，他直接在电视上露面，开通博客，利用社交网络直接把信息传递给 138

公众。一方面，这些不加过滤的传播渠道让总统对信息的传递有更大的控制权，但另一方面，因为缺少了主流媒体的把关，一些保守的媒体回音室（博客、脱口秀广播、福克斯电视台）有机会利用自己收集的信息来质疑总统，比如，说总统似乎更像一个秘密的穆斯林而不是他所自称的基督徒等等。

白宫传播体系步入现代化的一个显著标志是尼克松总统创立的白宫新闻办公室（White House Office of Communications）。新闻办公室的任务就是监控来自政府职能部门的信息流，并对新闻发布进行通盘设计，把媒体变成被动的政治信息传声筒。政治学家塞缪尔·克奈尔（Samuel Kernell）把这种“越过媒体”与公众直接交流的做法称为“直面公众”（going public）。[77]但因为“水门事件”的爆发，国会在一系列调查后最终将矛头指向美国总统办公室，受到媒体的广泛关注，白宫想要越过媒体的设想也就被迫中断了。

之后，吉米·卡特（Jimmy Carter）承诺要恢复政府的信誉，这一承诺帮他赢得了总统大选的胜利。但上任后，他却忽视了新闻管理，做了一个近乎愚蠢的决定，把白宫的大门完全朝媒体开放。于是，各种麻烦接踵而至，困顿的经济、国会的反对浪潮以及媒体长达444天关于伊朗扣押美国人质事件的报道，最终将卡特赶出了白宫。民调显示，当时他的不受欢迎程度已经接近当年的尼克松。直到里根任期，白宫的新闻办公室才逐步完善，成为一个运转情况良好的公关机器。也正是得益于公关机器的帮助，里根才成为“伟大的交流家”。

罗纳德·里根

里根政府的新闻管理堪称一部可供后人模仿的教科书。很少有其他政治人物尝试过里根的媒体管理方法，或者他们压根没想过这么做，所以他们与新闻媒体的关系自然也不可能像里根时代那么甜蜜。政治人物如何对媒体进行管理？让我们来看看里根的教科书怎么说。第一步，要采取正确的思维模式。正如前白宫公关主任戴维·格根所说的：“要成功进行统治，政府必须自己确定议程，而不能让媒体为之确定议程。”[78]格根是如何把这一目标付诸行动的呢？马克·赫兹伽得分析说，这是一个循序渐进的过程。[79]

1. 政策官员和媒体管理者每周召开长期战略会议，规划未来的新闻议程，评估当前媒体管理工作的成效。

2. 白宫媒体传播团队每天召开会议，按一个团队成员的话来说，议题就是，决定“我们今天想让新闻媒体报道什么，以及怎样报道”[80]。迈克尔·迪弗（Michael Deaver）曾负责里根政府的新闻运作，他说：“通常我们会选择一个主题，比如说经济问题。我们会在一个比较长的时间里，比方说六个星期，持续关注这一主题。在这段时间，总统每次出场都与这个主题相 139
关，但是针对不同的新闻事件，我们会在规划中采用不同的视角。”[81]

3. 正如前一个步骤所指出的那样，关键在于“重复”。为新闻媒体提供同样的信息，但要从一个新的角度（因此对媒体来说还是有新闻价值的），要能满足媒体变换视频镜头和更新图片的需要。迪弗回忆说：“一定要不断重复，这一点太重要了。总统经常被逼得发疯。他登上飞机，盯着演讲稿，对我说：‘迈克尔，我不用再就教育问题发表同样的演讲了吧?’我对他说：‘不，相信我，你还得讲，会有用的。’事实证明，我说得没错。”[82]

4. 要把每天意欲传递的信息提纲挈领地传达给每一个可能成为新闻人物的官员，从而“确保我们（对媒体）谈的都是同样的问题。”[83]里根执政期间，白宫新闻办公室会把当日要点通过网络传达给政府的各个部门。每位官员在会见记者前，都必须打开电脑，把要点温习一遍。

5. 召开政府高层官员电视电话会议，协调当日的新闻安排，确保他们理解新闻纲要，并就由谁发言、什么时候发言、谁该闭口不言等作出部署。“注意点，总统明天要发表声明。所以今天大家都要闭上嘴巴。闭上嘴巴就行了，不要抢了总统的风头。如果你泄露了什么，（我们）一定会让你后悔的……”[84]

6. 搞定媒体，给记者和媒体老板打电话，看看他们对新闻故事的理解是否正确。这种做法被称为“控制舆论导向”。里根执政期间，每天晚间新闻播出前，白宫都会给各个国家电视网的主管打电话，了解他们准备播出的新闻内容，把一些理解模糊或有偏差的新闻解释清楚，这已经成为一种惯例。

7. 每周举办联邦政府各机构新闻发言人论坛，训练他们如何向媒体展示自己的机构。

8. 通过大量的民意调查和市场研究，了解公众想些什么，以及总统如何能够通过新闻来打动他们。白宫甚至专门进行市场调研，了解公众对媒体大腕的印象，从而决定接受谁的采访，在采访中采取什么样的态度如是谦恭一点儿还是蛮横一点儿。

现在你知道了。按照简单的八个步骤搭建好媒体舞台，再把一个在电视聚光灯下和照相机镜头前都能泰然自若的总统推向公众，你就造就了一位“伟大的交流家”。他所传递的每一条信息都处理得妥妥帖帖，醒目、可信并且切中要害。里根政府的媒体管理计划太成功了，白宫的首席形象设计师理查德·沃斯林（Richard Wirthlin）因此被授予1989年年度广告大师的桂冠。把广告界的最高奖授予他并不是因为他为通用食品公司（General Foods）和美泰玩具公司（Mattel Toys）设计的富有创意的作品，而是因为他所负责的里根受众研究项目取得了巨大成功。[85]在评价沃斯林的获奖事迹时，一位观察家总结说，这位公众意见的绘图大师“以一种历史上从未有过的规模调查了美国公共事务的各个方面”[86]。

140 里根媒体管理工作成功的另一个标志是，即使当媒体试图在新闻报道中批评政府时，也往往是白费工夫，似乎总统身上披了一件“特弗龙外衣”（Teflon coating），可以保护其免受媒体伤害。关于如何对具有“反骨”的新闻媒体进行新闻管理，这里有一个经典案例。哥伦比亚广播公司（CBS）记者莱斯利·斯塔尔（Lesley Stahl）收集了很多资料，写出一篇报道，指出里根在新闻中表现出来的美好形象与其实际政策之间的差距。因为整个报道的基调是批判性的，而白宫新闻办公室又有在看到负面报道时给记者和媒体老板打电话的习惯，所以斯塔尔很紧张。节目播出后，电话铃响了，是“一位白宫高级官员”打来的。斯塔尔已经做了最坏的打算。她这么描述当时的情况：

电话那头的人说：“节目很好。”

我说：“什么？”

他又说了一遍：“节目很好。”

我说：“你听到我在节目中说什么了吗？”

他说：“莱斯利，这个短片一共四分半钟，画面上都是罗纳德·里根的美好形象，没人关心你说了什么。你不知道这个画面跟你想要传递的信息是相矛盾的吗？画面传递的信息比你原本想要传递的信息强大多了。观众看到这些镜头，就屏蔽了你要传递的信息。他们甚至根本就没有听到你说了什么。所以，在我们看来，这个节目就是为罗纳德·里根的二次竞选做了一个四分半钟的免费广告。”

我坐在那里，一下失去了所有知觉。我突然觉得自己很傻，因为我跟踪报道了里根整整四年，却一直没有意识到这一点，还得有人跟我解释。好吧，我们谁都没有意识到这一点。我给晚间新闻节目的制片人打了电话……他在电话那头沉默了好久，然后说："哦，上帝?!"[87]

就是这样。甚至在对付不合作的记者时，里根的新闻管理教科书也能奏效。大多数人是通过电视这一渠道获取新闻的，只要政治人物和他们的形象顾问小心处理，确保在公众面前的表现不失分，影像资料达到理想的制作水准（比如说，传达正确的视觉形象），记者即使希望利用这些影像资料为他们言辞犀利的报道文本提供支持，也会为影像所传递的信息所背叛。里根政府的一位新闻奇才曾不客气地说："你愿意相信什么？事实还是你的眼睛?"[88]

老布什

显然，老布什执政期间（1989—1992）并没有打算像里根时代那样对媒体进行全面管理。就连莱斯利·斯塔尔有时也会抱怨说两任总统的管理风格简直就是一个天上一个地下。她评价布什政府说："这届白宫一点儿也不关心总统能不能上晚间新闻。"[89]另一位记者则回答道："这倒算不上是什么该受弹劾的过错，但的确是个有趣的问题。尤其是对白宫记者来说，有时回忆起处事圆滑、包装得体的里根总统时，似乎还是有那么点儿……怀旧和感伤，会吗?"[90]

媒体对于布什政府不愿花工夫处理媒体关系的做法很不满，批评的声音不断高涨。很快，白宫召回了当年帮助布什赢得大选的媒体关系团队。例如，公共关系行业的前高管希格·罗基奇（Sig Rogich）作为总统特别行动助理（也就是首席形象设计师）进入白宫。[91]他曾在 1988 年为布什设计过好几个竞选广告。后来，罗基奇由于成功帮助布什恢复形象而受到褒奖，被任命为驻冰岛大使。1992 年，布什又一次忘记了忽视新闻和形象管理带给他的教训。于是罗基奇从冰岛被召回，再次为布什设计竞选广告。但是这一次，罗基奇和其他的形象设计专家来得太晚了，在 1992 年总统大选中，布什的媒体管理团队形同一盘散沙，最终未能拯救总统的形象，挽回败局，助他再次当选。 *141*

比尔·克林顿

尽管克林顿对于新闻管理没有表现出什么热情，但他入主白宫之后，新闻管理仍然是他执政早期的关注重点。确实，考虑到 1992 年竞选期间媒体对他逃避兵役和性生活不检点的攻击，他没有理由不担心。尽管如此，克林顿还是很危险地经常想忽视媒体的存在，有时还试图绕开媒体。在第一次竞选期间，当媒体过分关注他的个人问题时，这位候选人干脆通过在《60 分钟》、全球音乐电视台（MTV）、各种脱口秀节目以及特别制作的电子市政厅节目上亮相，直接面对公众，制造出一种亲民的假象。当他的媒体形象改善后，他的新闻管理团队又设计了诸如直接与选民沟通的“巴士旅行”等新闻事件，得到了媒体大量的正面报道。然而，选举结束后，克林顿还是为竞选中媒体对他的个人攻击耿耿于怀。克林顿的执政班子相信，作为总统，他有能力凌驾于媒体之上，所以就关闭了媒体与白宫新闻办公室之间的通道，把负责白宫报道的记者拒之门外。其结果当然是破坏性的。克林顿成了白宫记者的众矢之的。《华盛顿邮报》社论版编辑梅格·格林菲尔德（Meg Greenfield）说，她从来没有看到一个政府那么早就被“宣布灭亡”。[92]

最后，克林顿把戴维·格根请来管理他的媒体运作。格根的新闻管理技巧让克林顿的媒体关系得到明显改善。但是，克林顿与白宫记者团队之间由来已久的摩擦可没让戴维·格根的工作有一丝的轻松。克林顿也没给戴维·格根当年在里根手下时拥有的新闻运作的自由。有一份报告曾提到说，克林顿最佩服的沟通方式就是罗纳德·里根的方式。但如果真是这样的话，他又不给“新闻运作之王”（这是媒体授予格根的称号）充分支配权的做法就比较令人困惑了。[93]

在克林顿第二个任期，尽管与媒体这种磕磕绊绊的关系一直延续了弹劾案的整个过程，但通过继续“直面公众”的方式，克林顿的大众沟通还
142 是相当有效的。克林顿的宣传班子为他策划了许多新闻事件，包括在白宫草坪上举行典礼、世界旅行、参加每周电台谈话节目以及经常就政策目标和成果发表演说。这些事件都经过精心设计，严格控制，克林顿得以有机会与忠实的支持者们分享他轻松随意的媒体风格。不过，一次白宫草坪上的聚会后来给他带来了不少烦恼：当时，总统热情拥抱了莫妮卡·莱温斯基。后来，在性丑闻事件中，这个镜头被没完没了地反复播出，在电视新闻里成了一种标志，不断强化公众的印象。但是，在大多数观众眼里，克林顿在电视屏幕上总是一副可怜兮兮的“浪子回头”形象，这种形象还是压过了那些破坏性的画面，以至于他在政治上的对手和媒体都对他的韧性

和复原能力惊叹不已。

小布什

或许是因为总要处理各种危机和丑闻，克林顿政府与媒体之间摩擦不断，总体来说，其沟通策略还是比较传统的，重点通过新闻办公室的官员与全国性媒体之间的直接沟通来影响日常新闻。小布什政府的传媒战略则有所不同，主要是以制造新闻事件为主，新闻媒体只是作为旁观者，把政府严格掌控的戏剧化形象传递给观众。小布什政府 44 人的媒体管理团队与克林顿时期的规模（42 人）差不多，但他们的工作安排却有很大的差异。在克林顿的媒体管理团队中，有 24 人都在政府新闻办公室工作；而在小布什政府中，负责媒体联络的官员只有一半，才十几个，其他大部分是“新闻事件策划、文案作家以及负责与华盛顿地区以外的记者打交道的媒体事务专员”[94]。

在任职初期，小布什花了很多时间继续在各地巡视，在各种类似竞选活动的场合露面，利用这些场合发布诸如教育和减税等方面的政策意见。这一策略的重点不在于向媒体通报消息，而是向媒体提供新闻事件，这一新闻事件隐含了白宫需要传递的政治信息，并置于白宫的严格掌控之下。除了让媒体当个传声筒外，总统并没有更多的兴趣跟媒体沟通。对于小布什政府将其传媒战略从对新闻媒体做工作向策划新闻事件转变的做法，白宫御用传播专家玛莎·库玛（Martha Kumar）这样解释：“二者的区别在于，传播事务涉及说服劝导，而新闻办公室的工作则是通报消息。布什总统的工作团队是要推出一个信息，并保持对它的持续关注。他们只是利用新闻办公室来传递信息，而不是用它来回答太多问题。”[95]所以，政府很少接受采访，也很少因为官员表述不同而陷入被动（克林顿政府就经常陷入这种被动）。小布什的第一任新闻秘书阿里·弗莱舍（Ari Fleisher）总结说：“如果政府有什么想要宣布，它自然就会宣布。”[96]即使有时媒体侥幸得到采访高官的机会，比如说小布什的高级政治顾问卡尔·罗夫（Karl Rove），他们从罗夫那里听到的跟他们从新闻秘书那里听到的也完全一样。原因就在于，罗夫已经要求手下的每个人在接触媒体时都说一样的话。《华盛顿邮报》记者丹娜·米尔班克（Dana Milbank）说，政府官员“异 143
口同声”的原因是“每个人都有一个‘谈话要点’，这个谈话要点是他们通过电子邮件跟周边的朋友以及每个人都沟通好的，确保每个人说的都完全一致。"[97]里根政府的经验在布什任期中得到不断的完善和延续。严格掌控华盛顿记者圈，然后直接面对首都以外的公众，这一双轨战略使得小布什在任内一直保持很高的支持率，直到卡特里娜飓风和伊拉克战争问题扭转了形势。

巴拉克·奥巴马

我们在第一章曾经讨论过传统媒体的衰落和数字媒体以及社交媒体的兴起，这一传媒业态的变化为奥巴马政府的传媒管理打下了深深的印记。在本章前面，我们曾经提到，虽然减少了与传统媒体的正面接触，但是奥巴马的传媒管理团队找到一些更新潮的渠道跟公众直接交流。总统直接在YouTube上回答网友提问，把直播视频放在白宫官网，而不是像原来那样召开专门针对记者的新闻发布会。[98]白宫还拒绝新闻摄影师参加总统的签字仪式，这让很多记者感到震惊。因为像签字仪式这样的新闻事件，虽然可能不会邀请文字记者出席或提问，但摄影记者在场是一种惯例。现在的做法是，白宫自己的摄影师在拍摄照片之后分发到各个新闻媒体。这也让很多记者觉得很尴尬，他们是应该用这些照片还是不用啊？因为他们很警觉地意识到，这种做法更像是宣传而不是新闻。[99]

白宫把记者排除在外的做法有时真的很极端。有一次，《华盛顿邮报》的记者写了篇稿子，报道一个关于核安全问题的全球领导人峰会，但这篇稿子的内容不是关于峰会本身，却是关于媒体在峰会上如何被忽视，以及媒体眼里总统的奇怪做法。他这样描写奥巴马总统："……他是白宫的主人，也曾被称为'自由世界的领袖'，但他却给世界上最大的独裁者们演示了一遍如何躲避一个自由的媒体。"[100]

白宫公关主任丹·裴佛尔（Dan Pfeiffer）这样解释白宫的传播战略："不举行新闻发布会就等于不接受提问，这个说法不对。"他说："通过坐在白宫新闻发布厅前三排的记者来跟公众沟通的方式以前也许很有效……但毫无疑问，《赫芬顿邮报》、《谈话要点备忘录》（*Talking Points Memo*）以及其他保守派媒体也能像传统大腕《纽约时报》和《华盛顿邮报》一样推动故事的发展。"[101]

除了把关注重点放在接受专访以及在YouTube、市政厅发布（town halls）以及谈话类节目上露面，奥巴马的公关团队对利用社交媒体传递信息偏爱有加。从很多方面来说，数字媒体的运用改变了2008年总统竞选的传播方式，奥巴马上任之后，数字媒体继续主宰政府的信息传递。一个名字很搞怪却很贴切的网络杂志《每日野兽》（*The Daily Beast*）上曾经刊登过一篇题为《白宫记者大军的覆灭》的预言文章，道出了数字媒体的重要性和直接传递信息的好处。文章写道："31 岁的白宫助理麦肯·菲利普斯（Macon Philips）是奥巴马总统的新媒体项目负责人。他说，白宫在推特上有 170 万粉丝，在脸书上有 50 万粉丝，另外还有 7 万的直邮文章订阅 144
用户……"[102]白宫在给媒体发送视频消息的时候，也常常会把这些消息第一时间发送给社交网络的粉丝们，这样他们就不用等着看新闻了。面对这种争夺观众的竞争，传统媒体开始质疑自身所扮演的角色。资深电视记者比尔·普兰特（Bill Plante）对此有着深刻的反省：

> 对于白宫来说，科技的发展让一切变得更加轻松……直接拿到原始素材意味着公众需要自己对素材进行取舍。而所谓的主流媒体一直都相信自己在素材的取舍上更有经验，但现在它们没有机会帮公众作出选择了。对于大部分人来说，这样挺好的。反正他们早就恨死我们了。[103]

普兰特的感觉是对的，记者和官员长久以来形成的固定关系模式现在已经到了一个转折点。但是，想要忽视媒体在美国政治中塑造权力表述的重要性，现在还为时过早。我们可以回顾一下第二章"案例研究"中谈到的奥巴马丧失其新闻叙事主导权的故事。主流媒体发出的声音仍然很洪亮，在影响公众认知的过程中仍然扮演重要的角色。所以，尽管随着博客、网络杂志、新闻评论专家和脸书新闻的兴起，媒体回音室里的声音越来越嘈杂，但主流媒体以正视听的作用依旧不能低估。这一点不容忽视。与其他信息源比起来，电视广播和通讯社通稿仍然具有更加广泛的受众基础，而且，它们的报道往往为博客和专家评论员提供话题。所以，不管是因为管理不力还是故意为之，失去对主流媒体的控制权都会留下一定的政治隐患。奥巴马偏好与公众直接交流而远离媒体的战略到底意味着一个转折还是给我们一个"必须继续哄好媒体"的教训呢？就让历史来揭晓这个答案吧。

媒体关系：喂食野兽

除了政治人物对符号的选择、新闻事件的策划以及新闻管理战略的开发以外，记者和新闻人物之间的日常工作关系也会影响记者是否愿意按照政治人物的想法进行报道。奥巴马政府的媒体关系案例告诉我们，官员可能会跟报道他们的记者保持一种不那么友好的工作关系。克林顿政府感受到媒体的敌意，因此采取了一种极端的方式，关闭了新闻发布厅和白宫新闻办公室之间的大门。克林顿新闻管理团队把在大厅逡巡、伺机穿过锁紧大门的记者们称作“野兽”并非事出偶然。确实，锁紧大门只会让野兽更加愤怒，比如奥巴马新闻办公室决定不让摄影记者进入签字仪式现场。

其实，只要对媒体稍微客气一些，在新闻的时效、内容和报道范围等方面的控制就能大为改善。比如，就职后不久，里根赴墨西哥参加一个重
145 要的北南经济峰会。这也是里根外交政策面临的第一次重要考验，许多与会的拉美代表对美国的政策持批评态度，潜在杀伤力很大（当时，这一地区正遭受一系列打击，包括有美国卷入的战争、贫困以及无数次经济振兴计划的失败）。尽管里根此次出访有大批记者随行，却鲜有记者走出环境舒适的美国代表团驻地，去当地了解一下其他国家的立场和意见。在白宫公关团队的巧妙操纵下，随行的美国记者一个个被宠得心满意足，整个行程几乎没有出现任何的负面报道。正如一位观察家所指出的：

> 里根带了一个庞大的白宫记者团。如果不发达国家的新闻发言人认为这意味着他们有机会接触到很少报道发展问题的美国媒体，他们最终会大失所望的。会议伊始，在大多数美国记者下榻的宾馆的地下室，临时搭建了一个白宫新闻发布厅，国务卿亚历山大·海格（Alexander Haig）在新闻通气会上对记者们许诺说：“我们会尽可能随时向你们提供消息。”里根政府也确实满足了媒体的要求，很多美国记者对于会议情况的报道都直接来自官方的表态。有的随行记者整整一个星期连一个外国代表都没见过。[104]

与媒体的合作不仅体现在关心和满足记者，还体现在精心安排重大新闻事件的发布时间，以免与电视台的娱乐节目撞车，因为电视台还要靠这些娱乐节目提高收视率和创收呢。电视广播发展的黄金时代已经一去不复返了，那时，政治节目的播出能够提高一个电视台的声望，还能省下直播节目的制作费。乔·福特（Joe Foote）分析认为：

> 1934年，国会起草了《联邦电信法案》（Federal Communications Act），两大广播电视网都设法挤出时间，共播出参众两院议员演说350场，几乎平均每天一个节目……从很多方面来说，这些政治节目取代了当时正日趋成熟

的新闻节目，体现了广播电视网对公共服务的承诺。[105]

而现在，媒体的节目安排已经成为一个微妙得多的经济问题，在多数情况下，广播电视网都是把政治信息安排在固定的新闻时段播出。如果政治人物想在其他时段与美国民众交流，电视台就得从娱乐节目里挤时间，这样的话，每三十秒的广告时段，电视台就要损失二十万美元。如果在合作中不考虑媒体的经济现实，与媒体的关系就会慢慢恶化，正如戴维·格根分享他在里根执政期间的白宫经历时所说：

> 要是没提前了解那天晚上电视台要播什么节目，我绝不会贸然给他们打电话说我们要在星期二晚上八点安排一场演说。我们负责电视的员工会查一下，看看这种安排会给电视台带来多大麻烦……在任何时候，我都会 146
> 权衡一下我们与电视台的关系，我们在它那儿的口碑怎么样，声誉好不好。你是可以做得比较过分，敲诈勒索他们，把他们当敌人耍，但我觉得我们可以采取一种完全不同的方式相处。如果你做得非常专业的话，你反而能从他们那里得到更多好处。[106]

威胁恐吓

即使在与记者关系最好的时候，政治人物有时也会采取一些威胁恐吓的手段。威胁恐吓和携手合作之间的互动战略确实非常微妙且复杂，我们可以从里根政府媒体管理学中的一个例子一窥端倪。20 世纪 80 年代，萨尔瓦多内战引起媒体的持续关注，战争消息频频见诸报端。颇具声望的《纽约时报》派出雷·邦纳（Ray Bonner）进行报道。他聪明、年轻，但不幸的是，在处理媒体与政府关系上毫无经验。他鲁莽地与当地的反政府武装领袖建立了联系，而美国的立场是支持萨尔瓦多政府的。邦纳早期的一些报道暗示反政府武装有着相当广泛的民众支持，而美国支持的“民主”政府却不断参与恐怖主义、拷打、威胁以及屠杀本国人民。这种公然违背白宫政策的行为令美国政府实在难以接受。不仅邦纳本人不断受到来自美国驻萨尔瓦多大使馆的怠慢和斥责（对于一名所有报道都依赖于官方渠道的记者来说，这是一个非常严重的问题），而且《纽约时报》执行编辑艾比·罗森塔尔（Abe Rosenthal）也专程飞到圣萨尔瓦多会晤了美国驻萨尔瓦多大使迪恩·辛顿（Deane Hinton）。据《纽约时报》一位“消息灵通”的记者说，辛顿大使对邦纳的批评性报道以及不理会美国政府政策偏向的行为“大发雷霆，甚至到了有点儿歇斯底里的地步”。尽管罗森塔尔否认受到使馆的影响，邦纳还是被报社从萨尔瓦多召回了。[107]

具有讽刺意味的是——或者说，这个故事的教育意义在于——十多年之后，萨尔瓦多内战已经结束很久，许多邦纳早期的批评性报道都找到了独立的证据支持。战争结束后，联合国调查团在厄尔蒙左提（El Mozote）发现了大量坟墓，这就是邦纳曾报道过的早期萨尔瓦多军队对居民进行大屠杀的一个地点。来自其他方面的消息也证明，参与战争指挥的美国官员当时虽然知道这些事情，但在公开场合下，他们都否认事件的存在，并对报道此事的记者大肆诋毁。1993 年，《纽约时报》头版的一篇文章终于承认，十多年前，雷·邦纳因为他的报道而被调离：

> 从已经解密的电报以及与前政府官员的采访中，我们获悉，关于发生在萨尔瓦多的一些极为严重的侵犯人权的情况，里根政府所知道的远比它公开的要多得多，他们一直对国会隐瞒这些消息。
>
> 里根政府官员——甚至卡特和布什政府也部分涉及其中——可能帮助萨尔瓦多政府隐瞒了侵犯人权的证据以获得美国国会同意提供大约 60 亿美元的援助。随着联合国资助下的调查报告在本周公布，这一指控再次引起公众的关注。[108]

147 1993 年，美国政府和媒体终于就这一问题澄清事实，纠正错误。邦纳的一位同事安慰他说，在关于太阳和其他行星并不围绕地球运转这个问题上（以及其他一些问题），罗马天主教会用了几百年才撤销它对伽利略的指控。他用大写标题的形式给邦纳发了一条信息：“过了这么多年，事实还是证明邦纳和伽利略是正确的。”我们很高兴历史的错误能得到纠正。但是，对于大多数美国人来说，12 年后真相终于大白于天下的消息却没什么人关注。[109]的确，这就是新闻管理的重大教训：消息的传递是有政治性的，新闻游戏的终极目的就是要构建一种符合政治议程需要的形象。

政府和新闻采编政治学

我们在第一章曾指出，尽管有许多缺陷，新闻对于执政而言仍然至关重要。另外，美国信息系统的主要参与者——公众、政治人物和媒体——

的关系已经进入一种恶性循环。

·受经济危机影响，严肃新闻的空间日益缩水，政治人物更加依赖于传播专业人士为他们争夺宝贵的信息空间。

·这就意味着我们的公共传播越来越受到市场调研和游说技巧的影响和牵制，会根据市场调研结果策划事件，撰写脚本，操纵新闻，确保信息传递获得最佳的媒体效果。

·因此，新闻越来越变成一种小众游戏，由政界内部人士主导和控制，同时为政界内部人士服务，公众则被排除在民主范围以外。

·以上各个因素互相交织，造成公众对于政治和新闻越来越强烈的幻灭感。

更加糟糕的是，24 小时不间断新闻的时代已经到来，这也意味着新闻将永远不再停息。即便是在完全没有新闻可报的情况下，媒体也必须要报道点什么。记者越是需要让新闻保持不断更新，就越是需要从政界人物那里拿到更多的猛料，越是需要他们对事件作出某种回应。要是没有新的素材来“喂食野兽”，政治人物就会在新闻大战中输给对手，因为对手会不断提供新的素材给媒体。那些以售卖想法为生的人很快就意识到，对于那些在炫目的 24 小时新闻播发体制和低预算下挣扎的媒体来说，戏剧化的事件、添油加醋的渲染、捕风捉影的谣言以及所谓的回应简直就是媒体的救命稻草。记者们很清楚，他们所报道的大部分内容处于严格的控制之下，但他们通常都会努力营造这样一种印象：他们是置身事外独立进行调查采访的。有时，这些努力会产生近乎喜剧的效果：媒体的强行介入让它所要报道的事实变了质。关于这一点，有个例子值得我们回顾一下。1992 年，美国参加了一个联合国人道主义援助项目，为索马里运送食物。首批到达索马里海岸的部队遭遇到一个超现实的画面：身着迷彩服、全副武装的海军海豹特种部队（Navy Seals）刚一登陆就被大批记者和闪成一片的摄影摄像机吓了一跳。记者们早就占领了这片海滩，准备报道特种部队登陆的消息，好赶上当天国内的晚间新闻。[110]有时，记者也会很努力地试图抗拒报道被运作过的新闻事件，比如说竞选游说活动的报道， 148
每天都是重复的演讲、重复的报道。在这种情况下，记者们只好笨拙地把自己塞进画面，甚至喧宾夺主，掩盖了他们所要报道的新闻人物的风头。

在当前的新闻体系下，所有的参与者都脸面尽失。民意调查显示，在公众支持率的排行榜中，媒体和政治人物是最不受欢迎的人。与此同时，政治人物私下里又会偷偷叹气，抱怨公众对于大多数政治问题缺乏理解，在很多问题上的自私态度妨碍了公共事务的解决。西弗吉尼亚州参议员杰·洛克菲勒（Jay Rockefeller）在接受采访时对这一痼疾总结说：

选民们……对我们这些政治人物很生气，对你们媒体也很恼火。好吧，我告诉你们，选民们自己也不是省油的灯。[111]

在今天这样一个媒介化政治时代，从很大程度上来说，权力就意味着一个由政治角色严格监控和管理的传播过程。作为战略传播技术（民意测验、市场调研、新闻和形象管理）的结果，新闻不再仅仅是对事件的记录，它自身也成为事件的一部分——争夺政府权力的政治进程中不可或缺的一部分，一头连着政治人物，一头连着公众。

注释

[1] www.theworddoctors.com/intheirownwords.html. Accessed August 18, 2010.

[2] Luntz Maslansky Strategic Research Web site, www.luntz.com/people.html. Accessed February 15, 2008.

[3] Frank Luntz, *Words That Work: It's Not What You Say, It's What People Hear* (New York: Hyperion, 2007), xiii.

[4] Sam Stein, "Frank Luntz Pens Memo to Kill Financial Regulatory Reform," *Huffington Post*, February 1, 2010. www.huffingtonpost.com/2010/02/01/frank-luntz-pens-memo-to_n_444332.html. Accessed August 19, 2010.

[5] The Luntz Research Companies, "Straight Talk: The Environment: A Cleaner, Safer, Healthier America." www.ewg.org/files/LuntzResearch_environment.pdf, page 132. Accessed August 18, 2010.

[6] Ibid.

[7] 在此，我要感谢我在华盛顿大学传播系的同事利亚·切卡雷利（Leah Ceccarelli），她所做的关于政界对科学界的攻击有效性的分析对我帮助很大。

[8] Poll commissioned by the Yale Project on Climate Change. http://environment.yale.edu/climate/publications/americans-global-warming-beliefs-and-attitudes-2010/. Accessed August 19, 2010.

[9] Pew Research Center for the People and the Press. "Public's Priorities for 2010." January 25, 2010. http://people-press.org/report/584/policy-priorities-2010. Accessed August 19, 2010.

[10] 例如，世界银行资助的一项国际民调结果显示，美国民众关于全球变暖严重性的评价等级与俄罗斯和中国大致相当，只有国际平均值的一半。参见 http://blogs.worldbank.org/climatechange/who-earth-cares-about-climate-change. Accessed August 19, 2010。

149 [11] Maxwell T. Boykoff and Jules M. Boykoff, "Balance vs. Bias: Global Warming and the US Prestige Press," *Global Environmental Change* 14 (2004): 125–136.

[12] The Luntz Research Companies, "Straight Talk: The Environment: A Cleaner, Safer, Healthier America," page 138.
[13] 利亚·切卡雷利认为，科学家应该更积极地应对政界对他们工作的挑战，以此获取公众的注意力，并直截了当地告诉公众，这些挑战并不可信的原因。
[14] The Luntz Research Companies, "Straight Talk," page 131.
[15] Ibid.
[16] Frank Luntz interview, PBS *Frontline*, November 13, 2006, www.pbs.org/wgbh/pages/frontline/hotpolitics/interviews/luntz.html. Accessed August 18, 2010.
[17] Boykoff and Boykoff, "Balance vs. Bias."
[18] Pew Center for the People & the Press (2007). http://pewresearch.org/pubs/282/global-warming-a-divide-on-causes-and-solutions. Accessed December 10, 2010.
[19] Matthew C. Nisbet and Chris Mooney, "Framing Science," *Science* 316 (April 6, 2007): 56.
[20] Luntz interview, PBS *Frontline*.
[21] "Frank Luntz," *Wikipedia*. http://en.wikipedia.org/wiki/Frank_Luntz. Accessed August 19, 2010.
[22] Dean Acheson, *Present at the Creation: My Years in the State Department* (New York: Norton, 1969), 375.
[23] Leon V. Sigal, *Reporters and Officials: The Organization and Politics of News Reporting* (Lexington, MA: Heath, 1973), 124. (Percentages total slightly over 100 due to rounding.)
[24] Ibid., 122.
[25] Ibid., 122.
[26] See, for example, Daniel C. Hallin, Robert Karl Manoff, and Judy K. Weddle, "Sourcing Patterns of National Security Reporters" (paper presented at the Annual Meeting of the American Political Science Association, San Francisco, August 30–September 2, 1990); and Jane Delano Brown, Carl R. Bybee, Stanley T. Wearden, and Dulcie Murdock, "Invisible Power: Newspaper Sources and the Limits of Diversity," *Journalism Quarterly* 64 (1987): 45–54. More recently, see W. Lance Bennett, Regina G. Lawrence, and Steven Livingston, *When the Press Fails: Political Power and the News Media from Iraq to Katrina* (Chicago: University of Chicago Press, 2007).
[27] Steven Livingston and W. Lance Bennett, "Gatekeeping, Indexing, and Live Event News: Is Technology Altering the Construction of News?" *Political Communication* 20, no. 4 (October/December 2003): 363–380.
[28] W. Lance Bennett, "Toward a Theory of Press–State Relations in the United States," *Journal of Communication* 40, no. 2 (1990): 103–127.
[29] Thomas E. Patterson, "Doing Well and Doing Good: How Soft News and Critical Journalism Are Shrinking the News Audience and Weakening Democracy—and What News Outlets Can Do About It." Joan Shorenstein Center on Press, Politics, and Public Policy, Harvard University, December 2000.
[30] 关于这一点的进一步探讨，详见本人以下文章。"News as Reality TV: Election Coverage and the Democratization of Truth," *Critical Studies in Media Communication* 22 (2005): 171–177; and "Beyond Pseudoevents: Election News as Reality TV," *American Behavioral Scientist* 49, no. 3 (2005): 1–15.
[31] Edie Goldenberg, *Making the Papers* (Lexington, MA: Heath-Lexington Books, 1975).
[32] Murray Edelman, *Constructing the Political Spectacle* (Chicago: University of 150
Chicago Press, 1988).

[33] Walter Lippmann, *Public Opinion* (New York: Free Press, 1922), 9.
[34] Acheson, *Present at the Creation.*
[35] See Murray Edelman, *Political Language: Words That Succeed, Policies That Fail* (New York: Academic Press, 1977).
[36] Edelman, *Political Language.*
[37] See David L. Altheide and Robert P. Snow, *Media Logic* (Beverly Hills, CA: Sage, 1979).
[38] See, for example, Mark Hertsgaard, *On Bended Knee: The Press and the Reagan Presidency* (New York: Shocken, 1989); also, Jarol B. Manheim, *All of the People, All the Time: Strategic Communication and American Politics* (Armonk, NY: M. E. Sharpe, 1991).
[39] Quoted by F. Christopher Arterton, "Campaign Organizations Face the Mass Media in the 1976 Presidential Nomination Process" (paper presented at the Annual Meeting of the American Political Science Association, Washington, DC, September 1977), 4.
[40] NBC *News*, "White Paper on the Reagan Presidency," December 30, 1981.
[41] Luntz, *Words That Work*, 4–5.
[42] See Doris Graber, *Processing the News: How People Tame the Information Tide,* 2nd ed. (New York: Longman, 1988); Russell Neuman, Marion Just, and Ann Crigler, *Common Knowledge* (Chicago: University of Chicago Press, 1993); and Michael Delli Carpini and Bruce Williams, "Television in Political Discourse" (paper presented at the Annual Meeting of the American Political Science Association, Washington, DC, September 1991).
[43] 关于它是如何产生作用的讨论，可参见 Joe McGinniss, *The Selling of the President* (New York: Pocket Books, 1969)。
[44] Luntz, *Words That Work*, 22.
[45] David Wise, *The Politics of Lying* (New York: Vintage, 1973).
[46] David R. Mayhew, *Congress: The Electoral Connection* (New Haven, CT: Yale University Press, 1974).
[47] See J. William Fulbright, *The Pentagon Propaganda Machine* (New York: Vintage, 1970); also Richard Barnet, *Roots of War* (Baltimore: Penguin, 1973).
[48] Wise, *The Politics of Lying.*
[49] Ibid., 273.
[50] Manheim, *All of the People, All the Time.*
[51] 有关政治上的符号的经典讨论，可参见Murray Edelman, *The Symbolic Uses of Politics* (Urbana: University of Illinois Press, 1964)。
[52] 这一事件涉及华盛顿州贝尔维尤警察局，1982年2月16日西雅图KIRO广播电台对此事进行了报道。
[53] United Press International (UPI) wire story, reported in the *Seattle Post-Intelligencer* (September 26, 1979): A2.
[54] See Susan Herbst, *Reading Public Opinion: How Political Actors View the Democratic Process* (Chicago: University of Chicago Press, 1998); and Robert M. Entman, *Democracy Without Citizens* (New York: Oxford University Press, 1989).
[55] Robert W. McChesney and John Nichols, *The Death and Life of American Journalism: The Media Revolution that Will Begin the World Again* (New York: Nation Books, 2010), 49.
[56] Jeff Pooley, "Tricks of the Trade: Hamburger Helper for Newscasters," *Brill's Content* (December 1998/January 1999): 46.
[57] www.prwatch.org/fakenews/findings/vnrs. Accessed August 22, 2010.
151 [58] Robert Love, "Before Jon Stewart: The Truth About Fake News. Believe it," *Columbia Journalism Review* (March/April 2007): 33.

[59] Greg Toppa, "Education Dept. Paid Commentator to Promote Law," *USA Today*, January 7, 2005. www.usatoday.com/news/washington/2005-01-06-williams-whitehouse_x.htm.

[60] See Richard Morin, "Public Policy Surveys: Lite and Less Filling," *Washington Post National Weekly Edition* (November 10, 1997): 35.

[61] Lawrence R. Jacobs and Robert Y. Shapiro, *Myths and Misunderstanding about Public Opinion Toward Social Security* (New York: The Century Foundation, 1999), 23. See also Jacobs and Shapiro, *Politicians Don't Pander* (Chicago: University of Chicago Press, 2000).

[62] See Richard Morin, "Which Comes First, The Politician or the Poll?" *Washington Post National Weekly Edition* (February 10, 1997): 35.

[63] Daniel Boorstin, *The Image: A Guide to Pseudo-Events in America* (New York: Atheneum, 1961).

[64] Ibid. , 11–12.

[65] See W. Lance Bennett, Regina G. Lawrence, and Steven Livingston, *When the Press Fails: Political Power and the News Media from Iraq to Katrina* (Chicago: University of Chicago Press, 2007).

[66] Ken Auletta, "Fortress Bush," *The New Yorker* (January 19, 2004): 60.

[67] http://seminal.firedoglake.com/diary/48094. Accessed August 22, 2010.

[68] http://mediamatters.org/research/201005210052. Accessed August 22, 2010.

[69] Ken Auletta. "Fortress Bush," 60.

[70] www.cbsnews.com/8301-503544_162-6119525-503544.html. Accessed August 22, 2010.

[71] Howard Kurtz, "White House press corps feels bypassed by Obama in favor of TV shows, YouTube," *The Washington Post*, February 8, 2010. www.washingtonpost.com/wp-dyn/content/article/2010/02/07/AR2010020702693.html Accessed August 22, 2010.

[72] AP wire story, *Seattle Times*, February 8, 1982: A3.

[73] http://wikileaks.org/wiki/Afghan_War_Diary,_2004-2010. Accessed August 22, 2010.（请注意，此网址后来失效了，可以搜索WikiLeaks寻找替代的新网址。）

[74] www.cnn.com/2010/POLITICS/08/14/obama.gulf.swim/index.html. Accessed August 22, 2010.

[75] John Anthony Maltese, *Spin Control: The White House Office of Communications and the Management of Presidential News* (Chapel Hill: University of North Carolina Press, 1992).

[76] Source: Office of the Press Secretary for the President, 1992.

[77] Samuel Kernell, *Going Public*, 3rd ed. (Washington, DC: CQ Press, 1997).

[78] Quoted in Hertsgaard, *On Bended Knee*, 33.

[79] 以下对马克·赫兹伽得的分析所进行的概述（来源同上）是按照乔治华盛顿大学史蒂文·利乌斯顿归纳的思路组织的。

[80] Hertsgaard, *On Bended Knee*, 35.

[81] Ibid., 48.

[82] Ibid., 49.

[83] Ibid., 36.

[84] Ibid., 36.

[85] From Jack Honomichl, "Richard Wirthlin, Advertising Man of the Year," *Advertising Age* (January 23, 1989).

[86] Source: Hedrick Smith, *The Power Game: How Washington Works* (New 152
York: Ballantine, 1988).

[87] From Smith, *The Power Game*, 409.

[88] Ibid., 407.

[89] Quoted in David Ignatius, "The Press and the President," *Seattle Times* (from the *Washington Post*) (May 28, 1989): A16.
[90] Ibid.
[91] See Honomichl, "Richard Wirthlin."
[92] Quoted in David Shaw, "Dire Judgment on Clinton Started Just Days into Term," *Los Angeles Times* (September 16, 1993): A1.
[93] Ann Devroy and Ruth Marcus, "Guess Who Clinton's Picked to Be His Presidential Role Model," *Washington Post National Weekly Edition* (November 23–29, 1992): 14.
[94] Ryan Lizza, "The White House Doesn't Need the Press," *New York Times Magazine* (December 9, 2001): 108.
[95] Ibid.
[96] Ibid.
[97] Auletta, "Fortress Bush," 55.
[98] Nicholas Johnson and Edwin Chen, "Obama Answers Questions on YouTube in Voter Outreach," *Bloomberg Businessweek* (February 1, 2010). www.businessweek.com/news/2010-02-01/obama-hits-youtube-to-answer-questions-in-outreach-to-voters.html. Accessed August 22, 2010.
[99] Kendra Marr, "White House Photos Irk Press Corps," Politico, March 24, 2010. www.politico.com/news/stories/0310/34972.html. Accessed August 22, 2010.
[100] Dana Milbank, "Obama's Disregard for Media Reaches New Heights at Nuclear Summit," *The Washington Post*, April 14, 2010. www.washingtonpost.com/wp-dyn/content/article/2010/04/13/AR2010041303067.html. Accessed August 22, 2010.
[101] Howard Kurtz, "White House Press Corps Feels Bypassed by Obama in Favor of TV Shows, YouTube," *The Washington Post,* February 8, 2010. www.washingtonpost.com/wp-dyn/content/article/2010/02/07/AR2010020702693.html. Accessed August 22, 2010.
[102] Lloyd Grove, "The Death of the White House Press Corps," *The Daily Beast*, April 3, 2010. www.thedailybeast.com/blogs-and-stories/2010-04-03/death-of-the-white-house-press-corps/2/. Accessed August 22, 2010.
[103] Lloyd Grove, "The Death of the White House Press Corps."
[104] Sanford J. Ungar, "North and South at the Summit," *Atlantic* (January 1982): 7.
[105] Joe Foote, "The Network Economic Imperative and Political Access," *Political Communication Review* 10 (1985): 2.
[106] Ibid., 9.
[107] Reported by Michael Massing, "About-Face on El Salvador," *Columbia Journalism Review* (November/December 1983): 42–49. Quotes from p. 45.
[108] Clifford Krauss, "How U.S. Actions Helped Hide Human Rights Abuses," *New York Times*, March 21, 1993: 1.
[109] Ibid., 34.
[110] 尽管五角大楼事先批准了这一项宏大的宣传方案，但任意妄为的媒体大军的尾随还是给行动造成了很大的混乱，以至于最后摄影师被勒令关掉灯光，停止报道。
[111] Richard Morin, "Budget Czars for a Day," *Washington Post National Weekly Edition* (November 23–29, 1992): 36.

第五章　记者如何报道新闻 153

今天的记者对政治人物的一言一行都要吹毛求疵。媒体不再尊重官员的私生活，哪怕他们在卧室干了什么，媒体也要评头论足。

——托马斯·帕特森

……人们对新闻的要求太高。他们不仅希望新闻具有娱乐性，还要求它真实。

——刘易斯·拉帕姆

从博客到维基解密，网络信息资源把政治讯息源源不断地输送到新闻的溪流之中，这改变了主流媒体的把关控制和编辑方针。本书第一章提及并将在第七章进一步讨论的经济压力问题也在改变新闻的标准。新的经济现实造成这样一种趋势：媒体提供内容的目的是吸引有商业价值的受众群体。当市场调查和廉价生产的考虑主宰了媒体报道时，结果就是时政硬新闻的滑坡，以及关于明星、时尚和政治丑闻的软新闻的增加。所有这些因素在迅速分化的传媒领域发挥明显的作用，有线电视从不怎么可靠的博客和网上信源那里搜罗一些夸大其词的东西，然后用新闻和评论去迎合那些党派偏见越来越强的受众。

例如，福克斯新闻发现它的受众对保守的观点比较敏感，而且喜欢高
度戏剧化的新闻框架。由于没有认真核实博客上的信息，再加上为了给奥 154

巴马政府贴上“种族主义分子”的标签以博眼球，有一次，福克斯在报道中谴责奥巴马政府的一名官员雪莉·谢罗德（Shirley Sherrod）在全国有色人种协进会2010年的自由基金宴会上发表了种族主义演讲。后来的事实证明，这一指控完全是诽谤，是基于一个断章取义的视频片段。谢罗德女士的演讲要长得多，而这段视频只是其中的一小部分。谢罗德女士在演讲中讲述了自己是如何克服种族偏见的心路历程。网上流传的这段视频由一位名叫安德鲁·布雷巴特（Andrew Breitbart）的保守主义博主、政治活动家提供给福克斯。布雷巴特过去就曾有对民主党进行政治攻击的历史。[1]这段视频截取了谢罗德女士演讲的开篇，其中提到谢罗德女士和家人过去曾经如何遭受种族主义的痛苦，以至于有一次当一个可怜的白人农民来到她所工作的机构寻求帮助时，她起初有些不情愿提供帮助。其实，任何完整地听了谢罗德女士演讲的人都知道，她后来意识到这样是错误的，并竭尽全力对这个农民和他的家人予以帮助。这位农民后来证实了谢罗德女士的陈述。

但是，媒体在期待着一场丑闻，对这样的猛料求之若渴，所以，2010年7月9日上午，布雷巴特把视频片段上载到博客几个小时之后，事态就迅速发酵：尽管没有核查是否确有其事，布雷巴特故意诽谤的视频几个小时后出现在了福克斯新闻频道的社交网络平台“福克斯全国新闻”（Fox Nation）上，题目赫然：《视频为证：奥巴马政府官员歧视白人农民》。同时，这段视频与抨击谢罗德、奥巴马政府和全国有色人种协进会种族主义的言辞一起出现在了福克斯网站上。由于获悉这段视频当天稍晚将会作为“轰动要案”出现在福克斯电视上，农业部负责人要求谢罗德女士辞职。[2]事实上，谢罗德女士被解聘之前，比尔·奥赖利（Bill O'Reilly）就录制了要求谢罗德立即辞职的节目，并在几小时后播出，这样就制造了谢罗德辞职完全是他节目的功劳的假象。

虽然强迫谢罗德辞职的本意是为了避免这一新闻丑闻造成更大的影响，但是情况却因此变得更糟，因为这样一来反而更让人觉得证实了对谢罗德的有关指责，并触发了福克斯电视台第二天的大狂欢。电视节目上，主持人和评论员要求全国有色人种协进会和美国农业部对此事进行回应。肖恩·翰尼迪（Sean Hannity）称谢罗德的讲话是奥巴马政府“一系列种族主义事件中最新的一次”。纽特·金里奇（Newt Gingrich）则把谢罗德的讲话描述为“邪恶的种族主义”。[3]

在这个案例中，错误信息演变为新闻的速度让人吃惊：周一上午布雷巴特把误导性视频上载到自己的博客；当晚，奥赖利利用自己收视率非常高的节目要求解雇谢罗德女士（实际上，那时她已经被解聘）。唯一的问题就是，没有人愿意劳神去看看谢罗德女士演讲的剩余部分。其实这个演讲的主旨在于呼吁公众克服种族主义偏见，人们都知道贫穷的黑人和贫穷的白人素有隔膜这个事实，却没有意识到他们的共同问题是贫穷而不是种族差异。完整的故事听起来毫无丑闻价值和政治倾向，因此对福克斯来说 155
也就没有什么意思（可能对大多数新闻受众来讲也是如此）。虽然谢罗德女士后来接受了道歉，农业部为她提供了一个新的职位，但是因为这一丑闻在媒体中疯狂发酵，她是奥巴马政府和全国有色人种协进会中的种族主义者这一形象却不能即刻被纠正，谢罗德为此深受其苦。

同一周稍后的时间，福克斯非常有技巧地撇清了自己为这一丑闻推波助澜的责任，称谢罗德女士的辞职与自己无关。周日新闻主持人克里斯·华莱士（Chris Wallace）与民主党全国委员会前主席霍华德·迪恩（Howard Dean）进行了一次激烈的争辩。华莱士谴责政府没有核实事实就解雇了谢罗德女士。[4]而此事的始作俑者、博主布雷巴特后来接受了福克斯和美国有线电视新闻网（CNN）的采访。采访中，他大言不惭地声称他截取的这段视频是公正的，因为它暴露了全国有色人种协进会的种族主义，这再次放大了他所希望的这个故事所达到的政治运作的效果。[5]布雷巴特暗示说，事情这样发展是公平的。此前，全国有色人种协进会要求茶党将种族主义者剔除出党。他承认他的行动就是为了报复全国有色人种协进会。就这样，一个原本子虚乌有的故事在新的传媒环境中一路狂奔，成为新闻运作的工具，其目的就是传递奥巴马政府和全国有色人种协进会有种族主义倾向这一战略政治讯息。[6]

新闻运作是如何发挥作用的？

以上的例子可能是新闻运作与事实之争的一个极端案例，但却说明了新闻体系中正在积聚的一种忧虑。这个故事的寓意似乎是，在成功的新闻运作之下，事实也得为之让路。政治人物企图控制新闻的原因很明显，但新闻业者对新闻操控的反应则更复杂。如果官员的新闻管理很得力，记者被玩弄于股掌之间，那么主流媒体通常很难进行独立报道，结果就是，无论一个人去看哪家主流媒体的报道，所有的新闻都大同小异。诚然，《纽约时报》可能会比《今日美国》的选材更广泛，细节也更多，但二者都不可能偏离官方讯息太远或是摆脱新闻运作的影响。甚至是福克斯新闻这样具有明显政治倾向性的媒体，也仅仅是选取某政治派别的观点比另外一派的观点更多而已。因为预算的缩减限制了调查性报道的采写，挤占了硬新闻的空间，而娱乐性的软新闻和特稿却愈发受宠，这种奇怪的美国新闻模式变得更加偏狭与局限。随着新闻人物竞相用自己的讯息占领日渐缩小的硬新闻空间，新闻操纵的陀螺旋转得更猛了。结果，现在的新闻机构和政治人物的传播战略大师们很少愿意坦诚对话，而是力求简单，避免公共生活中的风险话题。

政府新闻办公室以及政治利益集团为硬新闻定调和划界的努力可能会非常有效，以至于只要是知名消息源提出的观点或说法，哪怕是没有什么
156 证据支持的新闻炒作，也会被媒体拿来平衡一篇报道。正如第四章的“案例研究”指出的那样，这种做法会导致公众注意力从一些亟待解决的问题上转移，比如全球气候变暖和其他环境问题，而且这种情况可能会持续数年。对平衡的追求也可以成为一种仪式般的表面文章，即使记者调查后发现证据明显支持某一方，这时候新闻机构也可能会要求对稿件进行平衡处理。例如，《洛杉矶时报》记者肯恩·西尔弗斯坦（Ken Silverstein）就有过类似的经历。他曾对2004年大选期间共和党试图利用其在圣路易斯的影响剥夺黑人选民权利的事件进行调查。结果发现，共和党在密苏里州滥用权力的行为可能足以影响选举结果，而所谓民主党的违规行为相比之下则轻得多。尽管如此，他的编辑依旧决定要发表一篇更为“平衡”的报道，讲述两党如何相互指责对方不干不净。在西尔弗斯坦看来，如果所谓的平衡是出于政治运作的目的而不是报道实际、独立的调查结果，这根本称不上是平衡。他把自己的愤慨公之于众。他说：“我对如此处理新闻的做法非常生气。这就好像我们出去进行了调查采访，但等我们写稿的时候，我们却得让大脑停止工作，然后重复双方忽悠我们的那些话。上帝要求我们应该……用自己的眼睛力图公平地审视我们所看到的事情。‘平衡’并不

意味着公平，只不过是一种避免报道事实、逃避对读者责任的简单方法而已。”[7]

这个体系最大的讽刺在于，虽然记者之间彼此竞争，但报道结果往往是同质的——当然，像福克斯与微软全国广播公司（MSNBC）这样把政治内容兜售给党派倾向很明显的观众的新动向就另当别论了。或许另外一个巨大讽刺是，虽然记者与政治人物经常为彼此的利益服务，但他们之间存在很大的敌意。记者经常抱怨只能给读者提供政府已经准备好的“罐装”新闻，总是希望找到自然发生的或是没怎么经过包装的新闻事件。另外，煽情主义之风加剧了记者与政治人物的敌对趋势，只要探知到某位政治人物出了什么纰漏、有什么传闻，或是他的对手对他有什么指责，记者就会闻风而攻之。所以，政治人物可能会突然发现，只要他们出了点儿差错或是一不留神露出了可能被解读为问题的马脚，记者们就会张开大嘴紧紧咬住那只刚给他们喂食过的手（参见上一章之“喂食野兽”）。因此，政府官员，特别是总统，往往与记者保持一定的距离。甚至如上一章所指出的那样，总统的新闻发布会在过去几十年里也在急剧减少。结果，本来总统府是新闻故事最多的政治办公室，但记者们报道出来的东西却大同小异。美国有线电视新闻网（CNN）前白宫记者查尔斯·比尔鲍尔（Charles Bierbauer）曾经描述过，为了写出跟别人有一点点儿不同的东西，拼抢新闻素材的竞争是多么激烈。但就这一点点儿不同也会让别的记者遭到他们编辑的质问：“比尔鲍尔写出了这样的文章，你呢?”[8]

要么发布被政治人物“授权”的政治宣传，要么就是用失误和丑闻给政治人物下套儿，这就是奇怪的美国新闻模式。媒体的政治游戏透露了这 157
样一种信号：自鸣得意的知情人士常常为一些没什么实质内容的东西费尽心机，却忽略了重要的事实。这种做法无法增加公众对媒体的尊重。即使媒体出击，它们的对抗行为也显得很表面化。这种“逮到你了”模式的新闻在受众看来经常是摆个架势而已——只是记者用来使自己显得独立、具有反叛精神的一种游戏。

在2000年的大选中，媒体也跟民主党总统候选人阿尔·戈尔玩了一把“逮到你了”的游戏。一些主流新闻媒体如《华盛顿邮报》和《纽约时报》，对戈尔有关参与促进互联网普及、帮助建立有毒废品处理站点的讲话进行了断章取义的不实报道。很快，戈尔在全国媒体上被冠以“连环吹牛王”之名（这是布什公关团队的“发明”）。晚间喜剧秀节目则把戈尔塑造成了一个全国人民的笑柄。2000年2月至6月间，一项对2 400篇全国性新闻的抽样调查发现，76%的文章包含指责戈尔撒谎、吹牛或是某种程度卷入丑闻的内容。媒体对戈尔言论最严重的一次误引出自他造访新罕布什尔一所高中期间。后来该校师生花了数月时间试图矫正媒体报道的那些不准确内容，但毫无效果，只能作罢。该校的媒介素养课上，师生们将他们录制的戈尔讲话与媒体的有关报道进行了比较，然后发布了一条新闻公告，题为《有关戈尔访问康考德中学的媒体报道令学生们感到被出卖的十大原因》。[9]

2004年总统大选期间，媒体先是把佛蒙特前州长霍华德·迪恩捧为早期的领跑者，然后根据民主党内部人士的口径，又很快说他赢不了。于是，迪恩突然就变成了一个暴躁、怒气十足的候选人，无法在伊拉克问题上挑战布什总统（虽然迪恩一举领先主要靠的就是他的反战姿态）。迪恩在艾奥瓦党团选举中遭到始料未及的挫败，然后媒体又开始吹捧能进入初选的新领先者，为每次大选都要讲述的似曾相识的赛马故事制造新的情节。

2008年大选，亚利桑那州参议员约翰·麦凯恩成为民主党提名人选本来似乎是板上钉钉的事儿，但没过多久，关于麦凯恩易怒的传说就开始浮出水面。报道说，在紧张的辩论或是接受记者采访的紧张时刻，他的微笑都是强作欢颜，目的就是掩盖内心的火气。

本章我们将探讨为什么许多新闻都大体上沦为以下两类：(1) 每天报道官方说法；(2) 然后，就是玩“逮到你了”的游戏，游戏对象往往还是那些同样的官员和新闻人物。这种关系是我们在第二章所讨论的“权威-失序”综合征的核心问题，并且，它还以多种方式造成其他的新闻倾向性。这两种报道趋势给公民以及公民与政府的关系造成很大困扰。人们普遍认为，媒体应该客观、独立，具有职业精神，与新闻源保持对立关系（至少是有这些方面的潜质），但现在的实际情况是，媒体向官员敞开大
158 门，接受他们精心加工过的讯息。这种趋势与前述的普遍认识很难相符。一个自由的媒体如此依赖官员（更重要的是，还有官员的助手及他们对手的助手），靠官员喂料，这个问题着实令人困惑。因此，不少传播学者（如杰伊·布鲁姆勒、迈克尔·古雷维奇）[10]、社会学者（如赫伯特·甘斯、

盖伊·塔奇曼)[11]和政治学者（如伯纳德·科恩、蒂姆·库克)[12]都对其中的原因进行了探究。

媒体的第二个趋势，即反咬给它喂料的手，从许多方面来看也是同样令人迷惑的，因为这种对立更多的是针对个人，而没有什么实质意义。正如本章开篇警句作者托马斯·帕特森在其分析中所指出的那样，这种模式报道出来的新闻就是一种古怪的混合体：狭隘的政治见解，点缀上一些对政治人物以及他们所玩的游戏的怪异批评。帕特森如此描述负面报道越来越多的趋势：

> ……最近几十年来，有关政治的负面报道急剧增多。例如，现在对总统候选人的负面报道超过了对于他们的正面报道……截至 1990 年，关于国会及其议员的负面报道超过 80%。1976 年以来，历任总统——卡特、里根、布什和克林顿——都比前任的负面报道多。联邦政府机构的情况也好不到哪里去：例如，1990 年到 1995 年期间，没有一个内阁级别的部门得到的正面报道比负面报道多。媒体把美国的公众领袖描绘成普遍无能且自私的形象。[13]

为何新闻会走上这样一条奇怪的路？虽然不同的研究者给出了不同的原因，但他们似乎都同意，一般来说，答案应该包含四个因素：(1) 新闻行业的经济考虑；(2) 记者对控制他们所需信息的人的依赖；(3) 记者及其所供职媒体的新闻采集程序；(4) 围绕这些组织程序所形成的职业规范和职业道德准则。因为其中的两个因素（新闻的政治经济学与新闻源的信息管理战略）已在其他章节有广泛讨论，本章及下一章重点讨论新闻行业本身存在的问题。我们先从媒体的新闻采集程序开始。这些程序把记者和官员困在一种奇怪的舞步之中。

工作流程和职业规范

组织流程是新闻院校和新闻机构用来教育培训记者和编辑的基本规定和惯例。记者和编辑要遵从这些规定和惯例决定报道什么、如何报道，以及如何呈现他们的工作成果。新闻报道按流程走，就会让人觉得踏实可靠，并在充满竞争的市场环境下，保证新闻产品的稳定供应。职业规范是

指道德标准、职业伦理准则，以及在作品中加入个人见解的指导方针，为
159 记者进行个人判断和决定提供参与。另外，新闻机构可以借助这些职业规范证明其产品的合法性。这两个因素都在很大程度上受到商业压力的影响。这一点是第七章讨论的话题。近年来，经济变革的大潮席卷了新闻业，不仅给新闻报道实践带来变化，也给诸如“新闻的客观性”这样重要的新闻规范带来很大的冲击。这一点将在下一章讨论。

新闻机构的日常工作程序无须刻意即可造成新闻报道的倾向性。这一趋势越来越明显。我们首先（也是本章重点）要看看记者及其供职媒体的日常工作如何导致了新闻报道“权威-失序”的倾向性，并继而带来新闻的个人化、戏剧化、碎片化。除了解释新闻实践如何导致新闻倾向性，还应该探讨为何这些习惯长久存在，为何媒体与公众似乎都抓不住它们真正的政治意义。例如，许多媒体人认为他们在报道中的习惯做法与独立、客观的新闻职业规范非常一致。他们经常以此捍卫自己的职业。这些标准可能会以不同的说法出现，例如准确、公平、公正，或是超党派，我想表达的是，如今还在宣称信奉客观报道理念的美国读者数量惊人。理解新闻客观性的奇怪特征非常重要，所以下一章我们主要探讨客观性的起源以及它对美国新闻业的重要影响。在本章以及下一章关于新闻职业规范和工作流程的讨论中，一个关键的焦点问题就是，这些标准和流程如何导致了新闻倾向性（见第二章），如何帮助政治人物练就了制造新闻的能力（见第四章）。

这里需要厘清一下这一批判性讨论的目的。在许多情况下，美国新闻业的做法和职业标准值得褒扬。例如，在几个著名的案例中，为了保护消息源的隐私或是捍卫言论自由，一些记者、编辑锒铛入狱。再有，一些政治问题的日常新闻报道非常丰富，充满了不同的观点。例如，新闻媒体与娱乐媒体都对堕胎这一在全国有分歧的问题给以关注，报道信息量大，充分展现了不同的观点，代表了社会多方面的声音，可谓已尽一个民主传播体系之责。

然而，在另外一些方面，独立、客观的职业规范却事与愿违。实际上，美国新闻业可能已经为一套失灵的职业标准所束缚。结果，记者越想着客观、公正，他们的报道夹带的倾向性反而越严重。[14]托马斯·帕特森曾与一组国际研究者对五个国家的政治记者进行了一项调查，结果惊人：

虽然美国媒体在世界上号称最自由或政治最独立，但在为不同的假想新闻事件设计报道方案时，美国记者在选择采访对象、报道角度时展现出的多样性却是最小的。帕特森总结说，在美国记者心中，政治中立或独立是一种无法打破的规范，这实际上造成了他们所报道的政治内容的同质化。与 160
此相反，意大利、英国、瑞典和德国的记者（研究中的另外四国）更倾向于认为应该从不同的政治视角进行报道。因此，在其他国家，记者对同一新闻事件的报道就趋向于不同，因为他们的信源范围更广，视觉表达也不同。[15]

如何理解报道质量的差异

不同的新闻媒体偶尔会进行一些原创的调查性报道，记住这点很重要。这样的报道摆脱了政治人物的新闻操纵，也提醒我们，在一个民主体系中，媒体在调动公众的参与热情方面可以发挥多么重要的作用。例如，2010 年，《纽约时报》对神秘的军事外包商黑水公司进行了调查，刊载了一系列深度报道（该公司在卷入射杀伊拉克平民的丑闻后改名为更加神秘的 Xe）。[16]但是，其他大部分时间里，大多数新闻看上去别无二致，因为多数媒体指挥它们的记者用相似的新闻采集方式进行报道。这样，报道的质量（事实的正确与否、信息量丰富与否、包含或排除的观点）会因多种因素产生很大不同，比如位高权重的消息源如何进行新闻运作，比如媒体是否有经济诱因去超越信源的新闻运作。

美国的大众传播体系什么时候会产生高质量的新闻报道——那些信息更丰富、差异性更大、来源更广泛的报道？当官员愿意长时间公开讨论问题的时候，新闻内容才最具多样性，充满细节以及各种不同的观点。在此前的章节中，我们曾经探讨过关于“新闻导向指征”如何影响新闻质量的问题。当掌握权力的新闻人物公开参与公共讨论，媒体才更有可能对问题进行深度报道，从政府会堂到听证室，它们会跟踪问题处理的政治过程，而公民对问题的理解也会加深。在少数具有重大历史意义的案例中，如越南战争和水门事件，我们可以发现此类相对公开且翔实的报道，但此类报道更多的是出现在那些把美国政治搞得鸡犬不宁的道德问题上。堕胎、民权、控枪、公立学校和其他场所中宗教的角色问题，以及其他一些长期以来的道德争议问题经常会引起政治人物以及政党之间的争斗，结果拓宽了政治观点的多样性，也使公众能够更多地关注政府的工作。在这种情况下，新闻可以向公民展示，一些问题如何成为竞选、议会、行政部门、法院和监管机构的议程，有时，在持续的政治冲突中还成为街谈巷议的话题。

相反，在其他一些问题上，官员们对于公开讨论的态度要谨慎得多，例如，商业补贴或是银行和能源公司的政治影响等经济问题，还有战争、秘密行动等外交政策问题。这样，在有关反恐的战争中，中央情报局和军
161 方参与虐囚的报道就“受到了虐待”。[17]所以，许多关乎美国未来的重要问题的报道，往往是以一种碎片化、官方套话的形式出现的，让摸不着头脑的读者自己猜度。一些政策，人们还没搞懂，就已经在现实生活中开始实施，而到了这时，许多真正重要的事实才开始得到媒体的详尽关注。

一个重要的案例就是伊拉克战争。甚至几年后，多数公民依旧不大清楚这场战争的起源和原因。2010年9月，奥巴马总统发表讲话，宣布美国结束在伊拉克的军事行动，由此他获得了57%的支持率——这是当时他获得的为数不多的正面评价之一。[18]但是，奥巴马的讲话并非胜利的宣言。他自己甚至也事先放话说，这个讲话不是为了庆祝胜利。[19]的确，战斗并没有结束，伊拉克政府还是一团乱麻，重建国家的承诺对许多伊拉克人来说依旧是形同虚设。对于大多数美国人来说，唯一看似明朗的讯息就是他们的国家想从伊拉克抽身，但是没有多少人明白当初我们为什么要卷进这场战争。

公众对这场战争的迷惑和幻灭要部分归功于2002年至2003年间布什政府为了兜售战争政策而成功进行的舆论运作。[20]令人震惊的是，当时主流媒体上看不到任何批判性的报道，所以说，媒体成了布什政府兜售战争的促销员。在这个案例中，媒体上缺少另外一种声音，在一定程度上是因为民主党没有组织起来反对政府的立场。民主党这样做的原因很简单：布什政府集结起一股全国性的爱国热情（媒体）支持战争，而民主党并不想反对一个当时受欢迎的总统（讽刺的是，正如第三章讨论的那样，其实公众的支持度也许没有那么高）。结果，华盛顿的绝大多数精英迅速加入了全国大集结。

精英们纷纷站到了支持战争的队伍当中，而批判的声音很少能够通过新闻的大门。例如，2003 年 2 月，美国入侵伊拉克前夕，世界上有1 500万到2 000万人走上街头抗议即将到来的战争，要求他们的政府不要卷入这场战争。这是人类历史上规模最大的有组织的抗议。虽然许多美国城市爆发了大规模的反战示威，其中也包括纽约，但是相比之下，新闻报道对这种公众舆论的呼声却没有给予什么关注。布什对反战抗议置评时说，这些人有权表达自己的意见，但是他不会为某一“焦点小组”的意见所左右。而媒体则在政府诱导下继续向战争挺进，鲜有对政府高官以外人士观点的报道。[21]

伊拉克战争成为历史上最成功的（或许也是误导最严重的）新闻运作案例之一，而背后的整个故事则不单单涉及民主党和“新闻导向指征”的问题。事实上，布什政府成功地让媒体对伊拉克战争买账，再由媒体把战争政策兜售给公众，是因为一场完美的政治风暴给白宫的传播策略带来了良机。本章的“案例研究”将探讨，在战争问题上公众舆论的方向至关重要的时候，为什么媒体报道会一边倒地与布什政府的舆论运作保持一致。

［案例研究］ *162*

媒体在伊拉克战争问题上无所作为的十大原因

美国军队在伊拉克搜寻了数月大规模杀伤性武器却毫无结果的时候，“囧司徒”的《每日秀》推出了一档题为《大规模欺骗性武器》的节目。布什政府推动战争，借口就是大规模杀伤性武器构建的可怕剧情，其中最极致的情节就是萨达姆·侯赛因在寻求开发核武器，而这有可能被用来袭击中东国家乃至美国。布什政府还声称伊拉克与“基地”组织以及“9·11”事件有牵连。美军占领伊拉克后，面对的形势一团糟，而人们也发现，当初布什政府用来说服公众、平息反对声音的一些说法都没有什么证据支持，许多情报都与当初的那些说法相矛盾。似乎早在“9·11”恐怖袭击之前，布什政府里的关键人物就在通过这些可怕的剧情兜售战争。关于这些情况，媒体有足够的了解，它们本可以在战争之前发起一场有益的公共讨论，但是，没有几家媒体对政府的新闻运作发起严肃认真的挑战。布什政府把战争作为党派政治的产物来兜售，这一点早就很清楚了。《华盛顿邮报》的两名记者曾在一篇调查性报道中披露，2002 年 8 月布什政府就已经展开了系统的媒体公关，组建了“白宫伊拉克问题小组”，目的就是为即将到来的战争制定传播策略。遗憾的是没有媒体对此进行跟踪报道，《华盛顿邮报》也没再后续跟进此事。这个小组的“战略传播”团队为相关活动制定了宣传和媒体传播方案，准备在9月份大多数美国人（还有国会）暑期休假结束后推出。正如前白宫办公室主任安德鲁·卡德在2002年9月《纽约时报》的一篇专访中所说的那样，“从营销的角度看，你是不会把新产品在8月份推向市场的”[22]。

贩卖战争的设想一步步按计划进行。2002年劳动节后，政府官员纷纷在周末各档电视脱口秀节目中露脸，按照政府既定的口径发表意见，而所说的内容，后来被证实其实更像恐怖小说，与事实相去甚远。[23]在全国广播公司（NBC）的《与媒体面对面》（*Meet the Press*）节目上，副总统切尼危言耸听地说，萨达姆的核武器、化学武器和生物武器对美国构成了直接威胁。国家安全顾问（后任国务卿）赖斯在CNN的《晚档访谈》节目中承认，确凿的证据很少，但是等待只能增加风险。她的名言是，“我们不想让蘑菇云成为确凿的证据”。在哥伦比亚广播公司（CBS）的《面对全国》（*Face the Nation*）节目中，国防部长拉姆斯菲尔德说：“大家设想一下，如果‘9·11’恐怖袭击时他们使用了大规模杀伤性武器，那么遇难人数就不是三千，而是数万无辜的男女老幼。”[24]这场为兜售战争的造势运动创造了许多类似煽情的情境，但是除了政府的一面之词，鲜有证据来支撑：那么，为什么这场造势运动能够如此轻易地通过媒体的大门，按照预先的设计被报道？

虽然布什政府的新闻框架有很多漏洞，根本不可信，而且见多识广的
163 记者肯定能看出这些漏洞，但是媒体报道并没有对此提出质疑。[25]这可以用10个类似于电影《完美风暴》剧情的因素来解释：

1. *发生了“9·11”恐怖袭击事件。*骇人听闻的事件使全国的公众变得温和、容忍，在国内，他们接受了几乎所有可能导致封闭和公民自由受限的安排，而与此同时，政府官员的帝国话语则甚嚣尘上。长久以来，保罗·沃尔福威茨、理查德·佩里尔、切尼和拉姆斯菲尔德等人一直心存通过军事行动重新彰显美国实力的幻想。“9·11”恐怖事件之后，媒体干什么去了？显然，媒体完全沉浸于讲述那些人文气息浓厚的爱国故事，而无心寻找可靠信源挑战那种幻象。因此，政府完全凭借萨达姆与“基地”组

织有牵连的空想，甚至鬼鬼祟祟地编造出萨达姆某种程度上参与了“9·11”恐怖袭击的谎言，就把一个本来没谱的战争造势工程变成了现实。直至2003年夏天，71%的公众仍然记得是政府告诉他们萨达姆与“9·11”恐怖事件有染。[26]

布什政府成功地把谎言和不实之词通过驯良的媒体兜售给感情上容易摇摆的公众，堪称史上最赤裸裸的媒体操控。这次运作如此老练，下面我们将分别探讨媒介操控的三个因素。

2. *大师级编剧、导演*。卡尔·罗夫被称为“布什的大脑”，曾将布什推上得克萨斯州州长之位，并帮助他入主白宫。布什就任总统后，罗夫一直担任白宫传媒政策顾问，直到在布什第二任期卷入丑闻才从此位置退下。与罗夫的白宫传播策略相比，里根时期由迪弗和格根执掌的传播管理似乎都显得谦逊平实了。从第二章谈到的布什乘坐直升机如电影《壮志凌云》场景般在航母降落，到锋芒毕露地断言伊拉克是反恐战争的关键前线，罗夫没有错失任何一次新闻操控的机会。甚至我们在第二章“案例研究”中谈到的总统先生在媒体面前那如同车灯前小鹿般不知所措的呆傻形象，罗夫也能通过坚持不懈的忽悠加以反驳。他说，事实上，总统先生天生就有一种“霸气”。

3. *除了新闻运作以外，还有赤裸裸的恐吓*。“9·11”恐怖袭击几小时后，对记者和媒体的恐吓就开始了。审查的结果就是异口同声的保守言论。如果哪家媒体偏离了用爱国热情支持政府的立场，那其他媒体的声浪也会把它压下去。对于那些胆敢质疑政府的记者和媒体名流，政府官员会向他们喊话，而每当此时，总会不乏说辞。恐吓一直持续到伊拉克战争结束之后。虽然有官员出来揭露真相，例如前大使威尔逊调查了伊拉克铀问题的指控，前财政部部长奥内尔与前安全顾问理查德·克拉克透露说，“9·11”事件后，布什政府立刻试图把此次恐怖袭击与伊拉克联系起来以此发动侵略，但是，他们的声音很快被压了下去，他们本人也遭到报复恐吓。[27]

4. *安排记者随军进行嵌入式报道*。一个好的记者可能同时也是一个冒险家。他会寻求到达新闻现场的机会，报道“重磅新闻”。显然，没有什么能比置身于在沙漠中向巴格达挺进的坦克更接近伊拉克战争的新闻现场了。起初，几乎所有受尊敬的新闻人（包括那些年纪太大已经无法亲自上战场的）都欢呼说，允许记者深入军队是通向伟大新闻的“贵宾票”，这种做法将保证记者把战场上的事实不经审查过滤就直接传递给美国人民。164 但是，直到后来，一些记者才承认，实际上他们本来也就料到，“重磅新闻”是由华盛顿口述的，而坦克里的情景无非就是证明政府所讲故事真实性的幕后花絮而已。如果说嵌入记者的做法同时生动地说明了媒体报道的戏剧手法和政府操控媒体的癖好，那么下一个因素可以让我们进一步了解媒体责任这一问题。

5. *报道最戏剧化、最具情节发展潜力的新闻。*当记者进行选材时，他们更喜欢那些将来还有得可挖的故事元素，这样的话，他们以后就还能续写戏剧化的故事。有时，这样的选择会导致新闻报道忽略一些潜在的相反证据。这种情况的出现往往是因为媒体在采写新闻的过程中忽略了那些未来不大可能深耕的信源，而偏向于那些已经做好准备、定期更新消息的（往往是官方的）信源。举两个例子：虽然有声音质疑伊拉克与“基地”组织或“9·11”恐怖袭击有牵连，但媒体报道轻描淡写；对萨达姆拥有大规模杀伤性武器提出质疑的相关报道也是这种情况。虽然媒体对这些质疑也进行了报道，但都是围绕外国的信源以及国内的抗议者，并且，这些质疑都被拉姆斯菲尔德和他的同伙无礼地反驳了。

与此同时，很少有主流媒体注意到“基地”组织与布什政府的朋友沙特阿拉伯之间的紧密联系。美国入侵伊拉克后，沙特官员曾透露说，一直到2003年7月，“基地”组织还在沙特的一些农场进行训练活动，但是有关此事的跟踪报道很少。有情报说沙特的政治精英与“基地”组织重要成员有联系，有人据此要求布什政府公开相关的情报，遭到拒绝，但也没有什么媒体就此事质问政府。独立记者西摩·赫什（Seymour Hersh）是一个例外。他较早在《纽约客》上发表了调查性报道，质疑伊拉克与“基地”组织有染的说法，同时指出有确凿证据表明沙特与“基地”组织有干系。[28]但是这样罕见的调查性新闻却被新闻界忽略了，因为标准的华盛顿官方信源不会提供任何可以跟踪此事的信息。相反，白宫每天向记者提供有关萨达姆和恐怖主义的“分期”新闻。媒体需要些什么才能把这些有可能造就新闻大片的东西变成对政府设置的新闻框架的严肃挑战呢？我提民主党了吗？

6. *民主党去哪儿了？*显然，已经有人忠告被击败的民主党不要去招惹任何人，在政治上不要有丝毫冒险。虽然这种建议让民主党看上去有软弱、优柔寡断、一蹶不振的嫌疑，但是他们显然是付了大笔咨询费，所以只好按此忠告行事。因此，民主党就把批评布什政府的任务交给了个别几个代表，以及一干2004年总统大选候选人，可是几个候选人更愿意相互指责，而不是把矛头对准现任总统。新闻机构往往倚重于显要的官方信源才能对某一重要的新闻框架进行挑战，因此民主党的战略性沉默扼杀了媒体就战争进行深思的可能性。

为什么2004年总统大选的民主党初选候选人霍华德·迪恩、丹尼斯·库希尼科（Dennis Kucinich）等的关切并不足以重新设置新闻框架呢？那是因为美国媒体只热衷于报道华盛顿钦定的大咖和要事。因为没有重要人物加入讨论，所以多数情况下媒体对公众的强烈反战情绪视而不见。我们可以看一个小案例。2003年1月，《新闻周刊》一位记者给我打电话，问了一个令人吃惊的问题（我进行了改述）："我们媒体已经意识到了强烈的反战思潮。你觉得为什么我们没有报道?"是啊，媒体为什么没有报道那些有组织的大规模抗议呢？我解释说，媒体没有报道反战运动是因为媒体 165
指望着权威的反对态度，而民主党这时候却闪开了。2003年2月15日，全球1 500万至2 000万人发出了反战的声音，可以算得上世界史上最大规模的有组织公共示威，但总统先生却声称这只是"焦点小组"的胡言乱语，他不想回应，而美国媒体也就任由他这么说了。

7. *缺少可靠的、进步的智库。*智库专家的反应往往会推动新闻进一步的发展，而这些专家的任务则是帮助智库的资助者推进其政治政策目标。保守的右翼通过主动的新闻操控在媒体传播方面取得了不俗的成绩（参见第二点），他们网罗了一批电台和电视脱口秀的重量级嘉宾，还通过反应迅速的网络搭建了公共"回音室"以此支持自己的政策计划、攻击对手（参见第三点）——能做到这些，靠的就是把他们认可的智库报告或专家意见及时送达记者。或许是因为左翼与右翼的资金差异，或者只是因为左翼理解媒介运作规律的能力比较差，左翼几乎拿不出协同的专家意见来反击布什政府推动战争的新闻框架。

8. *媒体将公众视作旁观者。*令人稍感安慰的是，公众在形成自己的意见时只是部分参考新闻里的暗示。在生活中，除了媒体，人们还从其他地方获得思考的内容和线索。关于伊拉克战争前夕的公众舆论，或许让人印象最深刻的就是，当时在民意调查中，绝大多数战争的支持者表示，只有在美国政府能够促成国际联盟的前提下，他们才赞成战争（他们心目中的国际联盟可不是一个把帕劳和汤加拉进来而不包括法国和德国的“志同道合之联盟”）。然而，随着新闻报道越来越多地断言战争已不可避免，民意调查中的反对者的比例干脆沦为报道的脚注。民意调查和抗议似乎并不足以让媒体把公众视作传媒图景中的角色之一。媒体忘了公众可以在关于民主的新闻报道中发挥积极的作用。媒体经常会忘记这一点。但是，如果在战争爆发时，公众对战争表示协力支持，媒体就很容易地下结论说，公众对战争的理由也是一贯支持的。此外，对民意调查中公众支持率的报道，并没有指出战争的支持者多数非常不坚定，即使战争没有打响，他们中的许多人也会觉得无所谓。正如我们在第三章所讨论的那样，民意调查中被访者所展现出的这种不坚定并没有被媒体报道。

9. *媒体的民族中心主义*。与其他西方民主传媒体系相比，美国媒体对世界舆论非常封闭。美国大众文化当中存在的孤立主义与爱国主义干预令人迷惑不解，或许美国媒体正是对这种文化的含蓄反映。美国新闻界趋于内向（保守）可能也反映了多数政治人物（也是主要的新闻信源）不愿拿他们的爱国信任状（credentials）来冒险这一事实。政治人物不愿意质疑政府动用武力的意义和动机，也不愿看见自己的质疑让渔翁得利（帮了外人）。对于国际社会对伊拉克战争的态度，布什政府抛出了“要么支持我，要么反对我”的选择。这引起了国际社会的强烈反感，而美国媒体对此绝非没有察觉，但是国际社会的义愤却被政府提供的新闻以及记者们给“和谐”掉了。因为法国没有站在美国一边，于是就有了抵制法国红酒的运动，甚至有人把“法式炸薯条”改名为“自由炸薯条”。对于国际社会的批评，许多评论人士在讨论中采取了一种高高在上的腔调。福克斯对伊拉
166 克战争给予了最积极的爱国主义支持，对国内外批评政府的声音则给予了最刻薄的谴责。在这方面，没有哪家新闻机构比得上福克斯。

10. *福克斯效应*。为什么对于许多本来存疑的政府说辞，媒体都忠实地进行了报道？“福克斯效应”是最后一个，也是我认为最不重要的一个原因。许多观察家认为，福克斯记者、主持人、脱口秀嘉宾的爱国花腔如此高亢，已经产生了一种“寒蝉效应”，因为在收视率的竞争中，其他媒体担心会失去那些据说是爱国主义狂热附身的观众。福克斯一位主持人在

节目中把瑞士的反战示威者称作“几百个傻瓜”。该电视台还决定在屏幕底部滚动条推出“鼬鼠轴心”国家名单，把那些拒绝加入“志同道合之联盟”的国家列出来。这种言行可谓树立了沙文主义新闻的新标准。[29]尽管福克斯的做法很夸张，但是我们不应该忘记海湾战争期间电视媒体展示爱国热情的残酷竞争——那时，福克斯还远远不能让罗杰·埃尔斯（Roger Ailes）和鲁伯特·默多克（Rupert Murdoch）眼睛一亮。[30]如果福克斯在竞争中能够采取批判新闻的模式，我敢说这里也就没有福克斯效应之说了。

关于大众传媒介导的民主，我们现在可以得出的结论就是，当政府自身以一种理想的方式运转的时候，即政府官员可以在电视镜头前公开讨论、审视公共政策的时候，新闻报道中的争论就会更公开，信息就会更丰富。另一方面，当精英们不公开辩论公共政策的时候，对于事关公众利益的重要新闻，媒体就会紧闭大门。美国信息体系的弱点似乎就体现在那些关键但又平常的问题上。在这些问题上，政府官员往往不去挑战艰难的选择。信息应该完全被精英和官员的所作所为塑造吗？本章的剩余部分，我们将研究记者的日常工作惯例如何导致他们的精力过分集中于权力的核心圈。

日常报道惯例如何导致新闻倾向性

和其他所有的工作一样，新闻报道在很大程度上也有一整套标准的行为规范。尽管在报道任务的性质上和个人写作风格上会有明显不同，美国记者（之前曾有所提及）倾向于以一种高度相似的方式报道新闻。在一项关于美国和法国媒体对国际危机报道的研究中，蒂姆·库克发现了工作程序影响新闻内容的一个非常有趣的例子。在伊拉克入侵科威特之后的数月中，国际社会曾试图通过外交努力阻止即将发生的战争。获知有关外交努力的消息后，美国和法国的电视网都派出记者打探关键信源的反应。美国记者只是在华盛顿政治新闻的“金三角”——白宫、国务院和五角大楼——之间跑来跑去。虽然美国官方还没就此作出什么反应，但记者在压力之下却不得不说些什么，所以他们就编出一些模棱两可的官方声明，其实就是大家都能料想得到的、在世界危机初期那些供职于敏感职位的官员们都会说的东西。相比之下，法国记者（他们没有像美国媒体那样划分记者采访的领域）采访了各个政党的领导人。对于这些外交努力有什么意义、会产生什么影响，法国媒体展现了相对全面的政治观点。[31]

想想新闻行业根深蒂固的运作模式，你就不会觉得标准化的报道方式和写作八股有什么奇怪了。例如，政治角色精心筹划的新闻事件总是要反映他们预设的政治传播目标（参见第四章）。而且，多数新闻机构在报道角度、截稿期限和采访消息源等方面对记者提出的要求很相似。此外，记者们彼此之间近距离地工作，面对同样的压力，报道同样的新闻事件，很容易受标准化操作的影响。

简而言之，记者执行标准化的报道规程有以下三方面的动因：

- 与新闻来源（也是压力来源）的日常合作；
- 所供职的新闻机构的工作程序（以及来自新闻机构内部的压力）；
- 与同行间日常的信息共享和工作关系。

其中每一种因素都会导致程式化的报道模式，这样的模式有助于官方把其政治信息融入新闻，当然有时会夹杂一些让官员难堪的带有攻击色彩的信息。这一报道模式同样导致记者热衷于采写个人化、戏剧化和碎片化的新闻。现在，我们将对记者每天要面对的这三种压力分别加以论述。

记者与官员：合作与控制

多数政治事件是按提前准备好的脚本发展的，所以记者可以轻易地压缩出一个新闻报道的模板：谁（哪位官员）在什么地方（何种官方场合）出于什么目的（官方口径）做了什么（官员的行为），结果如何（官方口径）。例如：

____总统今天在白宫会见了来自__国的____总统，双方就共同关心的________进行了讨论。双方领导人说，会谈取得了建设性成果，解决了当前面临的重要问题。

一眼就可以看出，这种模式化报道根本就没有什么实质内容。为这样的报道提供脚本的伪新闻往往是为了树立有用的政治形象而不是为了传递真正政治问题的实质信息。因为类似事件是例行的政治活动，所以记者们很快就摸索出报道套路来，可以随时拿来套用。记者难以抗拒以官方口径进行报道，是因为在他们生存的世界里，“分而治之”的思维依旧盛行。记者的职业生涯可以因为独家报道而前景光明，也可以因为被官方从关系网中踢出受到冷落而前景黯淡。无论是否愿意，记者都必须依赖他们的采访对象获得消息。如果消息源是那些大权在握的官员，被一群渴望得到新闻的记者围堵，那么很可能就是那些愿意按照官方意图进行报道的记者得到奖励，而没有在报道中体现官方意志的记者则要受到惩罚。 168

政治事件有模式可循，加上政治人物具备与媒体打交道的技巧，明白了这两条，再看到那些仿佛是套用某种新闻模式自动生成的新闻，我们就不会吃惊了。[32]当然，存在某种模式并不意味着记者总是要使用这种模式。然而，面对截稿压力、苛刻的编辑以及花言巧语、能言善辩的消息源，模式化报道就成了最难以抗拒的选择。在一个典型的政治背景下，即使记者不采用某种既定模式，也很少有足够的其他信息来支撑起一篇与众不同的报道。

在政治新闻的虚幻世界里，模式化报道描述了官方行动，官方认可取代了事实和真实性的要求，反过来又使那些模式看上去很合理。[33]罗伯特·斯科勒斯（Robert Scholes）对这一点有更深刻的论述：

> 容易轻信的人或许相信这种说法：记者负责报道事实，而报纸刊登一切适合刊登的新闻。但是，实际上，报纸刊载一切合适的“事实”——适合新闻惯例的“事实”（那些用滥了的模式），适合编辑方针的“事实”……[34]

有人赞成把“我们刊登一切适合刊登的新闻”这条著名的口号改为：“所有合适的新闻我们都刊登吗？”用来选择和安排事实的新闻公式在很大程度上是记者与新闻人物合作的结果。合作双方的目标和目的或许不完全一致，但是双方共同创造了满足各自需求的信息。这无非是双方的日常工作罢了。

圈内人士综合征

喜欢报道官方观点是记者的工作习惯。此外，记者也是活生生的人。在职业角色背后，记者有时会对他们采访的新闻人物产生认同感。因为记者时常要在压力环境下与官员联系，很容易就对这些官员产生同情。当然，如果官员一定要与媒体作对，记者就无法对其产生同情了，例如20世纪70年代早期尼克松政府，还有克林顿第一任期时都是如此。当官员寻求记者的好感与理解时，他们往往会收获记者富有同情心的、与他们的政治路线接近的报道。[35]而这样的报道也很容易被认为是关于在公共场合下官员行为的客观报道。

169 记者和官员之间微妙的工作关系还体现在另一方面：与有权势的官员合作，记者经常会获得认同和恭维，并得到官员的信任。多数新闻发生在政治氛围很浓的环境下，在这种氛围里，最被看重的就是权力。如果一个人不拥有权力（似乎权力总是不够用），那么最好的办法是进入掌权者的圈子——出现在他们左右，为他们建言献策，与他们厮混甚至成为朋友。正如汤姆·贝塞尔（Tom Bethell）所言：

想与精英消息源搞好关系，就需要做一个“圈内人士”，这是每个在华盛顿的媒体人都想成为的角色。有意思的是，你会发现，在华盛顿记者撰写的回忆录封面上，这个字眼出现得多么频繁。但是尼克松却不喜欢记者，也不愿意让他们进入自己的圈子……这算是他的一个严重弱点吧。相反，基辛格在利用媒体方面就十分聪明，而且没有成为媒体的牺牲品——不仅如此，他还被媒体奉为“穿梭外交的天才”。（难道最可怕的“水门教训”不可能成为一堂社交课吗？）[36]

底特律专栏作家托尼·斯诺（Tony Snow）曾为老布什撰写演讲稿。他这样总结成为华盛顿圈内人士的风险：“我们花大把时间与高官权贵厮混在一起，这令人陶醉。在华盛顿，靠近这些权势人物十分重要，即使没有任何其他社交理由，借他人自抬身价也是极好的。”[37]斯诺后来又成了小布什的新闻秘书。著名记者默里·坎普顿（Murray Kempton）指出：“你一旦与公众人物混熟到了可以直呼其名的程度，你就几乎不可能对他们进行什么适当的中立判断。这是新闻界的一个基本事实，如果能够引起足够重视的话，它甚至可以被称为新闻界的一个定律。”[38]

一位叫埃伦·休姆（Ellen Hume）的记者兼新闻学者说，她已经感觉到记者能够成为“比任何民选官员都更有权势的人”，需要采取“紧急”措施把圈内人士从特权位置上给“端”下来。[39]《费城问询者报》（*Philadelphia Inquirer*）驻华盛顿记者史蒂夫·格尔斯坦（Steve Goldstein）建议对华盛顿记者进行任期限制。如果新闻机构能够定期轮换驻华盛顿记者，那么这些“非民选媒体精英”的权力也就被削弱了。他说，更为重要的是，记者的任期限制：

……可能会减少新闻媒体脱离现实的现象。记者往往不理解美国人真正关心什么。联邦政策的制定以及对国内民众的影响完全取决于来自华盛顿的观点。“彼”与“此”之间是有区别的。在波多马克河的索多玛①，政治文化是世俗的，而美国大部分地方则有很强的宗教气息。在此地，最典型的问题就是他/她和她/他/它上床了吗？而在彼处，问题常常关涉公平、正义或正直。媒体发布出来的那些肮脏的东西都不适合。[40]

格尔斯坦不无调侃地建议华盛顿记者进行如下的“自我测试”。他模仿戴维·莱特曼，列出了“最能证明一名记者在华盛顿已经工作过久的10大表现”： 170

1. 你已想不起老家的邮政编码；

2. 你最好的信源在别的新闻机构；

3. 你再次走进兹伯特公爵（Duke Ziebert）餐馆（权势人物会面和聊天的场所）；

4. 你认为地区新闻就是指上西北区（华盛顿特区的一个区）发生的事情；

5. 海军乐队的指挥会向你致意；

6. 你会放弃采访你家乡的市长，而原因只是时间与烤架俱乐部（一个华盛顿记者俱乐部，每年上演一场媒体与政治人物互相嘲讽的表演）的彩排冲突；

7. 国会帮（一个电视评论大咖的聚会）向你提供了荣誉会员的资格；

8. 拉里·金（Larry King）对你直呼其名；

9. 你通过观看CNN报道新闻；

10. 你有资格获得一套红皮队（Redskins）的赛季球票。[41]

然而，在认为记者和他们所报道的官员关系过于亲密，或是比以前更亲密之前，应该清楚，他们中间的绝大部分人不会用“亲密”这个字眼来描述彼此之间的关系。当今，许多政治人物把他们与媒体之间的关系描述为令人遗憾的对抗关系，因此，有必要提防着记者。而记者则经常抱怨他

① 指华盛顿。——译者注

们无法接近官员，不得不在官员的助手、顾问和反对者之间周旋。的确，当今的政治环境从许多方面看不如越战和水门事件之前那样安逸，到处都是“逮到你了”式的新闻。在过去的美好时光里，记者和官员能够直接接触的机会更多，许多著名记者和官员更可能交往，成为朋友，在一起饮酒聚会，下午五点之后进行非公开约谈。然而，今天，媒体与信源之间的距离增大并不意味着新闻报道更独立于官方的新闻操纵。事实远非如此。

作为新闻机构一分子的记者：承受按标准进行报道的压力

如果说记者与官员的关系为旧的新闻模式带来了新的变化，那么他们所属的新闻机构则是强化了旧模式的使用。对于如何报道新闻，新手总是受到来自编辑的压力（有时只能意会，有时可以言传）。[42]这种压力很有效，因为编辑能够左右什么能成为新闻，以及哪些记者可以获得提升。这样，时间一长，记者自动就会调整自己的风格以适应机构对他们的期望。

在许多情况下，记者会为这种来自媒体的期望辩护，说这只是媒体想要保持自己的编辑部风格，即一家媒体区别于另一媒体的报道语气、态度
171 和格式。在任何一个有标准操作流程可循的媒体里，这种层面的报道模式都是无可非议而且不可避免的。然而，从更深的层面上看，新闻媒体对模式化报道的偏爱的确会造成一定的问题。重要的是，对于事件的新闻价值的判断，整个业界有一个普遍认可的标准，这个标准界定了什么是新闻，并使新闻产生倾向性（参见第二章）。举个例子，一名年轻记者在一个大城市的一家主要报纸实习。他发现自己采写的新闻稿有些被发表了，另外的则被枪毙了。他搞不清楚编辑选择的依据是什么，所以觉得这个过程有些神秘。同样神秘的是，他在跟给他布置任务的编辑说话的时候，发现这些编辑似乎在他采访之前就已经知道他要采访的事情到底是怎么回事儿了。时间一长，这种潜移默化的影响开始起作用，年轻的记者学会了迅速判断什么是新闻、如何写新闻。

除了这家媒体或那家媒体自己的风格以外，整个传媒体系都开始仿效某种特定的格式、主题和新闻价值。让新闻屈从商业价值，教育记者把新闻塞进陈腐、熟悉的格式，这些都是第二章所讨论的新闻倾向性的根源。

然而，无论形式如何变化，结果都是，在供职媒体的压力下，记者写出的新闻只能是典型的模式化新闻。

为什么模式会起作用

标准化的新闻是安全的。新闻媒体的管理者必须不停地拿自己的产品与竞争者进行比较，防止自家媒体冒险偏离报道规范。在关于电视网新闻的经典研究中，爱泼斯坦发现，甚至是负责分派任务的电视新闻编辑也会参考保守的通讯社，根据它们的报道撰写标题，选取报道角度。[43]通讯社是报道预知的官方新闻最多的媒体，而且极力忠实于官方的政治口径，跟着通讯社的日常报道走成为填充新闻版面和时段最有效的方法。

其他一些机构安排流程也会强烈影响标准化报道。导致标准化报道的最主要因素当属日常的新闻生产流程。无论世界上是否发生了真正有意义的新闻，新闻供给必须满足报纸与电视新闻节目的一个最低量。你或许在一个没什么新闻发生的日子里看过某档电视新闻节目。那时，替代国际危机、新闻发布会、国会听证和市长公告等新闻的，可能是到动物园参观新出生的“宝贝”、预先录制好的关于中国针灸的报道、一场空难幸存者的后续报道，或是关于佛罗里达篮球春季训练开营的玩笑吐槽。新闻淡季往往出现在周末或是假期，那时政府部门都休息了，新闻媒体只能报道一些鸡毛蒜皮，因为它们的日常惯例就是根据政府新闻中心发布的消息去报道官方新闻。

新闻版面

新闻媒体要运转，每天必须有足够的内容来填充版面。要想制造大量廉价、可预知的新闻，往往需要把记者派到确知能出产足够新闻的地方，这样，才能在截稿时间之前把版面填满。在正常工作时间，政府和企业的 172
公关机器就会制造出大量廉价的、容易报道且可预知的新闻，以此满足媒体的需要。

随着24小时电视新闻频道的出现，以及报纸、广播等媒体网站的开通，新闻版面就从原来的“洞”变成了“峡谷”。在过去早新闻和晚新闻的时代，媒体一天更新一两次新闻就可以了，但是现在，媒体每天多次更新新闻的压力日益增大。许多媒体痴迷于“推动”新闻事件发展的行业信条。记者们学会了提出引导性或挑战性的问题，这些问题什么依据都没有，纯粹就是为了刺激新闻人物作出回应，好由此获得报道的新料。在版面需求越来越大的新闻时代，诸如“奥巴马总统今天否认了关于……的谣言”一类的话，成为人们耳熟能详的新闻导语。

报道领域（跑口）

按时给每天的报道填充版面，意味着新闻媒体必须搞清楚如何使自然发生的事情变得可以预知。对于这个问题，最好的解决方案就是提前预计能够满足版面需要的新闻每天会在何时、何地发生。可是，世界太大，而记者人手太少，所以完成这一任务就很困难。为了解决这个难题，就需要含蓄地调整新闻的定义，这样，那些已知会定期发生的事情就成为新闻。因此，记者可以被指派去报道这样的事情，而且可以肯定搞到每天所需的足量新闻（根据新闻的定义）。结果，记者的报道领域构成的网络，从地方层面的警察局和市议会到全国层面的国会、最高法院和总统，就成了出产新闻的中坚力量。这些领域每天产生我们熟悉的新闻，如凶杀、事故、公共听证、新闻发布会，还有总统登上直升机或走下飞机舷梯等。

特别报道任务

为了打破日常的新闻惯例，一些记者被委以特殊任务，去报道一些重大新闻，比如，大选以及暗杀和洪水等突发事件。然而，进行重点报道的费用高昂，因此即使一件事情真的是自发事件，也必须按照熟悉的模式进行报道。如果一个事件足够重要，值得进行重点报道，那么，报道形式必须具有戏剧性。即使是暗杀、入侵和洪水这种事件的报道也很快变成了照本宣科。例如，1994 年夏天，美国入侵海地的计划变得愈发明朗，电视媒体准备了关于这个岛国的大量“罐装”资料，而且提前拟定了许多报道模板。

因为重点报道成本高并且必须要不断跟进，甚至没有新闻本身也经常成了新闻。美国有线电视新闻网（CNN）驻华盛顿前首席记者弗兰克·塞斯诺（Frank Cesno）1999 年 7 月曾报道过小肯尼迪飞机失踪的消息。他
173 回忆说，当时很多新闻节目都是他主持的，其中相当多的部分是说搜救行动没有任何进展。但是，因为电视网已经决定要进行现场直播并且把这一

报道定为全电视网的首要任务，那么，报道就只能这样持续下去。[44]

派驻机构

除了划分报道领域和选派记者执行特殊报道任务，许多大的新闻机构还设置了第三种新闻采集部门，即按地区设立的报道团队。例如，电视网在芝加哥、纽约、休斯敦、洛杉矶和迈阿密等大城市都派驻了驻点记者（一个记者和几个视频、音频技术人员）。这样做，考虑的是可以保证从这些城市获得足够多的新闻。设立地方派驻机构也从另一方面反映出，媒体的运作程序已经把新闻定义成一种方便的模式。因为国内新闻不可能完全来自华盛顿，记者必须被派驻其他地区。但是，媒体要在哪里设立派驻机构呢？媒体选择了哪里，哪里就会突然成为界定国内新闻的中心。正如爱泼斯坦在他关于电视网新闻的调查中发现的那样，几乎所有非华盛顿新闻都是来自屈指可数的几个设有电视网记者站的城市。[45]

近年来，因为预算减少，媒体不得不减少地方分支机构，因此对地方派驻机构的依赖有所减轻。因为印刷媒体和广播媒体都面临盈利的压力，所以高成本的派驻机构首当其冲地要被砍掉。在美国的电视新闻媒体中，只有美国有线电视新闻网（CNN）还在全球维持着大量信息采集机构——这很大程度上是因为美国有线电视新闻网（CNN）同时办有国际频道，需要严肃的国际报道。然而，所有大的新闻媒体都减少了派驻机构和报道力量。结果，美国广播公司（ABC）、哥伦比亚广播公司（CBS）和全国广播公司（NBC）等电视媒体越来越满足于从世界上各种各样的电视新闻内容提供商那里购买二手新闻材料。而报业同样面临关停派驻机构、减少开支的压力。许多大城市的报纸被大财团收购，这些财团就通过中心机构向旗下的连锁报纸提供相同的新闻内容。剩下为数不多的独立报纸则越来越依赖二手供应商，如美联社、《纽约时报》和《华盛顿邮报》等。这些大的媒体机构继续保有较为完善的派驻机构，可以把新闻卖给小一点的媒体。总体趋势就是，媒体赖以获得日常新闻供给的信息渠道越来越集中。

公关与新闻

如前几章所述，近几十年来，公关行业的规模不断扩大，技术手段也愈发复杂。许多公关和传播活动的目的就是提升客户形象、推进客户的政

174 治目标。随着新闻媒体裁员、削减派驻机构以及在预算上愈发谨慎，公关活动以及公关新闻稿就成为媒体欢迎的新闻素材。实际上，公关公司的新闻通稿会流入多数编辑部，公关从业人员（很多曾有过媒体经历）会与记者搞好关系并向他们提供新闻选题和信源。这样，公关活动推出的事件，包括名人、电影、艺人等的推广材料就变成了新闻，被刊登出来。业务规范、预算尚可的新闻媒体会拒绝这些公关材料，但是市场较小的电视台、预算紧张的报纸则抵挡不住这些新闻助手的诱惑。

记者群帮：与群体保持一致的压力

因为新闻采集越来越循规蹈矩，记者们都愿意协同作战。他们往往跑相同的“口子”，经常被指派去报道同一件事。和其他领域的工作者不同，记者们在工作中的社会经验相似。他们一起吃，一起睡，一起赶路，一起喝酒，一起等待，不断地等待。当“偶遇”一个新闻时，他们甚至拥有同样无法名状的肾上腺素喷涌的感觉——为了在截稿之前发布关键信息而争分夺秒。记者彼此间有了这种密切的社会接触，往往会形成一种团结意识。他们学会应对来自媒体和新闻源的共同压力。虽然他们会为截稿忙作一团并因此自嘲、抱怨，但既然新闻模式不可避免，他们只能学会接受。他们视彼此为独立的职业人士而相互尊重，却又遵循这个圈子的社交规矩，参照彼此的采访记录并佐证彼此的报道角度。

蒂莫西·克劳斯（Timothy Crouse）就1972年大选期间的新闻报道作过很有洞见的描述。他把记者的社交圈称为“记者群帮”（pack journalism）。[46]他认为，有的新闻事件被控制得很严，这时记者的境遇就比较困难，彼此之间就会形成很密切的关系，但这种情况下，为了避免报道如出一辙，他们反倒不必以非常正式的方式合作。而一旦他们被指派去报道一个例行的事件，而这方面报道的套路又人所共知，这时候，模式化报道就很有诱惑力。此外，还有截稿时间紧迫的问题，而且编辑可能还会质疑为什么你的报道与其他记者的套路相去甚远。结果，标准化报道的诱惑就越来越强。总之，一群值得同情的记者走到一起，面对同样的诱惑，他们选择模式化的报道就显得很有理由，这种做法也会得到圈内认可。

来自群体的压力如此之大，以至于一位受过专业训练的社会学家都感同身受。为了从业内人士的视角去研究新闻采集，这位叫马克·费什曼（Mark Fishman）的学者以记者身份进行了一项调研。他进入一家小城市的报社工作，成为专门报道市议会新闻的跑口记者。他很快适应了采写模式化新闻的工作。他的报道反映了市议会如何认真努力地用行动打造民主的形象——包括煞费苦心的听证会、市民的参与、严肃的讨论以及正式的投票。不过有一次，一反常态的事情发生了：一个议题失控，变成激烈的政治讨论，而媒体席上的记者却反应奇怪。把不符合既定模式的新闻忽略掉，只消这个群体里的不同成员互相心领神会即可。费什曼有如下描述： 175

坐在媒体席上的四人（包括费什曼）对争论显得越来越不耐烦。起初，记者们停止记录；然后，他们开始彼此交换自己的不满；最后，他们干脆嘲讽起这场愚蠢的辩论。从他们的言辞中可以看出，在他们眼里，这场愚蠢的争论纯属小题大做，不值得议会浪费时间和精力。[47]

费什曼注意到群体压力对独立新闻判断的影响："虽然当时我以记者身份坐在媒体席，与其他记者一起嘲笑市议会的愚蠢，但我后来意识到，这种争论在市政厅该是多么重要。"[48]

费什曼虽然清醒地意识到群体的压力，但还是屈服了。其实，绝大多数记者也是如此。他们清楚地感受到这种来自群体的压力，但无法摆脱。在一项关于美国新闻界精英——华盛顿记者团的研究中，斯蒂芬·赫斯发现，记者们认为"记者群帮"是他们面临的最严重问题。[49]然而，赫斯指出，只要新闻媒体总是围着官员可预见的行动转，记者群帮就会继续存在。

虽然记者群帮通常依靠新闻策划大师和政治助手提供新闻谋生，但他们也可能袭击那些没有防范或脆弱的政治人物。关于记者群帮吞噬政治猎物的案例可谓传奇：林登·约翰逊在越南战争报道的媒体狂飙中倒下；理查德·尼克松在水门事件中丧失了对新闻的控制；1979—1980 年伊朗人质危机的 444 天中，吉米·卡特在他的椭圆形办公室里沦为了媒体的人质。1984 年，记者群帮试图证明加里·哈特（Gary Hart）曾有婚外情，哈特因此放弃了总统候选人的资格；媒体跟着民主党以经济衰退为理由攻击老布什的时候，这位现代民调史上曾经最受欢迎的总统，人气直线下降；而由于媒体一哄而上的攻击，比尔·克林顿当选后发现，总统与媒体惯常的蜜月期缩短了。伊拉克危机引发越来越多的混乱与批评，为媒体攻击小布什提供了可乘之机，但是，这些机会是以美国卷入战争的严峻事实为代价的。还有，第二章我们说过，奥巴马执政早期，记者群帮就联手剥夺了奥巴马对自己“叙事”的控制权。无论记者群帮是泰然自若地每天接收提供给他们的新闻，还是反咬给他们喂料的人的手，问题依旧：他们的报道都是标准化的套路，是对事实的扭曲。

176

抢食：媒体群起而攻之

虽然主流媒体报道的政治内容可能会非常相似，但并非总是照搬政治人物的讲稿。人们常常把一种被称为“抢食”的现象误解为有批判精神的独立新闻。[50]当政治人物陷入个人危机、丑闻或是权力争斗时，媒体就可能像一群饿狗一样扑过来，吞食他们的政治猎物。此时，如果再来上一点性丑闻的线索或是政治腐败的确凿证据，媒体抢食就能把那些位高权重的人拉下马。

很少有政治人物会像克林顿那样一次又一次地感受到被媒体猎食的痛楚。1992年总统选举期间，有关对克林顿婚外情、吸食大麻、逃脱兵役等的指责给大选新闻添了不少辛辣作料，克林顿的品行成为媒体的关注焦点。[51]克林顿的人品先是受到媒体质疑，而后又在初选和大选期间被对手踩了几脚，因此，克林顿公关团队的挑战就是重塑选民对克林顿的信任。那时，关于克林顿的负面新闻几乎不断，但他最终逃过劫难，并赢得大选。共和党的一位媒体顾问认为这简直就是奇迹。他把克林顿比作对美国政治的虚拟碰撞实验：“我从未见过任何人能够在遭受那样的攻击之后还能全身而退。那感觉就像是一个不系安全带的人撞车后，从挡风玻璃飞了出来，然后撞在墙上，之后就这么走开了。这简直让人目瞪口呆。”[52]

大选之后，克林顿及其团队因为选举期间的遭遇依旧对媒体耿耿于怀。入主白宫后，他们似乎觉得可以像赢得选举那样，越过媒体，通过电子政坛、精心安排的新闻事件、大量的民意调查和形象再造，安稳治国平天下。但是，华盛顿的日常政治世界与竞选游说那一套并不一样。竞选时使用的花钱打广告、策划新闻事件对付媒体攻击的招数到了华盛顿就不再灵验。克林顿政府关闭了白宫新闻办公室与媒体之间的通道，这无异于向美国新闻界的精英军团宣战。这已成为一个著名案例。这种冰冷的关系只能让媒体变得乖戾，随时准备就任何关于总统的丑闻或是个人过失展开攻击。克林顿就职后，媒体仍不放过他的个人问题。这方面，克林顿遭到媒体敲打的例子有：为在空军一号上理发，而让飞机在洛杉矶国际机场的跑道上空转；后来被媒体称为“旅行门”的白宫旅行办公室管理丑闻。

一篇分析媒体抢食克林顿的文章开篇是这样的：“克林顿总统就职 12 天之后——他的任期还有 1 448 天，美国广播公司的萨姆·唐纳森（Sam Donaldson）在一期周末脱口秀节目中说：‘本周我们所能谈论的就是，总统的任期结束了吗？’”[53]另一篇反思的文章题目是《白宫的野兽》。这一题目源自乔治·史蒂芬诺普勒斯给白宫记者团所起的颇有嘲讽意味的绰号，即“白宫的野兽”，他是克林顿早期的（也是灾难性的）公关主管，现任美国广播公司新闻频道时事评论员。正如《华盛顿邮报》记者鲁思·马库斯（Ruth Marcus）在这篇文章中所言：“白宫记者团就像一个机能紊乱的 177
大家庭，各种古怪，各种不正常。在白宫的一半时间，我都觉得，没人会相信这些吧。”[54]

上台伊始，克林顿政府就饱受媒体抢食之苦，这至少有三个原因。因为这些因素可以从共性上解释媒体抢食的原因，所以这里用的是概括性表述：

· 总统的公关传播团队与媒体之间的合作关系破裂（参见第四章以及本章前面有关媒体与政治人物合作的讨论）。

· 总统的公关传播团队似乎认为没有必要（或是有失尊严）遵循新闻管控的基本原则来回应最初出现的负面报道（参见第四章）。他们很少向媒体提供包装过的故事以阻断负面新闻。对于造成媒体抢食的那些事件，他们也没有明显的策略去引导舆论向于己有利的方向发展。

· 总统确实犯了他被指控的那些错误，这给公关传播造成了许多不可控的局面。

除了戴维·格根在白宫短暂掌管公关传播（参见第四章有关格根新闻管理风格的讨论）的那段时间之外，克林顿在第一任期里与媒体的关系可谓充满坎坷。例如，有影响力的《纽约时报》记者（现已成为有影响力的专栏作家）莫琳·多德列举了在纪念诺曼底登陆 50 周年的欧洲之旅中，克林顿新闻办公室人员的糟糕表现。她回忆说，在一次误了截稿时间后，她来到一家英国酒吧。“品着《巴黎竞赛报》记者点的香槟，我幻想着把墙角的飞镖盘换成一颗幼稚的脑袋——克林顿媒体顾问的脑袋。”[55]

到了小布什时期，媒体与总统的关系进一步恶化。似乎是出于蔑视，小布什的公关传播团队经常绕开全国性媒体，比如：到处旅行，希冀把白宫讯息直接传送到地方新闻市场；依赖于精心策划的新闻事件；利用一家全国性的保守脱口秀电台传播讯息。这种蔑视很快就变成一种互相都有的感受，然后发展成记者与白宫公关传播团队的唇枪舌剑。例如，2006年，副总统切尼打猎时意外打伤了一位朋友，围绕这件事，媒体抢食持续了一周有余。总统是什么时候知道这件事情的？为何事发几个小时之后切尼才把此事告诉媒体？为何此事只是告诉了一家得克萨斯的地方小报而不是一家全国性媒体？问题滚滚而来。显然，这表明媒体有时并不需要处于新闻事件核心的官员的配合，就可以把一件事情炒下去。但就媒体的民主作用而言，这却是一种不幸，因为在更重要的事件的报道中，这种独立意识却很少见。

就在奥巴马丧失了关于他的“叙事主导权”时，他的对手共和党早已做好准备向媒体展示自己的“叙事主导权”。通过威胁在参议院阻挠奥巴
178 马的动议，呼应街头的茶党活动，国会中的少数派共和党设法攫取了很大比例的新闻版面。同时，奥巴马政府似乎无法提出或者坚持自己的讯息，而是钟情于继续通过社交媒体网络与支持者直接交流。但是，这种方式在竞选期间发动公众的作用较大，在执政期间效果就大打折扣了。

机构日常惯例的悖论

媒体按日常惯例采集新闻，造成的问题是，大部分新闻渠道播报的大部分新闻开始变得几乎一模一样，这其中的悖论在于，因为受众可以获取新闻的报纸、广播和电视节目有很多，所以互相竞争的媒体很难在新闻市场上确立自己的竞争优势。简而言之，新闻报道按惯例操作可能有效率，但却限制了媒体可以在市场上抓住的份额。比方说，如果电视上的新闻都似曾相识，那么，在所有其他条件相同的情况下，每个电视台应该获得相同份额的观众。因此，对于媒体的受众份额而言，报道效率可能会无意中造成一种天花板的效果，限制媒体经济效益的增长——新闻报道毕竟是一门生意。解决这一矛盾，需要制订市场战略、削减预算以及采取第七章即将谈到的各种商业措施——而所有这些措施都不会提高新闻的质量。

摆脱新闻采编惯例，多些独立报道，少些耸人听闻，新闻媒体对这些做法并不感兴趣，因为，即使这些选择有利可图，值得考虑，这样做的前

景也不明朗。比如，电视频道的主管们可能会引用美国公共电视网（PBS）《新闻一小时》（*News Hour*）的案例。这个节目推出了更多的深度报道，结果却把观众都赶跑了。不过，一些批评家认为，公共电视网的新闻虽然更重细节，而且硬新闻比软新闻更多，但是，其内容与商业电视台还是非常相似。同样的产品，观众为何非要挑个大剂量的呢？

因为新闻在很大程度上是政治人物与记者之间实用约定的结果，所以，没人能说清改革这种产品的良方在哪里。任何一种新的模式肯定都会招来政治人物和其他媒体的批评，可能还会吓着公众，这样就会有失去观众份额的风险。因此，媒体不喜欢过多考虑改变标准的新闻采集惯例。相反，新闻市场上的大多数竞争往往是关于市场策略、品牌形象以及其他风格问题的较量。

新闻应该被市场左右吗？

据说，有一家大报的管理层在收到一份读者阅读习惯的调查报告后，就给记者发了备忘录，提醒他们为第一版提供更多关于强奸、抢劫和车祸的“好例子”。[56]无论市场战略选择的是更多人情味的报道，还是更多千篇 179
一律的政治英雄在行动的故事，就政治信息本身来说，结果都是一样的：新闻的趋势是用性、名人、生活时尚、娱乐、体育、天气和犯罪等内容来替代政府和公民事务。

新闻策划大师对标准化新闻的贡献向我们提出了一系列重要问题，其中包括：

· 新闻报道是应该基于市场考虑还是应该基于某种独立的标准，如重要性、新闻价值？

· 有一部分公众（换言之，这些观众足以带来利润）喜欢看火灾、暗杀、事故和政治丑闻，就必然意味着（a）他们想要更多这些东西吗？（b）他们认为这些事情很重要吗？（c）他们认为这些事情属于新闻范畴吗？（d）他们不希望模式化的新闻变个样子吗？（e）他们不会为真正解析政治和社会的新闻所触动吗？

新闻策划大师和媒体管理者往往回避这些问题。他们只是简单地回答说，他们唯一感兴趣的是，如何让新闻跟人们的关系更密切。现在的市场调查是否真正代表了大众需要，真的令人怀疑。[57]例如，大多数关于媒体的调查在设计时已经想当然地认为程式化报道就是一种必然被接受的东西，而不会去问受众是否想要改变一下这种模式化报道。受众只能选择他们最喜欢哪种模式。因此，那句经典的借口“新闻反映了人们的需求”，也许表述成这样更恰当：“新闻反映了在我们认为有利可图并便于提供的选择中，受众更喜欢的东西。”这与新闻是公众需求的反映的说法，完全是两码事。

当新闻发挥作用时

虽然面临商业压力和行业惯例的限制，但显然还是有一些媒体在努力尝试进行内容更多样、更翔实、更有条理的报道。记者实际上是各种行业中最具自我批判意识的一族。也许因为他们受到来自四面八方（公共舆论、政治人物、同行以及传播学者）太多的批评，他们有时候也会试着改变报道模式，提高产品质量。虽然这些变化影响有限，但是仍然值得一提。

向阴暗面新闻宣战？地方电视新闻的希望

在得克萨斯州的奥斯汀，所有频道的电视新闻看起来都非常相似，即反映社会混乱的新闻很多。当地一些记者感到，这并不能准确反映这座越来越国际化的州府城市的生活。收视率排名第一的 KVUE-TV 跳出了这个怪圈。这家电视台的新闻报道管理层决定不再单纯以“血腥的新闻有人看”为原则指派报道任务，而是要先考量一下关于社会混乱的新闻可能产
180 生的社会或政治影响。例如，一则犯罪新闻的播出，要至少符合以下五项重要标准之一：

1. 有必要采取行动吗？
2. 是否对安全造成直接威胁？
3. 会对儿童造成威胁吗？
4. 犯罪行为对社区有重要影响吗？
5. 新闻报道是否有助于预防犯罪的努力？[58]

这些标准出台之后不久，便遇到了一次实际考验：一个周六的夜里，一个小镇发生斗殴事件，3 人遭枪击遇难。电视台就此进行了调查，并判定此

事件不符合其制定的标准，所以坚持立场，没有就此事进行报道。而其他竞争者却对此事进行了大肆报道，就是那种让人觉得当地乱得不得了的典型报道。奥斯汀 K-EYE 电视台新闻总监说过一句很简单的话："有人被杀，这就是新闻。"[59]或许，对于 KVUE 电视台来说，尝试一种新的报道模式比较简单，因为它早已是收视率冠军。不过，新模式报道的收视率也没有让 KVUE 的新闻主管们失望。在实验的首月，该台的晚间十点钟新闻收视率创了新高，后来，KVUE 的各个晚间档新闻节目在收视率上都拔得头筹。[60]

放眼全国，努力提高新闻质量的地方电视台并非 KVUE 一家。例如，明尼阿波里斯市的 KARE 电视台每日推出当天热点问题的长篇报道，收视率得到提升。威奇托市的 KAKE 电视台对问题性话题的报道是全国平均水平的两倍，收视率也不俗。塔拉哈西的城市有线电视 WCTV 为人所不为（例如，报道州政府事务），成为当地媒体市场的领导者。这些例子都是来自哥伦比亚大学"卓越新闻项目"对全国 20 个城市 61 家电视台的研究。[61]

这一研究中最有意思的发现是，当一家电视台决心放弃紧盯社会混乱的新闻模式时，收视率也会随着严肃新闻的出现而提高。也就是说，那些想兼顾严肃新闻和社会混乱题材的电视台，在收视率方面比不过那些把严肃新闻放在绝对首位的电视台，也比不过那些继续在"绝大部分时间报道社会混乱内容"的电视台。在总结这个有趣的发现时，研究人员指出：

收视率最不可能增长的电视台就是那些中间的、混合型电视台——一半是小报做派，一半是严肃新闻。这表明受众不是精神分裂症患者——他们的喜好各有不同，属于不同类型。有人钟情于各种揭秘、丑闻和明星的新闻；也有人喜欢更严肃、以传递信息为基础的报道方式。[62]

除了在被归入"高质量"组别的八家电视台中的五家收视率获得提升外，其余的情况则十分复杂。事实上，这次对 61 家电视台 600 个节目播出 181
的 8 500 条新闻进行的研究并不能乐观地反映革命正在席卷地方电视台：

尽管有一些好的新闻，但是研究发现，大多数地方电视台离优秀还相去甚远。总体来说，地方电视新闻还是属于表面化的应急反应型——不停奔忙的新闻。所有的报道中，几乎有一半（46%）是司空见惯的事情。不到 10%是编辑部策划的新闻。在有关争论话题的报道中，许多报道（43%）只是展示了一面之词。[63]

尽管这一研究发现，地方电视台的犯罪报道（28%）数量比（利用不同样本的）其他研究的结果更令人欣慰，地方新闻的实质性问题依旧很多。“卓越新闻项目”的研究者认为，地方新闻的主要问题是没能“寻找更多的新闻信源、报道事件的正反两方面意见、预先思考”[64]。

全国范围的变革

第一章我们讨论了新闻行业的经济危机。这一危机正在一些小的网络新闻媒体、博客以及诸如《每日野兽》《赫芬顿邮报》等混合型传媒机构掀起一场革新与实验的浪潮。但是，大多数所谓的主流媒体或是媒体“遗老”似乎无力去大力革新，只好继续通过削减预算应对危机，这进一步损害了它们的产品质量。程式化操作的力量如此顽固，使得这些媒体不能重新思考、定义新闻，因此只能故步自封，哪怕面对消亡的威胁。

甚至当新闻媒体发誓要改进报道质量的时候，也会有其他压力出现。例如，1992 年总统大选时，哥伦比亚广播公司（CBS）宣布了一项政策，旨在逆转节目中“同期声”（指候选人和政治人物自己发声的直接引语）渐少的趋势。根据丹尼尔·哈林（Daniel Hallin）的研究，1988 年总统选举的报道中，同期声的平均长度达到历史最短，不足 10 秒。[65]但是，哥伦比亚广播公司立志要在每个报道中给候选人至少 30 秒钟直接发声机会的目标很快就被放弃了，因为，很显然，竞选班子的媒体事务主管早就学会了把 10 秒钟政治广告的格式套用在为候选人准备的脚本上。[66]结果，1992 年大选电视报道中，候选人同期声的长度甚至下降到 8.4 秒。似乎这个时长已经不能再短，但是，根据媒体与公众事务中心的一项研究，1996 年大选报道中，同期声缩短到可怜的 7.2 秒。[67]2000 年大选，这一数字是 7.3 秒，报道中，候选人的镜头平均占时仅有 11%。[68]大选当晚的电视报道，熟悉选战与候选人的记者的“戏份”被删减，为的是给那些明星主持人和评论员腾出露脸的时间，好让他们进行掷地有声、连珠炮般的观点交流。[69]

同期声在减少，讲话者的镜头一闪而过，这些都表明，很难让新闻模
182 式朝着信息丰富的方向改变。同期声减少的趋势也提醒我们，并非所有对变革的压制都来自新闻媒体内部。对于压缩自己雇主的表达以适应媒体的要求，候选人聘请的媒体顾问们也觉得这没什么大不了。批评家们认为，目前竞选和其他活动中标准的 30 秒广告时长使候选人干脆跳过各自纲领中的细节，目标直指反复无常的公众情绪。[70]不过，在许多媒体顾问看来，

这样做也没什么问题。例如，曾为克林顿出谋划策的迪克·莫里斯就曾说："根本没有什么事情不可以在30秒内对选民说出来而且说清楚的。"[71]

民主，要不要公民参与?

让我们回顾一下第一章的内容，政治学家罗伯特·恩特曼指出，大众传媒介导的民主正面临沦为没有公民参与的民主的危险。其中的部分原因是，大多数新闻报道背后的推手更多是把人们当作被动的消费者而非积极的公民。[72]对于政治人物与记者来说，公众愈发成为一个只是用来实验、说服和行销的市场，而不是传播与政府管理中的一个平等伙伴。表达意见与参与政治在很多时候只是存在于电子影像中，在与社会和现实政治脱节的私人世界里从心理上让人感动。[73]

让人感到讽刺的是，技术的存在本来是为了便于更多地交流信息——让信息传播比以往更远、更快、更多源，并抵达更多的受众。但与此同时，新闻背后的政治与商业压力可能造成相反的结果。如果政治人物与媒体能够利用今天电子技术的潜力把批判性的观点传播给受众，那么电子时代的到来可能就不会这么令人不安。问题是，如何让政治人物和媒体放弃那条政治和经济阻力最小的道路。

简而言之，想象新闻如何可以变得更加以公民为导向并不难。例如，在重要问题的报道中，媒体可以报道更多公民的声音——哪怕官员想方设法控制、压低甚至忽略这些声音。媒体可以要求记者和编辑在报道中保留新闻人物更多的原声，而减少自己的评论。媒体还可以尽量少些快速的"元叙事"（meta-narratives）报道，例如，把竞选描写成赛马或是"权威-失序"情节的报道，因为这种叙事几乎适用于任何一般的政治形势。

最重要的是，公民以及他们的活动应该得到报道，即使官员并没有参与或对议题与公众的意见作出回应。新闻媒体可以让公民参与报道，在节目、版面和网页上开辟途径，让受众了解他们可以采取什么行动来改变一些事情。随着一些从传媒公司离职的记者开始探索数字技术可以如何吸引更多受众的参与，一些变化的迹象已经出现。近年来，你可以看到，博客、论坛和即时民调、YouTube等渠道以及社交网络站点逐步兴起，公民被邀请将他们通过手机和数码相机记录的新闻传递给媒体。你有什么看法？你认为什么样的新闻最适合公民参与的民主的需要？

注释

[1] See his news online service: www.breitbart.com/. Accessed September 8, 2010.

[2] 这一系列事件的时间线可参见自由媒体网站 Media Matters: http://mediamatters.org/research/201007220004. Accessed September 9, 2010。同一事件的有关解读也可参见保守派网站：www.rightpundits.com/?p=6778. Accessed December 11, 2010。更详尽的内容请参见维基百科：http://en.wikipedia.org/wiki/Resignation_of_Shirley_Sherrod. Accessed December 11, 2010。

[3] 有关福克斯报道的内容由Media Matters提供：http://mediamatters. org/blog/201007200060. Accessed September 8, 2010。关于福克斯对此事的运作，一个关键问题是，它宣称谢罗德在奥赖利节目播出之前已经辞职，因此福克斯并非造成谢罗德辞职的罪魁祸首。但这种说辞回避了一个事实，即谢罗德辞职前，福克斯网站上已经出现了有关报道，而农业部部长要求谢罗德辞职正是因为清醒地预见到福克斯会就此事大做文章。后来事实证明的确如此。与此同时，农业部解聘谢罗德完全出于对媒体炒作的预测，而非基于事实。所有这一切表明，媒体丑闻展现的是媒体自己眼中的存在，而这往往与背后的事实无关。

[4] Hal Boeodeker, "Shirley Sherrod: Fox News Becomes an Issue on 'Fox News Sunday,'" July 25, 2010. http://blogs.orlandosentinel.com/entertainment_tv_tvblog/2010/07/shirley-sherrod-fox-news-becomes-an-issue-on-fox-news-sunday.html. Accessed September 8, 2010.

[5] 请参见布雷巴特在自己博客中的记述：http://biggovernment.com/publius/2010/07/21/breitbart-its-not-about-shirley-sherrod-its-about-naacp-attacking-teaparty/。

[6] 有关事件进展的记述，可参见 Howard Hurtz, "Finger-pointing at Fox in Shirley Sherrod Firing," *The Washington Post,* July 22, 2010. www. washingtonpost. com/wp-dyn/content/article/2010/07/22/AR2010072201265.html. Accessed September 8, 2010。

[7] Quoted in Michael Massing, "The Press: The Enemy Within," *The New York Review of Books* 52, no. 20 (December 15, 2005).

[8] Remarks at the conference "Politics and the Media in the New Millennium," hosted by the Annette Strauss Institute, University of Texas, Austin (held at Belo Mansion, Dallas, Texas, February 18, 2006).

[9] "Al Gore and the 'Embellishment' Issue: Press Coverage of the Gore Presidential Campaign," Kennedy School of Government Case Program, C15-02-1679.0.

[10] See, for example, Jay G. Blumler and Michael Gurevitch, "Politicians and the Press: An Essay in Role Relationships," in *Handbook of Political Communication,* eds. Dan Nimmo and Keith Sanders (Newbury Park, CA: Sage, 1981), 467–493.

[11] Herbert J. Gans, *Deciding What's News* (New York: Pantheon, 1979); and Gaye Tuchman, *Making News* (New York: Free Press, 1978).

[12] Bernard C. Cohen, *The Press and Foreign Policy* (Princeton, NJ: Princeton University Press, 1963); and Timothy Cook, *Governing with the News* (Chicago: University of Chicago Press, 1998).

184

[13] Thomas E. Patterson, "Doing Well and Doing Good: How Soft News and Critical Journalism Are Shrinking the News Audience and Weakening Democracy—and What News Outlets Can Do About It," Joan Shorenstein Center on the Press, Politics, and Public Policy, Harvard University, December 2000, 10.

[14] See the argument in Robert W. McChesney, *The Problem of the Media: U.S. Communication Politics in the Twenty-First Century* (New York: Monthly Review Press, 2004).

[15] Thomas E. Patterson, "Irony of a Free Press: Professional Journalism and News Diversity" (paper prepared for the Annual Meeting of the American Political Science Association, Chicago, September 3–6, 1992). See also Patterson's *Out of Order* (New York: Knopf, 1993).
[16] 这些报道的文档可以访问如下网址。http://topics.nytimes.com/top/news/business/companies/blackwater_usa/index.html. Accessed September 9, 2010.
[17] See W. Lance Bennett, Regina G. Lawrence, and Steven Livingston, *When the Press Fails: Political Power and the News Media from Iraq to Katrina* (Chicago: University of Chicago Press, 2007).
[18] CNN poll reported in CNN's Politicalticker: http://politicalticker.blogs.cnn.com/2010/09/03/cnn-poll-obama-approval-up-after-iraq-speech/. Accessed September 9, 2010.
[19] Sam Youngman, "Obama Promises No 'Victory Lap' During Address on Iraq," *The Hill*, August 31, 2010. http://thehill.com/homenews/administration/116621-obama-promises-no-victory-lap-during-iraq-address.
[20] See Frank Rich, *The Greatest Story Ever Sold: The Decline and Fall of Truth in Bush's America* (New York: Penguin, 2006).
[21] 有关伊拉克战争媒体报道的更详细分析，可参见 Bennett, Lawrence, and Livingston, *When the Press Fails: Political Power and the News Media from Iraq to Katrina*。
[22] Barton Gellman and Walter Pincus, "Errors and Exaggerations: Prewar Depictions of Iraq's Nuclear Threat Outweighed the Evidence," *Washington Post National Weekly Edition* (August 18–24, 2003): 6.
[23] "With Few Variations, Top Administration Advisors Present Their Case," *New York Times*, September 9, 2002:.A8.
[24] Todd S. Purdham, "Bush Officials Say Time Has Come for Action in Iraq," *New York Times*, September 9, 2002: A1.
[25] See Bennett, Lawrence, and Livingston, *When the Press Fails*. Also see Robert M. Entman, *Projections of Power* (Chicago: University of Chicago Press, 2004).
[26] Paul Krugman, "Bush and Blair, So Far, Face Different Fates," *International Herald Tribune*, July 30, 2003: 7.
[27] See, Bennett, Lawrence, and Livingston, *When the Press Fails*.
[28] See Entman, *Projections of Power* (Chicago: University of Chicago Press, 2004).
[29] Ken Auletta, "Vox Fox," *New Yorker* (May 26, 2003): 64.
[30] See Daniel C. Hallin and Todd Gitlin, "The Gulf War as Popular Culture and Television Drama," in *Taken by Storm: The Media, Public Opinion, and U.S. Foreign Policy in the Gulf War*, eds. W. Lance Bennett and David L. Paletz (Chicago: University of Chicago Press, 1994), 149–166.
[31] Timothy Cook, "Domesticating a Crisis: Washington Newsbeats and Network News After the Iraq Invasion of Kuwait," in *Taken by Storm: The Media, Public Opinion, and U.S. Foreign Policy in the Gulf War*, eds. W. Lance Bennett and David L. Paletz (Chicago: University of Chicago Press, 1994), 105–130.
[32] 例如，可参见一些记者的记述，包括：Lou Cannon, *Reporting: An Inside View* (Sacramento: California Journal Press, 1977); Robert Darnton, "Writing News and Telling Stories," *Daedalus* 104 (Spring 1975): 175–194; and Lewis Lapham, "Gilding the News," *Harper's* (July 1981): 31–39。 185
[33] 关于这一综合征的精彩论述，可参见 Tuchman, *Making News*。
[34] Robert Scholes, "Double Perspective on Hysteria," *Saturday Review* (August 24, 1968): 37.
[35] 关于这一模式是如何产生的更为详细的分析，可参见 Leon Sigal, *Reporters and Officials* (Lexington, MA: Heath, 1973)。

[36] Tom Bethell, "The Myth of an Adversary Press," *Harper's* (January 1977): 36.
[37] Ibid., 31.
[38] Quoted in David Owen, "The Best Kept Secret in American Journalism Is Murray Kempton," *Esquire* (March 1982): 50.
[39] Steve Goldstein, "How About Term Limits for the Unelected Elite," *Columbia Journalism Review* (May/June 1994): 35.
[40] Ibid.
[41] Ibid., 36.
[42] See, for example, Warren Breed's classic study, "Social Control in the Newsroom," *Social Forces* 33 (May 1955): 326–335.
[43] Edward Jay Epstein, *News from Nowhere* (New York: Vintage, 1973).
[44] Frank Cesno, "The New News Environment," Brown-bag Lunch, Joan Shorenstein Center, Kennedy School of Government, Harvard University, September 21, 1999.
[45] Epstein, *News from Nowhere*.
[46] See Timothy Crouse, *The Boys on the Bus* (New York: Ballantine, 1973).
[47] Mark Fishman, *Manufacturing the News* (Austin: University of Texas Press, 1980), 80–81.
[48] Ibid., 81.
[49] Stephen Hess, *The Washington Reporters* (Washington, DC: Brookings Institution, 1981), 130.
[50] See Larry Sabato, *Feeding Frenzy* (New York: Free Press, 1991).
[51] See W. Lance Bennett, "The Cueless Public: Bill Clinton Meets the New American Voter in Campaign '92," in *The Clinton Presidency*, ed. Stanley Renshon (Boulder, CO: Westview Press, 1995).
[52] Quoted in Maureen Dowd, "How a Battered Clinton Has Stayed Alive," *New York Times*, March 16, 1992: 1.
[53] David Shaw, "Dire Judgments on Clinton Started Just Days into Term," *Los Angeles Times*, September 16, 1993: A1.
[54] Jacob Weisberg, "The White House Beast," *Vanity Fair* (September 1993): 169.
[55] Maureen Dowd, "Beached," *New York Times Magazine* (June 19, 1994): 18.
[56] Fergus M. Bordewich, "Supermarketing the Newspaper," *Columbia Journalism Review* (September/October 1977): 27.
[57] 例如，可参见菲利普·梅尔批判市场调查、捍卫更可信的社会科学调查的文章："In Defense of the Marketing Approach," *Columbia Journalism Review* (January/February 1978): 61。
[58] Reported in Joe Halley, "Should the Coverage Fit the Crime? A Texas TV Station Tries to Resist the Allure of Mayhem," *Columbia Journalism Review* (May/June 1996): 27–32.
[59] Ibid., 28.
[60] See: www.austin360.com/television/new-keye-formats-slip-some-kvue-leads-news-712979.html. Accessed September 9, 2010.
[61] 基于哥伦比亚大学"卓越新闻项目"的研究，可参见相关报道：Tom Rose-
186 nstiel, Carl Gottlieb, and Lee Ann Brady, "Local TV News: What Works, What Flops, and Why,"*Columbia Journalism Review* 37, no. 5 (January/February 1999): 65–70。
[62] Ibid.
[63] Ibid.
[64] Ibid.
[65] Daniel C. Hallin, "Sound Bite News: Television Coverage of Elections, 1968–1988," Woodrow Wilson Center Paper, 1991.

[66] See John Tierney, "Sound Bites Become Smaller Mouthfuls," *New York Times*, January 23, 1992: 1; and Richard L. Berke, "Mixed Results for CBS Rule on Sound Bite," *New York Times*, July 11, 1992: 7.
[67] Mitchell Stephens, "On Shrinking Sound Bites," *Columbia Journalism Review* (September/October 1996): 22.
[68] Center for Media & Public Affairs, September 28, 2000. www.cmpa.com/pressrel/electpr5.htm.
[69] Thomas E. Patterson, "Diminishing Returns: A Comparison of 1968 and 2000 Election Night Broadcasts," Shorenstein Center on Press, Politics, & Public Policy, December 2003. www.shorensteincenter.org.
[70] See, for example, Kathleen Hall Jamieson, *Dirty Politics* (New York: Oxford University Press, 1992).
[71] The statement is from Morris's memoir *The New Prince,* quoted in a review by Andrew Sullivan, "As the Focus Group Goes, So Goes the Nation," *New York Times Book Review* (June 13, 1999): 8.
[72] Robert M. Entman, *Democracy Without Citizens: Media and the Decay of American Politics* (New York: Oxford University Press, 1989).
[73] Dan Nimmo and James E. Coombs, *Mediated Political Realities,* 2nd ed. (New York: Longman, 1989).

第六章　新闻行业内部：客观性与政治权威倾向性

“客观性”对记者、编辑的约束更为严格，因为这意味着每则报道都得有权威的出处。如果没有引用警察的话，那交通事故就不能报道。如果未与政府官员核实，那么战时事件就不能报道。

“客观性”偏重强调确定的、官方的声音，而对众多真正相关的问题，权威人士如果避而不谈，新闻报道便置之不理……这加大了私人权力的现实与公共意象所形成的幻象之间的距离，是对民主永久的威胁。

——本·巴格迪肯（Ben Bagdikian）

新闻能够做到客观吗？新闻应该客观吗？这些问题激发公众讨论，并给那些 24 小时不间断播出的电视频道评论员们提供即兴的谈资。进行本章写作时，输入“新闻倾向性”几个字在谷歌上搜索，会出现 226 万条结果，数量可观，其中不乏发人深省的条目，如美国国家公共广播电台（NPR）的《大谈国事》（*Talk of the Nation*）节目曾提出这样的问题：“强调平衡是否会歪曲新闻事实？”如果一则新闻不仅仅只有两面或是双方并不平等？[1]然而，如果你问人们，媒体出了什么问题，人们的担心很少能有这样的深度。平时我们能听到最常见的抱怨就是，新闻没有履行公平、客观的责任。

在第二章我们讨论过，意识形态上的倾向性令人迷惑，因为大多数人通过自己的政治倾向观察这个世界，并认为与他们的观点有偏差的视角是不平衡的。因为几乎在任何问题上，公众间都存在着许多不同的观点，新闻想要被多数人认为公正、平衡或是客观，似乎是不可能实现的梦想。把与政治一样受价值观驱动的某种东西转变成通用新闻，这是一种悖论，但人们就是这样要求新闻的。正如我们在第二章所谈到的那样，人们普遍认为，新闻倾向性的出现是因为记者摒弃了自己的职业准则——平衡、客观的报道——而把自己的个人偏见强加到报道中。本章将探讨一种新的可能性，也许新闻中出现的严重偏见，多数不是因为记者摒弃了职业标准，而恰恰是因为他们抱着客观性的理想不放，这么说也许会让人觉得不安。 188

试图做到平衡、客观的想法有一环弱链，即在现实中，新闻媒体把权威与官员当作客观的代理人。如果民主能够完美运行、代表所有公民，那么，这可能就是一个合理的、有效的标准。然而，如果存在政治倾向性，导致官员言行失真（请见本章巴格迪肯的开篇语），那么，让权威成为界定新闻的主角就会直接给新闻造成一般或特定的偏见。因为政治派别的权威经常会根据政治考量过滤自己的言行，这就使得新闻更像关于政府内部权力与政治战略的一扇窗子，而不是在更广泛民主语境下批判性地检视政治的一个平台。

官员们在考虑如何进行新闻运作时，会进行什么政治考量呢？第四章的“案例研究”阐释了导致新闻报道失真的一种政治考量：那些依靠碳能源经济的公司投下血本，让智库和政治候选人诋毁气候研究，目的就是拖延政府在治理全球变暖问题上的行动。在类似的案例中，新闻媒体追求平衡的努力会使原本一家之言占上风的报道变为两面兼顾，但结果却让公众不知所云。再比如，一个调查报道披露了一个政党在选举中的不当行为，报道写得很好，但这会让编辑感到紧张，并要求记者去调查选举中的另一政党是否也有搞鬼的可能。于是，有错的一方跳出来说自己被冤枉了（不管是否有证据），并指责另一方实际是想操纵选举。类似报道只能加深大众心中的这样一种认识，即政治场中的每个人都在搞歪门邪道，所以这则报道也就如同往常一样，可以置之不理。

一些事情虽然主体上只有一家之言在理，但不知为何新闻报道却发展出另外一方的观点，而有的事情虽然存在两方的观点，但不知为何其中一方的观点在新闻报道中却缺失了。后一种情况的出现往往是因为记者找到的官方消息源要么保持沉默，要么在冲突中占据弱势的位置，或者兼而有之。第五章“案例研究”中所讨论的民主党在入侵伊拉克问题上的无所作
189 为就属于这种情况。当时民主党没有对大受欢迎的总统发起挑战，使得媒体丧失了一次强有力的反驳机会。后来的事实证明，发动伊拉克战争确实考虑欠妥并最终不得人心。虽然，一些可信的消息源，如联合国武器调查官员（他们没能找到任何大规模杀伤性武器）提出了质疑，但是，这样的事情不具备报道的可持续性，因为他们与当权的美国官员之间不存在直接的政治冲突。

有的新闻只报道了一面之词，其实可能还存在别的方面；有的新闻报道了新闻事件的双方观点，但也许其实只有一方的观点是真实可信的。除了这两种情况，还有些新闻纯粹就是为了政治目的而制造的。丑闻、传言以及像病毒一样传播的政治讽刺通常被发布到数字媒体空间，引起博客和具有党派倾向的网络媒体的关注，并最终浮出水面成为电台、电视台脱口秀节目里吸引受众的话题。无论真假，这种方式对一些政治人物来说十分有吸引力，因为在他们看来，这样做的成本很低，可以借机通过主流媒体取悦那些愤怒的选举人，并达到攻击政敌的目的。例如，奥巴马整个总统任期都是讨伐缠身，关于他实为穆斯林，并非出生于美国的指责不断（后者直指他作为美国总统的合法性）。

主流媒体非但不去澄清这些指摘，不去提醒大家这些东西刺激了偏见和偏狭，反而常常把它们当作严肃的政治问题进行报道。怎么会这样？浩瀚的网络空间充斥着未经过滤的信息。2008年大选中关于奥巴马的传言已经过去几年了，但是现在在谷歌上输入“birthers”（出生地怀疑运动）这个术语，依旧能够搜到213万个结果（这个名词依旧在唤起人们对奥巴马担任总统合法性的怀疑）。而新闻搜索显示（同上，也指本书写作时），这个术语在新闻报道中依旧活跃。廉价的网络传言变身为严肃新闻，是什么搭起了两者联系的桥梁？许多保守的政治人物（例如，共和党参议员、众议员以及共和党各州委员会和全国委员会的官员）呼应了这些传闻，由此，在新闻报道与时事评论中激起了一种负面情绪。《华盛顿邮报》博客的一篇分析文章指出，20多名共和党政治人物曾在新闻中以某种方式对这些传闻表示认可。[2]对于这些虚假传言，总统不仅无法让它们消失，而且

它们还进一步损害了总统的政治信誉：足有20%的公众认定奥巴马是穆斯林，只有不到一半的人对他的出生信息不持怀疑态度。

奥巴马知道，他既不可能反击这种捕风捉影的报道，也不可能反击幕后给新闻媒体供料的网络。在2010年的一次访谈中，奥巴马看起来非常沮丧，因为这些不实之言已经困扰了他多年。他说："我不可能一辈子把我的出生证明贴在额头上。"他同时指出，想把这类报道从当代新闻体系中剔除困难重重："事实就是事实。大选时我们就有过类似的遭遇——在如今新的媒体时代，就有这样一种机制可以不停地大量炮制错误信息。"[3]

因此，公式化地套用平衡、公平和客观的概念，结果只能是与平衡、公平和客观相去甚远。这种信息模式毫无益处，但相互竞争的新闻媒体却 190 不约而同地都选择了这种模式指导报道，琼·迪迪安（Joan Didion）对此有较为辛辣的评论。她在描述华盛顿报道的准则时说：

屈从于"公平"，这种虔诚在编辑部并不陌生。实际上，这是大量"自动驾驶"式报道和懒于思考的一个借口，而在理论上，则是一种美好的理想。在华盛顿，新闻管理已经成为这一核心产业中压倒一切的唯一要务，"公平"的含义已经演变为一种小心谨慎的被动，媒体自愿按照新闻事件被展示的模样或者说被创造出的模样报道，而非按照新闻事件的本来面目报道。[4]

这些简单的报道准则在很大程度上说明了美国民众所处的信息体系是什么样子。这个体系之中的每个角色——政治人物、记者或是公民——对这个体系各自有不同的看法。如上一章所述，这种核心报道准则所造就的这一体系充满竞争与对抗，而深陷其中的圈内人士（政治人物与媒体）觉得这个圈子魅力无穷。结果，这个信息体系高度标准化，而其所生产的新闻报道中的倾向则显而易见。这一点我们在第二章中已经有所涉及。对于民主而言，或许同样重要的是，这一体系遭到大多数自视为局外人的公众的强烈反对。

记者与他们的职业

记者如何看待自己的工作？在有些方面，他们的观点已经发生变化，而在另外一些方面，则一如既往。例如，在过去的四分之一个世纪里，传播速度极大地提高，记者也相应地意识到了新闻时效的重要性。在 20 世纪 70 年代早期，56％的受访记者认为将新闻迅速送达受众极为重要。到了 90 年代，69％的记者认为时效是新闻发布的第一要务。或许是因为新闻时效要求压力太大，认为对复杂新闻事件需要进行分析性报道的记者比例由 61％降到了 48％。长期以来，对政府的说辞进行调查和监督被认为是新闻业对民主的标志性贡献，但现在由于媒体尽量避免进行复杂的报道，这种工作已经不再那么重要。在受访者心目中，调查性报道的重要性已经从 20 世纪 70 年代的 76％降至 90 年代初期的 67％。[5]事实上，最新一版的《二十一世纪美国记者》指出，报道新闻的记者人数在急剧下降，但是，一成不变的新闻报道基本标准却依然存在。[6]而就在这一时间段，越来越多的政治信息通过更多的渠道传播开来，成为新闻。

尽管行业与受众环境迅速变化，新闻职业有一个特点几乎永恒不变，即对客观、中立，或是平衡的要求高于一切。自 20 世纪 20 年代专业化新闻兴起一直到今天，这一职业准则一直未变。因为记者没有科学的方法来
191 将这些职业价值观付诸实施，于是他们很快把它归纳为这样一种理论：政治形势中有一些能够被报道的基本事实，应该通过权威信源提供的言论和事实把它们报道出来。[7]讽刺的是，这种对客观的界定不堪一击：人所共知，官员也是有倾向性的，事实也很容易遭到质疑，而一则新闻报道不可能囊括所有相关的观点，哪怕这些观点对理解某一新闻事件都很重要。

近些年，对于新闻报道带有偏见的指责越来越多。因此，许多记者对“客观”一词退避三舍，转而使用“平衡”“公正”等字眼。不管名称如何，有一种美国独有的文化理想在我们的生活中广泛存在，那就是，在讨论政治时，我们总能找到符合一般公众兴趣的术语和基本步骤来进行描述，而这些术语和步骤看起来好像与政治完全无关。记者就是这种文化理想的承载者，也是这种文化理想的主要受害者。

客观、中立的要求尽管让新闻行业因为倾向性之嫌而饱受各方指摘，但同时也为这一不好干的差事提供了自卫的武器：如果每个人都对我们不满意，那我们肯定就是做对了。社会学家盖伊·塔奇曼把“客观性”称作一种“战略仪式”，一旦发生了威胁到自己事业的事情，比如，某篇冒险的报道受到了官方或公众的谴责，就可以拿它来抵挡一番。[8]记者对普遍

现实的追求产生了一个奇怪的结果，那就是，在一个自由的世界里诞生了一种最标准化的报道体系——这一体系模糊了客观性与政治权威之间的界限，模糊了事实与政治运作之间的界限。事实上，当真实性被质疑，记者通常似乎无法应对。这一点，请见本章“案例研究”。

［案例研究］

为什么主流媒体喜欢政治运作胜过事实？

在第一章的“案例研究”中，我们谈到了“真相感”，这一概念因喜剧演员斯蒂芬·考尔伯特而广为人知。借助这一概念，我们可以看看有多少曲解和政治运作成为新闻，而新闻媒体对此又是多么无能为力（事实上，应该说，新闻媒体在多大程度上成为这股力量的帮手）。新闻的合理性受到持续攻击，“真相感”这一概念成为一个火遍全国的词语。即使考尔伯特不再拿它当喜剧噱头，他的粉丝们还在嚷嚷着要让这个词“复活”。他们发起了一场线上运动，使“复活真相感”登上2010年谷歌潮流榜。[9]

追求真实可能是一个难以达到的目标，特别是在这个存在价值负载和争议的政治世界。如果新闻报道最终主要是精选一些具有党派性的“演员”的说辞来界定政治形势，那么，这种新闻实践就更不可能给公众提供有助于他们思考或是形成合理意见的信息。一小部分公众会很细心，他们在信息海洋中到处徜徉，并敞开交流。这些人可能会形成独立见解。但 192
是，对于普通公民来说，新闻让他们难以判断政治形势，因为他们从新闻中听到的，只是那些来自有权界定新闻事件、偏袒自己党派的政治人物发出的尖锐、互相抵触而且通常是不完整的说辞。需要指出的是，秉承“客观、平衡报道”这种理念的新闻实践会造成一些信息差距，从而妨碍受众理解新闻事件。这些信息差距包括：没有被官方认可的要素被删节；即使有清楚的证据表明当事某一方更正确，但还是要人为进行平衡；由于没有人站出来挑战官方言辞，欺骗和谎言得以进入新闻。

删节

新闻报道经常简化处理原本庞杂得多的事实。在许多情况下，这并非坏事。对于距离遥远的复杂事情，人们倾向利用以往的经验和常识予以简化。然而，新闻对事实的简化可能会极致到歪曲或删节重要信息的地步。

其中有以下几种原因：一些情势过于复杂，编辑认为受众可能无心去了解，于是作罢；官方对新闻中某些方面予以否认，这本是追踪报道的最好理由，但反倒因此不了了之；官员或政治集团施压，要求停止报道某些内容，媒体于是转向"公正、客观"的报道。于是，来自政治人物与保守传媒人士的压力使得阿富汗战争中平民伤亡的报道从美国新闻中消失了。与之相反，英国《独立报》的国际编辑说，他们的记者曾报道美军造成阿富汗平民死亡的事情。在一次军事行动中，美军袭击了被疑为本·拉登藏匿处的地方，但是不但没有打击到本·拉登或是他的武装力量，反而造成附近村庄包括儿童在内的115名平民死亡。这些内容对美国人可能会有用，但是一位与英国记者同样站在废墟上进行报道的美国有线电视新闻网（CNN）记者报道的却是五角大楼的口径：此次行动的打击目标是拉登，并不涉及平民。[10]

类似的情况在（伊拉克）阿布格莱布监狱丑闻的报道中也出现过。在这一事件中，许多无辜平民被收监、遭受虐待，虽然此事广为人知，且被当地媒体大量报道，但这一事实在美国新闻中少有讨论。无论人们如何看待拷打恐怖分子这个问题，但是有一点总是不应回避的：（在伊拉克监狱丑闻中）警察的目标精确性还不及前面所说的（阿富汗）空袭吗？在漫长的伊拉克战争中，平民伤亡和无家可归者的数字在美国新闻中鲜有提及。而此时，世界上许多救助组织和新闻报道都把伊拉克称为人道主义灾难的重灾区。2008年伊拉克战争五周年之际，美国媒体上充斥着布什总统的讲话，宣称伊拉克形势得到极大的改善，当地人民支持美国继续为解放伊拉克作出努力。2010年，当奥巴马总统（在劳动节假期前这一新闻淡季）宣布战争结束的时候，美国媒体上很少有关于战争在伊拉克所造成的混乱、政治腐败、暴力加剧或叛乱将至等等的新闻分析。作为美国结束军事行动庆祝仪式的一部分，拜登副总统访问了巴格达。当被问及如何评价遍及伊拉克的暴力活动，拜登的回答很简单："现在安全多了。"[11]而此时，随行的记者穿戴防弹衣和头盔，而代表团很少离开高度戒备的绿色管制区。至此，伊拉克战争不再是华盛顿关注的一个政治问题，媒体与公众似乎也乐于把视线从历史的痛苦一幕转向别处。

193

人为平衡

关于调整报道调门的压力，《独立报》编辑伦纳德·多伊尔（Leonard

Doyle）说："要求客观报道的最强音来自想要在任何报道中都获得同等发言时间的组织或是游说者。"[12]在第五章，我们讨论过这样一个故事：一名记者调查了发生在圣路易斯的选举投票违规问题。他的结论是，共和党看起来比民主党践踏了更多选民的权利。然而，他的编辑却坚持要以两党相互指责的角度进行报道，认为这样看上去更平衡一些。当然，政治上空洞的指责很容易；事实上，政治中也充斥着这些东西。问题是，记者是否应该把这些东西以貌似双方等重的样子传播给公众。

还有一个例子，在关于全球气候变暖的报道中，科学界的大多数专家觉得在这一问题上，其中一方的论调没有什么证据支持，但编辑们出于公正与平衡的考虑，还是把没有证据支持的观点引进到新闻里。类似的例子在很多科学领域的报道中都曾出现过（比如进化与干细胞的研究），科学问题成了政治斗争的一部分，而新闻报道则被呈现为包含双方观点的、不偏不倚的科学报道。关键是，任何事情都有可能招致政治挑战，以平衡的姿态、貌似双方同重的方式报道双方的观点态度，实际上反而让受众迷惑，无法判断双方谁更可信。这种做法不仅会破坏人们对科学以及可知现实的信任，也会传递一种信号，告诉人们，为了政治利益而挑战一切的做法无可厚非。结果，政治人物们学会了让事实屈从于他们的思想意识，而夹在当中的公众则被弄得云山雾罩，大失所望。[13]

由政治界定社会现实，这种趋势在竞选报道中可能表现得最为明显。例如，2004 年大选中，小布什团队声称"1.09 亿美国纳税人将人均减税 1 544美元"，暗示多数人将获得如此幅度的减税，但是，实际上，只有很少一部分富人才能获得这么大的好处，是他们把平均值给抬升了，而多数人获得的减税额度要比平均值低得多。然而，多数新闻报道却没有好好做做这道数学题，只是简单地报道了民主党对这种说法的反击，报道看上去很平衡，实质却体现了党派倾向性。如果编辑部从事实出发，这样的说法很容易被挑出毛病。克里的竞选团队很快看出了媒体的这种势头，于是发明了一套特殊手法，随意选取了一些对小布什不利的经济数据，并冠以"悲惨指数"之名。于是，许多新闻报道开始报道克里批评小布什经济政策失败的言辞，以及小布什的还击，而没有质疑也没有调查这一指数本身的来源与可信性。[14]

谎言与欺骗

被迫采取平衡的手法与任由虚假信息和欺骗大行其道，两者之间只有一步之遥。2004 年大选中，副总统竞选人迪克·切尼与约翰·爱德华兹（John Edwards）辩论后，也发生了一件有意思的事，此事说明记者独立报道有多么困难。微软全国广播公司（MSNBC）的专家评论节目《硬球》（*Hardball*）主持人克里斯·马修斯（Chris Matthews）曾与哥伦比亚广播公司记者鲍勃·谢弗（Bob Schieffer）探讨过关于在大选辩论和其他新闻中如何把事实弄清楚的问题。马修斯认为，虽然感觉上切尼赢得了副总统
194 辩论，但是切尼在辩论中犯了一些明显的事实错误，而媒体无论是当时还是在后续报道中，都没有对此提出任何疑问，这令人不安。切尼的一个错误是，虽然政府试图建立伊拉克与“9·11”事件之间关联的努力已被证明是失败之举，但在辩论中他还是坚称二者之间有联系。他的另一个错误是，他说自己从未与爱德华兹谋过面，而事实是，在此前的一次重要活动中这两人曾经比肩而坐。以下是马修斯与谢弗交流的片段：

马修斯：你认为什么更重要？是我们全国人民花了一个半小时观看的这出表演……还是随后的分析？……我指的是，就事实而言，谁是对的？事实与这些人在黄金时段的表演中说的一样吗？

谢弗：很可能不一样。内容很重要，非常重要。但是，克里斯，你我都知道，我们在总统选举中的选票与任何其他选票都不一样……我们投票选总统，是凭着我们的直觉，是发自内心的选择。我们要选的是在危机时刻让我们觉得安心的人。这就是为什么我觉得候选人的举止态度很重要。如果一个人看上去有能力把握局面，看上去冷静、镇定，这就很重要，我认为这就是人们决定选谁做总统的很重要的因素。[15]

马修斯继续说，切尼似乎在散布一个关于伊拉克战争的错误概念，而最终谢弗也没有回答，当政治人物无论如何都不说实话的时候，记者如何才能保持独立。当然，记者所做的就是让另一边的政治精英指出他们的对手在撒谎，但是这种做法使得新闻沦为常见的相互指责和吵吵嚷嚷。这样的报道让人觉得事实可以屈从于政治争辩，而公众除了选择相信他们愿意相信的事实，不会从报道中得到任何其他的东西。[16]

客观报道的悖论

“如果报刊能够更客观一些……”自从乔治·华盛顿以来，每个被围攻的政治人物都曾指责媒体的报道充满敌意，而多数公众则似乎确信，即使情况糟糕到新闻有倾向性，那也是自由主义的倾向，而绝不是权力的倾向。[17]有了这种普遍的认识，人们就不太可能意识到，新闻是被掌握权力的精英和组织有素的利益集团引领的，而对广大沉默的美国普通人的报道则远远不够。我们来看看《新闻周刊》关于芝加哥一项改善穷人生活的新计划的报道。在报道中，芝加哥市长宣称：“人们想要的是教育、工作以及就业培训。”政治人物经常重复这些话，让听者觉得是何其耳熟啊，听多了人们就信以为真了。但是，一项未经报道的社区组织调查显示，人们实际上想要的是更好的医疗，孩子们有更多的事情去做，社区里举办更多的文化活动。[18]

本章将分析新闻客观性的悖论。人们通常认为，“尽管新闻职业标准致力于防止偏见，但新闻往往还是有倾向性”，但与之相反，本书认为“恰恰是因为新闻职业标准要求防止偏见，新闻才有了倾向性”。本章的中心思想是，践行独立、客观等准则的新闻职业行为，也会成为官方立场得 195
到青睐的温床。与此同时，这种职业行为所摆出的独立、客观的姿态让人觉得按照这种标准生产的新闻是对事实最好的展现。简言之，新闻的职业标准把一种扭曲的政治图景引入新闻，而且将这种图景合法化为一种广泛、真实的存在。

界定客观性：公正、平衡与真实

记者们有时会用其他术语来代替客观性，如准确、公正、平衡或事实，这些都是新闻报道的基本目标，也是指导他们报道的准则。客观性这一标准很难达到，尤其是在当今这个时代，许多评论家和公众都会指责记者离客观性差得太远。准确、平衡和公正相对来说要温和一些，也更容易达到一些，而实现客观性则阻碍重重：

- 政治事件中固有的价值观；
- 新闻人物的欺骗；
- 难以做到观点完全中立；
- 报道不可能顾及涉事的各个信源以及事实的各个方面；
- 记者必须仓促截稿；
- 网络与24小时电视报道给突发事件报道带来的压力。

因为这些困难，无论媒体如何努力呈现事实，还是肯定会遭到抨击。对于四面楚歌的记者来说，准确、平衡或是公正听起来更容易拿来当盾牌。最明显的标志就是，多年来，美国职业记者协会一直把客观性视为记者职业操守的一项核心原则，但在1996年，这一表述被删掉。记者兼历史学者戴维·敏迪克（David Mindich）指出，在记者职业标准中，“客观性”一词已经被诸如真实、准确和全面等表述取代。在他看来，这种替代表明许多记者已经疲于去捍卫“客观性”这个四面受敌的字眼，但依旧信奉其代表的意义与指导精神。[19]有足够的证据表明，无论以什么名目出现，绝大多数记者依旧推崇客观性的理想。例如，根据皮尤研究中心所做的一项全国调查，有四分之三的受访记者认为，他们心中理想的准则是报道“一个事件真实、准确、广为认可的版本”。[20]

给新闻规范更名本无可厚非，但是如果那些造成信息倾向性的新闻实践（参见第二章）能够随之而变，岂不更好？然而，新的表述之下，记者的做法与过去庄重承诺客观性的时代相比，如出一辙。而且，用公正、准确或是平衡来描述新闻内容，比“客观”一词更具有误导性。至少，客观
196 性还能与个人化、戏剧化、碎片化以及以权威为导向（或是正常或是无序）的新闻形成鲜明对比。公正或是准确则要模糊得多，会让人觉得信息的倾向性有其合理性，这是有良知的记者能做到的最好选择了。

比如说，我们思考一下“公正”这个词。有人会问，给涉事双方同样的时间让他们说话，并把他们提供的事实展现出来，难道这不是我们力所能及地接近准确吗？难道“公正”不是比“客观”更好的表述吗？“公正性”的假设前提值得怀疑。首先，它对事情的复杂性认识不够，许多事情可能涉及很多方面，而不仅仅是两方。其次，哪两方能够被允许进入新闻的大门，也是个问题。多数报道中出现的两方只不过是众多可能性观点中

的广泛样本而已。例如，总统演说的报道中，公正就是给反对党机会进行回应。这样够公正，是吧？但是，这种对公正的定义只不过是建立在一种有待检验的常识基础之上，即大家都把两个政党当作美国政治中最合法的两方。记者每一篇建立在这种假设上的报道都会进一步固化这种认识，但近几年来，选民与候选人都表现出了与政党关系的弱化，因此，这种假设开始受到质疑。

公正性宣称的第二个要义就是等时（让双方有同样的时间表达自己的立场）。在同样的时间里，是哪些信息占优势呢？往往是那些最可预测的、套路化的、官方公告的信息。比起旧的、熟悉的观点来说，传播新观点并使之被理解，往往需要更多的时间和努力。媒体可以拿出额外的时间让人们了解那些新观点，但这对于那些占主导地位的角色和他们的支持者来说，似乎是不公平的。所以最安全的办法还是遵照最简单的公正原则，让最有话语权的双方——当然也是最能说套话的双方——享有同样的时间发言。

这一切都表明，那些貌似简单的想法，比如平衡与等时，可能并不像看上去那样简单。还有一个更麻烦的问题，是每篇报道里都要做到平衡呢，还是一段时间内的报道应该保持平衡？你会说，这很简单。确实，大多数人希望每篇报道都保持平衡，也就是说，如果一则报道强调了某种观点，那么，他们就会大声喊，犯规了。然而，正如之前所说，如果某种观点之前很少听说，而这种观点又比早已为人们所知的那些立场复杂，这时候怎么办呢？为什么不能给这些新的视角更多的时间呢？为什么要让那些司空见惯的观点打断它们呢？

当一种新的观点与熟悉的观点同时出现时，人们的心理倾向是排斥新的、拥抱旧的。当我们以这种角度看待报道的公正性，那么，在每篇报道中试图实现新观点与熟悉的政治模式之间的平衡的想法，很难说是公平的。如果报道的目标是传递信息，让新旧观点同时为人所知，那就需要一种新的平衡观，即摒弃每则报道都要保持平衡的想法，代之以“一段时间内信息平衡”的新观点。

现行的报道准则久为人们所熟知，听起来也很有道理，它们的存在似乎就是为了服务于那些显而易见、值得赞誉的目的。的确，新闻报道的准则标榜对立角色、纪实报道或是好品味的标准，很难想象这些做法除了要

197 改善新闻的质量和客观性，还有别的什么目的。然而，以下讨论表明，诸如客观、公正、平衡等准则的演化是在新闻行业发展历程中偶然形成的，并非出于新闻从业者寻求真理的理性与决心。简单地说，新闻实践的准则更多是由历史、技术或产业环境决定，而不是按理性的人类设计发展，只不过这样的新闻实践后来被人为认为是好的甚至高尚罢了。

历史告诉我们，现代新闻报道标准与19世纪报业的根本性转型不无关系，报刊原来主要由政党支持，后来转变为商业模式靠广告收入支持。新闻史学家杰拉德·包德斯蒂（Gerald Baldasty）这样描述这一转型：“在19世纪早期，编辑们把新闻定义为推销政党利益的政治工具。到了19世纪末，编辑们在商业的语境里定义新闻，以此确保或增加收入。至此，新闻已经商业化了。”[21]在这种商业化的演变过程中，出现了我们现在认为合理、恰当的报道方式。媒体就是用这种方式报道我们生活的世界。

客观新闻的奇怪起源

人们很容易会认为，从逻辑上来讲，现代新闻实践应该起源于新闻客观性标准。然而，有足够的证据表明，现代新闻实践早于客观性标准产生。最早的现代新闻实践可以追溯到19世纪中期，在当时的经济与社会环境下，兴起了大众市场新闻。[22]根据戴维·敏迪克的历史学分析，客观新闻包含的不同要素产生于不同时期，而且往往是在奇怪的情境下产生的。例如，倒金字塔结构就不是记者创造的，而是源于战争部长埃德温·斯坦顿（Edwin Stanton）在美国内战时期撰写的一系列重要公报。[23]

敏迪克认为，客观报道的实践基础在19世纪后期逐步形成。[24]然而，直到20世纪以后，许多记者的做法才被冠以“客观新闻”之名。这种先有实践再有理念的倒溯关系，可以被看成新闻业寻求职业化的高尚宣言，也可以看成是为了迎合受教育程度越来越高的中产阶级新闻受众的华丽诉求，因为中产阶级欢迎新闻职业化。

在美国建国早期，新闻无半点儿客观性可言。多数报纸要么是由某一政党出资，要么就是某一政党、利益集团或某种意识形态的同情和支持者。那时，新闻报道就是对某一事件进行政治解读。人们买报纸的时候就知道它的政治观点如何，也知道它所报道的政治事件是经过过滤的。从许多方面看，这实际上是一种理性的接触政治新闻的方式。如果一个人知道某个记者的倾向，他就可能知道在理解这一新闻时自己应该如何把握。而 198
且，如果报道的政治倾向很明确，那么不同的记者就可以从不同的角度来报道同一件事情。那时，人们的想法是，遇到不同的观点，人们可以拿来摆到台面上，面对面地争论什么才是最好的行动方案——这种想法直接来源于美国的一些创建者，例如杰斐逊。

19世纪30年代开始，随着杰斐逊时代结束，美国政治发生变化，政治分析式的新闻报道也逐渐衰落。正如包德斯蒂所说，政治人物不再如以往那样依赖于政党报纸与选民交流，同时，对于候选人直接在公众中进行选举宣传的限制也不那么严格了。[25]由于这些变化，政党对报纸的经济支持逐渐减少。早期报纸都是小规模运营，读者也仅限于某一地区，人数不多。随着国家和传播体系的发展，这些小规模的报纸经济上越来越困难，在争夺受众的竞争中无法立足。

随着国家的发展，新闻业的经济状况也发生了改变。例如，人口开始向城市迁徙，为新闻创造了大批受众。同时，19世纪美国版图的扩张也对全国性新闻的快速传播和大规模发行提出了要求。印刷和传播技术的突破，使生产廉价的大众传媒新闻成为可能。这样，早晨在东海岸采集的新闻，晚上就可以传递到西海岸。

诸如此类的发展带动了新闻业的巨大变化。1848年，一些报纸联合起来率先组建了美国联合通讯社（美联社），向标准化新闻迈出了伟大的第一步。[26]这种操作模式把记者聚拢在一起，把同样的稿件卖给几百家，甚至是后来几千家报纸客户。这意味着新闻已经成为一种有利可图的大众市场商品。当然，如果想在市场上广开销路，必须把新闻过于明显的政治痕迹抹去，这样才能受到持不同政治观点的新闻机构的欢迎。这样，客观性报道的雏形就产生了。此外，过去要通过超负荷运转的邮递系统传递简短的讯息，后来，全国性新闻可以通过电报传输，但是电报同样要求新闻格式的简单化和标准化。这使得一个事件中，谁、什么、何地、何时以及为何等新闻要素可以以较小的成本传输，而接收方在另一端也可以很容易对材料重新组合并加以润色。

随着大众传媒新闻市场的扩大，对于记者的需求也增加了。撰写有说服力的政治文章要求记者具有辩论技巧和政治分析的本领，而组织起一篇故事来则要容易得多，毕竟讲故事是日常传播的基本技巧。采取讲故事的方式采写新闻也保证了新闻能被越来越多的读者理解和接受。

这样，随着经济发展、技术进步和社会变化，大规模的新闻采集和销售机构应运而生。伴随着这些机构的产生，形成了新闻报道的一套标准化
199 操作模式。如前所述，美联社等新闻机构开创了纪实报道的先河。有线传输技术的应用，加上记者缺乏专业训练，促使报道向“故事模式”转变。后来人们发现，新闻有戏剧性，报纸就好卖，于是就产生了“对立报道”。早期的记者更像是煽风点火者，他们挑起争论与冲突，目的就是为自己的报道挖掘有戏剧性的内容。

报纸在经济上取得成功的同时，新闻的繁文缛节也多了起来。新闻媒体开始利用编辑对稿件进行筛查，这成为处理大量新闻的权宜之计。要确保新闻有一个良好的品位，这样才不会惹恼大众市场。今天，主流媒体的新闻范式，多数是在 19 世纪与 20 世纪之交的时候演进而成的，因为当时出现了庞大的受过教育的中产阶级，他们成为富裕的消费群体，需要严肃的报道，也喜欢购买与新闻一起登载在报纸上的广告商品。起初，这种品位高雅的新闻与小报之间的竞争还是很残酷的。小报被称作“丑闻纸”（即“黄色新闻”），以高度耸人听闻的手法处理新闻，主要卖给那些没受过什么教育、希望从媒体报道中既得到信息也得到放松的工人。

到了 20 世纪 20 年代，富裕的中产阶级商人与受过正式教育的职业阶层开始在城市生活与地方政治中占主导地位。为了要适应这部分人的生活方式，就要把新闻包装成客观的、去除党派偏见的而且是有品位的东西。例如，我们可以看看《纽约时报》早期的口号：“刊登一切适合刊登的新闻”“本报不会弄脏您的早餐桌布”[27]。就这样，已有的新闻做法披着职业化的新外衣翩然登场了。有了这种职业化的新形象，新闻左派的扒粪、政治右派耸人听闻的黄色新闻都丧失了信誉。[28]

第一次世界大战后，越来越多的知识分子认为，民主陷入了困境，只有具备职业精神、致力于为公众提供客观信息的媒体才能拯救民主。[29]这种崇高的目标最终定义了一场寻求职业新闻与客观报道准则的运动。在沃尔特·李普曼[30]这样极具说服力的代言人的带领下，记者们开始把客观报道看成对自己现实工作的描述，同时也把它看成一种高尚的道德要求。

就这样，如同大多数职业一样，新闻行业也形成了一套职业惯例，然后，又对这套惯例赋予更多的含义，使之成为一种令人钦佩的职业原则。之后一代又一代的记者开始把自己的工作看作一种需要专业技术的职业，并认为这一职业应该享有更高的社会地位和更好的薪酬待遇。职业化既提升了新闻从业者的社会形象，也为新人入行设置了严格的门槛，为提高薪酬铺平了道路。不是街头随便哪个人都可以进入这一行。专业性意味着入行者必须经过正式的教育培训和筛选，这样才能保证入选者具备胜任这一工作的技能，而以前这些技能都是通过在工作中边学边干得来的。[31]因此，大学里出现了新闻专业，职业惯例也被逐步完善，并将其正式确定为职业标准。新闻从一份工作演化为一个职业，对于这种奇怪的转变，卢·坎农（Lou Cannon）的观察或许为我们提供了一个最好的概括。他说，当“一门技术成为一种价值”，转变就开始了。[32]

职业新闻实践 200

鉴于“准确、平衡、真实和公平”这些理念源于原本被称为“客观报道”的东西，因此，下面的讨论将使用“客观性”这一术语，以保持历史的连贯性。如果读者更偏爱其他术语，大可自行替换。不过，需要记住的是，字眼可以变化，但从新闻实践的本质上看，依旧是换汤不换药。

戴维·敏迪克对新闻学教材进行了梳理，他发现，这些教材传授给记者一套通用的观点和做法，告诉他们在日常工作中奉行客观性，基本要点包括态度超脱、党派中立、遵循“事实”、平衡观点、使用倒金字塔的写作方式（将最重要的事实放在“导语”部分）。[33]上述以及其他典型的新闻模式深深烙上了客观性理想的印记，因此，对客观性的追求是理解新闻媒体一般工作模式的关键。根据敏迪克以及其他人的研究，客观新闻的标准和做法包括以下方面。[34]

1. 职业化记者承担的是政治上中立的对手角色，要批判地检视事件双方，以保证报道的不偏不倚。记者们认为，对立主义是防止与新闻信源过于接近、保证超然事外、平衡报道的重要工具。如前一章所述，近年来，这种对立的角色已经演变成了臭名昭著的“逮到你了”的新闻模式，但许多记者和学者依旧认为这是对立主义。

2. 记者遵循公认的社会道德标准和良好的品位标准，抵制在新闻讨论中丑恶、耸人听闻的一面。在新闻朝着“客观化”方向发展时，报道需要依靠品位的标准来把握边界意识。如同对立主义，这一准则也因为主流媒体中性丑闻与花边报道的增多而告急。许多批评家提出疑问：新闻媒体是否正在背弃坚守重大问题报道、避免传播流言和小道消息的承诺？

3. 纪实报道的做法保证了新闻的真实性。纪实报道传输给公众的“只有事实”，那些能够被可靠信源亲见、支持的“事实”。

4. 新闻的客观性也依赖于一套标准化的新闻报道格式，即新闻故事。新闻故事本身就是对新闻内容的一种含蓄检查，它要求记者搜集一个事件的所有事实（谁、什么、何时、何地、如何，等等），以此构建一篇可以自圆其说、貌似真实的报道。因为故事也是人们日常交流的最常用方式，所以，公众可以通过故事判断新闻报道的连贯性与可信性。至于新闻故事的格式，记者有不少规矩可循，比如倒金字塔结构，如前所述，就是要把最重要的元素放在导语段落。

201 5. 因为新闻媒体都采用上述同样的报道模式，通常来说，它们更愿意记者是多面手而不是专家。由于媒体采用标准化的报道格式，任何一个记者都可以报道任何新闻，这进一步降低了记者面对主观的报道话题产生个人偏见的可能性。把记者培训成多面手而不是专家的做法，也使新闻报道中不受待见的解释性报道出现的可能性降到了最低。[35] 近些年来，环境、健康、科技等领域的报道出现了一定的专业化倾向，但是诸如商业和政治等许多关键领域依旧喜欢多面手记者。

6. 在编审这一重要环节，上述做法被定为行业规范并遵照执行。编审环节的作用就是监督审查，以防这些行为准则和职业规范遭到破坏。

以上列举的每一条客观新闻的典型做法，都为华盛顿官场过滤新闻创造或巩固了条件，可谓新闻倾向性的直接推手。从先前提到的新闻职业短暂的发展历史来看，这并不足为奇。这些后来被称为职业新闻的基本做法，都是为了向大众推销主流的社会和政治价值观而发展起来的。随着多样性的政治观点逐渐从新闻中消失，或被质疑为不客观，人们也就很容易接受了这样的观点：能够出现在新闻中的官方政治观点多少还算是客观的。这种看法的逻辑很简单：当一种现实开始控制所有其他现实时，那么，这种占主导地位的现实便开始貌似客观了。报道中缺少可信的竞争观点，这进一步造成了新闻客观的幻象。客观报道的做法如何为狭隘的政治讯息在新闻中大行其道提供了便利？我们接下来将讨论这一问题。

媒体的对立角色

如果媒体当真在报道中扮演政治角色的对手的话，它们将面临尴尬的两难局面：新闻的可信性原本依赖于政治角色所代表的政治制度和价值，对政治角色的攻击可能最终使其失去权威性，从而导致新闻失去可信性。因此，在很大程度上，维持新闻客观性的幻象需要依赖于官方观点，只有官方表态说报道是真实可信的才有意义。正如社会学家盖伊·塔奇曼所说：

官方集中控制着核心的信息，因此，质疑官方的合法性，就意味着撕破新闻这张网。如果整个官场都是腐败的，那么官场发生的事情、提供的事实就只能被看作"其声称存在"的事实和"其声称发生了"的事件。因此，为了填补新闻版面和时段，新闻媒体就需要一个可替代的、经济的方式，重新找寻能够被人们接受的新闻事件及构成新闻的事实。例如，如果日常生活的体系丧失了合法性，那么婚姻登记局提供的事实就会变得不可信。人们因此再也不能给婚姻登记局打电话询问罗伯特·琼斯与菲·史密斯是否已经注册结婚了。总而言之，把能够自圆其说、互相支持的信息堆进新闻，不仅意味着完成了报道任务，同时也能按照特定的历史面目重新构建我们赖以生存的日常世界——从办公室和工厂到政治和官场，从公交时刻表到学校花名册。[36] 202

当然，如果记者公开宣称为官员和政府的宣传服务，新闻也会失去客观报道的外衣。如果极端对抗和公然迎合都无法维持新闻客观性的幻象，那么，含义不言自明：大多数情况下，媒体的对立行为应该只是做做样子，不能超越记者与官员之间的合作利益。媒体与政府之间的仪式性的对立姿态造成了彼此独立的表象，而大多数新闻报道的内容是官方认可的政治观点。言论自由与开放政府是美国民主的标杆，而这种姿态也让这一神话更具戏剧性。仪式的本质就是制造神话与信仰，而不是去挑战它们。[37]

仪式化的对立主义　如果对立关系只是一种仪式，而且通过这种仪式，使得那些关于政治讯息的有限报道披上了神秘、合法的外衣，那么这种仪式必然表现出以下几个特征，值得我们注意：（1）新闻中会定期出现批评与冲突，不过这只是日常报道的一种路数，并不会出现在重大政治问题的紧要关头；（2）挑战与指责的目的是激怒个人，以此来抓人的小辫子，或是挑起政治人物之间的冲突，而不是为了就某一问题进行深入调查；（3）对官员的微词只能限于个人，与体制无关；（4）这些特点既适用于日常新闻报道（如记者的日常分工领域），也适用于非日常报道（如危机和丑闻）。

C. 杰克·奥尔（C. Jack Orr）对早期总统新闻发布会的研究可以印证上述观点。[38]通过对肯尼迪、约翰逊和尼克松时期新闻发布会的数据进行分析，奥尔发现，无论这三位谁在台上，无论是哪场新闻发布会，无论事关什么问题，也无论当时的政治背景，带有敌意或挑剔的问题的比例几乎是一个恒数。[39]不仅挑战性问题的概率显示出一种模式化，而且几乎所有充满敌意的问题都是针对个人的。即便如此，许多针对个人的问题还释放出对政府机构的恭敬。而且，一些本可以穷追不舍的问题实则是公开邀请总统重新就某事定调，或是给总统机会否定掉整个问题。奥尔就此总结说，媒体与总统的敌对姿态塑造了记者咄咄逼人的形象，但同时传递的是，他们对制度的恭顺这一微妙的讯息。

当今社会，个人形象和公众支持是定义政治权力的重要元素，政治人物极力避免与记者在众目睽睽之下发生哪怕是表面上的小冲突。因此，最近几十年来，新闻发布会的数量不断在减少，这说明总统们倾向于在一种
203 更可控的环境下将讯息传递给公众。因为新闻媒体越来越关注政治人物生活中最个人和最戏剧化的一面，所以，面对记者对总统来说也成了挑战。有一次，老布什与一位世界领导人共同登上讲台，宣布他们重要会谈的成果（其实也是一种政治仪式），但记者的问题却是，几年前，他是否曾有一段风流韵事。有一次，克林顿把最高法官提名人鲁丝·贝德·金斯伯格（Ruth Bader Ginsberg）介绍给媒体，金斯伯格女士通过一段动人的故事，讲述了自己作为一名女性在男性主导的世界里打拼是多么艰难。她讲完后，记者的第一个问题就是质疑克林顿提名她的政治动机。克林顿对这个问题大为光火，就把记者教训了一顿，说他们连一般礼貌都不懂。

在诸如丑闻和危机事件的报道中，这种走过场的现象也屡见不鲜，所以，有观察家认为，危机事件与丑闻正在成为新闻的家常便饭，变成一种

标准化的报道模式。[40]阿什德与斯诺在他们的研究中，分析了关于卡特总统助理的一场丑闻是如何被迅速套上了标准化报道模板的，强调这一事件对总统造成的政治影响，而对事件本身的重要性却很少提及。[41]类似的情况还包括在对“白水门事件”的报道。在这一事件中，克林顿与夫人希拉里卷入数起房地产暗箱交易，面临有罪指控。虽然大量报道暗示了克林顿夫妇存在过错的可能性，但是公众中没有几个人确切知道这个丑闻到底是怎么回事儿。这些丑闻和流言造成的是个人形象的损伤，留下的是疑问。奥巴马要不停地面对对他的出生地与宗教信仰的质疑，就是一个例子。

“职业摔跤”式新闻 几乎每次采访和访谈节目的形式都被设计成对抗表演：舞台的设计要把记者与政治人物放到对立的位置；问答的方式就像摔跤一样；记者的语调甚至彼此的称谓也是充满了挑衅。有线电视新闻的名人格兰·贝克（Glen Beck）、比尔·奥赖利和基斯·奥尔伯曼（Keith Olbermann）等等就是疯狂对立主义的例子。在节目中，记者与其他嘉宾不仅少有展示对政治人物的尊敬，而且他们似乎还以粗暴对待彼此为快。当然，这种仪式也是要有底线的。例如，“囧司徒”2004 年出现在美国有线电视新闻网（CNN）的专家论战节目《交火》中就是一个著名的案例。在节目中，“囧司徒”问主持人，他们为什么宁可为那些正在毁灭美国政治的大忽悠们提供一个娱乐的剧场也不做一档真正的新闻节目呢？保守派主持人塔克·卡尔森（Tucker Carlson）的回应如同自助餐厅争食大战的脱口秀版。由于受到攻击，卡尔森很快离开节目，后来整个节目也被取消了——或许因为这一节目揭露了真相，这期节目在互联网上吸引的观众比整个节目开通有线信号以来吸引的观众总和都要多。[42]

从政治人物方面来讲，他们对于这种持续的对抗表演也贡献不少。在一些精英出版物上，在商界、政界以及媒体的讲坛上，你经常能够听到他们例行公事地抨击媒体自由主义、抱有偏见或是充满敌意。[43]有时，这种指责会 204
以一种正式的政治攻击的戏剧化方式出现，就像在麦卡锡时代与尼克松政府时期那样。一位分析人士发现，尼克松与阿格纽（副总统）对媒体的攻击太过仪式化，他用行为学的概念来解释称之为动物性攻击和领地保卫的东西。[44]

但这并不意味着政治人物或媒体把这种对抗不当回事。事实上，这仪式是否搞得好，就要看那些当事人是否表现出特别在乎的样子。克林顿在一次接受《滚石》记者威廉·格雷德（William Greider）的采访中就愤怒地说，自己是受到不公正待遇和误解最多的总统。[45]其实并非如此。从乔治·华盛顿和托马斯·杰斐逊到林登·约翰逊和理查德·尼克松，与克林顿有同样怨言的总统可以列出一长串。其中，尼克松的怨念最深。他保存着一份“政敌”黑名单，上面有一大堆记者的名字，这些记者受到窃听、国税局调查以及其他惩罚。[46]虽然对于戏中的角色和观众来说，媒体的这种仪式表演很生动、引人入胜，但是，我们不应该被转移视线而忽略了这种仪式带来的结果：限制人们的关注视野，导致众多话题被排除在公众讨论之外。

记者与官员：不稳定的合作关系　虽然新闻报道有结构上和惯例上的限制，但是媒体有时候还是会向美国人民提供范围较广的批判性信息。正如第一章所言，多样性的信息有时会通过记者的采编流程渗入新闻，比如，记者会根据有影响的政治角色之间的冲突程度来安排新闻内容。不管如何，表述社会和政治状态都是一个很微妙的工作，记者需要认真考虑如何构建并结束自己的报道。这意味着，向政府施压的仪式，弄不好也有可能伤及自己。事实上，要把这场对手戏演得逼真，双方会各有得失。[47]

只要双方不去质疑使自己的角色合法化的这一体系，这种仪式的可信性就不会受到挑战，仪式就会发挥作用。即使是长久以来被视为现代调查报道典范的“水门事件”的报道，也并没有挑战政府的权威，或者说并没有深入挖掘制度上的缺陷，如保密与谍报系统的缺陷可能导致总统滥用职权。这主要是因为媒体没有突破国会调查的界限，给出的基本上是标准化的结论：“制度发挥了作用。”

“水门事件”本来有极大可能去挖掘更深层次的东西，但媒体避开了诸多可能性，相关报道止于一位问题总统的个人缺陷，津津乐道于神秘的内部消息人士“深喉”（后来人们知道了此人其实是联邦调查局里的二把手）泄露出来的信息，以及国会关于此案的各种调查活动。这种调查性报道忽视了制度上的问题或是异常，而将公众最关注的政治角色的个人过错
205 戏剧化。[48]检视制度会触及变革的问题（媒体大多选择避开这些问题），而个人戏剧的报道手法则告诉人们，只要那个人被指控、起诉、解职，那么政治体系就会恢复正常。果不其然，当尼克松面临弹劾的危险而宣布辞职之时，全国广播公司（NBC）记者罗杰·穆德（Rogger Mudd）率领全国一起欢呼：“制度发挥作用了！”

整个“水门事件”如同情节剧一样收尾：尼克松含泪向白宫工作人员

告别，而对于这个制度，此情此景堪称美好结局。这种结果当时貌似有意义，但是现在回想起来，当时的新闻报道赦免了这个存在缺陷的制度，而实际上是这种制度的缺陷给了总统滥用职权的机会。即使从个人情节剧的层面看，“制度发挥作用”似乎也是一种讽刺性的结局。毕竟，这个制度原谅了最坏的违法者，其他大多数人被轻判，许多罪犯反而摇身成为百万富翁和媒体明星。

2005 年至 2006 年间，关于小布什政府国内监视事件的报道与“水门事件”的报道可谓如出一辙。媒体抛出了调查性报道（虽然《纽约时报》因为政府游说而将报道搁置了一年多），然后任由政府信源界定此事的重要性和后果。本来媒体掌握很多可用的独立证据和信源，可以借此推进报道，调查总统是否在此事上违法，但是媒体关注点很快转向这样一场论战：总统宣称自己有权这么做，国会因为是总统自己的党派占优势而反应微弱，只是回应说现行程序应当谨慎遵守。

从“水门事件”到小布什的“监视事件”，我们可以看出，对权威的顺从与对立主义之间存在着一种微妙的平衡，但是，因为人们对如何保持这一平衡愈发没有概念，所以这种平衡似乎在遭受越来越大的挑战。随着“逮到你了”这种模式新闻的增加，权威们在道德、权谋、信誉等个人层面遭受的挑战越来越日常化。讽刺的是，记者们可以根据丑闻和传言展开报道，但却不能就国家制度或是民主进程中的腐败而独立提出质疑。是这种局面造成了人们不再那么相信政府，还是因为人们不再相信政府所以造成了这种局面？这个问题值得思考。有一点很清楚，自从有民意调查跟踪记者客观性问题以来，可以看出新闻受众认为记者越来越不客观了。人们普遍反对新闻中充斥煽情与负面氛围。这种报道手法挑战了当代新闻的另一原则：保持得体与良好的品位。

得体与品位的标准

得体与品位的标准似乎意味着新闻报道应该把关注焦点放在重要的问题上面，而不是专注于政治生活中那些污秽、煽情的消息。这些标准近年来有明显的变化。有关克林顿与莱温斯基丑闻的报道充斥着性的内容，这 206
表明了媒体的小报化趋势。这一丑闻的报道让受众知道了发生在椭圆形办公室的口交、总统留在莱温斯基蓝裙子上的精斑，以及独立检察官肯尼斯·斯塔尔（Kenneth Starr）调查报告中清楚而具体的性描写。再早10年，无法想象媒体会进行这种报道。

过去，新闻道德要求媒体避免报道这类内容，而如今，道德准则似乎允许媒体在发表这类内容时表示震惊和谴责。在提及乌七八糟的东西时，记者们还是善于表达道德批判的。克林顿与莱温斯基丑闻闹得沸沸扬扬的时候，我们应该细数一下周日早间新闻里有多少人皱起了眉头，或是那些原来做过记者的喋喋不休的电视评论员表示了多少次震惊和蔑视。20世纪的媒体道德警察们可能就不会披露此类内容，而现在，为了追求轰动效应，媒体会抢先发表此类内容，然后再加以谴责。

尽管媒体似乎已经津津乐道于政治人物和其他公众人物的私生活，但有一些东西，媒体一直避免触及，例如，关于死亡的可怕画面、冒犯的语言、色情艺术或是尸体解剖的描写很少在新闻中出现。虽然新闻品位的标准在变，美国中产阶级奉行的一些奇怪的道德准则，长期以来一直被主流媒体当成自己职业操守的一部分。丑闻的报道一般要夹裹传递家庭观念的道德讯息，并告诉受众，政治人物有义务坚持这一观念。至于那些毫无品位、让人感到被冒犯或是淫秽而无法进入新闻的内容，排斥它们就意味着将中产阶级的价值观合法化，尽管有时中产阶级的价值观往往与记者目击的事实相冲突。坦率地说，记者与编辑可能会对新闻进行审查，使新闻符合社会价值观与社会敏感度的接受范围。好品位的标准在实际应用中给新闻内容的选择造成了两个悖论。媒体根据品位的标准所选择的价值往往也是大部分政治宣传所提倡的现行价值。[49]而且，新闻报道中避免冒犯性的内容意味着把许多现实世界中不美好但是真实的东西屏蔽掉了，使公众全然不知。这样，如何界定以及解决新闻报道中反映的问题，不管有多么不真实，可能就要取决于经常去教堂的中产阶级的想法了。

道德警察 根据品位标准审查新闻，这与政治的主要特征背道而驰。政治是一种基本的社会活动，通过这种社会活动，不同的价值观、道德观激烈碰撞，竞争主导地位，寻求合法化。选择性地关注某种受欢迎的道德观，不仅是被动地给政治宣传背书，在许多情况下，也是主动歪曲了处于劣势的价值观和问题。就后一种角色来说，品位的标准可能会导致对新闻事件某些方面的公然审查，因此使记者成为政治形势定义的塑造者。记者应该加入社会道德警察的队伍吗？看看下面的案例，然后你自己做决定。

有一个经典的案例可以说明品位的标准对界定政治事件的影响。1976 207
年总统大选期间，媒体对农业部长厄尔·巴兹（Earl Butz）的一次讲话进行了报道。巴兹穿梭出现在各个竞选现场，其中一次，他对一群记者说了一段种族主义色彩很浓的话。这番话不仅因为其中包含惊人的种族主义内容而值得注意，而且，这事关大选，因为巴兹是在回答关于共和党的选举政策时作这番表述的。虽然其中一些冒犯性言辞在学术文章中很少见（更别提新闻报道），但是，这番言论的政治影响只有通过直接引用才能表现出来。当被问及共和党有关发动黑人选民的态度时，巴兹说，考虑黑人选票没有意义，因为黑人根本不关心政治。那黑人关心什么呢？巴兹是这样概括自己的观点的："我来告诉你们那些有色人种需要什么。只有三件事儿：一是有个屁股紧绷的女人；二是有双松垮的鞋子；三是有个暖和的地方拉屎。"[50]

一位美国内阁官员为任命自己的总统竞选连任奔走，在这过程中，他发出的种族主义言辞，如果公之于众，自然符合公众的利益。然而，专业的媒体更多的是把他的言辞看作对良好品位的冒犯，而不是对政治情感的冒犯。在这件事情上，得体与品位的标准得到普遍尊崇，当时没有一家主要媒体报道巴兹的冒犯性言辞。后来，直到地下杂志《滚石》在一篇有关竞选的拉拉杂杂的文章末尾部分引用了巴兹的这段言论，那些值得尊敬的媒体才不得不承认确有其事。主流媒体总算对此事有了报道，但是仅有一家日报（威斯康星州麦迪逊的《议会时报》）逐字逐句援引了巴兹的那段话。被问及为什么没有原文引语，而使用没有冒犯性的委婉说法时，编辑们就会给你把品位的准则念叨一遍。《纽约时报》一位编辑是这样说的："……我们认为，如果我们这次使用了这些污秽的语言，那么下次我们很可能还会再用。"而《得梅因纪事报》（*Des Moinse Register*）的编辑则说，他发现巴兹的言辞非常无礼粗野，"我不能让读者在早餐桌上看到这些东西"。《华盛顿邮报》的编辑绕来绕去说了一堆理由，最后的结论是，除非总统本人说出这样的话，报纸才会把它登出来，而低级别的官员不值得让报纸违反新闻职业规范。[51]

用委婉的表述代替巴兹的原话，整个叙述就失去了冲击力。福特竞选团队周密细致的策划虽然出现了闪失，但还是躲过了一场痛苦的尴尬。最后，当全国媒体终于意识到这一事件的重要性时，福特别无选择，只好炒了巴兹的鱿鱼。然而，有人怀疑，如果媒体当初不是如此优雅地对待此事，巴兹岂能这么体面地退出？福特岂能把政治损失降到最小？

现在，网络媒体已经改变了这些新闻准则，开始向受众提供有关新闻事件的直接、真实的信息。例如，2002年参议院民主党领袖特伦特·洛特
208 （Trent Lott）在其退休同僚斯特罗姆·瑟蒙德（Strom Thurmond）生日庆祝会上发表讲话，赞美瑟蒙德1948年参加总统竞选时的勇敢表现。可是，当年瑟蒙德参加竞选时，公然打出了种族主义旗号。在场的记者报道了瑟蒙德生日庆祝会的盛况，但没有报道洛特的这番讲话。然而，在互联网上，公众的情绪很快就被点燃，因为，一些共和党人不希望他们的党派与如此反动的思想有牵连，在他们的带领下，博主们很快就把洛特的讲话放到了网上，引起了公众注意，并推动这一事件见诸报端。YouTube网站的视频也曾经把政治候选人拉下马。众包报道的时代，传统的新闻标准受到挑战，然而，大多数主流新闻媒体依旧试图死守陈规。

性、死亡与审查　报道要庄重得体，这一准则在媒体人的观念中根深蒂固，甚至关于健康与生物学问题的报道也要照搬这一原则。例如，主流媒体用了两年多时间才开口解释艾滋病传播的一个途径是肛交。艾滋病疫情传播范围大、危及生命，对公众健康构成严重威胁，需要尽快向公众传递明确清楚的信息才能有助于预防。但是，在艾滋病开始蔓延的那些恐慌日子里，庄重得体这一原则统治着艾滋病的报道。早期的报道提示说，这种疾病通过“体液的交换”传播，而“不会通过偶然的接触”传染。一位编辑说：“我们宁可让读者猜到底是怎么回事，也不去用‘肛交’这个词……我们不会把它写出来。”一位电视记者回忆说，她的制片人给她施加压力，告诫她避免把这个问题说得过于直白，因为已经有感到被冒犯的观众打电话投诉了。几年之后，媒体才达成一致，认为新闻报道中传递健康信息比审查冒犯性语言更重要。[52]

对于一些信息，人们可能不想听、不想读、不想看。那么，媒体怎么办？假设你是一家媒体的编辑，正在组织1991年海湾战争的报道。美军把伊拉克军队从科威特城驱逐出来，仓皇逃亡的伊拉克军队遭到了美国空中力量的打击，伊军的逃亡之路被广泛描述成“死亡之路”。杀戮的惨状甚至令参战的美国空军飞行员都感到非常痛苦，他们向指挥官请求停止打击。“死亡之路”的场景背后，高层的争论非常激烈：如果继续空袭，对那些已经溃不成军的伊拉克士兵来说就意味着大屠杀；而停止打击，未受

损伤的那部分伊军就有死灰复燃的可能性。一名摄影记者探访了“死亡之路”并拍摄到一张令人恐惧的照片：一名被活活烧死的伊拉克士兵的遗骸。照片中，这个死者表情恐怖，抬起的胳膊让人毛骨悚然，从位置上看，显然是他在挣扎着要从燃烧的车中爬出来，就像恐怖电影的场景。

你会发表这张照片吗？为什么不呢？与那些很多人花钱去看的恐怖电影比，这张照片没什么大不了。更重要的是，这张照片已经被英、法两国的主要报纸刊登出来，目的就是要提醒国人，至少有 10 万伊拉克人在战争 209
中丧生，人们应该思考战争给人类带来的后果。美国媒体为什么不可以也发呢？然而，美国的报纸杂志编辑们甚至根本就没有机会为这样的问题而纠结，因为能够购买并发布这张照片的通讯社在源头就把它给过滤掉了。也就是说，这张照片根本没有机会从通讯社发出来。

美联社的编辑解释说，他没有购买这张照片并把它发布出来，是因为他知道报纸编辑看到它的反应会是怎样。他说：“报纸编辑会对我们说：‘我们不能把这样的照片呈现在读者的早餐桌上。’”[53]后来谈及这张照片时，《时代》杂志的图片编辑说：“这照片非常震撼，让人战栗。一张照片就说清楚了战争是什么。”然而，他承认，即使当时他看到了这张照片，《时代》杂志很可能也不会刊登，因为“只要我们刊登这类照片，就会被读者狠狠批评。我们会收到一大堆读者来信”[54]。

这张照片应该发表吗？它真的比电影中通常可见的镜头还恐怖吗？新闻报道怎么可以限制对现实的展现呢？这张照片以及海湾战争中许多其他类似案例，向我们提出了一个令人深思的问题：对于一个交战国的国民来说，是应该按其所愿，只让他们看到令他们舒服的战争照片呢，还是应该用另一种照片去刺激他们甚至使他们震惊，促使他们对战争决策的后果重新思考呢？

值得注意的是，美联社和《时代》杂志的编辑都暗示了登载这幅照片的经济代价。美联社的编辑实际上想说的是，无论如何都不会有报纸杂志购买这幅照片，因此作为通讯社也就没有必要浪费钱去把它买来然后播发。《时代》杂志则指出，登载这幅照片会遭到订户反对。它们的理由表明，如同客观性原则一样，媒体的道德观也是有经济因素的考量的。在 19 世纪末 20 世纪初，媒体市场的战略就是迎合中产阶级的道德观念，因为他们代表着最富有的、快速增长的、尚未开发的大众新闻市场。从那时起，新闻就以两种方式呈现受到限制的美国社会图景：一是通过中产阶级的价值观来展现世界，新闻成为默认的社会正统的典范；二是有选择性地把部分道德视角放进新闻，使得媒体悄然成为它所推崇的价值观的代言人。

中产阶级的道德观对新闻行业的影响非常大。例如，甚至像《纽约每日新闻》这样的小报直到 1931 年才开始使用“梅毒”这个字眼。那时，梅毒已经成为一个严重的社会问题。同样，被知识分子追捧的报纸典范《纽约时报》一开始也是拒绝评论金赛（Kinsey）具有里程碑意义的性行为研究的，直到后来此项研究被学术界认可为严肃的学术工作，《纽约时报》才有所报道。但是，有人挑战说，作为一种广为人类实践的重要现象，性行为值不值得讨论难道还需要《纽约时报》的许可吗？[55]

有关克林顿与莱温斯基性丑闻的疯狂报道，以及最近关于纽约州州长
210 埃利奥特·斯皮策（事发后很快就辞职了）召妓的报道表明媒体对公众人物私生活的报道准则正在改变。但主流媒体依旧在坚守其他一些道德领域的标准。如同本章所讨论的其他报道准则和行为实践一样，用美国中产阶级的镜头过滤现实世界，使新闻具有了一种熟悉、安全的质量保证。这种道德过滤造成了新闻客观的幻象，不是因为经过过滤的新闻内容反映了社会的多样性，而是因为它反映了新闻受众的价值观。

纪实报道的做法

客观报道要求记者不要润色他们的报道，不要对模棱两可的事件进行特定的解读，不要编造新闻。这些原则就是对纪实报道的界定。接受过纪实报道培训的记者只报道自己目击的信息以及经由可信消息源证实的事实。虽然纪实报道的目标无可挑剔，然而，在实践中，这种报道方式会让记者陷入精心设计的政治表演的陷阱中。只有在极少数情况下，表演露了马脚或是幕后操作暴露的时候，记者才能遵循良好的职业范式进行纪实报道，否则，他们不会知道，那场新闻是为了宣传而刻意表演出来的。如丹尼尔·布尔斯廷所言，问题的关键在于，制造出来的新闻或是虚假事件，本身也能自圆其说。所以，一般纪实报道所突出报道的，正是新闻事件的设计者希望记者报道的东西，而事情背后的真实情况却被模糊了。[56]纪实报道的悖论在于，一件事情筹划得越完美，就越值得记录，越值得报道。

针对这一问题，新闻媒体开始对一些设计出来的媒介事件予以曝光。[57]然而，对媒介事件进行曝光的报道远远少于那些基于媒介事件形成

的报道。就像对立主义一样，这种被曝光出来的预制事件和实际存在的预制事件的不平衡会造成一种扭曲效果。但是，通过曝光即使只是一小部分政治对新闻的操控，媒体也会让公众安心，它们正在监视这样的操控并会在此类事情发生时警醒大众。

现在，媒体更普遍地把政治形势定义为操纵者之间的游戏。这种做法反映了媒体最近出现的“新犬儒主义”特点。包括凯瑟琳·贾米逊、托马斯·帕特森在内的许多学者都对这一倾向作过描述，这一点我们在第一章已经探讨过。聚焦于政治动机和政治谋略并不见得一定能够抓住当代政治的本质，但是它传递的信息，对于已经醒悟的公民来说是真实的，在他们眼里，政治的本质好像就是这样，是操纵者之间的游戏，而且媒体也是政治游戏的一部分，这种想法或许也没什么错。结果，纪实报道的理念被曲解了，出现了一些奇怪的变化，最终导致了“逮到你了”式的对立主义和渲染色情的道德主义。报道政治游戏，而不去报道游戏中的制度保护措施 211
或是岌岌可危的社会价值观。对于记者来说，虽然这种报道方式看起来依旧很客观，但对于受众来说，这可能破坏了他们心目中新闻的权威性。

讲故事成为标准化的新闻模式

讲故事成为基本的新闻框架是有其经济根源的，但是，这并不妨碍在客观性准则下，讲故事的方式被迅速接受。有人这样为讲故事的报道模式辩护，称这是一种标准的、机械的信息传播方式。这种说法使记者拥有了一种放之四海而皆准的客观报道方法论。但这种解释的问题在于，它选择性地演绎了“什么是讲故事”这一概念。讲故事总是需要选择的：选择哪些信息可以出现在故事中；选择使用什么样的字眼；选择如何把那些被选中的符号串起来，形成一个连贯的整体。而这些选择取决于对受众的评估，取决于记者决定向受众传递什么样的观点，取决于记者选择什么样的情节表述技巧（闪回、写作顺序、人物变化、故事高潮等）来最有效地传递这一观点。简而言之，故事并不是新闻事件的真实反映。[58]

一个建构很好的故事或许貌似合理，但是，在故事世界里，貌似合理与真实无须什么关联。[59]在这方面，讲故事的报道手法有一个很明显的特点，那就是它给了记者空间去强调事件中戏剧性、叙事性的元素。[60]爱泼斯坦指出，艺术手法（文学、戏剧）在新闻报道中的使用得到编辑的鼓励，甚至有编辑曾发布了一个备忘录，讲授在报道中如何使用戏剧化的架构来讲故事。[61]甘斯指出，记者经常会把故事中的一些元素重新演绎，以强化报道的戏剧效果。[62]

利用戏剧手法在新闻报道中讲故事，这就造成了一种矛盾：新闻情节的批量创作给客观报道原则带来巨大的压力。戏剧化新闻的价值与纪实报道的承诺之间的冲突可以帮助我们理解，新闻媒体对经过精心排演的新闻事件的接受度到底有多大。其实，精心设计的事件本身就是为“纪实”而生，戏剧性乃其内置特征。政治表演中，戏剧化元素的重要性非比寻常，通常被当作是否具有新闻价值的标准。甘斯有如此评论：

令人兴奋的故事提振士气。如果很长时间没有激动人心的故事，记者们就会坐立不安……一些杂志的作者因为长久未看到戏剧化的新闻而烦躁易怒。他们开玩笑说，已经随时准备着更苛刻地给总统、官员挑刺儿，因为这些人太久没有提供足以“让他们肾上腺素流动”的新闻。[63]

新闻情节库存有限　讲故事的报道手法提倡使用标准化的情节，这进一步限制了新闻的内容。任何以讲故事为基础的传播都会倾向于使用某些特定
212 的主题。例如，刑事审判的相关报道就总是充斥着这样的熟悉情节：被误解的身份、环境的受害者，以及其他一些与此案判决有关的事情。[64] 1994—1995年间，辛普森被控谋杀案在全国引起广泛热议，其中部分原因就是这一案件有丰富的情节贯穿始终：名人、谋杀、旁证、假证、英雄陨落、虐待、性以及可疑人物。所有这些戏剧化配料，再加上种族主义元素，使原本已经很有人情味的故事，因出现政治情节的可能性而变得更加丰富多彩了。一家报纸甚至登出了这样的标题：“举国沉浸于现代版莎士比亚悲剧”。[65]

如果一个独特的事件具备熟悉的戏剧化的主题，那肯定是一出好戏。这一原则既适用于朋友间闲谈，也适用于关于国家大事的新闻报道。朋友之间讲故事，总是离不开其中人物的关系和身份的界定，反反复复就是这些事儿；而在政治叙述中，是通过频繁使用主流价值观、信仰和政治文化的神话来促成共识，取得合法性的。[66]甘斯指出，新闻一直是为极少数反复出现的主题所主导的，其中的情节包括民族中心主义（美国第一、美国很慷慨、美国问题缠身等）、利他式民主、负责任的资本主义以及个人主义等。[67]

围绕这些例行的主题来设计政治表演的脚本，就能使现状合法化，但代价却是严重限制了政治议程的范围。[68]故事的模式化使得记者能够套用

情节来过滤和组织事实，因此，报道里不会有什么未确定的细节，完全是现实的详尽写照。这种幼稚的客观报道手法使新闻写作具有了一种神秘的特质，正如罗伯特·达恩顿所言：

> 重大新闻按照特定的模式发展，散发着陈腐的味道，仿佛早已消失在时间大潮中的古物的变形或是乌尔①人的故事……固定套路以及对“故事”应该是什么样子的预设，深刻影响着新闻写作。如果对什么构成了所谓“新闻”一无所知，那就不可能从中发掘经验。[69]

正是因为报道囿于例行公事般的新闻事件，传递的是狭隘的政治讯息，这就有可能使调查性报道产生歪曲。根据定义，用讲故事的方式报道新闻就如同把新闻事件装入胶囊，使其独立，不受外部力量干扰。但是，内部人士提供给调查记者线索，经常（甚至有人怀疑）是有他们自己的政治意图，而他们的动机很少能在记者的稿子里看到。例如，我们早先讨论过，以伍德沃德和伯恩斯坦的调查性报道为蓝本的水门事件可能只是一整部政治丑闻中的一小部分（见第二章）。当时，能够帮助展现事情全貌的关键信源，也就是内部消息的提供者，似乎只披露了能把焦点引向总统椭圆形办公室的信息。爱泼斯坦指出，如果记者们的目光不只是盯着总统和他身边的人，用胶囊般的新闻故事来加以限制，那么，可能还会有其他政治角色在水门事件中被拖下水。[70]

三十多年后，人们才知道到底是谁提供了消息，让尼克松陷入水门 213
事件身败名裂。讽刺的是，正是新闻报道本身阻碍了人们去发现到底是谁、出于什么目的做了这件事情。新闻的政治背景很少被披露，这其中，保护消息源的私密并不是唯一原因，甚至都不是重要原因。要把这种报道模式提升到一种职业化的高度，揭露政治新闻背后的政治就成为敏感禁区。如果要跟大家说，每条新闻背后都有另外一个更接近政治真相的故事，这简直会毁了人们对新闻现实的天真认识。正如爱泼斯坦所言，媒体总是宣称客观现实可以在某种程度上被装进故事胶囊，但是，如果用“故事背后的故事”这一方法去甄别新闻报道，这一标准论调就会露出真实面目。

---

① 乌尔是美索不达米亚最古老的城市之一，曾是苏美尔人的重要文化中心，亚伯拉罕的出生地，公元前6世纪后衰败。——译者注

多面手记者

故事在新闻行业中还有另外一种作用。那就是，无论是时政、体育还是经济记者，他们都把讲故事奉为一种通用的报道手法。记者往往被训练成多面手，可以写任何话题的稿件。虽然一小部分后来会专攻某一领域，如科技或时尚，但是大多数记者总会定期“换口儿”，并以有能力报道任何新闻而自豪。[71]

新闻行业强调要把记者训练成多面手，这自有缘由，也有好处。正如甘斯所言：

……新闻采集依旧主要指望多面手。原因之一就是经济方面的考虑，因为多面手干得多，可钱却不多挣。专门负责某一领域的跑口记者，在一期电视节目或一期杂志中，作一篇稿子足矣，很难超过一篇，而多面手，无论何时有需要，都可以被要求完成两篇甚至更多的任务。[72]

虽然使用多面手记者更经济，但是其优势几乎仅限于遵从写作规范方面。新闻有一个准则就是告知普通受众。利用多面手讲述简单的故事被认为是向普通人传递通俗易懂讯息的最好方式。

把故事简单化 如果一个记者在某个话题上有深入的见解，那么他可能会把报道复杂化，或是突破讲故事的模式而陷入技术分析的窠臼。编辑与新闻制作人似乎普遍认为，一般大众无法搞懂专业记者写的东西。例如，爱泼斯坦讲过这样一件事情：司法部曾经给全国广播公司的新闻主管提建议，希望他派对贫民区问题有专门研究的记者报道城市骚乱，但是该新闻主管回应说：“任何一个好记者都应该能够在不熟悉的环境下报道骚乱……在这种情况下卖弄学识可能比什么都不会还糟糕。”[73]甘斯则讲了另外一个例子：一名经济记者就一个复杂的话题做了一个很好的报道，而他的
214 执行制片人却说：“你的信息把我吓到了。我想，得给你换个口儿了。”[74]甘斯指出，许多专业记者有一个共同的担心，即他们的报道是不是变得太专业了，而背离了受众或是上司的口味。

把记者培养成多面手，这被认为是新闻报道规范对大众作出的必要让步，但是，受众却可能因为获得了所谓容易理解的新闻而付出很高的政治代价。多面手记者经常被信源支配。在专业领域，他们很少有能力去提出有批判性的问题。[75]因此，记者可能会求助于消息源，请他们提示可以关

注哪些问题。甚至多面手记者被派去报道比较简单的政治新闻时，他们也会几乎整个照搬官方发布或是采用其他媒体记者的报道角度。[76]因为多面手记者比专业领域记者更容易依赖消息源，所以他们被伪新闻蒙蔽的可能性更大。而且，与专业领域记者相比，多面手识别表演痕迹的概率更小，而如果能够看出这些痕迹，就有可能识破某一事件的“人造”本质。对于多面手，甘斯有如此评论：

> 由于对新闻源缺乏足够的了解，不能甄别对方提供的信息哪些是于己有利的，他们可能会把一种观点或是某种猜测当成确凿的事实进行报道，比如，一个组织的成员数量。如此，那些胆大的政治人物就可能得以在新闻中夸大有关他们支持率的数字……有时，多面手记者会仅仅报道某个新闻事件的一面之词，而全然不知其中还有别的立场存在。[77]

即使在一些更复杂、更需要见地的领域，也是多面手的天下。例如，当前的新闻价值严重忽略了现代生活中企业的政治或社会影响（换言之，企业的内部政治），而商业报道则反映了这种新闻价值。除了一些企业并购、公司利润分析的肤浅报道，就是商界名流的人物特写，例如唐纳德·特朗普（Donald Trump）和比尔·盖茨。《纽约时报》记者戴安娜·亨利克斯（Diana Henriques）是主流媒体中为数不多的商业调查记者之一，她认为，即使在有很高声望的媒体，商业新闻编辑也经常很少意识到大公司的社会或政治力量。的确，这些编辑大都是从多面手记者的身份空降到商业新闻编辑的岗位上的，对经济不怎么了解，对公司的内部运行也不懂，所以，由他们指挥记者、做报道决策，商业报道就越来越肤浅，只能是一些公司盈亏的新闻或者是关于公司和公司管理层的简介。因为缺少深度或见解，这样的商业报道间接宣扬了商业道德的神话以及自由市场最合理的观点。[78]

2001年，商业巨头安然公司破产，其财务造假丑闻得以曝光，让人难以置信，而媒体报道此前并没有让公众对这一幕做好任何心理准备。虽然《华尔街日报》一年前曾调查过安然公司，但也没能揭出其黑幕，因为被派去调 215
查的记者不能理解该公司是如何运作的。同样，直到安然公司在欺诈与腐败疑云中轰然倒塌，它插手布什政府的能源政策的政治故事才被媒体提及。

编辑部审稿

编辑对记者的初稿进行检查、修订、核审的做法也需要反思，这听上去令人难以想象。在大多数新闻机构，编辑审稿被认为是确保我们此前谈到的各种新闻职业规范的重要一环。在某种意义上，编辑审稿确实有此作用，但这种做法也同时造成了新闻失真。编辑审稿也会对新闻中的政治内容产生影响。编辑不仅要监督新闻生产，而且也负责管理自家新闻在市场上的竞争。因此，编辑与媒体的所有者（管理者）就会制定一套指导原则要求记者遵循，而记者为了获得成功，成为业内受尊敬的记者，必须照章办事。有人就新闻机构内部的运行方式进行过研究，结果发现，来自编辑部的微妙压力对记者和新闻中的政治内容都会产生重要影响。[79]

其实，如果来自编辑部的压力不雷同，也就是说每个新闻机构都从自己独特的视角，鼓励记者敢于坚持独特个性，敢于与其他媒体不同的话，那么也不会太令人担心。然而，最保险的编辑思路往往是，与其他媒体采用同样的方式报道同样的事情，但是包装要翻新，要通过忧国忧民的主持人、吸引人的主题音乐或是大胆的标题来博取受众的眼球。大多数编辑是直接使用通讯社或有声望的报纸的导语，比如《纽约时报》《华盛顿邮报》，以及越来越受追捧的《华尔街日报》。这种做法已不是什么秘密。印刷媒体与广播电视媒体都在依靠通讯社和有声望的报纸，把它们的报道当作不成文的标准。[80]此外，编辑还喜欢与其他竞争媒体对比，将自家的产品进一步标准化。对于他们来说，解释为什么与其他媒体报道相同比解释为什么报道不同要容易。简而言之，当一家媒体与另外一家媒体在同一件事情的报道上不同的时候，才可以真正体现媒体报道的客观、公正，这时，记者需要面对和回应出版人、政治人物和公众的质询。然而，捍卫客观性的最好方法却被编辑部标准化审查的潜规则钳制了。

埃德温·戴蒙德认为，这种标准化的编辑审查加剧了新闻报道千篇一律的倾向，带来的政治后果显而易见。新闻报道的刻板样式与虚构的新闻表演的主要情节脉络契合，使新闻具有了一种明显的现状偏见。正如戴蒙德所言，这种偏见不能直接归咎于记者的政治动机。相反，记者的职业标
216 准使新闻免于受记者的政治动机驱动。然而，不知为何，新闻的倾向性最终难以避免：

> 媒体不是“种族主义者”，虽然新闻事件中人物的肤色越深，报道篇幅就会越短。媒体不是“亲以色列派”，尽管会在报道中敏感处理犹太裔美国人话题。媒体不怕“特权阶层”，虽然它们竟然要让美孚公司或是参

议员斯考特的否认与对他们的指控一起出现。偏执狂们想错了：根本没有什么新闻阴谋。相反，许多编辑和管理者在决定什么是“新闻”时，由于受到时间、空间、金钱、才智和理解力方面的限制，无法做出复杂的新闻或是新闻背后隐藏的新闻。[81]

简而言之，编辑审稿本来的目的是防止新闻扭曲，但事实上这种自动防故障机制却一手造成了新闻扭曲。

重新审视客观性

许多观察家（当没有挑剔的学术界施压时，也包括许多记者）都曾言之凿凿地提出，新闻无论如何都不是对这个世界自发和客观的反映。但是，如果以此得出结论，认为客观报道的理想与职业化的做法无关紧要，那就是大错特错了。新闻职业的标准依旧在某些方面发挥作用，值得关注。例如，诸如客观性这样高尚的准则，虽然本身概念并不清楚，却掩盖了新闻与经济、体制和政治背景之间的关系。首先，客观性准则给媒体披上貌似独立的外衣。其次，即使实际报道扭曲了新闻的政治内容，客观性准则也可以轻易成为挡箭牌，因此，这些报道造成的政治影响就模糊了。这样一来，新闻规范与报道实践共同造成了前面所说的新闻中的信息倾向性，而这些倾向性都为新闻独立的外衣所掩盖。的确，以客观、公正为中心的各种新闻实践，最后产生的结果往往是讽刺性的，对真理的追求往往为政治运作所代替。这一点会在后面的“案例研究”中讨论。

如前所述，“客观”报道（或是公正、平衡报道）的说辞根本禁不住推敲，往往是，新闻报道吸纳了一方的信源，就意味着排斥了另一方。对情节主线的强调就意味着事件之间有意义的关联性被弱化。每次报道中使用熟悉的主题或比喻，都会掩盖这一事件潜在的独特性。最重要的是，当官员执笔新闻脚本时，记者就放弃了他们最重要的民主功能：代表公众利益，评价并批判地审视官员和商业精英。虽然这样那样的因素会导致新闻不可能做到客观，但是，新闻必须看起来是客观的或者用行业术语来说，是“可信的”。或许，最重要的是，若想让新闻报道从表面上看起来客观可信，就需要新闻实践和报道视角在对立主义和对官方的敬畏之间取得恰到好处的平衡。但是，这种平衡现在似乎面临着倾斜的危险，损害了新闻的信誉。不仅是记者与官员在合作与对抗的作态之间疯狂摇摆，而且，这种作态显然让大多数公众对双方都失去热情。

“逮到你了”模式的新闻与信誉危机

如第二章所述，虽然近年来新闻关于权威与社会秩序的描述越来越向负面倾斜，但这与官员是否真的更加唯利是图、政府是否更加腐败或是社会混乱状况是不是真的更加严重，都没有太多关系。相反，公共权威和社会秩序的形象愈发负面，其部分原因是，媒体面临商业化新闻的压力，追求轰动效应，采用刺激情感的戏剧手法保证新闻故事的发展，满足 24 小时新闻滚动播出的需要。这种追求轰动效应的趋势也离不开政治人物的支持，他们对对手的负面言辞和公开指责满足了新闻模式的需要。“吓他们一跳，然后他们就会看了!”对这种新闻模式，新闻制片人与政治人物都很买账。不过，问题是，人们看一会儿之后，往往就会更换频道。

我们回顾一下本章前面引述的社会学家盖伊·塔奇曼的观点：新闻客观性的幻象是因为记者把官场世界看作权威。[82]果真如此的话，那么，“逮到你了”这种新闻模式就可能对新闻客观性的本质起到破坏作用。无论新闻从业者对职业理想（说法可能不尽相同）有多么投入，在“逮到你了”式的对立主义的重负下，新闻的合法性都会受到损害。这并非是说，通过盲目报道官方声明获得信誉就是什么好主意。而只是说，在某个特定的时代，无论新闻从业者如何努力追求，客观性的理念可能都会存在缺陷。重要的不是曝光客观性的瑕疵，而是要明白，关于客观性的无休止争论可能会妨碍人们认清一个问题：新闻中潜在的倾向性正是由于新闻从业者追求客观性的努力造成的。

同样重要的是，我们需要明白，新闻客观性的基本实践是在 19 世纪发展而成的，而客观性的概念是在 20 世纪才成为美国新闻业坚实基础的，到了 21 世纪，新闻业变化的节奏一定会继续影响客观新闻的理念与实践。诸如 24 小时滚动播出、互联网上的病毒式传播或是媒体营销人员进入编辑团队（见下章）等新变化的出现，带动了报道实践与新闻价值的革命性变化。这也是本章自始至终在谈的问题。简而言之，新闻业某一具体变化可能是经济、技术和社会环境因素共同作用的结果。这种变化造成的结果可能看上去并不具有合理性或连贯性。然而，新闻职业，与其他任何职业一样，也将继续努力使这一职业的工作具有意义，甚至用“公正、平衡报道”（之前被称为“客观报道”）这样的标签来加以美化。 218

在诸如“客观性”这样的原则性概念是否得到恰当践行的问题上，如果新闻业者与受众的理解相去甚远，那我们可以断定，新闻体系各要素之间存在严重的冲突。生产新闻的人与消费新闻的人之间对于新闻实践似乎有不同的理解。在这一过程中，他们可能会失去对彼此的尊重与理解。客观性有可能吗？或者，客观性值得追求吗？这个问题有待读者决定。但有一点是明确的：在我们生活的这个时代，人们对于什么是好的报道，很少有共识。

注释

[1] *Talk of the Nation*, National Public Radio, April 17, 2006. www.npr.org/templates/story/story.php?storyId=5346256. Accessed December 15, 2010.

[2] *Washington Post*, “Lawmakers and the ‘birther’/Muslim myths (updated). Politics 44 Blog: Politics and Policy in Obama’s Washington. August 30, 2010. http://voices.washingtonpost.com/44/2010/08/lawmakers-who-push-the-birther.html. Accessed September 15, 2010.

[3] Alex Spillius, “President Barack Obama Hits Back at Birthers and Rumor Mongers,” *The Telegraph*, August 30, 2010. www.telegraph.co.uk/news/worldnews/northamerica/usa/barackobama/7971928/President-Barack-Obama-hits-back-at-birthers-and-rumour-mongers.html. Accessed September 15, 2010.

[4] Joan Didion, *Political Fictions* (New York: Alfred A. Knopf, 2001). The quote is from Joseph Lelyveld, “Another Country,” *New York Review of Books* (December 20, 2001): 10.

[5] Trends of surveys of American journalists taken in 1971, 1982–1983, and 1992, reported in David H. Weaver and G. Cleveland Wilhoit, *The American Journalist in the 1990s* (Mahwah, NJ: Lawrence Erlbaum, 1996).

[6] David H. Weaver, et al., *The American Journalist in the 21stCentury* (Hillsdale, NJ: Lawrence Erlbaum, 2006).

[7] John W. C. Johnstone, Edward J. Slawski, and William W. Bowman, *The News People: A Sociological Portrait of American Journalists and Their Work* (Urbana: University of Illinois Press, 1976); see also, Charles J. Brown, Trevor R. Brown, and William L. Rivers, *The Media and People* (New York: Holt, Rinehart and Winston, 1978); and Stephen Hess, *The Washington Reporters* (Washington, DC: Brookings Institution, 1981).

[8] Gaye Tuchman, “Objectivity as Strategic Ritual: An Examination of Newsmen’s Notions of Objectivity,” *American Journal of Sociology* 77 (1972): 660–679.

[9] Meena Hartenstein, “Fans Lobby Stephen Colbert to Host ‘Restoring Truthiness’ Rally in D.C. to Rival Glen Beck’s Event,” *New York Daily News*, September 7, 2010. www.nydailynews.com/entertainment/tv/2010/09/07/2010-09-07_fans_lobby_stephen_colbert_to_host_restoring_truthiness_rally_in_dc_to_rival_gle.html. Accessed September 15, 2010.

[10] “Brits vs. Yanks: Who Does Journalism Right?” *Columbia Journalism Review* (May/June 2004): 44. Anonymous article.

219 [11] Leila Fadel, "As Obama Declares Iraq War Over, Iraqis Brace for Uncertainty," *Washington Post*, August 31, 2010. www.washingtonpost.com/wp-dyn/content/article/2010/08/31/AR2010083105193.html. Accessed September 15, 2010.
[12] Ibid.
[13] See Chris Mooney, *The Republican War on Science* (New York: Perseus, 2005).
[14] Bryan Keefer, "Tsunami: The Campaign '04 Information War Is Fast, Deep, and Fraught with Lies. The Press Must Rethink Coverage or Drown in a Toxic Tidal Wave," *Columbia Journalism Review* (July/August 2004): 20.
[15] *MSNBC Hardball with Chris Matthews,* October 11, 2004. MSNBC. http://msnbc.msn.com/id/6232178/. Accessed January 13, 2005.
[16] 关于这一例子的更详尽分析，可参见 W. Lance Bennett, "Beyond Pseudo Events: Election News as Reality TV," *American Behavioral Scientist* 49, no. 3 (November 2005): 1–15。
[17] See, for example, Edith Efron, *The News Twisters* (Los Angeles: Nash, 1971); and Doris Graber, *Mass Media and American Politics* (Washington, DC: Congressional Quarterly Press, 1980), Chapter 10.
[18] Brent Cunningham, "Across the Great Class Divide: Today's Journalists Are More Isolated Than Ever from the Lives of Poor and Working-Class Americans. So What?" *Columbia Journalism Review* (May/June 2004): 35.
[19] David T. Z. Mindich, *Just the Facts: How "Objectivity" Came to Define American Journalism* (New York: New York University Press, 1998), 5–6.
[20] Pew Research Center for the People and the Press survey, March 1999, www.people-press.org/press99sec1.htm.
[21] Gerald J. Baldasty, *The Commercialization of News in the Nineteenth Century* (Madison, WI: University of Wisconsin Press, 1992).
[22] 关于这一说法的支持性证据，可参见 Meyer Berger, *The Story of the New York Times* (New York: Simon & Schuster, 1951); Frank L. Mott, *The News in America* (Cambridge, MA: Harvard University Press, 1952); Edwin Emery and Henry Ladd Smith, *The Press in America* (New York: Prentice-Hall, 1954); John Tebbell, *The Media in America* (New York: Mentor, 1974); and Michael Schudson, *Discovering the News: A Social History of American Newspapers* (New York: Basic Books, 1978)。
[23] See Mindich, *Just the Facts.*
[24] Ibid.
[25] See Baldasty, *The Commercialization of News in the Nineteenth Century,* Chapter 2.
[26] 关于通讯社起源和影响的讨论，可参见 Bernard Roscho, *Newsmaking* (Chicago: University of Chicago Press, 1975); Mott, *The News in America;* and Emery and Smith, *The Press in America*。
[27] Schudson, *Discovering the News,* Chapter 3.
[28] Upton Sinclair, *The Brass Check* (Pasadena, CA: Author, 1920); see also, Berger, *The Story of the New York Times;* and Tebbell, *The Media in America.*
[29] 关于这一时期的历史和思想，可参见如下文献。Harold J. Laski, "The Present Position of Representative Democracy," *American Political Science Review* 26 (August 1932): 629–641; John Diggins, *Mussolini and Fascism: The View from America* (Princeton, NJ: Princeton University Press, 1972); and Schudson, *Discovering the News.*
[30] 参见李普曼的以下著作。*Drift and Mastery* (New York: Kennerly, 1914); *Liberty and the News* (New York: Harcourt Brace, 1920); *Public Opinion* (New York: Free Press, 1922); and *The Phantom Public* (New York: Harcourt Brace, 1925).

[31] Tebbell, *The Media in America,* Chapter 12. 220
[32] Lou Cannon, *Reporting: An Inside View* (Sacramento, CA: California Journal Press, 1977), 35.
[33] Mindich, *Just the Facts,* 8.
[34] 有关这些职业规范的评论，可参见如下文献。Tebbell, *The Media in America;* Johnstone, Slawski, and Bowman, *The News People;* Gaye Tuchman, *Making News: A Study in the Construction of Reality* (New York: Free Press, 1978); and Schudson, *Discovering the News.*
[35] 近年来，媒体中出现了广受追捧的专家型记者，但也仅限于一些固定领域，比如科技和经济。此外，也只有数量相对较少的大的新闻机构才有实力雇用专家型记者，而大部分时政报道还是由多面手记者完成，他们排班周期接受报道任务，并在报道中避免专业的或理论的视角。
[36] Tuchman, *Making News,* 87.
[37] See, for example, Murray Edelman, *The Symbolic Uses of Politics* (Urbana: University of Illinois Press, 1964); Peter L. Berger and Thomas Luckmann, *The Social Construction of Reality* (New York: Anchor, 1966); and W. Lance Bennett, *Public Opinion in American Politics* (New York: Harcourt Brace Jovanovich, 1980), chapters 13 and 14.
[38] C. Jack Orr, "Reporters Confront the President: Sustaining a Counterpoised Situation," *Quarterly Journal of Speech* 66 (February 1980): 17–32.
[39] Ibid., 22.
[40] See, for example, Harvey Molotch and Marilyn Lester, "Accidents, Scandals, and Routines: Resources for Insurgent Methodology," *Insurgent Sociologist* 3 (1973): 1–12; Harvey Molotch and Marilyn Lester, "News as Purposive Behavior: On the Strategic Use of Routine Events, Accidents, and Scandals," *American Sociological Review* 39 (February 1974): 101–112; Murray Edelman, *Political Language* (New York: Academic Press, 1977), Chapter 3; Todd Gitlin, *The Whole World Is Watching* (Berkeley: University of California Press, 1980), chapters 2 and 7; and Graber, *Mass Media and American Politics,* Chapter 8.
[41] David L. Altheide and Robert P. Snow, *Media Logic* (Beverly Hills, CA: Sage, 1979), chapters 3 and 4.
[42] 据称，iFilm.com 网站一家就吸引了350万人访问"囧司徒"参与的那期《交火》节目的帖子（www.ifilm.com/ifilmdetail/2652831?htv=12）。
[43] See, for example, Howard Simmons and Joseph A. Califano Jr., eds., *The Media and Business* (New York: Vintage, 1979).
[44] Henry Beck, "Attentional Struggles and Silencing Strategies in a Human Political Conflict: The Case of the Vietnam Moratoria," in M. R. A. Chanu and R. R. Larson, eds., *The Structure of Social Attention: Ethological Studies* (New York: Wiley, 1976).
[45] Jan S. Wenner and William Greider, "The Rolling Stone Interview: Bill Clinton," *Rolling Stone* (December 9, 1993): 40–45.
[46] 有关尼克松与媒体之间的恩怨详情，可参见 Marvin Kalb, *The Nixon Memo* (Chicago: University of Chicago Press, 1995)。
[47] 并不难理解政治人物为何经常被媒体弄得怨声载道。对于新闻报道采取的对立原则，政治人物的态度似乎未免有一种"酸葡萄"心理，但是，他们关于新闻报道武断、无理、难测的抱怨却有可能是对新闻业者"仪式性"行为的 221
合理而有据的理解。
[48] 有关水门事件后出现的一些填鸭式调查性报道，可参见 Gladys Engel Lang and Kurt Lang, *The Battle for Public Opinion: The President, the Press, the Polls Du-*

ring Watergate (New York: Columbia University Press, 1983)。两位作者还提供了关于白宫与媒体在水门事件风波中大肆强调尼克松个人形象和声望的大量文献。

[49] See Jacques Ellul, *Propaganda* (New York: Vintage, 1973).
[50] Quoted in *Rolling Stone* (October 7, 1976): 57.
[51] 关于这些以及其他编辑的反应，可参见 Priscilla S. Meyer, "Hello, Rolling Stone? What Did Butz Say?" *The Wall Street Journal* (October 7, 1976): 18。
[52] "AIDS and the Family Paper," *Columbia Journalism Review* (March/April 1986): 11. Anonymous article.
[53] Quoted in David Walker, "The War Photo That Nobody Wanted to See," *Photo District News* (August 1991): 16.
[54] Ibid.
[55] Tebbell, *The Media in America,* 141.
[56] Daniel Boorstin, *The Image* (New York: Atheneum, 1961).
[57] See Edwin Diamond, *Good News, Bad News* (Cambridge, MA: MIT Press, 1978).
[58] See W. Lance Bennett, "Storytelling in Criminal Trials: A Model of Social Judgment," *Quarterly Journal of Speech* 64 (February 1978): 1–22; and W. Lance Bennett and Martha S. Feldman, *Reconstructing Reality in the Courtroom* (New Brunswick, NJ: Rutgers University Press, 1981).
[59] Bennett and Feldman, *Reconstructing Reality in the Courtroom,* Chapter 4.
[60] James David Barber, "Characters in the Campaign: The Literary Problem," in *Race for the Presidency: The Media and the Nominating Process,* ed. John Barber (Englewood Cliffs, NJ: Prentice-Hall, 1978).
[61] Edward Jay Epstein, *News from Nowhere* (New York: Vintage, 1973), 4–5.
[62] Herbert Gans, *Deciding What's News* (New York: Vintage, 1979), 173.
[63] Ibid., 171.
[64] Bennett, "Storytelling in Criminal Trials"; and Bennett and Feldman, *Reconstructing Reality in the Courtroom.*
[65] *Atlanta Journal and Constitution* (June 18, 1994): 1.
[66] See Murray Edelman, *Political Language* (New York: Academic Press, 1977); and Bennett, *Public Opinion in American Politics.*
[67] Gans, *Deciding What's News,* Chapter 2.
[68] See Tuchman, *Making News;* and Mark Fishman, *Manufacturing the News* (Austin: University of Texas Press, 1980).
[69] Robert Darnton, "Writing News and Telling Stories," *Daedalus* 104 (Spring 1975): 189.
[70] Edward Jay Epstein, "The Grand Cover-Up," *The Wall Street Journal* (April 19, 1976): 10.
[71] Johnstone, Slawski, and Bowman, *The News People.*
[72] Gans, *Deciding What's News,* 143.
[73] Epstein, *News from Nowhere,* 137.
[74] Gans, *Deciding What's News,* 143.
[75] Ibid.
[76] Ibid.; also Timothy Crouse, *Boys on the Bus* (New York: Ballantine, 1973).
[77] Gans, *Deciding What's News,* 142.
222 [78] 戴安娜·亨利克斯在研讨会 "Corporate Power: You Can Run, but You Can't Hide "上的发言摘要（Shorenstein Center, Kennedy School of Government, Harvard University, October 12, 1999 ）。
[79] See, for example, Warren L. Breed, "Social Control in the Newsroom," *Social Forces* 33 (May 1955): 326–335; Walter Geiber, "Across the Desk: A Study of 16

Telegraph Editors," *Journalism Quarterly* 33 (Fall 1956): 423–432; Epstein, *News from Nowhere;* Crouse, *Boys on the Bus;* and Gans, *Deciding What's News.*

[80] 有关通讯社对报纸报道所产生的影响的讨论，可参见如下文献。Crouse, *Boys on the Bus;* and Leon Sigal, *Reporters and Officials* (Lexington, MA: D.C. Heath, 1975). The impact of the "wires" on television news is discussed extensively in Epstein, *News from Nowhere;* and Gans, *Deciding What's News.*

[81] Diamond, *Good News, Bad News,* 228.

[82] Tuchman, *Making News.*

223

第七章　新闻的政治经济学以及一个新闻时代的终结

因为自己的愚蠢之举，被技术革新与文化变迁判了刑，然后被冷漠、挑剔的公众送上绞刑架，这是一回事儿；而像傻瓜一样被扒光衣服去死，则是完全不同的另一回事儿。

——菲尔·布朗斯坦（Phil Bronstein）

花小钱办大事，这种文化基因正在横扫新闻业。我称其为“仓鼠轮子”（Hamster Wheel）……它只是为了转动而转动。“仓鼠轮子”有数量而没有思想，是一种新闻恐慌……是为了迎合随意的生产力标准而生产出的复制品……新闻从业者会告诉你，过去编辑部奖励有深度的报道，而现在的激励机制则向能在互联网传播中带来冲击的快速产品倾斜……现实中，“仓鼠轮子”正是主流媒体毁灭的原因，而这是主流媒体自作自受。

——迪恩·斯塔克曼（Dean Starkman）

224 关于新闻业危机的种种论调多数集中在报纸的消亡上。原因很多，其中一个主要方面就是印刷媒体生产的大量新闻内容会在其他媒体介质上被再次传播。这一点我们在第一章已经谈及。如果这个行业走向衰落，何谈什么高品质的新闻？2001 年至 2010 年，新闻媒体流失了 25%的从业者。[1] 更令人担忧的是，这一走向死亡的产业乱了阵脚，原本横在市场与编辑部之间那堵重要的防火墙坍塌了。本章开篇所引菲尔·布朗斯坦（《旧金山纪事报》特约编辑）的话，其背景即是《洛杉矶时报》雇员抗议头版被卖去为影视作品做“仿真新闻”的广告。像众多其他曾经独立的报纸一样，《洛杉矶时报》被一个更大的报业集团收购，而当新闻的商业模式失败之后，新东家又遭遇了经济困境，最终被一个叫山姆·泽尔（参见第一章）的投资者买去，被宣布破产。泽尔曾经语出惊人地对《洛杉矶时报》雇员宣布说：“很显然，报纸目前的运作模式难以为继。我们大家越早认识到这一点越好。”[2]而布朗斯坦的评论则有些在伤口上撒盐的意味：“对于那些依旧热爱报纸，喜欢举着报纸感受它，喜欢翻阅报纸时发出的沙沙声，习惯了把报纸上的内容撕下来保存，愿意成为赛德·斯通（Isidor Stone）①式人物的人来说，他们应该记住一点，就是现在人的寿命在延长，这点很重要……这是关于印刷媒体最乐观的说法了，也就是说，老年人活得更长了。”[3]另外，印刷媒体是革命性的发明，拥有丰富的历史渊源，对此的怀旧心理容易理解，所以，关注新闻业的死亡也就变得深沉而令人心潮澎湃。

新闻业的沦落

随着新闻业的衰落，“仓鼠轮子”成为以较少人力生产更多产品的新模式。内容装配工代替了记者，他们把通讯社通稿或是名人发表的推文拿来重新包装，然后通过博客发出，以此保持内容在多个快速变化的平台传播。严肃的调查性报道和费时的新闻分析正在消失，新闻都是来自最易获得的消息源，内容不停更新以保证网站门庭若市。当 Lady Gaga 在脸书上告诉她的粉丝要为军中同性恋者的权益呼号时，媒体拉个政治人物对此评论一番，这就被改造成了新闻，然后此事在博客上被讨论，接着是这一报道的超链接被广为传播。这种“新”新闻的目的就是抓住那些工间或是回家路上匆忙瞟一眼手机的人群。巴勃罗·博兹科夫斯基（Pablo Boczkowski）发现，新闻越来越多，但内容越来越少，这种传播方式正在成为全球媒体的趋势，美国如此，阿根廷也如此。[4]

① 又译史东，美国著名调查性报道记者。——译者注

这一趋势的形成，一方面是因为"花小钱办大事"的理念盛行，另外一方面是因为大家都认为，新闻业的未来也就是弄一些短小但抓眼球的东
225 西，随时更新一下新闻网站而已。斯塔克曼的"仓鼠轮子"理论指出，新闻业日薄西山，那些并没有新闻热情的媒体老板认为，现代社会中忙碌的人们需要的是更多但更短的信息内容。现在的新闻如同快餐——可以一时满足你的胃，但最终对健康无益。实际上，媒体老总们以最低成本为标准决定媒体能为大众提供什么，而这往往严重限制了他们对受众需求的理解。本章稍后会探讨这一问题。

这种新的信息内容模式正迅速取代以前所谓的"新闻业"，成为整个行业的主流模式。甚至，依旧盈利的一些媒体也把"仓鼠轮子"当作更有盈利前景的模式。例如，斯塔克曼研究了《华尔街日报》，该报被认为是美国两家最好的报纸之一。《华尔街日报》有几个比较有意思的特点。首先，因为拥有一群特殊兴趣的受众，即高收入的投资者与公司，该报现在依旧能够盈利。其次，《华尔街日报》被传媒大亨鲁伯特·默多克的新闻集团收购，经过机构重组，被打造成一个赚钱的机器。最后，虽然它的盈利显得鹤立鸡群，但是依旧反映了新闻业愈发肤浅、缺少深度分析的趋势。从2000年至2008年，《华尔街日报》每年的报道从2.2万篇增加到3.8万篇，而与此同时，该报的雇员至少缩减了13%。[5]

其他许多高质量的新闻媒体，如《洛杉矶时报》《华盛顿邮报》也被推上"仓鼠轮子"，越转越快。但是，斯塔克曼认为，令人感到讽刺的是，现在丝毫看不出这种趋势可以将整个行业引向一种成功的稳定状态。例如，斯塔克曼指出，网站点击率和网站流量都非常不可靠，而且，无论如何，鲜有新闻网站能够盈利。更重要的是，现在有很多竞争的信息模式供人们选择，所以新闻行业"花小钱办大事"的做法很容易被公众抛弃，因为他们可能发现更令人满意的、提供与他们所关心话题有关的深度信息的媒体模式。这就是斯塔克曼所说的主流媒体正在消亡的意涵。我们将在第八章探讨这一话题。

新闻公共产品特征的沦丧

同时，严肃报道正在消失。大众传媒鼎盛时期，新闻媒体比现在更独

立，更不容易为单纯追求利益最大化所驱动。在民主体制里，新闻是一项重要的公共产品或是公共资源，因此，新闻业曾被认为具有自身的价值。以前，政府把这些价值奉作媒体需要恪守的公共服务标准以及新闻许可证办理的资质要求。过去，办报人通常是有新闻情怀的人，他们承诺会在谋求自身利益与保障政治报道作为公共产品的价值之间寻求平衡。本章稍后将探讨这些价值观发生了怎样的变化。第八章将探讨未来的新闻将会是什么样子。

现在，美国新闻体系行将丧失生产独立的、于公众有益的信息的能
力。经济衰退对公共利益造成了双重打击。首先，严肃政治新闻的数量日 226
益减少，大行其道的是道听途说的小道消息、丑闻以及与日俱增的娱乐和时尚新闻。其次，即便是为数不多的政治新闻也主要来自公关通稿和政治运作，对于它们，编辑部的大门如今越来越敞开了。因此，主流媒体从未像今天这样与官场紧密纠缠，即使如本书第六章所述那样，他们依旧抱着客观报道的信条。根据斯塔克曼的分析，最终的结果就是“（仓鼠）轮子的悖论”，即“轮子转得越快，媒体就越被动。媒体越是需要更多的复制内容，就越依赖于那些能够提供所谓新闻内幕和残羹冷饭的信源”[6]。这一切是怎么发生的呢？

我们是如何走到今天这一步的？——利润与公共利益

新闻业垮塌，其中最重要的原因之一就是，20 世纪 90 年代市场监管缺失的巅峰时期，大媒体公司收购、不断挤榨小公司的利益。这一点我们将在本章“案例研究”和其他部分展开探讨。导致新闻业衰落的第二个主要原因是，受众接收、分享信息的偏好发生了巨大变化。其中一些变化显然是因为新闻产品为逐利而自降身价，在人们心中丧失了自己的价值；另一方面，则是因为受众倾向于使用社交媒体获取信息，而这一趋势正在改变新闻业与受众的关系（详见第八章）。

现在，新闻从业者的体验是，他们想保持公共利益标准，但是他们的老板只把新闻当作一种产品而已。他们正在输掉这场斗争。高质量的电视新闻在很大程度上也与印刷媒体一样处境堪忧。一个例证就是，2010 年，

美国广播公司（ABC）新闻总裁戴维·威斯汀（David Westin）被迫辞职。据报道，威斯汀与迪士尼公司管理层就新闻频道预期盈利的贡献额度问题产生分歧，最终选择放弃。《纽约时报》（该报还在努力出产高质量新闻）曾就此事刊登过一篇不错的调查性报道，其中指出：

> 得知威斯汀这一决定后，一位美国广播公司新闻频道的员工说，迪士尼与美国广播公司管理层多年来一直给威斯汀施压，要求他设法增加新闻频道的盈利，但是对他的努力并不满意。美国广播公司2月宣布将最多裁员400人，相当于雇员数量的四分之一。
>
> ……美国广播公司新闻频道另一高管说，新闻频道一直在盈利，但是公司希望把利润率从5%提高到15%。[7]

自从20世纪80年代以来，由于政府疏于监管，媒体开始以廉价新闻
227 谋取更多的利润，新闻从业者受到来自公司管理层的压力越来越大。进入新世纪，传统媒体广告收入被互联网挤占，而21世纪第一个十年末期发生的经济大衰退使情况更加恶化。如果说之前新闻产品经济利益与公共利益之间即使还残存什么平衡的话，那此时也完全倒塌了。

在全国范围内，普通记者一直以来都被要求接受所谓“轻”（lite）新闻或软文。到20世纪90年代，这种做法使报纸和电视成为高盈利的行业。[8]问题是，受众并非真的需要“轻新闻”。相反，在多数市场，电视观众和报纸读者开始收缩，特别是广告商更看重的受众群体——年龄在35岁以下的人群在收缩。因此，媒体搞廉价新闻产品，代价就是赔上了长期的生存能力以及对公众的号召力。

如果受众在流失，那为何还任由新闻内容质量下滑的情况持续发生呢？简单地说，原因就是多数媒体把提供给广告商的优质受众统计视作自己的商业模式，而且用尽可能廉价的新闻产品去吸引这部分受众。因此，一开始的时候，对于一些媒体来说，只要它们生产的产品还能为广告商吸引具有高价值的目标受众，受众绝对数的下降并不算什么严重打击。例如，在盈利欲望的驱使下，传媒界掀起了并购热潮。在并购潮早期，报纸实际上获得了高利润。许多报纸因为失去了一些非关键的读者，而在生产和发行上节省了资金。因为生活类内容（例如，时尚、美食以及旅行）增多，报纸依旧能够吸引重点读者（例如，年龄在30～50岁，手头有可支配收入的人群）。这一群体成就了20世纪90年代消费的黄金时代。进入21

世纪，报纸遭受了互联网广告与经济大衰退的双重打击。电视新闻网受众也在收缩，不过与报纸相比，电视观众的下滑相对平稳。因为剩下的主要是年龄较大的观众群体，对广告商没有太大吸引力。

20 世纪 90 年代和 21 世纪第一个十年是媒体并购的黄金时期，在这一时期，整个行业的底线就是新闻产品廉价化。严肃的政治新闻报道成本高，因为这需要时间和动力，只有资深记者才能胜任，他们更知道去采访谁、问些什么问题以及在哪些地方深挖。除非是遇上火灾、洪水或其他事故、灾害，软新闻则根本不需要什么记者，派几个摄像师去现场就够了，而报道脚本也可以回来写。其他许多内容可以通过通用新闻的推送和通讯社获得，只不过放在报纸头版或是在电视播出前需要重新包装而已。压缩记者和记者站的支出以及在其他能保证高质量新闻的方面减少开支的做法提高了利润，公司合并因此达到高峰，越来越多的新闻媒体被收购，只是因为它们有投资潜力。年利润达到 25%不再是什么稀罕事儿，而且很快成为那些身处异地的公司老板的要求。这一时期，政府对“媒体所有权集中”大开绿灯（请见本章“案例研究”），根本不考虑此举对公共信息质量造成的影响。如第四章所述，政治人物往往依赖媒体运作和战略传播来操纵新闻，要求他们关心新闻业的独立性太不切合实际了。

大的媒体公司与投资集团收购这些“提款机”，前提就是高额利润。 228
但随着网站的兴起，这种要求变得难以满足。网站不仅吸走了印刷媒体的广告收入，挤占了新闻与娱乐的收入份额，还分流走了一批受众。在这种情况下，新闻媒体如何保持高利润呢？答案当然是，再多裁减一些记者，再多上一些轻新闻。地方电视台较早采用了这种轻新闻模式，但是在许多城市，高质量的报纸依旧存在，它们还在为那些希望了解政治与社区事务的读者而坚持。但是，因为政府疏于监管，媒体所有权更加集中（见本章“案例研究”），高质量的报纸也难逃被出售和并购的命运。因为大公司要对身处异地的投资者负责，而不是对当地公众负责，在芝加哥、洛杉矶、费城、亚特兰大、圣何塞、达拉斯以及其他众多城市，情形都一样：曾经致力于报道严肃新闻的报纸、电视和电台成为投资者谋取利润的工具。这些投资人只关心短期利益而无视媒体的长期稳定和社会责任。事实上，一些本来值得尊敬的媒体，例如《费城问询者报》面对追求高额利润的新东家，也只能随波逐流，在易主的不稳定局面中挣扎，甚至逐渐淡出公共视线。

举一个例子。21世纪初，《达拉斯晨报》（*The Dallas Morning News*）在全国报纸编辑的调查中位列全国最好的五大日报之一。[9]然而，拥有这家报纸的大公司贝罗公司（Belo）却因为一系列的投资失利而想尽办法翻盘。该公司没有把《达拉斯晨报》当作优质的新闻资源，也没有把它看成自己名下的财富，而是决定裁员以获得短期利益。2004年至2006年间，该报200名雇员下岗，占雇员总数的三分之一。很快，该报率先在全国遭遇了发行量下滑（2007年半年大幅下滑13.4%）。读者满意度由79%直降到60%。[10]报纸在欧洲、亚洲、中东、古巴、南美、休斯敦和俄克拉何马城的分社也不复存在，其华盛顿分社的雇员从11人削减到两名记者、一名专栏作者。[11]报纸登载的新闻大多是从通讯社的通稿中扒拉出来的。虽然由于各种原因贝罗公司的利润率（盈利依旧以亿计）持续下滑，CEO依旧得到了加薪50%的奖励。新闻学者菲利普·梅尔如此评价此举造成的损失："在我看来，与《达拉斯晨报》同样做法的报纸已经决定彻底清盘这一产业，乘着还能赚点钱，赶紧把能赚的钱都赚到手。这不能算是疯狂。作为一个经理，如果你只关心眼前发生的事情，这其实是理性的战略，因为毕竟一份报纸走向死亡需要很长时间，即使它已开始遭受死亡前的阵痛，依旧可以充当摇钱树。但从长久看，这对整个产业和社区的影响实在糟糕。"[12]

情况就是这样。报纸的商业版充斥着传媒产业获利的神话（而鲜有主流媒体关心媒体内容质量沦丧的问题）。20世纪90年代初，报业迎来了光明的破晓：公司平均利润率是14.8%。这一数字尚属健康。但整个90年代，获取更大利润的预期掀起了报纸合并与收购的更大浪潮。到了90年代末，巨型媒体公司从扩张的报纸股份中获得的平均利润竟然达到21.5%。[13]
229
取得如此惊人的利润率有三招：(a) 报道廉价内容；(b) 直接把内容兜售给对广告主最有吸引力的受众；(c) 任由无利可图的受众流失，从而节省印刷与发行开支。事实上，由于当时这种短视的经济逻辑，受众流失并没有引起足够的警醒，因为廉价的内容还可以保持资产负债表的平衡。

用娱乐化信息代替高质量的新闻

放弃高品质信息使一切看起来在经济上暂时具有可行性。把政治新闻的焦点放在戏剧化冲突的中心人物上，可能会加剧我们在第二章所谈到的信息碎片化这一倾向性，但是，这样做可以使报道更容易按照“权威-失序”的一般情节操作。以下是马修·鲍姆（Matthew Baum）对这一趋势的描述，呼应了我们在第二章讨论的新闻倾向性的主题：

（这种趋势的）净效应就是，传统的新闻节目为各种新型的、娱乐为导向的信息类节目所补充，甚至在某些方面为其所代替。我将这些节目统称为软新闻媒体（soft news media）。相对于传统的新闻节目，软新闻媒体更看重偶然的、以人情味为导向的、主题浅显的新闻，这类主题特别适合低成本框架。与传统的新闻媒体相比，软新闻媒体设置主题式框架的可能性更小。这种框架设置为理解某个事件或问题的原因、结果提供了更广阔的背景，但是往往更复杂，因此对于不大关心政治的个人来说也就更不容易理解。[14]

不过，鲍姆还指出，对于许多事不关己的人来说，他们可能从未听说过重要的世界大事，除非这些事情出现在新闻杂志上或是诸如*E!*和*MTV News*这样的娱乐节目上，以及它们相应的网站上。好在娱乐化信息还会挑选几个重大问题去播报，否则那些只看娱乐化信息的人真的是与政治隔绝了。但糟糕的是，娱乐化信息提供的东西可能太碎片化，多是名人效应驱动的软文，无助于理解重大新闻。

美国媒体的经济转型

20 世纪 90 年代是媒体发展的鼎盛时期，媒体大佬中盛行的理念是越大越好，这一点，从他们对于企业并购的热衷就可以看得出。他们常见的目标如下：（a）变得足够大，拥有媒体内容生产、营销和发行的功能； *230*
（b）拥有足够多的频道和出版物，以此占据广告市场，并利用媒体帝国内部之间免费的广告将受众从一个频道或出版物吸引到其他频道或出版物；（c）在系统内部循环利用人力和过时的黄金时段节目，以此减少填补多台网和分支机构节目的支出。然而，他们没有料到，在这种模式下，媒体环境的变化影响了印刷和广播新闻的盈利能力。

印刷媒体发生了什么？

正当新的经济模式似乎在顺利运行的时候，互联网的兴起撼动了报纸的地位。受众转移到提供免费信息（包括影评、天气、体育、时尚甚至政治新闻）的网站，这些网站把宝贵的广告资源从报纸那里挖走。有了像格雷格列表这样的互联网服务，报纸原来的那些创收项目，如招聘广告、私人专栏和房屋信息等似乎永远失去了存在的必要。[15]

印刷媒体经济基础变化的背后是一种更令人忧虑的趋势：年轻人已经不再像他们的前辈那样读报。怎样才能吸引那些正在涌入网络或是甚至已经超越网络而沉迷于电子游戏世界的年轻人，这并非报业历史上第一次面临重大变故。如过往一样，这肯定将催生社会传播的新方式。

明天的报纸会是什么样子？肯定不会和今天一样。报纸纷纷抢滩互联网，建立起的网站令人印象深刻，吸引了不少读者，但却少有从中盈利者。有些网站不差钱，互动性较强，如华盛顿邮报（www. washingt-onpost. com）、公共广播公司（www. pbs. org）、美国国家公共广播电台（www. npr. org）。美国国家公共广播电台（NPR）为 iPad、iPhone 和电脑用户开发了独树一帜的应用软件，为使用者提供大多数新闻和特别报道信息。英国广播公司（BBC）是传统媒体培养在线受众的先驱之一。然而，大多数传统媒体的网站很快就成为人们所说的网上搬运工。它们所做的就是简单地把印刷媒体上的东西“搬”到网页上，或许再加上一些通讯社的通稿以及印刷媒体上不会有的读者自创内容。[16]商业网站还鲜有盈利者，这就再次提出了一个问题：如何再造一种可行的新闻形式来服务公共利益？

电视行业发生了什么？

与此同时，电视新闻也处在风雨飘摇中，因为从有线频道到互联网，观众的选择余地变大，电视新闻消费者的平均年龄继续提高（这意味着备
231 受广告商青睐的 18～35 岁年轻受众正在远离电视新闻）。电视公司老板继续施压，因为他们要从投资中获得更大的利润，而且在他们眼中，新闻与体育或赛事节目在产品定位上没有什么区别。在电视新闻的黄金时期，这个国家的大多数家庭会把频道调到三大电视网之一的晚间新闻。那时，在这些电视网老板的眼中，新闻事关他们品牌的声望，因此，相比体育节目

或娱乐节目来说，他们容许新闻部门多花少挣。到20世纪末，电视新闻受众不断减少，老龄化程度越来越高，也越来越分散于许多不同的台网频道。在这一变化的图景中，三大电视网都被大公司吞并。[17]

例如，世纪之交，全国广播公司（NBC）的旧东家是通用电气，后来，它把部分业务拆分出来，成立了一个新公司，叫美国全国广播环球公司（NBC Universal），法国媒体集团维旺迪（Vivendi）拥有20%的股份。再后来，有线电视巨擘康卡斯特公司（Comcast Corp）购得控制股权，这就意味着公司内部可能会产生利益纠葛，因为搞有线电视的股东与搞互联网的股东可能会为各自的内容渠道寻求优待。美国广播公司（ABC）由迪士尼拥有，而迪士尼还同时拥有从娱乐体育节目电视网（ESPN）到迪士尼频道等许多其他媒体。哥伦比亚广播公司（CBS）于1999年被有线电视巨人维亚康姆（www. viacom. com）收购，后被拆分成一个独立的广播公司，这表明并购热潮时所承诺的协同效应难以实现。与此相似，贝罗公司（本章早前在达拉斯的案例中曾经提及）将自己的几家报纸拆分出去，以此为尚有较大盈利空间的电视业务吸引投资者。

抛开原来这些电视网易主的问题不谈，我们来看看时代华纳。它是全球最大的媒体集团，拥有美国有线电视新闻网（CNN）、家庭影院（HBO）、特纳广播公司（TBS）、特纳电视网（TNT）、华纳兄弟以及150多家杂志（包括《时代》周刊、《财富》、《体育画报》等）。[18]正在待价而沽的新媒体巨头是谷歌公司，它以16.5亿美元购买了YouTube，之后很快被维亚康姆诉讼索赔10亿美元。维亚康姆称，该公司节目内容（例如《每日秀》）未经购买版权被YouTube非法上载，带来超过15亿人次的浏览量。媒体环境过去被电视控制，但是，现在事情正在发生有意思的变化，电视正在愈发与在线内容相融合。

公司盈利的逻辑与新闻内容

让我们看一看“维亚康姆星球”[19]作为并购巨无霸时是什么样子，即在它为了迎合有线电视和互联网的年轻受众而决定将哥伦比亚广播公司（CBS）拆分出去之前是什么样子。吞并哥伦比亚广播公司及其所有的媒体股份时，维亚康姆媒体帝国包括用户超过全美家庭一半的 39 家全资电视台，而它的另外 200 多家附属公司则覆盖了几乎其余的用户。维亚康姆还拥有联合派拉蒙电视网（UPN）及其附属 189 家公司；5 家电台网络，其中无限广播公司（Infinity Broadcasting Corporation）就独立运营 165 家电台，在总收入前十的广播频道中占六席。维亚康姆还将一系列优质的有线
232 频道收归自己旗下，如 MTV、VH1、尼克儿童频道（Nickelodeon）、娱乐时间（Showtime）以及喜剧中心（Comedy Central）。维亚康姆同时还拥有派拉蒙等几家电影公司、十几家商业网站。它的出版帝国包括西蒙与舒斯特出版公司（Simon & Schuster）、自由出版社（Free Press）、口袋书店（Pocket Books）。它还拥有主题公园、剧院、广告公司、产品推广和特许公司，等等。[20]

在这个帝国发展的鼎盛时期，人们对协同效应的信仰几乎到了宗教狂热的地步。有观察家将维亚康姆比喻成一个巨大的媒体购物中心，而哥伦比亚广播公司则是它的核心店铺：“维亚康姆把哥伦比亚广播公司视作一个巨型购物中心里的核心店铺，而维亚康姆是所有店铺的所有者。因为节目还算受欢迎，哥伦比亚广播公司会吸引许多人进入这个购物中心，然后再将他们导流到维亚康姆的其他小店铺，如 MTV、尼克儿童频道和 VH1 等等。这个过程倒过来应该也可以。”[21]这一逻辑的问题是，广告商需要为吸引 18～34 岁这一被看作最有商业价值的群体付出更大的成本。这一群体把自己的可支配收入大部分花在娱乐与消费品上，而这些是广告的主要内容，如服装、饮料、食品、电子产品、电影、音乐和汽车。错误在于，这些年轻的消费者在通往维亚康姆巨型媒体购物中心的路途中，并没有走进哥伦比亚广播公司老龄化节目的世界。即使哥伦比亚广播公司推出了一些令人刮目相看的节目，如成功的真人秀节目《幸存者》(*Survivor*)，年轻的消费者还是更容易（也是更便宜）直接通过诸如 MTV 这样的有线电视门户进入维亚康姆的世界。这一原创的音乐电视频道已经找到一种绝妙的低成本全覆盖的商业节目运营模式：音乐公司将其制作的音乐视频免费提供给 MTV 播出，以此为歌曲和歌手做推广，而源源不断的音乐视频本身也为 MTV 打了广告，中间还可以插播传统产品的广告。

但是，新闻怎么办？

在这条不平坦的道路上，如同多数遭受了类似经历的媒体公司一样，

哥伦比亚广播公司（CBS）也不再将新闻当作特殊的东西对待。收购了全国广播公司（NBC）的通用电气一位前董事长曾经直言："电视网新闻并不是这里的战略中心……新闻不是我们资产的核心。"[22]新闻沦为公司利润和整合发展图景中很微小的一部分。当哥伦比亚广播公司还是个独立公司的时候，盈利问题对新闻部门并不十分重要，那时新闻更多的是被看作一种资产，可以给公司品牌增加威望。据说哥伦比亚广播公司创始人威廉·佩利（William Paley）曾经告诉自己的新闻团队，他们要集中精力做出最好的报道，至于盈利问题他会交给体育和娱乐节目。这种打新闻质量品牌，为赢得声望而不惜蚀本的思想是政府力倡的结果，因为政府要求广播公司必须制作生产一些负有公共责任的节目，才能免费获取使用公共广播信号的许可。然而，随着去管控化的提倡者把盈利当作政府应当鼓励的首要公共价值，对广播公司的责任要求大多已经被抛弃或是淡化。

哥伦比亚广播公司新闻频道曾经是业界的领先者（这里是爱德华·默罗和沃特·克朗凯特的发家之地），但是，维亚康姆的并购加速了它的衰落，使它由公司的旗舰变成拖公司盈利后腿的累赘。这意味着新闻内容和 233
发布方式需要被调整，以满足越来越趋向娱乐节目的受众，迎合他们的生活方式。哥伦比亚广播公司决定下调（目标）受众的中值年龄，推出像《幸存者》这样的节目，这带动了电视网其他节目的重新定位，包括新闻。问题是，年轻人已经逐渐失去了对新闻的兴趣，老龄受众也转向那些由医药健康产品企业提供商业支持的节目，这样，哥伦比亚广播公司的新闻节目开始逐步且似乎不可逆转地稳步下滑。对新闻团队管理者来说，他们面临的艰难挑战是创作可以转变受众人群结构的内容，改变新闻周边广告产品的构成：

> 新闻受众中值年龄因不同台网而异，一般大概是57或58岁。现在电视网新闻的管理层喊着要降低这一数字，要用iPod和激浪饮料（Mountain Dew）的广告代替止泻药易蒙停（Immodium）和抗抑郁药左洛复（Zoloft）的广告。他们认为，如果不能把年轻人吸引到现有的新闻品牌上来，还可以考虑把新闻做得更符合年轻人的胃口。[23]

让年轻人收看新闻，这是一个高尚的目标。不过，真正的问题是，为了满足收视率、盈利和节目品牌的需要，而对内容进行廉价处理的新闻，是否还有很大的价值呢？有人怀疑，把维亚康姆的其他节目拿过来简单地循环利用没准会是一个更好的办法，比如喜剧中心频道囧司徒的《每日秀》，又有趣又具信息含量。

节目包装与公众兴趣

在并购潮时期，把新闻当作消费者驱动型商品的潮流也席卷了整个报业。在过去二十多年的时间里，大公司买下全国苟延残喘的报纸，又请来市场顾问制定报纸发展的盈亏底线。例如，曾在报业占据重要一席之地的奈特里德报业集团（Knight Ridder）推出了一项“25～43（岁）计划”，意在赢回出生、成长在电视时代而不再看报的那一代富裕的受众群体。为此，该公司选定了焦点小组，调查他们个人关心的问题，以此寻找可以吸引新读者的市场角度。该集团旗下佛罗里达州《博卡拉顿新闻报》（*Boca Raton News*）的一位前编辑说，改造这份报纸的努力如同“宝洁公司开发一款新的牙膏并对其进行市场测试”[24]。该地区其他报纸的记者将改版后的《博卡拉顿新闻报》戏称为“火烈鸟新闻”，因为它的设计充满热烈的迈阿密风格，报头上有一只粉红色的火烈鸟。改版后的政治报道被戏称为“新闻麦乐鸡”。而另外一位前编辑则指责这份报纸“迎合了那些注意力持续时间像小昆虫一样短的人”[25]。然而，负责《博卡拉顿新闻报》市场化转型的编辑则声称，这种经过简化处理的新闻以及更具个性化的特稿满足
234 了受众的需求。奈特里德旗下的其他报纸，除了几个比较有名的，很快走上了《博卡拉顿新闻报》开创的道路，这令报纸的记者非常沮丧。

奈特里德新闻市场化一个最令人吃惊的损失是杰伊·哈里斯（Jay Harris）辞职。哈里斯是奈特里德旗下最成功、最受尊敬的报纸之一《圣何塞信使报》（*San Jose Mercury News*）的发行人。20世纪90年代报纸的利润大增（在那十年，《圣何塞信使报》的利润保持在22%～29%之间），此后开始走下坡路。这主要是因为硅谷的萧条导致技术公司减少了对招聘广告的投入。过去，这对报纸来说是块肥肉。奈特里德对此做出的反应是，大幅减少新闻预算以挽回盈利损失。

奈特里德总裁在一个备忘录里要求哈里斯按照标准公式进行预算削减："我建议认真审视最近的读者调查。如果《圣何塞信使报》的市场与我们其他市场相似，那么，这个调查告诉我们，读者希望看到更多的本地新闻。《圣何塞信使报》头版一直都以本地新闻为主而且很有吸引力，而

A 叠内版国外新闻的比例却太多。这可能值得我们重新思考。”[26] 哈里斯知道，他的读者中有一大部分是来自外国的软件工程师，而且，作为当地的特色经济产业计算机业是一种全球性工业，需要国际信息。哈里斯也知道，公司总部会不断施压，要求保持不切实际的利润增长水平。无法避免的结局就是坐视这个国家最好的（也是依旧盈利的）一份报纸烂下去，所以哈里斯辞职以示抗议。杰伊·哈里斯的辞职向他的同行传递了一个值得深思的信号。不久以后，他被邀请到美国报业编辑协会演讲。在演讲中，他提出了以下几个关键问题：“当读者与股东的利益存在矛盾时，哪个优先？当社区与股东的利益存在矛盾时，哪个优先？当国家和知情公民的利益与股东扩大利润的要求存在矛盾时，哪个优先？”[27]

问题在于：无论是报纸还是电视，都会面对生产廉价新闻的诱惑，因为这样短期利润更大。然而，从长远看，这些混乱、消极、无意义的新闻会慢慢失去受众。到 21 世纪第一个十年的中期，奈特里德的年轻受众群体持续下降，利润平平，这惹恼了大股东，他们转而强迫变卖该公司。很快，奈特里德在 2006 年被比自己小的麦克拉齐报业集团（McClatchy）以 44 亿美元收购。为了集中精力做好最有利润前景的报纸，麦克拉齐很快将收购到手的原奈特里德旗下的 32 家报纸中的 12 家卖掉。新闻产业的商业化就是这样进行的。

公司如何对新闻施加影响?

从以上讨论可以看出，迪士尼、通用电气或是甘尼特（Gannett）的管理层都不会直接命令记者减少严肃的政治、政府报道，而更多地去报道性和犯罪新闻。严肃新闻的消亡纯属看似明智的商业决策的牺牲品。正如 235
《纽约时报》的一位执行编辑所言：

新闻报道正在为远离新闻发生地的公司管理层所塑造，而这很少是通过公司指示或命令完成的，也罕有涉及枪毙稿件或改变报道角度的情况。通常，这是通过任命一位圆滑的编辑，或是召开一次公司会议，演示一下数据图完成的。这样，往往有助于在公司旗下各个报纸之间形成更统一的看法和一致的做法。这也有可能通过公司调研部门负责人解读受众调查数据来完成，受众调查的目的就是要为复杂的报道问题寻求简单的共性解决方案。一般来说，公司对政府报道都持反对观点。曾经有几年，在编辑和发行人会议上，增加政府新闻的做法总会受到指责。可以想见，理由无非就是这种报道很枯燥，让读者扫兴，而且，更糟糕的是，它要占据版面。可问题在于，政府新闻在增加。如果你的报道量不增加，那就等于根本没有真正进行报道。增量就是全部的问题。[28]

记者、传播学者道格·安德伍德（Doug Underwood）曾就新闻机构编辑部层面的商业价值观变化进行过研究。他发现，编辑部对新闻内容的限制正在增加，根源就是把新闻当作商品进行生产、销售。真正的新闻自由每天都在受到限制，原因很简单，用他的话说，就是"一群 MBA 们（工商管理硕士）在统治编辑部"[29]。布置采访任务，脑子里要装着开支、效益以及观众或读者的反应。尤其是报纸，在影像时代得奋力求生存，它们在运转中越来越少能顾及"为公众提供信息"这样的责任。正如安德伍德所言："今天，懂市场的报纸，其规划和包装都是围绕着'提供读者所需'进行的；报纸内容要根据读者调查的结果进行调整；编辑部的组织结构已经被报纸的经理们重塑了，他们既不信奉营销道德，也不真正理解什么是真正的新闻。"[30]这种潮流的引领者是《今日美国》（*USA Today*）。这份报纸被称为"麦乐报"①，是一份"为那些没有时间看电视的人打造的报纸"。然而，在这个新闻编辑部式微的时代，《今日美国》反而看起来更好了。

新闻的政治经济学

经济压力并非什么新鲜事物。一个半世纪以来，经济压力一直对新闻产生影响。根据新闻史学家杰拉德·包德斯蒂的观点，在美国历史上，新闻最根本的改变发生在 19 世纪中期，当时政党报纸开始给商业报纸让路。[31]我们在第六章探讨过这段历史。在美国这样一个传媒体系严重商业化的国家，信息质量难以逃脱经济压力的影响。但问题是，公司利润与其他社会价值之间的平衡是否已经倾斜到只要利润其他什么都无所谓的地步

236 了？近年来，经济变化的形式与量级已经造成了新闻的显著变化，使得今

① McPaper，源自麦当劳产品麦乐鸡（McNuggets），意为快餐报纸。——译者注

天的新闻与十年、二十年前的新闻大相径庭。

受众规模与大众消费模式是大众传媒的两个决定因素。受众分化与小众媒体的崛起预示着大众传播时代已经日暮西山。然而，在某种意义上，大众传播或者说至少是大众传播的一个新变体，依旧与我们同在：从其源头开始，信息生产越来越标准化。如果再算上媒体对硬新闻的日渐冷落，我们就会发现这个行业省钱的诀窍了：用一般的通用模式生产出越来越多的信息，把它们批发给许多不同的媒体机构，然后根据各自频道特殊的格式要求和受众分布进行包装，巧施粉黛。这样一来，就造成了一种看似矛盾的结果：新闻频道增多了，而新闻内容的差异性却在降低，深度也不够。理解这种矛盾很重要。

随着全球媒体越来越集中到几个大公司旗下，比如美国的时代华纳、德国的贝塔斯曼，还有默多克的新闻集团，新闻采集出现了一种趋势，即对新闻原始材料进行集中采集，然后分发到“媒体超市”的各个店铺。当然，也有一些例外，如美国的《纽约时报》、英国广播公司、西班牙的《国家报》（*El Pais*）、法国的《世界报》（*Le Monde*）以及德国的《法兰克福汇报》（*Frankfurter Allgemeine Zeitung*）等重量级媒体。虽然这些独立的、高质量的媒体也很少挑战各自国家的政治或经济共识，但在重要的世界问题上，它们却提供了详尽的报道，使得本国公民能够至少获得了解事件的机会。

经济对阵民主：新闻业内部

如第一章所指出的，在任何一种政治体系中，都不存在对最理想信息的保障，包括在这个认为第一修正案为信息质量提供了某种宽泛保护的国家。传播学者罗伯特·麦克切斯尼对传统观点提出了挑战。通过历史分析，他提出，商业传媒体系并不包含什么公共服务或公共责任的内在基础。麦克切斯尼认为，撩开新闻自由的面纱，就会发现，新闻媒体较少调用第一修正案来保证它们发布有政治风险或是政治挑战性信息的自由，相反，更多的时候，它们是为了捍卫自己追求利润的权利，在拒绝服务于公共利益时才调用第一修正案。[32]今天的时髦词语是“市场自由”，这意味着商业利润高于社会责任。但是，对利润的强烈追求并不意味着大公司必定会成功，无论它们如何降低产品成本。

电视网新闻收视率下滑

电视网新闻在收视率守卫战中可谓一败涂地。收视率反映了有电视家
237 庭总数中收看某个节目的家庭比例。根据市场调查公司尼尔森的估测，2010年，美国大约有1.15亿个家庭拥有电视。举例来说，30的收视率意味着所有拥有电视家庭中的30%收看了这个节目。广告费由受众规模（即收视率）以及广告产品潜在购买者的人口组成来决定。另外，因为并非每个人随时都在收看电视，广告价格也反映了某个特定时间档的某个特定节目的实际观看人数的比例。虽然电视网新闻不断尝试不同的新闻模式，受众流失的问题却一直在恶化。无论是在哥伦比亚广播公司，还是美国广播公司，或是全国广播公司，晚间新闻的收视率通常是在5%～7%之间，这表明，收视率在稳步下滑。20世纪70年代的收视率是现在水平的两倍多。20世纪90年代末，电视网新闻节目的收视率是8%～9%，公共电视网（PBS）的数字是不到2%。[33]根据皮尤研究中心卓越新闻项目的研究，本书写作之时，每天收看电视网晚间新闻节目的观众总和大约为2 250万，相当于自1980年以来每年大约减少一百万观众。相应地，三大电视网新闻节目的总收视率降低到了拥有电视家庭的15%。[34]

为什么收视率下滑的问题如此重要？我们只需要考虑一下其严重后果就明白了。在20世纪60年代的美国，一个广告客户只需投放一个广告位，就可以传递到80%的妇女。今天，若想到达同样数量的受众，需要在100个频道进行投放。[35]这种重大的变化意味着竞选广告的费用已经成天文数字般的增长，竞选活动花销在增长，可是能传递到的受众却在减少，而所传达的讯息击中目标受众的可能性也在减少。此外，还要认识到，今天许多新闻可能永远也到达不了多数受众，因为他们现在消费更多的往往是专门的体育、游戏、饮食或娱乐媒体，而不是新闻媒体。我们正在经历大众传媒的终结，而这对我们作为公民、公众和一个国家整体会产生重要的影响。

分化的受众：大众传媒的终结？

除了《超级碗》或是遇上“9·11”这样的国家危机以及入侵伊拉克等事件，谈论什么大众传播的受众不再有任何意义。至少，再不会有一大

群人围坐在电视机旁收看几家电视网播放的同样的新闻节目的场面了。[36]从1993年到2004年，只用了10年时间，定期收看电视网新闻节目的受众比例就降低了34%。[37]再看看近年来其他几个方面受众趋势的变化：

• 1978年，原三大新闻电视网（美国广播公司、哥伦比亚广播公司和全国广播公司）吸引了黄金时段电视观众中的90%。到1997年，它们的受众份额在50%上下徘徊，而到了2010年，则跌到25%。21世纪第一个十年中期，有线电视夏季黄金时段受众上扬到60%，这显然是这个十年里黄金时段受众份额的骄人战绩。[38]

• 有线电视新闻市场在分化。例如，1992—1997年间，有线电视新闻频道的增加把有线电视新闻先行者——美国有线电视新闻网（CNN）已经不多的受众份额又砍掉了三分之一，尽管当时能够收看CNN节目的家庭是过去的三倍。[39]本书写作之时，有线电视新闻的领导者显然是福克斯，而CNN只能排在第三，与位列第二的MSNBC相去甚远。所有有线电视新闻黄金时段总观众量加起来只有250万到350万，且近年增长不多，因而，它们的收视率竞赛在一个观众有限的赛场发生着。[40] 238

• 从广大观众分享共同体验的角度来说，或许一个更大的困扰就是，现如今，对新闻的好恶愈发由观众的政治态度决定。比如，福克斯吸引了大量的共和党，而MSNBC则吸引了更多的民主党。或许正是由于这种政治过滤，越来越少的人会相信他们在电视新闻中的所见所闻。[41]

• 人们守候某个喜欢的电视节目的可能性在降低。他们更喜欢在频道间换来换去，大多数观看电视新闻的人现在是遥控不离手。[42]

• 传统新闻的一些缺口被互联网填补。2010年，已经有高达44%的美国人表示，他们前一天是通过数字平台获取新闻的。[43]但是，时至今日，许多网上信源提供的信息质量仍然良莠不齐。

• 更令人焦虑的是，在较年轻的受众群体中，只有三分之一的人“非常”喜欢跟踪新闻，而在年龄较大的人群中，三分之二的人会这么做。一项全国性的研究对比了人们对软新闻（例如，某位名人去世）和硬新闻（例如，撤军伊拉克引起争议）的知晓情况，结果发现，30岁以下的受众中68%的人对软新闻中的事态发展很了解。在年轻的受众群体中，只有33%了解硬新闻的事态发展，而67%表示不知道。[44]对于这种情形，学者戴维·敏迪克有如下概括：“……在整个美国，年轻人已经抛弃了传统新闻。”[45]

媒体在分化社会吗？

传播学者约瑟夫·图罗（Joseph Turow）认为，现在的传播技术瞄准受众，然后向他们兜售几乎任何东西——从拉尔夫·劳伦的服装或“维多利亚的秘密”内衣，到新医疗改革造成的可怕印象，或是一条令人心安的关于现在有了一个更富于同情心的政治候选人的信息——所有这一切造成的结果就是社会的分化。[46]这里可能会存在“先有鸡还是先有蛋”的问题，也许社会是因为别的原因而分化，而传播技术只是顺从并加深了这种分化。[47]无论怎样，社会被分割成结构井然的消费群体，这对于追求愉悦生活方式的个人来说是好事儿，但是，对民主来说却未必如此。许多学者认为，这种传播诱导的社会分化进一步强化了个人化的、以消费为中心的现
239 实，阻碍了公众的相互理解，破坏了他们寻求共识的能力，阻碍了他们对集体价值和公共事务的投入和热忱，而这一切恰恰是民主赖以存在的基础。[48]

在某种意义上，这些个人身份的新变化是一种解放，而从另外的角度看，它们又让人感到不安和迷惑。不过，有一件事情很清楚：个人与公共信息的关系以及个人对公共信息的使用方式正在发生变化。人们对于什么是新闻的看法正在改变。对于有些人来说，最近互联网上出现的关于“9·11”恐怖袭击阴谋论的网站比电视网的新闻播送更有新闻价值。消费相同新闻的人变少了，所以人们可以分享的共同的现实空间也就缩小了，而对于如何界定事物、需要关心什么、如何更得体地行动等方面的共识也可能随之减少。一些边缘行为通过媒体回音室的循环、放大，又导回主流人群，这样就进一步阻碍了公众对许多事情产生共识，而这些共识是民主所必需的：文明、对公共领域与价值的关心、理解别人生活与问题的兴趣，等等，不一而足。简而言之，媒体的分化作用可能还会破坏我们本可以分享的“想象的共同体”这一重要概念，虽然我们会在其方向或优先重点上产生分歧。

我们早前讨论过信源权威性渐弱的问题，如果我们把它与以上调查所显示的信息个人化结合起来，就会发现，人们现在倾向于将个人观点与事实混淆起来。新信息技术传播的目标受众群体往往较小众，所传播的信息

构建的现实更加个人化，与个人生活和周围环境联系更为紧密，而不大能够让人去想象与遥远的陌生人所分享的共同的社会现实（如果想看看这种趋势在我们所能预知的未来十年会对新闻产生什么可怕的影响，请点击www.robinsloan.com/epic/观看相关视频）。从某些方面看，互联网崛起成为个人获取信息的核心来源，可能会加重这种趋势，这既是因为互联网可以让个人更大程度地控制自己选择参与的现实，也是因为关于这种现实的信息未经过滤直接来自网络空间，其质量和权威性更是难以评价。此类担心很多还只是一种推断，但是，有一件事情很清楚：媒体受众的分化正在以惊人的速度发生。

在这样一个信息体系中，任何一种宏大的民主设计可能都基于对自由媒体与自由市场的笃信：此二者可以带来最完美的结果。尽管越来越多的声音在呼吁政府重新加强对媒体所有权和公共事务报道内容标准的管理，然而许多人可能依旧相信，频道多、选择多，必然是好事，哪怕它们同是隶属于为数不多的几个母公司，哪怕它们造成了严重的公众分化，仿佛公众接收到的根本不是同样的信息。的确，许多人似乎相信公司的利润是神圣的，没有什么价值应该阻挡公司经理人实现公司利润最大化。然而，这种观点忽略了一个事实，即如果没有政府的干预，许多公共产品根本就不会存在，如公路、学校、干净的空气和饮用水、安保部门、机场等等。那么，为什么不把像样的公共信息也列入需要保障的公共产品的范畴中呢？

媒体所有权集中化的影响：为什么政府放松监管不利于公共信息？ 240

反对政府重新加大信息产业监管力度的人会认为，现在有大量的媒体渠道可供人们使用，而且数量还在增加。如果不以批判的眼光看，这种信息渠道的激增貌似可能提供更丰富的信息和更多的选择，远超个人的需要。但是，正如加利福尼亚大学伯克利分校新闻学院前院长本·巴格迪肯等批评家所言，问题在于，虽然信息传播机构的增多不可否认，但是，它们的所有权却愈发集中，而集中化的第一个效应就是那些推广非商业价值的小媒体被挤走。关于媒体所有权集中对新闻内容的影响有很多方面，其中一些我们在前面已经提及。以下是传播学者讨论最多的几个方面：

1. 本地或区域市场被少数几个参与者占据，这会扭曲广告费率，迫使小型的独立媒体退出、出售或是改变自己的运营模式，结果造成音乐、新闻、少数群体事务等节目的多样性降低。

2. 出于公司形象和自我推广的需要，对涉及媒体产业特别是媒体母公司的报道批判性会减弱。

3. 由于媒体所有者更注重娱乐内容以及软新闻、真人秀和人情味特稿的经济效益，新闻内容转向娱乐化信息模式。

4. 新闻不再被看作一种公共服务义务或是可以帮助母公司树立声望的招牌，它已在利润的竞逐中沦落为另外一条生产线。

5. 品牌与包装方面的创新掩盖了信息多样化和内容独特性的滑坡。

在媒体的公司利益与公共价值之间，政府决策有时会倾向前者。本章“案例研究”举例说明自 20 世纪 80 年代以来，政府类似决策中所涉及的政治问题。

［案例研究］

所有权监管的放松以及推动广播媒体增强社会责任感的公民运动

媒体所有权集中化在 20 世纪 80 年代就已经开始了，那时的政府几乎放弃了对联邦通信委员会监督、执行“公平原则”的授权。“公平原则”
241 要求广播公司以平衡的方式报道有公共重要性的问题。在这一原则下，商业公司以保护公共利益的承诺作为交换，获得利用公共电波赢取商业利益的特许。几十年来，这被看作一种合理的方式。里根时期，反政府情绪蔓延，传媒公司施加压力，呼吁取消监管，这导致由共和党控制的联邦通信委员会在 1987 年废弃了公平原则。许多电视台很快放弃了新闻和涉及公共事务的节目，而媒体公司所有权集中、模式化运作的刺激因素则应运而生。

媒体公司继续要求政府放松对多种形式的媒体（如报纸、电视、电台）在特定市场的所有权的限制，以及对媒体交叉持股标准的限制。这些限制旨在保证地方小型、独立媒体的生存，并促进地方媒体的竞争，从而刺激媒体内容的多样性，让地方声音得到表达。然而，媒体公司把钱花得很聪明，对两党的竞选基金都有投入，到了 20 世纪 90 年代，共和党与民主党在很大程度上都成为取消监管和媒体并购的提倡者。克林顿（拥有强有力的好莱坞支持者）解释说，促成媒体所有权集中是件好事，因为这样会为新投资积聚资本，使美国娱乐产业在全球市场更占优势。至于竞争与多样性，这些问题则被一些模糊不清的概念搪塞过去，说什么大公司肯定会鼓励多样性与竞争，因为这样它们的子公司才不至于彼此重复。

1996 年《电信法案》的颁布标志着这一趋势达到了高潮。《华尔街日报》称之为“自从无线电报和晶体管收音机时代以来，《电信法案》的首次重大修改”[49]。这部法案最为人熟知的部分就是承诺促进竞争以及电话和有线服务更低廉的收费，然而，它的实质内容却是放松限制：对拥有多家媒体所有权的限制（如电台、报纸、有线频道）；对拥有不同类型（如电台、电视、报纸和有线频道）媒体机构所有权的限制；以及对同一公司在同一城市或媒体市场拥有媒体机构数量的限制。监管减少之后，随之而来的是，对那些地处遥远的媒体大佬们在社区服务要求上“必要的放松”，这些媒体大佬现在可以在同一个地方市场同时运营多家不同类型的媒体机构了。例如，如果波士顿一家摇滚乐电台的整个节目都是来自一个辐射全国的自动控制室，那么从这个电台就听不到什么本地新闻甚至有本地风情的音乐，电台所做的只是通过向足够多的听众不断传送最廉价的节目，从而达到贩卖商业广告获得利润的目的而已。

那听众为何不跑到其他频道呢？随着“全面放松监管”被写进 1996 年《电信法案》，多数城市的多数电台已经变成几个大公司的附属。这些公司逐渐把竞争抛到脑后，原来高质量、多样性的节目被抛弃，取而代之的是那些让听众随时被商业广告贯耳的最廉价、最标准化的东西。“普罗米修斯电台项目”支持社区电台，该项目的一位活跃分子这么描述当时的典型情况：当一个公司“在一座小城市拥有八家电台外加所有广告牌和音乐会场以及所有推广资源的时候，它就会突然之间具备了其他竞争者无法匹敌的力量。一旦它的竞争者出局，它就可以为所欲为，与垄断毫无二致”[50]。这一评价是否太过尖刻或是激进？相反，此人所说其实正是许多公司所有 242
者的目标，这就是为什么媒体公司会不惜血本为 1996 年《电信法案》游说（而且几乎没怎么报道此事，以让观众了解）。

有的公司老板，例如纯信道电台（Clear Channel Radio）创始人劳里·梅斯（Lowry Mays），甚至会很高兴地告诉你，他们的商业模式究竟是什么。

他曾这样告诉《财富》（*Fortune*）杂志记者："我们做的不是提供新闻和信息的生意。我们也不以通过扎实调研向受众提供音乐为业。我们只是向客户销售产品。"[51]这种经营哲学得到1996年《电信法案》白纸黑字的保护，通行全国。结果，纯信道电台将其品牌扩展到50个州的800多个电台，覆盖1.1亿美国人。该公司网站宣称每天影响18～49岁年龄段受众中45%的人。

在美国民主中，所有权限制与社区服务标准曾被认为是保护信息多样化与竞争的防火墙。过去的"公共责任论"认为：(a) 地方媒体的所有者对社区价值的反应会更积极；(b) 不同领域（媒体类型）的不同所有权有益于节目的多样性；(c) 对单个公司控制某个领域的限制可以防止广告资源被独占，以免小的地方性公司破产。而用来游说民主、共和两党支持放松监管的"商业驱动理论"认为：(a) 通过竞争，市场本身就会创造多样性；(b) 出于争取受众、获得利润的需要，一个公司下的不同媒体间也会彼此竞争；(c) 因此，即使在一个社区拥有多家媒体机构的公司也会寻求多样性，反映社区价值。至于公共服务，如果社区需要媒体机构提供某种服务，它们就会支持能够提供服务的电台或电视台。

这种简单的理论忽略了一个事实：大的集团公司进入社区的目的就是要把地方媒体的节目关掉，然后将按配方集中制作的同质音乐或谈话节目输送到全国几百个小众市场。"9·11"之后的危急时刻，许多地方媒体的受众发现，他们从媒体上获得的信息已经不能回答他们"自己生活的地方到底怎么样了"的问题，因为拥有这些电台的母公司身处异地，不能在节目当中跟踪当地的情况。事实上，有的公司根本就没有新闻采编力量，只能临时接入美国有线电视新闻网（CNN）的信号为当地受众提供关于这一危机的报道。社区服务的这种现实被关于媒体需要监管还是应该放松监管的草率而肤浅的争论掩盖了。

未经充分的公共讨论，国会与克林顿总统就终止了旧的规定，颁布了新的法律。这部法律被戏称为"电信律师充分就业法案"，它开启了媒体合并的狂潮。在此之前的十年里，很少有人想到并购潮会来得这么汹涌。在新法案实施之前，大公司也会收购电视网络（通用电气吞并了全国广播公司；西屋电气吃掉了哥伦比亚广播公司；迪士尼把大都会美国广播公司收入自己囊中）。世界上的图书出版公司也在以惊人的步伐收购、拆分、合并。但是1996年《电信法案》把媒体世界旋转的发条上得更紧了。许多业内人士将新法颁布后的一年称为“交易年”，这一点只要稍举几个例子便可以证明：默多克的新闻集团（早前已经吞并了福克斯、哈珀柯林斯出版集团以及《电视指南》）收购了新世界传媒（New World Communications），一时成为美国最大的电视台拥有者。西屋电气/哥伦比亚广播公司收购了无限广播公司，在自己原有一系列电台的基础上又新增77家，其中 243
多家名列美国市场十强。维亚康姆购买了哥伦比亚广播公司及其所有的媒体股份，成为美国最大的电视和电台拥有者（直至后来哥伦比亚广播公司被拆分出去）。时代华纳与特纳广播合并成为世界最大的媒体公司，之后不久，美国在线又收购了时代华纳，再次造就一个“最大”。甘尼特报业集团收购了多媒体娱乐公司（Multimedia Entertainment），旗下报纸增至92家，电视台15家，电台13家，有线电视业务扩展到5个州，而这一数字现在还在增加。[52]有一个数字能反映多个媒体领域的全景：在这一年之中，超过10%的日报（1 509份报纸中的162份）易主。[53]

这些事件主要被当作商业和财经新闻来报道，焦点是公司利润和增长前景。媒体（它们的母公司曾疯狂地为新《电信法案》游说）很少质疑，选择的增多是否会真正带来克林顿签署该法案时所承诺的“声音与观点的多样性”?[54]

媒体所有权集中的趋势很快开始让人感到担心，所以当2003年联邦通信委员会提议进一步放松所有权限制时，出现了一个草根公民运动（请见www. freepress. net）。五位联邦通信委员会委员当中有两位投票反对允许一家公司在同一市场可以拥有一份报纸、三家电视台、八个电台和有线电视系统。为此，在全国各地举行了听证会，残存的独立媒体机构的所有者发起了抗议，认为进一步放松媒体所有权限制无疑意味着宣判地方媒体的死刑。一场以国会为目标的公民游说运动轰轰烈烈地展开，运动的参与者给议员们发送了无数电子邮件、传真和手机信息。最终，参议院令人钦佩地展现了两党一致，投票决定禁止这种改变。为此，小布什政府重新部署可能的行政手段以求恢复与赞助公司的良好关系，而当时的联邦通信委员会主席迈克尔·鲍威尔则公开表达了自己的震惊。罗伯特·麦克切斯尼这样记述了鲍威尔的指责：

> ……规则制定的过程被“草根运动对（联邦通信）委员会由外而内的

猛烈攻击”推翻了。他（鲍威尔）好像没有意识到，实际上公众有权致函联邦通信委员会这样的公共机构。对于有300万美国人致函联邦通信委员会与国会反对媒体垄断，他表示很惊奇。国会山的观察家们说，媒体所有权问题是2003年选民讨论最多的第二大话题，仅次于伊拉克战争。遵照布莱希特（Brecht）的教诲，迈克尔·鲍威尔想要解雇人民。[55]

呼吁媒体恢复社会责任、要求媒体关注公共事务的公民运动势头持续大增。然而，虽然民主党于2008年重新掌权，但是联邦通信委员会想要在已经发生变化的传媒图景中扭转局面已非易事。包括新闻和其他政治信息，多数传播行为是发生在网络上的。而小布什时期的联邦通信委员会钳制了这个机构管理互联网的能力。那时的联邦通信委员会单方面宣布，服务提供商不像电话公司那样是信息的“公共承运人”，没有义务向自己受许可垄断经营范围内的所有人提供他们想要的服务。这意味着像维亚康姆、康卡斯特这样的服务提供商巨头本质上可以自由决定谁可以下载什么、花多少钱下载。

244 而“自由媒体”（Free Press）及其他相关公民运动的支持者则认为，如果所有的内容和用户不能被同样对待，那么，有的公司就能够在内容竞争中利用优势推销自己的产品，占用带宽，获取利润。而且，拥有众多成员、使用互联网进行交流传播的公民组织和公共利益团体，它们的互联网使用可能会受到限制或是被收取更高的费用。这样，内容就能够被控制以适应服务提供商的商业计划。这些服务提供商本已获得了很高的利润，而且在很多情况下已经获得了高利润市场的垄断先机。但是，像它们的前辈——电视和报纸等媒体大公司——一样，新的《电信法案》推出之后，它们只是想要得更多。虽然数字媒体是新生事物，但逻辑是一样的。受追逐利润的驱动，传统媒体为了“做大”这一永恒的追求，几乎走到了崩溃的边缘，而新媒体产业中的巨头也是为了霸主地位拼抢争夺，事实证明，互联网服务提供商占据了影响这一轮竞争的关键位置。

起初，奥巴马政府统领下的联邦通信委员会也曾试图在迅速变化的传媒图景中重建监管权威，但被一纸法院判决挫败，公共利益监管又回到不清不楚的老路上来。也许当时国会需要通过专门针对互联网的新法律。传媒业适逢多事之秋，并购案接连发生。面对自己的权威受到挑战，联邦通信委员会邀请业界巨头威讯（Verizon）和谷歌开会，提出用开放的互联网来平衡商业利润的计划。不足为奇，这两家公司非常乐意就如何自我管理提出建议，它们提到了公民活动分子所称的“网络中立”，或是开放、平等的互联网使用问题（有些条款涉及限制具有公开冒犯性或威胁性的信息）。但是，让公司自定标准，这种办法听起来与当年的《电信法案》有一种奇怪的相似。

互联网应该变成巨型购物中心的聚合地，防范政治内容挤占带宽、分散“购物者”的注意力吗？媒体公司应该控制下载特权、文件分享，并执行有利于自己和合作伙伴产品的版权政策吗？这些问题很重要，会影响到互联网的未来，事关公民能否在互联网空间通过实验找到下一代公共信息的传播形式，并以此取代正在崩溃的新闻体系。

大多数城市现在出现了媒体正义和媒体改革组织，其中许多公民团体正在推动“网络中立”，这将迫使联邦通信委员会或其他政府机构确保服务提供商对所有的使用者保持互联网开放，无论他们富有还是贫穷，无论是政治用户还是商业用户。随着民众开始意识到，致力于他们关心的主要问题的公共传媒空间正在缩小，无论他们的主要政治关注点是什么，都需要同时考虑媒体民主的问题。

互联网上的新闻：使信息商业化更完美？

或许，没有地方比互联网更能体现新闻与广告融合的势头之强劲。例如，美国有线电视新闻网（CNN）与巴诺书店（Barnes & Noble）联手创造了巴诺书店市场总监所称的“既非新闻亦非广告的新范例”。[56] CNN 将当日重要新闻的清单发送给巴诺书店，而巴诺书店则把与这些新闻话题相关的书目上载到网上，这样，浏览 CNN 新闻网站的人便可以点击相关书目的链接购买。虽然，这听起来像是纯粹方便了消费者，但其中却存在新闻网站或是更宽泛地说，提供信息相关服务的网站可能根据与广告商的协作对信息进行过滤或强调的危险。 245

例如，在网站上搜索信息，优先显示的更可能是与该网站赞助公司有关的内容。[57] CNN 网站将旅行类文章与旅行中介公司和预订服务的推介绑定起来。美国在线健康信息服务关于脱发的网页有秃顶治疗的广告链接。

亚马逊网站收到发行商的钱后，会有选择地把一些书作为“网站推荐”的书目进行推介。如果一个人要使用雅虎的搜索引擎预订航班，他就需要点击“旅行代理”，但是链接会跳转到付费成为雅虎官方旅行服务商的代理公司。仔细阅读一下雅虎自己关于旅行服务的独立评级（在网站比较靠后的页面），你会发现，原来在雅虎看来，还有（比其官方指定服务商）更好的服务。[58]

关于根据商业标准对内容进行审查的问题，美国在线的一位主管的一句话就把它漫不经心地否掉了：“我们的用户不在意我们与他们所看到的内容的提供者之间的经济关系。”另一个网站主管则说：“任何一个上网的人都应该明白，他们所看到的多数内容背后有广告的影响。”[59]这样的说法似乎是真理，而标准的免费服务使用条款，如谷歌邮箱、脸书、苹果音乐软件iTunes，变得越来越长，越来越难以理解，基本上是深不可测的。多数谷歌邮箱的使用者知道，他们的邮件会被浏览，目的就是挑出有助于定向广告的内容。YouTube的视频也引发了很多关于版权的不满。但是，这种常见的交易依旧在持续：为了让公司（还有政府也越来越甚）提取有用信息，我们开放自己，任由隐私被侵犯，以此换得“免费”使用媒体。因为消费者一般不愿意为通过互联网获取或是传送的信息付费，所以，几乎所有的互联网信息都是与广告商联合开发的产品。令信息搜寻者左右为难的是，如何评估他们所获取信息的质量和完整性。

虽有这些担心，但是，近年来，博客爆炸式发展，社交媒体被用于政治，这表明一个繁荣的信息社区正在网络空间形成。与此同时，这个社区的许多内容与对话还都是围绕身处危机的传统媒体所生产的新闻展开的。但是，如何减少谷歌新闻这样的新闻聚合网站与为其提供新闻的媒体之间的紧张关系，现在还没有什么创新的办法。尽管有人提出抬高网站付费门槛、创建网页浏览收取小额费用的机制，然而，这些办法似乎都不足以拯救处于根源位置的新闻媒体，它们在媒体所有权集中化之初就已经被伤得
246 很深。即使弄出了收费机制，提供给在线新闻聚合者和博客的产品依旧不可能独立于官方的新闻运作，而这一点事关媒体的公信力这一首要问题。

一个自由的互联网，其未来取决于非商业信息网站发展的程度以及它们在多大程度上能找到办法自我支撑。在许多情况下，各种慈善基金，如福特和洛克菲勒基金，为非政府组织进行从环保到人权等各项事业的传播

活动提供了资助。也有一些社会活动人士提供免费的编程和网站设计，使公民可以接触到低成本、独立的政治信息渠道。在下一章我们会看到，基金会也协助发起了独立的在线新闻组织（很多此类机构的工作人员以前都是为行将就木的商业新闻体系所不容的记者）。

技术、经济与社会变迁

本书许多内容聚焦于政治传播的三个核心因素：（a）新闻以及新闻产业；（b）政治角色的传播战略；（c）公民的信息习惯。不过，我们不能忽视第四个因素技术是如何对其他三者产生重要影响的。新闻内容所发生的一些最重大的变化就是传播技术的发展带来的。例如，在 19 世纪，超负荷运行的马车所承载的全国性邮政体系[60]，以及随后的电报，都要求新闻采取“只保留事实”的信息结构，或可以称之为电报体。这是新闻“五个 W”模式的开端。在 20 世纪，首先是摄影，然后是电影，最后是电视，把新闻的重点放到了视觉信息上，制作生动影像，进行没有文字的传播。

人们将 21 世纪称为技术聚合的时代。在这个时代，文字、图像和声音可以在模糊了电视、电脑和电话界限的设备上进行转换、贮存、编辑和编程。一个家庭的电子设备，上至电视、互联网终端，下至墙壁上的装饰影像，乃至厨房里的烤面包机，都有可能充分聚合、互动，通过一个手机大小的遥控器进行操作。本书写作之时，美国大约 63%的家庭有宽带接入（77%有互联网接入），虽然这样的数字不足以让美国登上世界前 20 名的行列，但是显然，这些趋势意味着在线信息采集的增多（不用说网上冲浪、购物、聊天和数据检索）。下一章，我们会探讨这些以及许多其他即将到来的技术发展可能给新闻带来的变化。

改造在线公共信息的潜能取决于许多因素，比如限制大公司拥有互联网。约凯·本克勒（Yochai Benkler）曾令人信服地指出，如果能够相对开放，那么互联网早就会以分享（例如开源平台、操作系统和软件；一个充满创意的平民的版权体系可以使创作者控制其创意的公共发布， 247
而不是让公司占有它）为基础孕育出一个非常不同、充满竞争的经济模式。[61]这种经济模式以及可能建立在这种经济模式基础之上的公共信息的未来，在很大程度上取决于互联网如何得到管控，以及大的媒体公司，如谷歌、康卡斯特、威讯和苹果等，会否在互联网何去何从的问题上拥有决定权。

注释

[1] Pew Project for Excellence in Journalism, "The State of the News Media 2010." www.stateofthemedia.org/2010/index.php. Accessed September 16, 2010.

[2] This and the Bronstein quotes come from Maureen Dowd, "Slouching Towards Oblivion," *New York Times*, April 25, 2009. www.nyt.com. Accessed May 15, 2010.

[3] Ibid.

[4] Pablo Boczkowski, *News at Work: Imitation in an Age of Information Abundance* (Chicago: University of Chicago Press, 2011).

[5] Dean Starkman, "The Hamster Wheel: Why Running as Fast as We Can is Getting Us Nowhere," *Columbia Journalism Review* (September/October 2010): 24–28.

[6] Ibid., 28.

[7] Bill Carter, "Chief of ABC News Is Resigning," *New York Times*, September 6, 2010. www.nytimes.com/2010/09/07/business/media/07abc.html?_r=3&hp. Accessed September 6, 2010.

[8] See Neil Hickey, "Money Lust: How Pressure for Profit Is Perverting Journalism," *Columbia Journalism Review* (July/August 1998): 28.

[9] Craig Flournoy and Tracy Everbach, "Damage Report," *Columbia Journalism Review* (July/August 2007): 33.

[10] Ibid., 35, 37.

[11] Ibid., 36.

[12] Ibid., 36.

[13] David Laventhol, "Profit Pressures," *Columbia Journalism Review* (May/June 2001): 19.

[14] Matthew A. Baum, *Soft News Goes to War: Public Opinion and American Foreign Policy in the New Media Age* (Princeton, NJ: Princeton University Press, 2003).

[15] 有关这一问题的早期历史，可参见 Gerald Baldasty, *The Commercialization of News in the Nineteenth Century* (Madison: University of Wisconsin Press, 1992)。

[16] Christopher Harper, "Doing It All: Online Staffers Do a Variety of Jobs," *American Journalism Review* 18, no.10 (December 1996): 24.

[17] 有关这一时期的更详细的记述，可参见 Dean Alger, *Megamedia: How Giant Corporations Dominate Mass Media* (Lanham, MD: Rowman and Littlefield, 1998)。

[18] www.freepress.net/ownership/chart/main.

[19] See the *Planet Viacom Centerfold* in Mark Crispin Miller, "Can Viacom's Reporters Cover Viacom's Interests?" *Columbia Journalism Review* (November/December 1999): 48–50.

[20] 有的机构设立了网站跟踪媒体所有权问题，例如皮尤卓越新闻项目的"谁拥有新闻媒体"。维亚康姆以及其他媒体集团所持股份的情况可以访问www.cjr.org/resources/。其他与媒体所有权相关的问题可以访问媒体频道网站（www.mediachannel.org/ownership）。迄今，最全面的资源站点由媒体变革组织"自

由媒体”运营维护，网址是www.freepress.net/ownership。
[21] Paul Farhi, “In Television, Big Is Now Clearly Better,” *Washington Post National Weekly Edition* (September 20, 1999): 21.
[22] Quoted in Ken Auletta, “Look What They’ve Done to the News,” *TV Guide* (November 9, 1991): 5.
[23] Alessandra Stanley, “How to Persuade the Young to Watch the News? Program It, Executives Say,” *New York Times*, January 15, 2000: C6.
[24] Sally Deneen, “Doing the Boca: An Interim Report from a Reinvented Newspaper,” *Columbia Journalism Review* (May/June 1991): 15.
[25] Ibid.
[26] Steve Rossi, “In Their Own Words: The Harris Resignation,” *Columbia Journalism Review* (May/June, 2001): 20.
[27] David Laventhol, “Profit Pressures: A Question of Margins,” *Columbia Journalism Review* (May/June 2001): 18.
[28] Gene Roberts, “Drowning in Shallow Waters,” *Columbia Journalism Review* (May/June 1996): 55.
[29] Doug Underwood, *When MBAs Rule the Newsroom* (New York: Columbia University Press, 1993).
[30] Ibid., xii.
[31] Baldasty, *The Commercialization of News.*
[32] Robert McChesney, *Rich Media, Poor Democracy: Communication Politics in Dubious Times* (Urbana: University of Illinois Press, 1999).
[33] Karen Bedford, “Public Affairs at PBS: The Pressure Is On,” *Columbia Journalism Review* (May/June 1999): 13. See also *Broadcasting & Cable*, October 17, 2005; www.broadcastingcable.com/article/CA6273133.html?display=John+Higgins&referral=SUPP.
[34] Pew Project for Excellence in Journalism, “State of the News Media 2010.”
[35] Henry Jenkins, *Convergence Culture* (New York: New York University Press, 2007), 66.
[36] See Markus Prior, *Post-broadcast Democracy* (New York: Cambridge University Press, 2007).
[37] Pew Research Report, June 10, 2004, www.stateofthenewsmedia.org/2004/narrative_networktv_audience.asp?cat=3&media=4. See also “State of the Media 2010.”
[38] Nielsen data reported in Bill Carter, “TV Networks Are Scrambling to Deal with Era of New Media,” *New York Times*, May 17, 1999: A17.
[39] Pew Project for Excellence in Journalism, “State of the News Media 2010.”
[40] Pew Project for Excellence Report, www.stateofthenewsmedia.org/2007/narrative_cabletv_audience.asp?cat=2&media=6.
[41] “Online News Audience Larger, More Diverse,” Pew Report, June 8, 2004, http://peoplepress.org/reports/display.php3?PageID5833. See also, W. Lance Bennett and Shanto Iyengar, “A New Era of Minimal Effects? The Changing Foundations of Political Communication,” *Journal of Communication* 58 (2008): 707–731.
[42] Pew surveys reported in Richard Morin, “The Move to ‘Net News’: Folks Still Want to Know What’s Going On, but They’re Turning from TV to the Computer,” *Washington Post National Weekly Edition* (June 15, 1998): 34.
[43] Pew Proiect, “State of the News Media 2010.”
[44] Thomas E. Patterson, “Young People and News,” A Report from the Joan Shorenstein Center, Kennedy School of Government, Harvard University, July 2007, 17. 249

[45] David Mindich, *Tuned Out: Why Americans Under 40 Don't Follow the News* (New York: Oxford University Press, 2005), 2.
[46] Joseph Turow, *Breaking Up America: Advertisers and the New Media World* (Chicago: University of Chicago Press, 1997).
[47] See W. Lance Bennett, "The UnCivic Culture: Communication, Identity, and the Rise of Lifestyle Politics," *PS: Political Science and Politics* 31 (December 1998): 741–761.
[48] In addition to Turow, *Breaking Up America;* see also Stuart Ewen, *PR! A Social History of Spin* (New York: Basic Books, 1996); and Oscar Gandy, "Dividing Practices: Segmentation and Targeting in the Emerging Public Sphere," in *Mediated Politics: Communication in the Future of Democracy,* eds. W. Lance Bennett and Robert M. Entman (New York: Cambridge University Press, 2001).
[49] From Neil Hickey, "So Big: The Telecommunications Act at Year One," *Columbia Journalism Review* (January/February 1997): 23.
[50] Dante Toza, "Clear Channel Rewrites Rules of Radio Broadcasting," *CorpWatch* (October 8, 2003). www.corpwatch.org/article.php?id58728.
[51] Christine Chen, "The Bad Boys of Radio," *Fortune* (May 3, 2003). http://money.cnn.com/magazines/fortune/fortune_archive/2003/03/03/338343/.
[52] Hickey, "So Big," 24.
[53] Ibid., 34.
[54] Ibid., 23.
[55] Robert W. McChesney and John Nichols, "Up in Flames," *Nation* (October 17, 2003). www.thenation.com/doc.mhtml?i=20031117s=mcchesney&c51.
[56] Saul Hansell, "News-Ad Issues Arise in New Media," *New York Times* December 8, 1997: C10.
[57] Saul Hansell and Amy Harmon, "Caveat Emptor on the Web: Ad and Editorial Lines Blur," *New York Times,* February 26, 1999: 1.
[58] Ibid., A12.
[59] Ibid., A12.
[60] See Richard Kielbowicz, *News in the Mail: The Press, Post Office and Public Information, 1700–1860s* (Westport, CT: Greenwood Press, 1989).
[61] Jochai Benkler, *The Wealth of Networks* (New Haven: Yale University Press, 2006).

第八章　一切适合民主的新闻：公民、政治人物和新闻业者的解决方案

过去的新闻

在一个出版自由的地方，人人可以阅读，一切都是安全的。

——托马斯·杰斐逊

现在的新闻

以市场为导向的新的传播和信息体系……显然是把受众主要当作消费者对待……在这一过程中，该体系把受众的其他身份——特别是公民这一身份——边缘化或取代了。

——格雷厄姆·默多克（Graham Murdock）
彼得·戈尔丁（Peter Golding）

未来的新闻

……十几岁孩子中，超过一半曾自己制作过媒体内容，而在十几岁的网民中，大约三分之一分享过自己制作的内容。在许多情况下，这些十几岁的孩子正在积极参与我们所称的“参与式文化”。“参与式文化”指门槛相对较低的艺术表达与公民参与……

——亨利·詹金斯（Henry Jenkins）

251 杰斐逊可能无法想象现如今美国新闻媒体的状况。他可能会愿意在互联网上搜索信息，参与信息制作，而不愿意被动接受媒体传播。正如资深记者沃尔特·平卡斯所言：

今天，主流印刷和电子媒体想要保持中立，展现涉事各方的观点，仿佛自己是一场“比赛”的裁判。在这样的“比赛”中，只有选手——政府与政府的对手——可以参加。媒体已经愈发成为其他人思想与观点的载体和传送者，不顾其重要性、相关度，有时甚至都不顾准确性。[1]

事实上，作为一个有洞察力的观察者，杰斐逊可能会注意到，在美国至少有两种重要的公共信息模式在发挥作用。旧的新闻模式日渐式微，原因有二：一是它的商业模式垮塌。第二个原因与第一个相关，因为许多人不再信任旧的新闻模式生产出的产品，或觉得与自己无关。在新模式中，互动和社交技术的应用不断扩大，培养了网络受众，他们参与分享甚至生产内容。[2]在选举和网根（netroots）运动中，以及那些通过电脑、智能手机和平板电脑疯传的高度党派化的信息中，我们可以看出第二种模式的重要性。在许多其他信息领域，从政治和商业信息到大英百科全书以及维基百科这样的参考文献信息中，我们也能看出这两种模式的痕迹。

旧的媒体消亡，会有不伦不类的实验品来填充它们的位置。当然，问题是，这些替代品是否有足以支撑自己发展的商业模式和产品质量。有一个故事可以说明当今那些实验的问题：一个风险投资人去参加一场报告会，整个会议死气沉沉，对方代表来自一家半死不活的报纸，他们的建议是报纸要登载“更多宠物和爱侣的照片”。这位投资者越听越担心，因为没有人提新闻的事情。他意识到，在报业发展的黄金时代，报纸的大幅收益在某种程度上支撑着高质量的政治报道。这种商业利润补给公共产品的做法的确不多见，而现在，随着上市公司收购新闻媒体并榨干最后一滴利润，已经没有公司还会这么做了。这位投资人突然间想明白了：

此时，我灵光一现，一下子想明白了，或许作为公共服务的新闻业……就如同国防、新鲜的空气、干净的水一样属于公共产品……如果任其自便，市场力量就无法足量生产这种产品。[3]

明白这一点之后，这位投资人帮助创办了《得克萨斯论坛报》，这是一家致力于调查性报道的网络报纸（www.texastribune.org）。该报把自己的使命描述为“非营利、非党派的公共媒体组织，致力于促进公民对公

共政策、政治、政府以及其他州内事务的关注与参与……”[4]除了非营利，252
公民参与这一目标也与美国长期以来占统治地位的新闻模式相去甚远。在《纽约时报》《华尔街日报》的办报宗旨中，我们看不到这样的核心原则。本章“案例研究”将探讨这种旨在重塑新闻的实验做法。但是，这些尝试都面临一个问题，即通过私人慈善和基金会操作，作为一种模式是否具有可持续性或可行性。

除了将新闻的焦点转向调查性报道与公民参与，《得克萨斯论坛报》还率先推出了互动数据库，使公众可以直接获取公共记录。这种做法引起了公众极大的兴趣，许多受众订阅《得克萨斯论坛报》不是为了浏览新闻或是博客，而是为了访问它的互动数据库。由于技术的发展，公众可以直接获取自己所关心问题的答案，如官员的薪水、竞选捐献的来源、学校排名、交通罚单的数额等。[5]事实上，2010 年皮尤研究中心的一项调查发现，40%的成年互联网使用者曾经查询过政府开支的数据。[6]

如果公民自己能够成为记者，提问与个人相关的问题并通过简单的数据库界面寻找答案，那未来的公众会具有怎样的本质属性呢？或许在脸书和推特等社交媒体的帮助下，人们能够分享信息，并根据这些信息采取行动，从而培育大量更为积极的公众，媲美传统大众传媒的影响力。但另一方面，公众的声音也很有可能被碎片化，成为孤立的利益群体，他们的声音很难被听见。无论传统新闻模式及其把关行为结局如何，目前的信息环境就是不同信息流的大融合。

媒体融合与把关的缺失

在当代信息体系中，存在两个模式，即新闻机构提供内容的大众传媒，以及许多不同信息源输入内容的数字（互动、社交）媒体。这两种模式往往是融合的。换言之，信息内容经由愈发互联的通道和不同的媒介平台传播。我们来看看在最近的选举中，这两种公共信息传播模式是如何运行的。2008 年，民主党候选人奥巴马对布什政府的最后一次国情咨文演讲发表评论，这在传统媒体上没有引起什么反响。但是，奥巴马的五分钟回应（按传统媒体的标准看，这个评论长得让人受不了）被发布在 YouTube

网站上，很快达到100万浏览量，远远超过CNN黄金时段的收视率。此外，奥巴马的回应还以博客的形式发布在500多个网站上，并迅速通过脸书和其他社交网络传开。[7]更值得一提的是，当奥巴马就美国种族问题发表了一个长达37分钟的讲话（这个讲话是为了回应关于他所属教堂的牧师
253 在政治上和种族问题上曾是极端主义者的指控）之后，讲话的视频在YouTube上很快达到了400万的浏览量，而且被剪成不同的稍短版本后，浏览量同样不俗。这一讲话在参与式媒体上的受众量远远超出了有线电视黄金时段受众的总和。而且，电视观众多半看到的只是奥巴马原始讲话的片段，中间夹杂着传统新闻中常见的大量的权威点评。

在数字原住民一代（在数字时代成长起来的年轻公民）中，信息参与文化的一个标志就是，竞选活动的内容不是通过新闻媒体或是公关活动自上而下传播的。相反，这些信息发源于草根或是在草根中传播。这样的案例很多。例如，名为“奥巴马女孩”的音乐视频就是由新创公司“不谈政治”（www.barelypolitical.com）制作的。在这段视频中，一名年轻女子唱出了自己对总统候选人奥巴马的迷恋。在选举前，这段视频的浏览量超过1 000万，而且这种偶像级地位后来又带动了数百万的浏览量。奥巴马在一次早期预选受挫后，黑眼豆豆组合（Black Eyed Peas）成员威廉根据奥巴马的演讲制作了一个更为专业的音乐视频，众星云集，为奥巴马助威。其中反复出现的一句歌词是“是的，我们可以”。2008年2月，也就是对奥巴马非常重要的总统初选“超级星期二”之前的几周时间里，这一视频斩获了800多万的浏览量。一直到大选，“是的，我们可以”这段视频依旧保持病毒式传播，浏览量超过2 500万（如果加上不同网站上根据该视频制作的混搭音乐，这一数字实际上可能更大）。奥巴马竞选团队还建立了自己的社交媒体网络，令人印象非常深刻，就拿YouTube上的奥巴马频道来说，大选前一个月，奥巴马频道高居YouTube点击量榜首，超过碧昂斯与惠特尼。这些被亨利·詹金斯称作参与式媒体的案例表明，新一代公民想要参与他们所消费的政治媒体内容的创作、分享、评价和聚合。[8]

相比之下，奥巴马的对手约翰·麦凯恩就没这么懂得利用多媒体。麦凯恩起初与传统媒体有过一段蜜月期，但是，当年大选适逢经济出现下滑势头，随着舆论大潮开始指责麦凯恩经济政策不食人间烟火，他与传统媒体的蜜月期也结束了。萨拉·佩林成为麦凯恩的参选搭档，引发媒体关

注，但是她很快成为新闻访谈的牺牲品，因为她在节目中似乎显得知识贫乏，缺少准备。这些访谈节目又被蒂娜·菲等喜剧演员拿来恶搞，让全国民众看到了一面关于大选的哈哈镜。因此，2008 年大选的争夺在多个媒体层面展开，从主流媒体新闻到病毒式传播的视频，再到政治喜剧，每个层面都对选民的判断和参与产生了影响。

然而，到了 2010 年，时过境迁，佩林已经能娴熟地利用不同形式的媒体。虽然并非参选人，但是她成为茶党运动的灯塔式人物，引得媒体纷纷猜测她将参加 2012 年总统大选。佩林的媒体顾问帮助她在两种传媒体系之间打造了一个无缝的界面，所以，她在脸书上宣布自己的外交立场之后，就会引起博客和传 254 统新闻媒体的反应。例如，2010 年，佩林对茶党在一次全国大会上提出的外交政策进行呼应，这件事随后成为福克斯的新闻，而佩林本人也是福克斯的“供稿人”之一。[9] 建立了坚实的传播通路之后，佩林开始抨击“跛脚流媒体”(lame stream media)①。那时，佩林已经拥有自己庞大而有效的传播网络，这意味着她在未来将会坚持利用自己的传播网络，避免因为媒体形势失控而出现尴尬。事实上，佩林的言论在媒体回声室中经常能够病毒般的快速传播，也得益于社交网络的推动，比如脸书上一个叫作“跛脚流媒体”的群组会把关注者导流回佩林、福克斯新闻和共和党的网络，这也算一个意外收获吧。[10]

思考媒介化民主的未来，有一个问题至关重要。无论个人是通过传统渠道还是参与式渠道进行媒体消费，他们都愈发有权选择自己喜欢的媒介塑造的现实，这就会使他们与社会上多数人的信息现实割裂开。所以，有必要搞清楚，哪种道路能够帮助更多的公民在不同的信息现实之间搭起沟通的桥梁，促使公众更有智慧地参与问题的讨论和思想的碰撞。

彼此孤立的公民

显然，数字信息时代个性化的潜能让很多民众为之神往。许多媒体顾问认为，关于传统新闻，最大的变化就是我们日常的信息发布正在变得越

① 仿照“主流媒体”(main stream media)，是对报纸、电视、广播等传统媒体带有调侃意味的说法。——译者注

发个性化，迎合消费者个人的口味。对这一趋势的第一反应或许就是庆贺，因为在我们这个正在膨胀的信息空间，个人的选择余地越来越大。信息传播系统越个性化，对民主越有利。这种想法或许很诱人。但这是真的吗？如果民主只是在每个公民个体脑袋里滋生的东西，而不是在公共生活中枝繁叶茂，那我们在上一章所讨论的信息高度个人化的趋势就是最完美的了。然而，政治学家詹姆斯·菲什金（James Fishkin）等批评家认为，即使是当前传播体系中最好的对话机制，如民意测验和电台脱口秀节目，也往往适得其反，因为它们只是简单地把未被挑战的观念和偏见回传给持有这些观念和偏见的个人以及被割裂的受众群。菲什金认为，比较好的做法应该是这样的：利用调查、劝说和焦点小组辩论等方式，组成互动的公民评判委员会，使这些人接触（各种）信息，聆听专家辩论，被允许质疑专家，然后进行小组讨论，再公开宣布自己的观点。[11]虽然在不同国家进行的几次实验表明这些“议后”民意调查效果不错，但是，向民众传递信息、调查民意和利用民意的政治与传播趋势似乎都在朝相反的方向前进：面对面的讨论越来越少，而个性化的信息传播越来越多。

255 根据菲什金的观点，目前许多旨在鼓励民众参与传播过程的设计，例如关于民意调查或是开放的受众电子论坛的报道，缺少帮助他们更好地了解有关问题新知的条件。目前多数民主政治信息体系恰好缺少一些目标明确的公民间交流；而在媒体上占主导地位的、通过民调和受众即时反馈所表达出来的意见强调的是易变的私人观点，根本不是真正的“舆论”，因为舆论是通过公共对话和讨论形成的。在公民决定新闻应该是什么样子之前，或许他们更需要获得“议后”判断的机会。[12]

参与协商的公民

菲什金认为，不应该鼓励人们就某一问题直接发表不成熟的个人意见，而首先应该在互动的环境下，让人们就这一问题接受新信息的挑战，进行思考，并参与讨论。在菲什金早期（举办）的公共论坛里，参与者首先需要了解专家传递的信息，然后分成小组讨论自己所听到的信息，再对相关问题形成结论。

1994 年，菲什金对这一设想进行了开创性的实验。在几家印刷媒体和广播电视新闻媒体的共同资助下，他随机选取了 300 名英国人作为样本，把他们带到曼彻斯特。他们要讨论的是犯罪问题。在阅读各种介绍材料、聆听专家意见、互相辩论之后，这些人对于如何解决犯罪问题，戏剧性地改变了自己的看法。例如，实验前的调查显示，57%的人认为加重刑期是打击犯罪的有效手段，而了解有关研究并就刑罚与犯罪的关系进行批判性思考之后，只有 38%的人认为监禁是有效手段。菲什金不认为这种经历（实验）把这些人变成了自由主义者。他指出，在接触更多信息、参加讨论之后，他们对犯罪问题的严重性以及严惩犯罪的必要性的关注，本质上并没有改变。然而，他们的政策主张却变得更加现实，而且更不易为政治人物和新闻中的肤浅思想所影响。[13]

以这些早期的协商模型为基础，传播学者约翰·加斯蒂尔（John Gastil）建议组成公民座谈群组对投票议题进行讨论，然后，各种须投票表决的问题，座谈群组的建议以及他们对各派观点的评定，可以随选票一起递送给投票者。[14]菲什金认为，这样的论坛实验可以帮助我们学会如何听到“值得倾听的人民的声音”。[15]

包括菲什金在内的许多观察家都认为，数字革命是让更多公民参与审议和协商过程的机会。然而，正在扩展的线上世界可能不会像许多乐观派一开始想象的那么容易适应有重点的、互动的公众体验。事实上， 256
对在线社区进行观察，人们经常会发现，通过网络组织讨论的方式很少能够产生理想的结果：“聊天室、电子公告栏、新闻群组、邮件列表、博客和维基百科为使用者提供了大量的交流机会，但是这样的在线交流往往没有约束，不够宽容，比较肤浅，谈不上商议。”[16]在面对面的人际交流中，人们也明显倾向于保持论前态度。例如，戴安娜·穆茨（Diana Mutz）发现，多数人会避免与观点不同的人讨论。[17]本章从传统新闻和新数字技术两方面，着眼于“信息传播的积极参与者如何可以避免孤立，促进智慧的政治行动”这一主题，探讨公民信息的未来。

个性化信息与民主的未来

一方面是碎片化、个性化的传播体系；另一方面是数字网络化社会的趋势。能在这种尴尬中求得平衡的个体或许将会作出理性的信息选择。或许，人们不会逃避社会与世界的难题。因为可以自由选择构建更加私人化的现实世界，人们或许会选择关注那些需要集体的伟大智慧和行动才能解决的问题，例如，全球气候变暖；当然，人们也有可能会回避那些（他们认为）不会影响到自己的问题，或是似乎没有希望解决的问题，或是需要更多思考和关切而自己又没有兴趣付出的问题。有关新闻消费习惯与政治参与模式的研究结果并不鼓舞人心。

从20世纪80年代到世纪之交的新闻消费研究表明，公众对国际、全国和地方政治新闻的关注都呈下滑态势。这一下滑态势与公众投票的可能性降低，甚至是与注册投票的可能性的降低息息相关。[18]但与此同时，迅速扩张的数字传播网络为人们提供了以相对低廉的成本随时获取遥远信息的可能性。在最近的选举中，特别是年轻公民出现了参与热情回暖的迹象，这或许反映了公民思潮一种令人欣喜的转变。

然而，如前所述，参与的质和参与的量同样重要。一个令人担心的主要问题就是，在目前的信息环境下，如果任人们自行选择，他们就可能仅会选择符合自己观点的信息，仅仅会跟那些与自己有共同宗教、经济、社会和环境偏好的人结为虚拟社区。那么，美国的民主是否能在政治体验进一步碎片化、个性化的环境下生存下来，保持一体的民主呢？以个人为中心形成的封闭信息圈的其中一个特征就是，社会现实本身也变成一种愈加个性化的产物。对于我是谁、社会如何标识我这样的问题，许多人实际上
257 都拥有实实在在的选择权，这在人类历史上可能前所未有。[19]而其中的原因，正如许多社会理论家指出的那样，是过去曾经与团体属性紧密相连的身份在变弱，如阶级、教会、商业、俱乐部或是社区协会。随着个人身份中的这些元素变弱，取而代之的是对生活方式和消费社区的选择。

公共领域凋零？

民主意味着一种公共生活，也就是说，人们对如何解决共同的问题可以进行批判性思考。公众对民主决策的参与质量取决于人们可以分享的大众传播平台。在这样的平台上，他们可以表达个人关切，提出新的想法，

并见证这些想法是否经得住日常辩论的考验。这些公共空间包括咖啡馆、酒馆以及市民会议和读书俱乐部等，它们构成了先锋传播理论学者尤尔根·哈贝马斯（Jurgen Habermas）所称的“公共领域”。[20]许多当代观察家都意识到，在现代社会公共领域正在缩小，或至少面临分裂的危险，而且讽刺的是，个人传播技术的扩张对公共领域的缩小要负很大一部分责任。例如，社会学家托德·吉特林（Todd Gitlin）认为，与其考虑具有凝聚力的公共领域，不如思考一下微小的、变化中的“分公域”（sphericules）的扩张更有意义。[21]这些按兴趣形成的分公域极具吸引力，通常会为逃避大社会带来的痛苦提供安慰。然而，如果人们不断使用这些传播技术构建并享受自己的私人世界，那他们去什么地方会聚并分享彼此的关切和信息呢？如此一来，形成共识的机会不就更少了吗？具有凝聚力的政治讨论离不开这样的聚会和分享。

简而言之，我们进行政治传播的过程与我们如何一起采取政治行动是不无关系的，即作为一个国家，我们如何界定目标、制订行动计划。国家政治的一个极端就是政治斗士。他们不断用道德口号充斥电视频道，热情呼唤大家追随。因为受众已经分化，这些人在脱口秀节目上走红，对于愿意收看节目的人来说，他们提供了一种低成本的媒体奇观，但是对于更多看见他们就要关掉电视的受众来说，他们显然是树立了糟糕的榜样。如前所述，许多美国人今天更倾向于躲避政治，或是至少希望把政治（话题）局限在家里，而很少愿意在日常生活中毫无偏见地参与公开辩论，讨论共同的国家关切。[22]

传播学者迈克尔·舒德森认为，与过去相比，今天的公民个人权利保护意识非常强。[23]这种对个人权利的敏感以及相关的身份诉求或许会产生讽刺的结果，进一步加剧个人生活与公共领域间的隔阂。有人为个人从压迫性的公共准则和义务中解脱出来而庆贺，也有人抱怨社会与国家的凝聚力在下降。[24]

个人与社会以及公共生活关系的这种变化或许可以部分地解释我们前两章探讨过的一个问题，即为何国家领导者和新闻媒体的公信力都在下降。此外，从学校和政党到教会和家庭等许多社会机构的分裂也加剧了信 258
心不振。这样我们就容易明白，为什么许多观察家认为，公共信息的权威基础本身在衰落：因为人们能够分享信息，对他人分享的信息给以尊重的共同基础弱化了。政治人物与新闻媒体并没有对这种个性化的信息趋势施以有益的影响。两者利用传播技术打造信息，为的是迎合大众情感和消费者口味，而不是为了传播具有挑战性的另类观点。简单来说，从信息体系任何一个层面来看，无论是从新闻媒体的立场，还是政治角色的立场，抑或是民众的角度还是技术的因素，很显然，我们现在所处的信息环境正在发生重要的变化。

关于公共信息：美国的三个神话

新闻是美国信息体系的核心，但是它的这一地位却会被一些东西弱化，而长久以来形成的关于美国信息体系的信仰和神话不断强化，却反而捍卫了这些东西，因此，理解如何矫正美国的信息体系就更加具有挑战性。正如本书通篇所讨论的，常识并非总是引导我们探究事物工作原理的最好向导。例如，我们知道，人们普遍相信媒体具有自由主义倾向，但这种看法不仅不着边际，可能还会阻碍人们认识其他更严重的媒体倾向性。第二章所列出的各种倾向性比思想上的偏见要深得多，它们阻碍了许多不同政治信仰的公民创造性参与政治世界的热情。我们也检视了所谓“公众想要爆炸性新闻”的神话。这句话最多说对了一半，但是却广为流传，蒙蔽了人们的视线，使他们难以认识到廉价的煽情主义实际上恰恰是为了满足公司的利润需求，哪怕许多人已经关掉电视，不再关注新闻。讽刺的是，以下几种造成新闻与民主割裂的因素却通常被认为是美国自由的基石：

· 媒体私人（公司）所有制。

· 对政府支持公共广播的普遍抵制——对商业广播公共责任的监管放松使得这一问题更加严重。

· 公民与记者一直相信新闻应该保持客观或者政治中立。有了这种想法，想重新创造出更适合我们民主的新闻模式就更加困难。

以上三点成为美国新闻媒体的典型特征，为许多美国人以近乎宗教般的虔诚所接受。但同时，也有很多美国人发现了新闻产品的问题。那么，我们的新闻体系所具有的这种神话般的典型特征与它所产生的并不令人满意的结果之间是否存在某种关系？我们需要思考一下，美国新闻体系中这些核心要素可能如何限制新闻的广度和深度。

关于媒体公司所有制的新闻

259

美国人过于轻易地就认为公共信息私有制是个好东西，商业竞争会带来信息的多样性，从而提升信息质量。但市场经常出现所有权和控制集中的机会，这会形成寡头或垄断。这就是各地民主政府要监管主要市场的原因——目的就是保护民众免受经济权力膨胀带来的威压。例如，21 世纪初的房地产泡沫就是一个例子，银行倒手买卖担保不充分的房屋抵押，最终泡沫破裂，导致经济崩盘。有些政府监管似乎能带给人更多的安全感，比如多数美国人想当然地认为，他们不必去血汗工厂为了挣几个不足温饱的工资卖命，或是他们新买的烤面包机不可能会把房子烧掉。政府关于劳动力和产品安全的监管已经成为美好生活的隐形保障，这一点没什么争议。但是，思想的质量最终决定民主的质量，而这方面公众却很少去关心保护，这令人吃惊。

正如我们在第七章所讨论的那样，美国的新闻媒体基本上属于私有，这并不能推动新闻事业的发展，比如，促进信息的多样性和公民友好型信息。很多年前，当约翰·密尔（John Stuart Mill）讨论“思想的市场”对于民主的重要性时，他思考的是如何设计选举和报刊体系，使其能够把思想交由公众讨论并使之与治理联系起来。[25]多样化的公众才能组成复杂的社会。其他许多民主政体依旧在认真思考如何最好地呈现不同公众的想法，并刺激公众的思考。不幸的是，因为美国人笃信市场规律，所以对于公民应该拥有什么样的新闻体系这样的问题缺少政策层面的认真思考。

虽然有学者和新闻业者参与了这些问题的讨论，但政府和多数公民却少有兴趣对私有媒体在公共责任方面（除了道德准则）提出要求。在这个自由企业思想统治的时代，公共信息标准会遭到媒体集团以及它们所支持的政治人物的谴责，理由是涉嫌破坏言论和企业自由。多数公民也会加入媒体和政府的大合唱，反对加强公共服务广播。

关于公共广播的新闻

美国政府管理空气、食品和水的质量比管理公共信息质量的积极性要高。产品广告中真实信息的含量可能都要高于政治广告。人们担心政府干涉政治信息领域，他们无法想象政府管理实际上反而会延展所传播思想的宽度。传播学者罗伯特·麦克切斯尼对这种不让政府插手媒体的做法提出了批评，认为这种做法限制了美国政治讨论中思想的宽度。与其他先进的
260 民主制度相比，美国为公共服务广播提供的空间和财政支持都很少。政府一再决定限制公共广播，把广播空间拱手让给商业公司，却不以服务公共利益的相应义务对其加以限制。[26] 近年来的新闻业危机促使麦克切斯尼、约翰·尼克尔斯思考如何恢复公众对最珍贵的公共产品——信息——的支持。他们指出，美国建国早期，政府在国防之外的主要支出就是对美国邮政系统进行信息传播给予补贴。[27] 如果建国者都认为政府应该想方设法支持思想的传播，那么我们今天的公共传播体系为什么还这么薄弱呢？

尽管本身已经孱弱不堪，但是，这个国家的公共广播还要面对来自国会议员和保守派评论员的攻击。在许多方面，美国的公共广播并非它所应该做到的那样独立，因为政府支持有限，它被迫寻求商业赞助。那为何不把花在企业补贴或是大规模杀伤性武器上的钱拿出一小部分来支持一个独立的传媒体系，让它成为现行脆弱的公共广播体系的替代，专事延展思想的宽度，实验商业广播之外的新闻模式？

长期以来，保守派一直对公共广播指责不断，认为公共广播反映了自由主义倾向性。他们认为，因为公共广播在内容上容易受到政府压力的影响，所以保有这样一种体系非常危险。讽刺的是，布什执政期间，美国公共广播公司（CPB）董事会与管理层被共和党指定的人选占满，而这些人的任务就是要把保守的内容嵌入广播节目——虽然他们自己的调查显示公众对公共电视（PBS）和公共电台（NPR）的节目都已经很满意。他们首先以节目带有自由主义倾向为由赶走了公共电视的资深记者、《现在》（*NOW*）节目主持人比尔·莫耶斯（Bill Moyers）。纵使莫耶斯真的有自由主义偏见，那以要求公正的名义禁止节目反映批判的或自由主义的观点，也是极端做法。但是，在当时董事长肯尼斯·汤姆林森（Kenneth Tomlinson）的领导下，公共广播公司（CPB）坚持认为这就是处理倾向性的正确方法，并雇用了更多保守的谈话节目和公共事务节目主持人。汤姆林森要根除倾向性的做法最终受到了调查。调查结论认为，汤姆林森的做法造成了党派偏向，与公职要求的透明化运作程序不符。虽然汤姆林森为此辞

职，但是，布什在任期间，公共广播公司依旧掌握在有顽固党派倾向的共和党雇员手中——想想当时关于政府干涉公共广播内容的警告，这种结果真是好笑。[28]

与美国相比，其他先进的民主国家拥有更发达的新闻和娱乐公共服务体系。瑞典政府甚至对一些地方性报纸给予补贴以防社区民众在这些报纸上失声。在许多国家，最值得尊重的新闻源就是公共电台和电视新闻服务。但是，一般来说，美国人难以想象政府花钱扶持的新闻媒体如何能够 261
避免成为政府本身的传声筒。关于这个疑问，我们需要知道，现行的美国新闻体系独立于官员的程度并没有那么令人钦佩，或者可以说，现行的美国新闻体系并没有为批判性报道树立一个高的标杆。

在公共服务信息传播体系中，有许多方法可以使记者免受政府压力。一种常见的做法就是设立监督委员会，成员由来自不同政党与政治组织的代表构成，并考虑主要的宗教、教育、商业和劳工机构，以求平衡。监督委员会监督新闻内容并商定新闻业的准则（和标准）。在英国，英国广播公司与托尼·布莱尔（Tony Blair）领导的工党政府在出兵伊拉克的问题上进行了不懈的斗争，这表明公共服务体系可以在报道上独立于政府立场。

关于客观报道的新闻

对于高度商业化和监管最小化的新闻体系来说，中立或者说客观报道的文化理想或许正是政治思想传播的最大限制。无论记者如何独立，想要在报道中避免介绍政治观点，最终拿出来的报道就只能是如出一辙。更糟糕的是，正如第六章“案例研究”所阐释的那样，客观报道的要求可能会迫使记者为了追求平衡而去报道某一方并不真实或没有什么事实依据的观点。但是，“自由但没有偏见的新闻”这种强大的理想信念使得多数记者和公民无法想象另外一种报道方式的存在。政治人物与支持他们的选民一样，似乎相信可以把新闻与政治分开，形成某种像是客观信息的东西。因此，美国人不得不忍受着同样的事件和思想在每个主流新闻频道的重复播放。政治传播学者托马斯·帕特森称之为“自由媒体的反讽”：

美国新闻业者认为，当他们“自由、独立”的时候，即不与任何政治

> 机构或权力产生组织上、编辑行为上和法律上的联系，就能促进“思想市场”的繁荣和发展。按照这种观点……新闻怎么报，应该是不受约束的记者自由进行选择……（然而）当新闻业者与政治脱钩……他们就会容易形成一种新闻套路：首先是对政治思想轻描淡写；其次，彼此间形成默契，内容上拒绝竞争。[29]

新闻业者、政治人物和公民坚信自由新闻的神话，哪怕它遮蔽了大众对信息与民主的理解。我们如何才能打破这种传播的僵局？第一步，我们应该允许自己以更现实的眼光审视这个神话背后的信息体系。

262 美国的新闻与权力：理想与现实

在美国民主的“公民学教程”般的理想状态中，权力属于人民，人民真正代表了政治体系的声音。领导者应该聆听人民的声音，并把这种声音用政治方式表达出来。在这一体系中，记者的角色是独立的监督者，向人民报告领导者在处理公共信任的问题上做得怎么样。这种权力体系的理想模式可以用图 8.1 来表示。

但是，很显然，美国权力的现实和理想之间有着不小的差距。本书列举的不少例证已经表明，领导者与利益集团掌控了巨大的政治权力并利用媒体寻求支持、归顺，或是混淆公众视听，以此减少公众对政治体系的影响。草根的舆论会促动各种权益与道德的争论，比如堕胎和宗教自由，但是，在影响经济政策以及其他事关国家或企业利益的敏感问题上，公共舆论的战争主要是由利益集团和政治精英发起，他们利用民意测验和营销技术向心不在焉的公众传递讯息。谁在先呢？是心不在焉的公众，还是被阻碍的传播渠道？无论怎样，对公民的公共参与而言，结果都不容乐观。

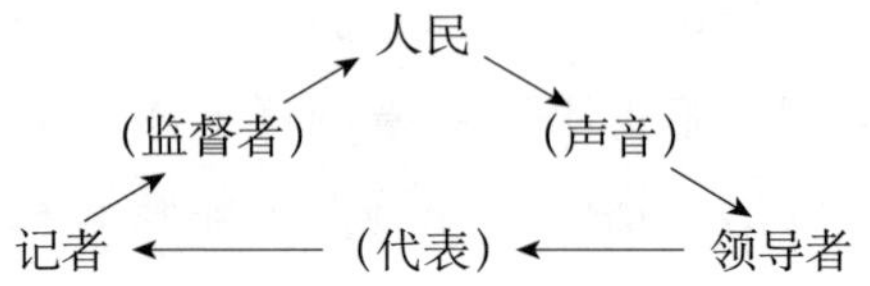

图 8.1　美国权力的理想版

在美国的政治现实中，传统的商业化媒体也扮演着一个与理想版不同的角色。新闻媒体更多的时候充当的是政治传导线的作用，而不是它们所传递信息的监控者和把关人。通常是政府官员或是其他新闻人物之间在某一问题上产生冲突的时候，新闻的大门才向公众的声音敞开。公民组织如果不在政府的议程之列便很难有机会进入新闻媒体的视野。图 8.2 说明了在现实的美国权力体系中新闻所占的位置。

当然，媒体没有对政府行为进行充分监督，有许多显见的原因。首先，目前媒体是作为一种营利的企业存在的（虽然其营利前景正受到威胁）。只要还有利可图，媒体老板就不会有什么动力去改变自己的做法，哪怕是毁掉高品质新闻的基础。其次，那些依旧在职的全国性精英媒体的新闻业者从自己的地位中收获了事业的成功与满足感，也没有动力去撼动 263
这艘船。此外，批判性的监督报道通常会给记者和媒体带来社会、政治压力。甚至例行公事的日常报道也不断受到（通常是保守的）媒体监督组织以及政界和经济界精英的批评，被指责不够客观。类似这种对媒体的批评助长了极端声音在公共议程中获得更大的信誉，成为权力体系中一个重要的杠杆。归结起来，以上所有这些令人不安的情况都向我们提出了一个问题：为什么美国新闻自由的神话长久不衰？

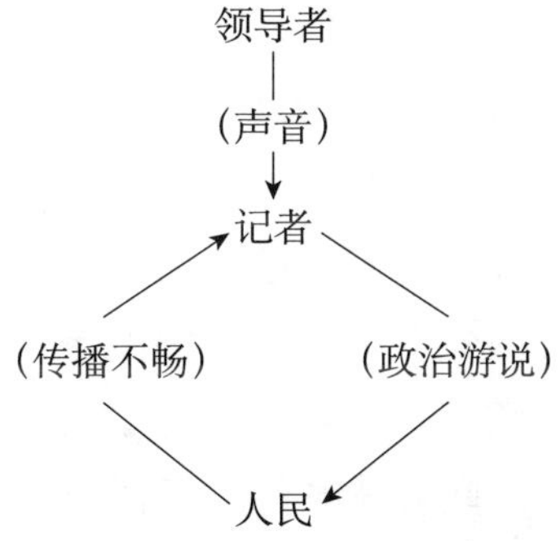

图 8.2　美国政治权力的现实图景

为什么新闻自由的神话长久不衰?

几乎每个公民都对新闻媒体怀有某种幻想。这些幻想建立在美国历史中重大事件和主流情绪上，例如，托马斯·杰斐逊的思想：“人民才是统治者真正的监督人，（他们必须）通过公共报纸拥有（全部的）信息……（如果）由我来决定，是要没有报纸的政府，还是要没有政府的报纸，我会毫不犹豫地选择后者。”[30]

在美国历史上，这种思想被新闻业者、教育业者和政治人物代代相传，已经成为美国国家和人民的精神象征。今天，这种思想的真实含义已经难以想象，但是它们已经根深蒂固，成为人们追求的崇高目标，自身已经具有了生命力。它们鼓舞人心，给人希望，令人高尚——让这个国家的历史有了厚重感，否则，在后代看来，他们国家的历史就会空洞模糊。这些都是神话的特征。不幸的是，像媒体自由这样的神话妨碍了人们看清权力的真相。

新闻自由和人民自由的神话以及客观报道的指导原则似乎会给不同的群
264 体提供不同但都有诱惑力的好处。然而，讽刺的是，处于权力结构上层的群体获得的是权力与控制的切实好处，而处在权力结构下层的群体则要通过交换真正的权力获得心理慰藉（因为现实中，神话限制了他们的政治参与）。因此，对公正或客观新闻这种理念的支持越多，权力的不公平状况就会变得愈发严重。简单梳理一下政治人物、新闻业者和公众的利益，我们就可以知道，他们对这种神话的笃信建立在不同（甚至矛盾）的基础上。

政治人物与新闻神话

政治角色普遍支持新闻自由、人民自由的神话，这种态度有用且必要。说有用，是因为只有令人信服地表现出对真理和人民主权的支持，才能比较容易放松对媒体帝国大佬们（他们往往也是政治人物的资助者）的监管。说必要，是因为美国公众绝不会容忍领导者缺少对民主理想表面上的承诺。即使利益集团和政府的信息机构竭尽全力要影响公众舆论，公众至少也需要这样一种幻觉：政府体系代表了他们的意志。政治人物一方面公开支持这样的神话，一方面却在努力控制信息。他们是否意识到这种矛盾，其实并不十分重要。无论是真正相信新闻自由、人民自由的政治人物，还是漠视新闻神话的犬儒主义政治人物，这样的神话在政治上对他们同样有益。

新闻业者与新闻神话

新闻神话对新闻业者的好处不在于权力（至少在传统观念上如此），

而在于职业信誉。不公开承诺进行客观、公正报道，新闻业者就不能在专业地位上得到认可，也无法接近政治。虽然在公众眼里，这种专业地位已经被玷污，但新闻职业本身的价值观要求新闻业者必须保持这种专业地位。就像对政治人物一样，新闻神话也给记者在美国民主的理想图景中安排了一个既定的角色。因为这一角色在政治人物的帮助下很容易被戏剧化，所以，很难想象会有很多记者不愿拥抱这个角色。有的记者被大众媒体的客观报道原则和日常报道中的其他限制弄得心灰意冷，索性离开主流新闻机构，成为自由撰稿人或是进入非主流媒体供职。

就像有些政治人物一样，一些新闻业者可能也会嘴上挂着新闻神话，但心里明白这个神话的空洞。然而，多数新闻业者只是随波逐流，根本没有意识到他们追求新闻客观性的矛盾之处。在某种程度上，多数职业新闻业者真心认为，报道官员的言行是职业新闻的最高境界。全国广播公司前主持人汤姆·布罗考（Tom Brokaw）曾被问及媒体为何没能就小布什政府发动伊拉克战争给以足够的质疑，他最终的回答是："国会以压倒性的多数投票支持战争——我们得反映这一点。"[31]在遭到质疑时，政府还是占了上风。如此想来，是把这样的事情视作职业的、客观的新闻去拥抱，还是把这样的事情看作揭露政治本相的钥匙，其间只是一步之遥而已。无论这种想法多么错误，新闻业者还是认为，事情是什么样子就按什么样子报道，这就是在报道事实。 265

当然，这并不等于新闻业者就不担心客观性以及新闻神话中的其他一些东西。其实，他们很担心。现在，新闻业者中出现了一种新的新闻立场，他们意识到需要与采访报道的对象——权力拥有者——保持一种临界距离。例如，美国入侵伊拉克之后，《哥伦比亚新闻学评论》（*Columbia Journalism Review*）发表了一篇封面文章，名为《重新思考客观性》。这篇文章的主要观点是，"在一个充满了政治忽悠的世界里，对某种理想的尴尬拥抱使我们成为新闻的被动接收者"[32]。这篇文章所强调的教训就是，主流媒体未能挑战小布什政府发动战争的理由：

在3月6日的新闻发布会上，布什总统为这场即将到来的战争陈述了自己的理由。在52分钟的时间里，他11次提到"基地"组织和"9·11"袭击，没有人就此对他提出质疑，虽然中央情报局曾经质疑过伊拉克与"基地"组织的联系，虽然从未有人拿出确凿的证据证明伊拉克与

"9·11"袭击有关。[33]

但是，除了把调查性报道做得更好，文章的作者没有提出一个明确的方案来替代客观报道。然而，正如作者所指出的那样，小布什政府的战争动员已然暴露出明显的矛盾，记者根本无须再去调查其他更多的东西。他们所需要的只是某些新的职业准则，可以允许他们超越官方划定的事实边界。

公众与新闻神话

接受新闻神话，公众能从中得到什么？若想回答这个令人困惑的问题，我们必须回看一下本章前面提到的关于美国权力的两幅图。在第二幅图（图 8.2）中，人民被锁定在一个弱势的位置，他们的选择是被安排的，他们的政治反应为新闻模式的把关规则所过滤。可以说，这幅图更好地展现了美国的权力现实。在这种情况下，公众经常会产生心理学家所称的"习得性无助"，他们要么逃离痛苦的根源（这里指从政治与公共生活中退出），要么拥抱关于他们所处环境的高度理想化概念。

对于那些选择拥抱理想版美国权力格局的人来说，他们只需要看看日常新闻就足够了。记者与政治人物以公众利益之名不断把图 8.1 中的幻象——自由的媒体/自由的人民——戏剧化。他们把新闻故事呈现给公众，
266 就当作对公众所面临的选择和问题的报道，而领导者则在新闻中呼吁大众的理解与支持。如果公众对一些让人不胜烦恼的问题不再纠结，例如，媒体所报道的问题根源在哪里？所提供的解决方案是如何选择出来的？公众参与的限制究竟在哪里？那么，他们就可以躲进一个幻象的世界里了。在那里，民主的运行恰到好处。

但是，当民主的幻象被政治人物的虚假承诺粉碎，或是人们发现有关某一问题的新闻报道太少或太迟，这时他们就会重新变得玩世不恭或选择逃离。然而，即使是那些醒悟过来的人也倾向认为，如果诚实的政治人物越来越多，中立的记者越来越多，那么，这个体系的问题就可以得到修补矫正。这种神话般的解决方案，虽然很有群众基础，但未能触及这个国家信息体系中的更深层的问题。接下来，我们会探讨公民、新闻业者和政治人物可以带来什么样的改变。

给公民、新闻业者和政治人物的建议

如果认为政府、新闻界或是公民有什么魔棒，掏出来摇一摇，所有问题就能解决，那就是天真了。但是，在各自范围内的小改变也能带来大不同。最重要的是，这可以帮助我们重新认识传播问题的根源，并以一种不同的方式公开讨论这些问题。现在，电子民主的新时代即将破晓，我们再次面对机遇，可以进行一场全国性的重要辩论，讨论一下我们可以如何获取信息，如何参与政治。新的信息技术使公民能够与政治人物、记者以及公民彼此之间互动，这有助于我们就如何取得媒体权力的新平衡进行创造性思考。

给公民的建议

对于如何获取信息，公民可以进行更有创造性的思考，这样就会带来变化。首先是参与公共生活，但不要再抱着“自由的媒体/自由的人民”这一神话不放。然后，开始自由想象，寻找替代方案。展开头脑风暴，思考一下如何建立一个更完美的信息秩序，这不会产生什么成本。我们应该鼓励政治报道变得党派性更强吗？新闻报道是否应该有更多的分析？政治喜剧在建构人们的政治观点，我们应该为此庆贺吗？政府是否应该激励新闻机构在重大问题、选举和长期社会问题的报道中尝试报道创新呢？所有想法都值得在公共论坛公开讨论，而不必担心这样的讨论是否会有悖于媒体自由的神话理念。在思考传播的方程式时，或许人们应该更多在输出端考虑多样性以及其他质量问题，而不是在输入端为自由的理想纠结。

除了开动脑筋，思考如何设计一个更好的全国传播体系，公众还可以 267
好好学习如何更好地利用现有的传播体系。本书包含的批判性分析可以用来解码新闻。如果人们学会读出新闻的言外之意，看到照片背后的门道，他们对新闻就会少一些失望和困惑。简而言之，若想更好地了解世事，并非简单地多读报多看电视就可，而是要以批判的眼光解码多方信息。若想更好地了解世事，不仅仅需要记住当天孤立的新闻事件中谁在什么时间、什么地点以何种方式做了什么。理解公共问题的政治原因和社会影响能帮助我们理清思绪，决定如何回应。利用本书介绍的一些基本方法，就有可能认识并解码新闻中最常见的信息倾向性。以下建议有助于读者成为一个更具批判思想的新闻消费者。

识别陈词滥调和情节公式 当新的信息被装进旧的公式中，人们也就不会有什么动力去用新的观点代替原来的偏见。政治人物最容易讲、记者最容易写的故事，往往建立在有关这个世界的熟悉的形象上。除非这种炒冷饭的东西被识破、被扔掉，否则这样的新闻对公共讨论毫无帮助，只能固化某些肤浅的理解和老旧的思维。发现并抛弃那些诱导性的描述和时髦词语很重要。把奥巴马称为一个社会主义者只能触动保守主义者的膝跳反应，他们只想用负面词语来给他贴标签，而他的进步派支持者则会被惹怒，因为他们从中看到的是一堵耸立的高墙，阻碍了有意义的传播。

诸如“左派分子”“右翼分子”“大政府”“自由”，甚至“有地位的”“知情人士”这样的说法都会对信息进行限定，让人做出选择性解读。例如，新闻中“有地位的知情人士”经常是那些不负责任、匿名传播谣言、影射他人的高官。尽管这样透露出来的消息或是含沙射影本身值得怀疑，但是因为信源是知情人士，是官员，是有地位的人，这就增加了信息的可信度。一般来讲，具名的信源应该比匿名信源更有分量。当然，也有例外，即揭发者害怕自己的生命或生计受到威胁。

聪明的新闻消费者应该知道，诸如“自由主义”“民粹主义”或是“原教旨主义”往往是那些新闻运作大师用来破坏对手形象而给他们贴的标签。但是，这样的标签却贴得很牢固，仿佛它们是客观的描写。这并不是说，世界上不存在左派分子或右派分子，或是这样那样的分子。问题是，新闻人物被贴上这样那样的标签以后，新闻受众往往就不想再深入探究和了解这些人物了。在此，我想说的，并不是我们最终要同意罪犯、抗议者或是恐怖分子的说辞，而是，我们或许应该更好地理解他们的所想所为，并思考我们应该如何应对。

268 比如说，也许有些人真的是“恐怖分子”这个词所指的那种反社会的报复狂。本·拉登和塔利班之流的言行无论如何也不会得到美国人的辩护。然而，泛泛地向恐怖主义宣战却为更多值得质疑的政治可能性提供了机会。而且，对恐怖主义的情绪化反应使值得怀疑的外交决策被轻易地贩售给公众。例如，入侵伊拉克，其借口存在严重的事实缺陷，但通过打感情牌，挡住了许多质疑的声音，这笔买卖还是做成了。当人们意识到问题时，为时已晚（如果把萨达姆·侯赛因当成反恐战争的靶子理由很充分，那么是不是很多其他非正义政权也需要我们去干涉?）此外，“恐怖分子”还被用来当作绕开法律程序实施拷问的挡箭牌，也让监听美国公民电话、偷看他们的邮件显得合理。如果谈论这一问题的时候，不用“恐怖分子”这样有分量的术语，那么行政部门就不敢轻易宣称有这种权力。从另一个层面看，大而化之地宣布“反恐战争”，也会妨碍对权利被剥夺群体的理解。对这一群体来说，如果他们想要被社会关注、想要他们的问题得到解决，他们只能破釜沉舟，诉诸暴力。正如政治传播学者史蒂文·利文斯顿所言，“恐怖主义者”的标签通常被意欲推行自己政策议程的政治人物策略性地用在新闻中，而这样的标签则会影响如何讲述关于他们政策的故事。[34]

寻找不符合情节的信息 “世界上有三种谎言：谎言，彻头彻尾的谎言，以及统计数字。”记住这句名言很有用。文献，包括统计数据和图片，都可以被断章取义，拿来作为当下观点的证据。只要与有力的形象、熟悉的情节或是深信的观念相吻合，那么证据往往就会看似真实。关于事实还有一个同样有用的警句，即事实从来都不是整整齐齐、干干净净的。原始数据总是乱糟糟和模棱两可的。数据的模棱两可恰是它们的优势——它们使我们进行批判性思考，并探寻新的可能。当事实与说辞配合得太完美时，它们提供的是心理上的肯定，而不是对事实的验证。所以，“9·11”袭击之后，许多美国人都十分乐于听到萨达姆与“基地”组织有瓜葛的说法，而很少有人想到，应该看看是否有证据可以去挑战政府的这种说法。

为了抵抗这种新闻心理，公众在接受某一事实之前必须仔细辨别其真伪。首先，应该透过夸夸其谈的迷雾，辨清某种说法是确有依据，还是只有空口无凭的指责与断言。最重要的是，应该找出不严谨的事实，在此基础上，也许会发现一个完全不同的故事。就那些值得推敲的事实进行分析解读，可以帮助我们看清值得关注的潜在的政治问题。如果我们不是急于把它们套进相关新闻的情节中，就会比较容易聚焦于这些游离的事实，然后锁定它们的方向。举一个典型的例子：如果中央情报局没有发现伊拉克与“基地”组织有染的证据，那么把伊拉克与“9·11”事件联系在一起还说得通吗?

269 **通过其他信源核实有党派倾向性的言论** 这里不是说去向《时代》周刊核实《新闻周刊》的报道，而是说，应该把那些提供了更多、更丰富的历史记录，反映了批评人士、反对组织或是无利益纠葛的学者思想的出版物和文献纪录片当作参考。

利用互联网可以很容易搜集到关于任何话题的海量信息。各大搜索引擎已经深入新闻和信息的不同领域。应该认识到，虽然并非所有的搜索结果都可靠，但是，还是有可能找到一些公认的信息源，可以为简短的新闻报道提供一些翔实的补充信息。关于牵涉美国的一些国际问题，还可以参考一些知名的国际新闻机构的报道，如英国广播公司。英国广播公司国际频道的节目可以通过互联网、卫星广播收听，或是可以通过苹果 iTunes 软件下载播客播放。而且，在多数互联网主要门户网站上，可以设置（免费）新闻追踪和递送服务。通过申请新闻追踪，网站会把连续报道中的新信息每天递送给用户。一些搜索引擎还为用户提供关于信源质量和可信度的信息。此外，使用一个商业化倾向不太明显的搜索引擎对某一话题进行搜索（www. google. com 可能是最好的），通常会获得大量来自利益组织的高质量信息。这些组织的政治议程可以通过查询它们的网站进行推断和评估。参与博客上关于新闻报道的讨论既是一种消遣也可以激发思考。最后，为了驾驭信息大潮，最好装个简易信息聚合阅读器（RSS）（相关信息请点击 http://en. wikipedia. org/wiki/list _ of _ news _ aggregators）。

识别政治宣传和新闻运作 有时，新闻中似乎找不到什么不严谨的事实供我们另作解读。被成功控制的新闻，事实材料的数量刚好满足政治剧本塑造形象的需要。当政治人物成功推出他们按剧本表演的新闻事件，或者说虚假的新闻事件时，媒体倾向于只报道那些特意植入的、可以增加可信性的文件事实。在这种情况下，批评家必须学会识别虚假新闻事件的特点并解码其中传递的政治讯息。当然，第一条锦囊妙计就是，成功的虚假新闻事件当中并不会让你看到很多漫无边际的事实。

当一个总统要对某事宣战时，新闻消费者应当准备好从中寻找政治表演的痕迹。入主白宫将近两年后，里根宣布要向犯罪开战。那时的政治表演还算朴素。当时，他宣布支持一揽子立法，要让侵犯守法美国公民的罪犯付出更大的代价。里根的整个表演，目的是塑造一个强有力的领导者形象，汇聚民意支持，笼络那些心存恐惧、经济困难的民众。这一表演在里根首次遭受重大政治失败（国会推翻了他对一项重大联邦开支法案的否决）之后两天推出，并非偶然。不过，有没有可能里根总统的媒体公关团队也已经设计好了他获胜的剧情安排并为之候场？细心的新闻批评人士应该能够发现其中的政治表演痕迹，然后将其与演员的政治际遇联系起来。 270

老布什后来模仿里根的“向犯罪宣战”推出了“向毒品宣战”，他把道具用得驾轻就熟。在这出戏里，新闻的道具是一袋子强力可卡因。那天晚上，在他的电视讲话中，老布什举起了这袋可卡因“宣战”。老布什说，这袋可卡因——由便衣特工在白宫对面拉法叶公园购得——证明了毒品问题有多么严重，因为它就是在宾夕法尼亚大街1600号他家门口的大街对面买到的。

《华盛顿邮报》后来在一篇调查性报道中透露说，老布什的这出戏由其媒体顾问团队策划。这篇报道在媒体中引起强烈反响，被反复引用和提及。其开头如下：

白宫的讲话撰稿人认为，这是乔治·布什总统首次电视黄金时段讲话的完美道具——这个充满戏剧性的道具，可以让人们知道，毒品交易已经染指到总统所在的社区，足见其猖獗程度。

“这是强力可卡因。”9月5日，在他的禁毒政策演讲中，布什先生举着一个装满白色粉末的塑料袋严肃宣布。“这是几天前在白宫街对面的一个公园里缴获的。”他说，“海洛因或是五氯酚也可以轻易搞到。”

但是，搞到这袋可卡因并非易事。一位了解内情的官员说，为了配合讲话撰稿人写的脚本，美国缉毒局特工在总统讲话四天前，把一个可疑的毒贩骗到拉法叶公园，上演了所谓该局首次在公园抓获毒品的戏码。实际上，拉法叶公园广为人知，主要是因为地处白宫对面，而并非因为什么非法毒品活动。

事实上，这个十几岁的嫌疑人在第一次接触伪装成买主的便衣特工时，似乎对他们的要求感到很迷惑。

“白宫在什么地方？”在被缉毒局特工秘密录音的对话中，该嫌疑人这样问。

“我们不得不设法把他弄到这里。”缉毒局华盛顿地区办公室助理特工威廉·麦克马伦（William McMullen）说，“这可真不容易。”[35]

这出戏的盖子被揭开之后，老布什接着又按照其媒体公关团队的导演，针对媒体的批评作出了策略的反应：时不时地对媒体发发飙。老布什的谋士们发现，对媒体发点儿小脾气能显得总统更强硬、更尽责。《华盛顿邮报》那篇报道出现之后不久，总统展开了一次塑造形象之旅——到缅因州一家林场展示对环境问题的关心。采访中，媒体非但没有尽职尽责地
271 就总统关心树苗一事展开提问，反而围着他，纠缠于那出缉毒戏的问题。总统不耐烦地说，在这样一场神圣的战争中质疑他的方法问题，记者们如同站到了敌方一边。他抱怨说："我不明白。我想问，难道这里有人想为那个毒品贩子说话吗？"[36]

学会自我批判 在这一点上，你可能会担心这些建议会让你变成一个愤世嫉俗的人而不是批判者。还有谁可以相信？还有什么值得相信呢？新闻批判的目标不是否定一切，而是面对人云亦云的压力，学会对世界大事进行独立、自信的思考。这里的意思也不是要怀疑所有的权威，而是要相信自己的判断。

这就会引出一条最重要的原则：先入为主的观念（还有偏见）在筛选和接收新闻信息时，会发挥重要作用。认识到这一点之后，就应该在任何可能的场合，用与之相左的信息，挑战这些观念。自我批判并不是说要把原有的观念连根拔除，也不是说要像当初树立某种观念时那样快地把它们拆毁。它的目的是，确保我们的信念不会成为一面横在真相面前的墙。当信念有助于我们建设性地参与解决社会问题时，它就会发挥最大的作用。当信念被作为绝对真理来捍卫而导致所有与之对立的证据被忽视时，它就会成为社会问题的根源。因为多数新闻包含正反两方，人们通常简单地选择相信与他们原有观念接近的事实，因而从不会改变对世界的看法。但是，如果新闻中的双方都不能为思考某一问题提供有用的方法，又该如何呢？如果双方各有优点，又该如何呢？摆脱目前的政治困境需要具有挑战现存政治信仰的决心，而要挑战这种信仰，最好的方法就是拒绝在新闻中寻找印证我们已有信仰的证据。

寻找能够提供更多视角的信源，比如政治喜剧秀 正如本书之前所探讨的那样，很少有人用政治喜剧秀替代其他信息源，但是会通过政治喜剧秀对从其他信源获得的信息加以正确的理解。当新闻在很大程度上成为政治运作的工具时，现实危险地滑向荒诞的边缘，喜剧秀或许是矫正这种趋势最好的方法。[37]如果公民能够更广泛地参与到政治生活中，采取更机智

的政治行动，或许政府利用老一套的传播模式上演乏味真人秀的可能性就会降低。2004 年大选前，“囧司徒”挑战他的观众说，让他们选出更好的领导人，因为这样的话，他拿领导人取笑找乐的工作就会变得没那么容易了：

嗨，欢迎大家收看我们的节目。我是囧司徒……

今晚我们的头条是，随着全国的城市都在燃烧……人们对选举团感到激愤……

……对不起，我刚刚在读的是周三的新闻头条。

[笑声]

今天是周一，明天就是选举日了。去投票吧。不是因为这很酷……是 272
因为这并不酷。我告诉你什么叫作酷，抽烟。投票的时候抽根烟。

因为是这样的，（投票）得排长队。

以下是我给你的建议：准备好为了民主浪费一天的时间。如果队伍很长，坚持待在那里。如果饿了，就吃……总会有人与你一起排队的。不要离开，直到你的选票被计数。我建议你明天一定要去履行这一公民义务。

这只是就我个人而言——我是个喜剧演员嘛。我认为政府荒谬的地方，就要拿来说笑一番。[停顿]（你们）让我的生活难过点儿吧，让我往后四年的日子过得糟糕透顶吧——最好是每天早晨起来我们所能做的就是来了又走。“呃……麦当娜信上了卡巴拉教……你要不要呢？”

我会很高兴这样。我累了。[38]

2010 年，“囧司徒”与他在喜剧中心频道的同事斯蒂芬·考尔伯特在华盛顿国家广场组织了集会。“囧司徒”力劝公民“恢复理智”，而对手戏的另一方考尔伯特则要求追随者恢复“真相感”，要“心存敬畏”，反对“囧司徒”之流的“谄媚的理智”。喜剧秀也许会有帮助，但是，如果新闻从一开始就无须费力解码，能够提供更具挑战性的视角，那么，成为知情公民的任务也就会容易些。主流新闻媒体不大可能声明自己会摆脱模式化报道，独立于政府官员进行日常新闻发布。然而，在现有的职业限制下，新闻业者依旧可以有所作为，改进自己的产品质量。现有新闻体系所面临的经济与信心两方面的危机可能会给创新带来机遇（请见本章“案例研究”）。

给新闻业者的建议

记者与编辑经常表示，他们其实愿意在新闻上多费点功夫，但是时间、版面、利润压力以及浮躁的受众不允许他们这么做。有这样抱怨的记者不妨想一想身上的责任：当政府没能向公众负责时，媒体必须担负起向政府问责的任务。新闻业者还可以致力于为公民参与政治做准备，或是至少采写新闻的时候心里装着他们。以下是关于如何实现这些目标的讨论。

创造性利用个人化和戏剧化手段 我们在第二章谈到，戏剧手法能够帮助而非阻碍那些有趣和强有力的讯息的传播。然而，目前的新闻模式更多是采用情节剧手法而非严肃戏剧的手法。这样的报道只是用政治角色个人所经历的风浪坎坷来暂时吸引受众眼球，却牺牲了对事件所反映的长期问题的关注。实际上，通过加入新闻事件发生的历史或体制背景，记者就可以很容易地弱化新闻中的情节剧色彩。这并不意味着把其中涉及的角色
273 删掉——没有角色是很难讲故事的——但是，要把他们清楚地放置在政治背景之中，这样，他们的行动产生的持久影响才会被受众感知。因此，关于犯罪的新闻就会摆脱奇异、怪诞和邪恶的氛围，而是被置于贫穷、孤立、异化、群体冲突和心理失调等社会问题背景之下。预算赤字的报道也就用不着总是说什么花钱大手大脚的政治人物大权在握的话了，可以置于造成官员浪费问题的官僚政治因素和社会力量的背景之下。关于国际暴力事件的报道，不要纠缠于什么谈判艰难、爆炸、好战和不信任等陈词滥调，应该考虑造成冲突不断的经济、军事和国际关系体制背景。用这样的方法，关于几乎所有问题的报道都会丰富起来，有利于进行社会的、历史的和体制的分析，这样的报道更有益。这种转变与第一和第二章中艾英戈关于减少就事论事，更多进行主题式报道的建议相一致。[39]如果新闻报道能有这样的转变，普通新闻受众就有可能把握事件更深刻的政治含义，而无须再费力解码。

许多记者和编辑认为，如果稿件中包含更多的社会、体制和历史背景，会让新闻变得更复杂，让读者更迷惑。除了新闻业界自己的迷信，不知道还有什么能支持这种想法。现在可能是人们对这个世界最感困惑的时候，而这种困惑很可能就是情节式的新闻模式造成的直接结果，因为这种新闻模式未能就正在发生的事件向受众提供容易理解的背景。然而，新

闻业者依旧愿意使用更加头脑简单的报道模式，还一边想着该拿头脑更加简单的公众怎么办。

将记者和编辑个人的背景知识引入稿件 这并非要我们变得更加愤世嫉俗或是对政治游戏以及某种假想的政治战略进行更多的个人评价。新闻报道中的情况是如何发生发展的？作为职业见证人，记者和编辑应该学会利用他们掌握的有关知识进行解释。

现在的新闻报道非常倾向于让事件中的角色讲述故事。在这种信源驱动的叙事中，记者的声音为稿件定调。如前所述，这种调子通常是愤世嫉俗的，而原因恰恰是记者找不到地方把他们在采访中了解到的情况说出来。从以角色为中心的叙事模式转变为以观察者为中心的叙事模式，记者和编辑就会把握原本属于他们的报道主动权。报道的主动权不应旁落于那些政治角色，因为他们的利益所在就是要操纵报道向于己有利的方向发展。记者在报道中能够最大限度加入内容的地方，就是关于一些问题的解释，比如，不同的政策建议都是如何产生的？为何其他的被否定了？如果其他政策建议也被采纳实施的话，会有什么结果？雷吉娜·劳伦斯（Regina Lawrence）对关于福利改革的报道进行了令人信服的分析。她指出，在国会与白宫就各种提案进行辩论的那段漫长时期，记者和编辑主要是对政治游戏和各方战略评头论足。改革方案通过后，他们才对新政策的主要内容进行了一番令人印象深刻的深入报道。[40]其实，在关于福利和其他重要 274
问题的报道中，新闻报道早就应该就其中的政治内容进行讨论。

拒绝标准的情节模式 报道中不要再把总统选举比喻成赛马了；关于总统与国会的关系，报道中也不要再说什么“总统是输还是赢呢?”之类的话了。在新闻报道中套用可以立即引发受众认同的情节，这种做法很有诱惑性。然而，报道采用的情节和词汇越标准，报道内容的信息含量就越少。这里有一个实验：请你尝试改写一则关于总统或是别的重要政治人物个人失败或胜利的稿件，把其中个人化、戏剧性以及关于“权威-失序”主题的东西都放到背景部分，将此事所涉及的更宽泛的问题、体制因素和政治后果等作为报道重点。

用普通人喜欢的语言定义政治问题 如果记者能够清楚地定义一个问题所涉及的术语和概念，那么新闻的受众就能够明白发生了什么事情。即使是在最好的情况下，新的信息也往往难以吸收。在碎片化、快节奏的新闻报道中，对新信息进行解释和重复有助于理解。列维（Mark Levy）和罗宾森（John Robinson）指出，在三分之二的电视新闻中，观众没能弄明白其中的主要意思，他们要求改变现在的新闻报道模式。他们说，现在的电视新闻“是为那些已经了解情况的人做的，充斥着政策制定者的术语和‘关注后续报道’的神秘兮兮的提示。电视记者和编辑忘了，即便是不止报道了一遍的新闻事件，多数观众也需要一些帮助才能理解”[41]。

2010年，国会通过了一项历史性的医保法案，但民主党领导层和奥巴马政府未能很好解释该法案的内容以及新的计划将如何运行，而他们的对手则在新闻里大喊什么“社会主义”“破坏了选择的自由”。相关新闻报道很少能超越政治斗争，给受众讲明白新法案的实际内容。人们是否喜欢他们所听到的这些内容，这不得而知，因为他们从来就没得到什么真正的信息。不过，有一点很清楚。那就是，新闻变成了一场忽悠竞赛，显然，最后是共和党赢了，因为大多数美国人起来反对这一新的法案。

谨记对你报道的新闻为何重要加以解释 在抛弃情节模式、增强背景信息、对关键术语进行解释定义之后，还有一项重要的任务。尽管记者本人可能十分理解为何一个新闻很重要，但是，在简单扼要的报道里，公众稍不留神就体会不到事情的重要意义。皮尤研究中心对新闻业者的一项调查显示，不到一半的电视新闻从业者认为，“提供对新闻的解读”是一个核心的新闻报道原则。[42]记者和编辑应该清楚地告诉受众某个新闻哪里重要。列维和罗宾森建议报道必须通过“那又如何”的测试：

> 新闻编辑部有个不成文的规则，就是用它①来决定某事是否有报道价
> 275 值。例如，一件太空服从航天飞机的残骸中被发现……这一新闻为什么重要呢？报道这一新闻的电视记者和编辑知道答案；他们必须知道，否则他们的这则新闻就无法过关播出。但是我们调查样本中的多数报道……从未清楚地传达过“那又如何”这一新闻元素。有时，它就在那里——在字里行间。但是，以我们的经验，这些字里行间的信息往往只能停留在那儿。[43]

对于有新闻价值的事件或问题，记者和编辑应该在报道中明确告诉受众此事最重要的社会意义或严重后果。例如，“人权”一词频繁地出现在关于其他国家的报道中，特别是那些接受美国援助的国家。但很少有人试

① “那又如何”这个问题。——译者注

图在报道中解释一下人权与美国外交政策的相关性。一个明显的例外是中美关系报道中的人权问题。在老布什、克林顿以及奥巴马政府时期，中美两国间人权问题与经贸关系的挂钩成为新闻报道中反复出现的主题。中国人权形势的批评者认为，美国应该利用贸易优惠政策推动中国实施自由化的政治改革。实用主义者则认为，中国领导人对这样的政治敲诈会很反感，只会转向欧洲和亚洲的其他贸易伙伴，而把美国的商业利益排除在这个潜在的世界最大市场之外。新闻中这样活跃的辩论让公众和草根阶层了解了外交决策过程，使他们可以监督、参与其中。而这样的情况在其他问题中并不多见。[44]

让受众参与内容制作与分享 社交媒体革命使公民个人生产、发布高质量和有洞见的报道成为可能。如第一章所讨论的那样，伊朗发生的民主抗议，其新闻报道依赖于这个国家里的抗议者直接上传的视频和信息。博客为公民提供了与记者和编辑互动的其他方式。正如《得克萨斯论坛报》的案例所表明的那样，政府监督类报道在难以为继的新闻媒体里正在变得越来越难开展，而发展互动数据库也许会是一个出路。“案例研究”《创新性解决方案与公共信息实验》将阐释关于公共信息的一些创新性手段。

［案例研究］ 276

创新性解决方案与公共信息实验

新闻业面临的危机日渐严重，但这可能会对关于公共信息未来的讨论和新尝试产生正面影响。例如，目前社会上出现了一批不附属于任何大公司、没有利润压力的独立调查类新闻媒体和项目，梳理下来至少有15个[45]，其中一些是早就存在的机构，如公共廉政中心和调查报道中心，而其他机构则是最近十年才出现的。有些已经广为人知，如《赫芬顿邮报》网罗了一批博客和其他媒体的新闻链接，内容从时政、艺术、名人花边新闻到环境问题，无所不包。《赫芬顿邮报》广泛集纳关于正在发生的问题的报道以及有关观点，并佐以自己的博客和调查团队的原创报道。此外，还有一些小的新创媒体，如“西部调查”（www.invw.org）致力于报道这个国家西部地区相关的新闻（能源、环境、预算危机、监狱人数、房产市场、无家可归问题以及就业等等）。这些小型项目的创办人往往是那些从走下坡路的传统媒体中离开的一流记者和编辑（例如，《西雅图邮讯报》垮掉后，它的一些编辑和记者创办了“西部调查”）。

小伦纳德·唐尼和迈克尔·舒德森全面审视了新闻的现状与未来，认为新的信息实验正呈爆炸性发展，不过，对于如何支撑这些尝试，以及这些尝试会创造出怎样的内容，他们也谨慎提醒：

> 这种转变带来的问题很简单：由什么来取代正在失去的东西？关于我们的国家和社区的新式报道，会跟传统的新闻业做得一样好，甚至更好吗？……
>
> 一些答案正在浮现。互联网以及那些抓住了互联网潜能的人已经能够在更广泛范围内以新的方式采集、发布新闻——这往往很容易实现。不仅仅是幸存下来的报纸和商业电视在这么做，还有一些新创的网络新闻媒体、非营利调查性报道项目、公共广播电台、大学里的新闻社团、公民参与的社区新闻网站以及博主，都在这么做。甚至一些政府机构和激进组织也在发挥作用。这些机构和个人的出现不仅创造了更加多元化的独立报道渠道，也使新闻的定义有了新的不同内涵。
>
> 新闻报道正在变得愈发具有参与性和合作性。新闻采集者的行列里，不仅有新闻编辑部的员工，而且还包括自由撰稿人、大学教师、学生和其他公民。新闻报道的经济支持不仅来自广告商和订户，还来自基金会、个人慈善家、学术和政府预算、特殊利益团体以及读者和观众的志愿捐款。[46]

当然，关键问题是，如何巩固这些项目使其能够稳定下来并得到进一
277 步发展？唐尼与舒德森提出了一些想法，值得公民与决策者双方思考。首先，他们建议，任何真正致力于公共事务报道的新闻机构在税费方面都能申请获得非营利机构的地位。一些机构如美国国家公共广播电台，已经具有这一地位，支持者对其捐款时能够获得减免税费的优惠。如果明确并放宽这一类机构的准入条件，将有助于新创机构的持续发展。他们还建议基金会扩大关注范围，更多地支持涉及它们所关注领域内的新闻报道，并启动新的项目支持公共信息。他们提出的第三点建议是，公共广播应该重新调整报道重点，更多地报道地方新闻。第四，他们建议大学开拓新闻学课程的领域，与各种创新性的新闻新创项目合作，使新闻生产更加活跃。第五点建议是，对广播执照持有者和有线电视服务提供商实行小额许可收费，以此设立基金用于地方新闻报道，可由联邦通信委员会管理。联邦通信委员会已有利用税费资金支持各种公共利益项目的先例，所以此举与其

目前的管理职责一致。唐尼与舒德森的最后一点建议是，传统媒体组织与新创传媒机构（与政府机构和利益组织一起）创建容易操作的数据库界面，以使公民能够直接获得他们所关心的政治问题的答案。[47]

对于新闻危机的历史起源与当代解决方案，罗伯特·麦克切斯尼与约翰·尼克尔斯进行过更为深入的分析。他们的想法与美国建国者的观点一致。[48]他们在讨论中提出了一个新奇的建议：政府设立一个“公民新闻代金券”项目，人们可以用此券支持任何非营利新闻机构，无论广播还是印刷媒体。这一做法将使公民而非政府能够支持并监督新闻机构，而且在这一机制下，哪家新闻机构能报道他们最能接受的话题和观点，公民就可以支持哪家机构。这一计划的资金可以来自商业媒体运营的税费，包括广播许可、手机服务和广告。靠这种“代金券”机制，公民而非政府将成为公共信息市场的驱动者。

此外，麦克切斯尼与尼克尔斯还通过梳理美国新闻的历史，帮助我们理解当下的新闻危机。他们指出，美国的建国者认为，政府对公共信息的资助是一个健康的民主体系所不可或缺的。例如，邮局就是本着有利于公共信息发展的角度来设立的。如果今天的“狭义解释宪法派”了解当初建国者希望美国的公共信息体系如何工作，他们会怎么说呢？但是，这是一段消失的历史。近几十年来发生的事情是，美国人被大公司宣传所鼓动去反对“大政府”。不难理解，这些公司不喜欢政府站在当中妨碍它们做喜欢做的事，影响它们挣钱。所以，现在结果就是这样的：美国政府花在公共媒体上的钱是平均每个公民 1 美元，而英国是 8 美元，在丹麦和芬兰，这个数字则超过 100 美元。[49]

让公司利益凌驾于公共利益之上，这是在商言商。信息本属公共产品，政府是其畅行的唯一保护者。但是，这么多美国人甘心充当商业利益的推销员，结果就是，在关于这个重要问题的理解上，美国与其他多数民
主国家大相径庭。如何避免政府直接干预公共媒体的内容？所有先进的民 278
主体制都遭遇并解决过这个问题。一些国家通过在政府与公共媒体之间设立政治防火墙很好地处理了这一问题（如英国、德国），而有的国家做得则不尽如人意（如美国和意大利）。问题的关键在于，如果给予审慎思考和认真监督，防火墙以及诸如公民新闻代金券这样的制度就能够得以确立并维持运行，这样政府就能够支持独立、竞争的媒体。

给政治人物与政府的建议

在处理公众关系时，如果让政治人物索性从烦琐的民意调查、新闻管理和政治营销中脱身，这可能再好不过了。如果政治人物不总是去试图迎合愈发信息闭塞的公众个人的情感和恐惧心理，而是通过在复杂的问题上教育公众，鼓励公众为达成共识、谋求改变而牺牲自我，从而实现对公众真正的领导，这样他们可能会更受欢迎。实际上，许多政治人物私下里都想把公共关系战略朝这个方向转变，但是又担心受到对手的攻击。

关于当代传播体系，一个不幸的现实是，那些试图去教育别人、讨论复杂问题或是提出思考问题新方法的政治人物，总是受到攻击，被视作不切实际，或更糟糕的是，被认为是喜欢花大钱、喜欢大政府的政客，会剥夺美国人更多的自由，弄一些无用的政府工程。结果，两党中许多有才华的国会议员，因为不能在公共场合创造性地表达自己的观点或采取行动，而在近几年纷纷选择离开。美国这一传播体系似乎专门排斥对公众问题认真、开放、有见地的讨论，却偏偏喜欢那种可以触发恐惧和分裂情绪的、令人窒息的老套诉求。

呼吁政治人物个人改变他们的传播方式，可能会得到某些同情的回应，但是没有多少人能勇敢地解雇他们的媒体运作顾问或民意调查专家，自己径直走到摄像机前公开讨论复杂的问题。那么，给政治人物的解决方案是什么呢？一种方法是向政府施加公共压力，要求政府做思想市场的仲裁者，如同它仲裁其他市场，使消费者免遭假货、欺诈和安全隐患的威胁一样。面对信息“造假”，为什么公民得到的保护要比他们面对股市欺诈或虚假产品时得到的保护要少呢？以下是给政府的五点建议，有助于极大地改善政治信息的质量。

限制金钱流向政治人物 选举和公职服务期间需要新闻管理，而这方面的花销极其昂贵。例如，民意测验和广告的费用加起来几乎相当于竞选预算的一半，而在过去的二十年中，竞选开销增长惊人。别的工业化民主
279 体系不会像美国这样允许候选人拥有这些合法的集资渠道。减少资金供应（例如，进一步限制竞选捐助以及当选官员政治传播团队的开支）将迫使政治人物在走向公共场合的时候，少带一些幻象。这种幻象往往通过刻意加工的形象和经过策划的新闻事件呈现给公众。2002 年通过的竞选资金改

革是一个开端，但2010年，最高法院以5∶4的比例通过了一个里程碑式的裁定，推翻了限制公司捐助竞选的规定。福克斯新闻对此事报道的标题是"得知最高法院关于竞选经费的裁定后，国父们笑了"[50]。汉密尔顿或许会赞成这样，但是，让这个社会上最有权势的机构团体们不受约束地花钱大肆宣传，控制本已脆弱的、处于民主进程核心地位的公共信息，很难想象麦迪逊、杰斐逊、富兰克林或是许多其他人会为这种做法鼓掌。这一裁定是最高法院被共和党把持的结果，为此，约翰·保罗·史蒂文斯（John Paul Stevens）代表少数派撰写了长达90页的文字予以抨击：

美国的民主并不完美，但除了最高法院多数派以外很少有人会想到它的缺陷竟然包括政治上缺钱缺到需要公司接济的地步。

最高法院的这一裁定会威胁到整个国家公共机构的廉正。[51]

事实上，多数美国人已经感觉到，在美国政治中，公司已经拥有太多的权力，当选者代表的是竞选资助人的利益，而不是选民的利益。2010年的一项调查显示，超过80%的美国人觉得大公司、银行和游说者对政府和政治人物影响太大。同时，同样比例的人认为，公共舆论的影响力太小。[52]解决这个问题，需要继续限制那些代表权力阶层利益的代言人掌握太多的影响力，限制金钱流入我们政治生活的多个方面——从选举到游说。然而，问题是，华盛顿寄居着一帮公司权力的掮客，政治人物没有他们的支持就很难生存，因此，摆脱他们的影响的战斗就变得更加困难了。

采取更好的方式进行候选人辩论以及立法报道　尽管选民对候选人直接辩论以及公民与候选人之间的交流充满热情，但现行的辩论体系都是经过专门设计的。根据彼此不同且经常互相冲突的利益，政党、候选人和新闻媒体会苦心冥想，设计出一套辩论的模式出来。这种模式并不要求候选人和新闻媒体为公众提供开放的、探索性的交流机会。

在两次选举之间的时间里，关于政府的政治报道，与体育报道中的精彩镜头集锦很相似。关于联邦立法活动的详细报道，现在只限制在有线卫星公共事务频道（C-SPAN）一家做，而关于州和地方层面的立法活动的详细报道，则只有同样资金不足的有线电视台做。应该为有线卫星公共事务频道（以及州一级同样的媒体）提供更多的资金，同时还应在学校开展公民教育，帮助人们树立通过这些渠道获取相关信息的意识，这样，当前关于立法和其他政府活动新闻报道过于肤浅的问题就可能得到纠正。

280 **对媒体垄断加以约束** 印刷与广播媒体所有权的集中会妨碍公众获取多样化的信息。反垄断法和公共责任标准过去曾经一度存在过。现在，如果意识到信息质量的问题，就应该制定新法和新标准。在过去20年的时间里，政府几乎放弃了对商业合并的监管，而且明确放松了对媒体公司并购的要求。政府或传统媒体显然忽视了关于大公司的政治和社会责任的公共辩论。与此相反，许多公司的意见领袖则到处在推销这样一种思想：企业的唯一义务就是为投资者谋利。

不足为奇，许多公民认为，公司享有的这种自由有利于企业发展和就业，公司不应该承担什么社会和经济方面的公共责任（鉴于公司拥有很大的权力，所以这一点听上去很讽刺）。与此同时，商业媒体生产的公共内容的质量从各方面来看都在下降：纪录片变少了，反映社会混乱的新闻多了；调查性报道变少了，愈发依赖官员获得信息、廉价的真人秀节目多了；受众分析愈发成为筛选新闻的依据，为经济上边缘化受众——如少数族裔社群和非正统音乐爱好者——制作的节目变少了。以上只是举几个例子。现在，我们的目光需要超越新闻神话，思考一下公共信息的实际质量问题。

近年来出现了一种正面的发展趋势，其中包括公民媒体改革运动（请见 www. freepress. net）。这一运动向国会施加压力，要求国会在媒体立法以及审查联邦通信委员会有关决定的时候要考虑公共利益。第七章“案例研究”中提到，2003年，联邦通信委员会决定允许大的媒体公司在不同社区拥有更大的控制权，但国会推翻了这一决定。之所以有这样惊人的逆转，是因为此前公众，甚至政治上保守的小媒体公司，都努力游说表示反对。现在，媒体所有权集中化的战斗远未结束，而这一斗争的前沿已经转移到保持互联网免费、开放公共内容等问题上。这一点我们将在下面讨论。

为公共广播提供更多资金支持（并出台更具创造性的制度） 目前政府的公共广播政策限制广播台站的资金，通过施加压力促使挣扎谋生的公共广播媒体少唱反调，并使它们与其他的媒体愈发趋同。其实，政府应该鼓励公共广播媒体与商业媒体有所区别。也就是说，要想方设法促进多样性，让草根阶层参与，更多地反映少数群体和反对立场的观点。

如果所有这些事情交给一家媒体去做负担太重，那可以把现有的公共广播公司拆分成不同的机构，由不同的公共部门管理，如政党以及相关利益网络（例如，共和党、独立人士和民主党各自的频道）、公共利益组织（如智库、公民监督组织和基金会）、社会团体（教会、教育组织、艺术与文化组织）。或者，出于公民压力，政府应该可以保证目前的公共广播机构设立董事会以及政治防火墙，使之能够向超越国会派系的政见开放。这些超越性政见的持有者正在为公共广播的灵魂而斗争，我们可以称之为公共公民频道。 281

最重要的是，要为公共广播增加资金支持，以使其不必为支撑节目运转四处寻找捐赠和公司赞助。许多其他国家拥有强大的公共广播体系，用以满足公共传播的民主需求。这些公共广播体系面临政府的压力，而且要适应来自强大的私有广播的竞争，在这种情况下，争论与监督一直与这些公共广播体系相伴。相比之下，自从 20 世纪三四十年代，美国就再也没有出现过关于公共媒体与私有媒体之间如何实现理想的平衡状态的讨论，也无人理会建立更有益的公共信息体系的可能性。

加强对有线和广播许可证持有者的公共服务要求 在美国，电视广播和地方有线电视的特许经营权都是由政府售卖或授予的。对此，许多美国人觉得难以理解。正如我们希望获得了公共土地使用权的运输公司在获得道路使用权的同时也能够为社区提供一些服务一样，我们也希望传媒许可证的持有者，除了对广告商和公司股东负责，也承担一些别的责任。

传播学者麦克切斯尼认为，美国信息体系的一个重大转折出现在 20 世纪 30 年代，当时国会将很大一部分广播电视带宽给了私人运营商，但却没有让后者承担什么创建公共论坛或对社会问题进行深度报道的责任。[53]多年以来，联邦通信委员会在国会支持下向这些广播执照持有者提出了让后者提供适度公共服务的要求。然而，日益强大的传媒公司不断游说，加之整个国家的反监管气氛日盛，结果，运营商连提供基本新闻节目的责任都弱化了，更别说什么开办公共事务节目、社区论坛的要求了。

现在，我们站在传播技术与行业发展的又一个重大转折点上，如何发展取决于我们。由于政府有权决定宽带电缆与新的数字频谱如何分配，所以政府手中要求运营商提供公共服务（例如，C-SPAN 以及地方性公民频道）的杠杆分量在增加。地方政府可以从有线电视运营商那里收取费用，以此补贴高质量的地方艺术与政治节目频道的发展，这有可能促进公民参与地方事务。或许更重要的是，政府已经开始制订关于如何分配并管理可以将家庭电视转化为互动传播设备的微波频谱的计划。电视、个人电脑以及其他设备的互动潜能应该用于商业娱乐和家庭购物服务吗？或者，是否
282 应该严肃思考一下新的电子信息时代的民主潜力呢？下一个十年，有一些重要问题将对公民传播产生影响，在此，我只是列举其中一二。

许多人认为互联网开放乃理所当然，但是，这种想法正在受到挑战，因为放松监管的有关决定认为，互联网服务并非像电话和邮政那样属于强制性为所有公民平等提供的服务。从21世纪初被共和党把持的联邦通信委员会到最近最高法院的有关裁定，互联网服务提供商都被重新界定为，可以对它们承载的内容进行选择性歧视的“信息服务”。这引发了一场关于“网络中立”的重要战争，许多公共利益团体站出来反对互联网运营商提高收费或降低网速，以免政治和其他大量内容的传播受阻。争取互联网自由的战争只是网络公共传播未来面临的诸多问题之一。

虚拟民主的希望与危险

随着个人传播设备的增多，信息生产、发布与分享的丰富程度远超人们过往的想象。人们不仅可以利用这些科技调整自己的信息需要，而且新闻媒体和新的信息服务平台可以跟踪用户的使用习惯并据此对内容进行相应调整。电子信息存储和传送的容量远远超过印刷或视频新闻产品的生产，因此，愈发多样化的信息就有可能提供给相对来说较小众的消费者。当然，本书自始至终所谈及的这种个性化的新闻打包方式也存在一定的危险，即有可能加深人们彼此之间的隔离。这种隔离可能会由技术、不同的选择和不同的环境造成。例如，就像本章开始所述，人们可能会选择订阅那些按照他们的需要、口味和兴趣量身定做的信息服务。在网络上，他们也可能仅仅选择那些与自己相像的人交流，这些人通过业余爱好、政治问题关切、宗教以及其他特殊兴趣等形成的电子纽带连接在一起，构成一个虚拟社区。

当然，数字民主的希望在于公民能够彼此互联，利用自己获得的信息

搭建草根利益共同体，摆脱目前大众信息体系内泛滥的媒介形象和单向的政治宣传。各级政府可以被接入这个网络，而实现途径就是通过有线电视或流媒体对政府工作进行报道，同时，通过电子邮件、博客和视频分享达到公民与其代表之间的互动。事实上，许多州已经开展实验，通过多种传播渠道，实现公民与其代表之间的沟通交流。从白宫、国会议员到地方政府，电子政务正生机勃发。这种趋势的一位支持者称，通过媒体链接与政府互动“能够恢复受众即选民与他们的代表之间在过去那个更单纯时代的 283
那种直接联系”[54]。

另一位观察家则指出，狂热者已经为电子民主的这些可能性所陶醉，以至于将其视作现代的雅典：

……这种令人有参与欲望的梦想衍生出了一种新的技术统治论。人们无须去参加雅典集会，所有公民只要通过新的电子设备就能够表达自己对政策问题的意见，同时在这些问题的决策中直接发挥作用，履行公民的义务……对于现代公民，他们装备有笔记本电脑的家就是雅典集会……科技克服了复杂性和规模的问题。科技使古代雅典在今天成为可能。[55]

但是，批评家们警告说，在这个电子伊甸园里也有麻烦。警告直指民主本身的核心。公众这一重要概念，其界定离不开当面问责和产生共识，这是稳定、合法性与权力赖以存在的基础。然而，电子民主形成的私人的、个人化世界会不会破坏这一重要概念呢？技术上的富有者与贫穷者之间是否会产生巨大的不公呢？一些公民因为缺少传播交流的设备，或是不能像其他人一样可以随意花钱购买网络连接和其他特殊服务，可能会被孤立起来。传播学者格雷厄姆·默多克和彼得·戈尔丁警告说，有可能形成一个由两个阶层组成的传播社会，把那些能够完全享受电子化通路的人与那些因为缺少手段、教育或技术支持而无法充分参加电子对话的人割裂开来。[56]这个问题被称为“数字鸿沟”（digital divide)。此外，还有一个鸿沟，即有的人利用电子技术投入充满生气的公民文化之中，而有的人却主要将之用作与朋友保持联络、购物和分享娱乐内容的工具。

因为传统媒体现在可以做到用不同的内容适应不同的受众构成，如种族、收入、邮区、年龄、性别或职业等，这样也会产生另外一种隔离。人们订阅报纸杂志，编辑部可能会根据情况选择将一些文章发送给某些订户，而不会发送给其他人。关于这种可能性，我们可以看看《华尔街日报》帕特里克·雷里（Patrick Reilly）的评论：

令我担心的是，《时代》与《新闻周刊》正在疯狂地搞内容选择性装订。它们说，广告投放，还有更重要的是，页面内容的编辑，都要针对单个住宅或是一排住宅专门处理。你读了一篇报道，然后激动地拍着脑袋喊："哇！这太棒了！"但是，然后你就意识到，同时与你拍脑袋的人要比上周这样做的人少得多，而原因就是你们看到的东西根本不一样。这种情况令人沮丧。[57]

是充满生气的草根传播，还是与社会隔离的、以自我为中心的个人冥
284 想？对于电子民主的未来而言，最好的可能性和最坏的可能性同时并存。新技术用来做什么？关于这个问题的公共辩论将影响电子民主的方向。互联网是一种公民友好型技术，它未来所面临的最大风险就是，关于它的许多最重要的政策问题，在许多人甚至还未知晓之前就已经有了答案。互联网将如何被人们利用？它会成为一个更有生气的场所，让公民在此聚集、构建社区、创建新的政府管理模式吗？或者，它只是网聚了虚拟的购物中心、影院综合体和朋友圈，绝大程度上致力于消费和娱乐服务，而很少有空间留给公共生活和政治传播？

对这些重要问题表示关切的网民对此进行了活跃的讨论，但是，他们并没有得到传统新闻的关注。例如，根据前述所提到的联邦通信委员会的政策和最高法院的裁定，互联网服务提供商可以决定向大宗电子邮件发送者和使用其网络的政治组织收费。对公民行动组织来说，这无疑造成了虚拟邮费，因此会阻碍网上行动主义的发展，而与此同时，互联网服务提供商的商业伙伴却可以得到费率优惠。事实上，因为服务提供商现在对内容的供应越来越感兴趣（例如，2010 年康卡斯特购得全国广播公司的控股权），所以，如果把别人的内容变得不那么有意思，或者不那么容易获得，自己就能获得更大的利益。关于"网络中立"问题以及我们这个时代其他一些传播政策问题的一些具有洞见的观点，读者可以访问 www.freepress.net。传播以及公民参与的其他方面问题可参见传播与公民参与中心的内容（www.engagedcitizen.org）。该中心由本书作者指导管理。

起点：寻求民主与公司社会责任之间的平衡

数字化的未来可能会将民主推到一个新的、超乎人们想象的高度。然而，如果市场和政治的无组织乱象继续大行其道，公众继续事不关己，那么，以互联网为基础的未来信息体系并不会比目前的传统媒介体系更有可能满足民主的需要。公司控制大众传媒，的确有可能把数字民主边缘化。那时，在网络虚拟空间里，人们会扎堆抱怨缺乏公共空间，或是抱怨网络空间成为被商业价值把持的“购物中心”而入口太少。探索数字民主的潜能，政策目标应该包括在网络空间创立得到公众支持的传播公地，以便人们发现、组织有关资源，然后制作、分享信息。[58]

传统新闻领域也需要采取更负责任的政策。应该要求媒体公司给新闻部门设定更为理性的利润目标，只有这样公民才不会因厌倦廉价新闻而大批流失。媒体公司过去曾经以新闻报道的声望树立自己的品牌形象，对新闻部门的利润要求往往低于对娱乐和体育节目的要求。重新将新闻作为公 285
共责任，这无论如何都不会严重挑战主打娱乐节目的大公司的利润底线。公司宣称其唯一责任就是对股东负责的说法就相当于说公司不必做好公民。这种大胆的断言，只有在领导者和大多数公民默不作声、听之任之时才有效。

公司都有品牌形象意识。在其他的工业领域，从制鞋（耐克）到食品（麦当劳），公民已经学会利用公司这方面的敏感意识推动企业承担更大的社会责任。今天，媒体公司的社会和公共责任可能会成为重要的消费者政治问题，将公民参与作为一种可以与利润一起探讨的公共价值加以推进。公司应该成为良好公民，这种公共舆论的氛围可能需要很长时间才能形成，到那时，公司才能超越利润的驱动，考虑用社会价值塑造自己的品牌形象。谁知道呢，也许有一天社会责任也可以带来利润呢！

形成这种舆论氛围要从哪里开始呢？或许，对于公民、公共利益组织、政策基金会等来说，呼吁公司与政府在全国信息体系内，共同采取更负责任的行动，现在正逢其时。关心民主未来的公民已经开始利用个人数字媒体的力量，组织公民传播运动，要求媒体公司担负起更多的责任。读者可以到 www. freepress. net，www. adbusters. org，www. mediamatters. org 等网站了解这些运动的情况。现在，许多城市已经出现媒体民主网络，例如，洛杉矶（http://lamediareform. wordpress. com/）、波士顿（http://openmediaboston. org/）、西雅图（www. reclaimthemedia. org/）。如果更多的公民能够挺身而出，要求媒体公司对他们的信息环境质量负责，那么就真有可能设计出一个胸怀民主的传播体系。

注释

[1] Walter Pincus, "Newspaper Narcissism: Our Pursuit of Glory Led Us Away from Readers," *Columbia Journalism Review* (May/June 2009): 55.

[2] Steven Livingston, "The 'Nokia Effect': The Reemergence of Amateur Journalism and What It Means for International Affairs," in *From Pigeons to News Portals: Foreign Reporting and the Challenge of New Technology,* ed. David Perlmutter and John Hamilton. (Louisiana State University Press, 2007: 47–69).

[3] Jake Batsell, "Lone Star Trailblazer: Will the Texas Tribune Transform Texas Journalism?" *Columbia Journalism Review* (July/August 2010): 40.

[4] www.texastribune.org/about/. Accessed September 25, 2010.

[5] Batsell, "Lone Star Trailblazer."

[6] Ibid., 41.

[7] Brian Stelter, "Finding Political News Online, Young Viewers Pass It Along," *New York Times*, March 27, 2008: A1.

286 [8] Henry Jenkins, *Convergence Culture* (New York: New York University Press, 2006).

[9] See Nick Wing and Erin Booth, "Sarah Palin's Foreign Policy Manifesto: Brought to You by Facebook." July 10, 2010. www. huffingtonpost. com/2010/07/04/ sarah-palins-foreign-poli_n_632808.html. Accessed September 24, 2010. For the Tea Party story, see: http://video.foxnews. com/v/4006672/palin-on-foreign-policy-at-convention. Accessed September 24, 2010.

[10] www.facebook.com/pages/Lame-Stream-Media/213732812039. Accessed September 24, 2010.

[11] James S. Fishkin, *The Voice of the People* (New Haven, CT: Yale University Press, 1995).

[12] See, for example, Richard Morin, "Thinking Before They Speak," *Washington Post National Weekly Edition* (May 16–22, 1994): 37.

[13] Ibid.

[14] John Gastil, *By Popular Demand: Revitalizing Representative Democracy Through Deliberative Election* (Berkeley: University of California Press, 2000).

[15] Ibid. See also, James Fishkin, *Democracy and Deliberation* (New Haven, CT: Yale University Press, 1991).

[16] Mark E. Kann, "More or Less Democracy in the Internet Age?" USC Annenberg School for Communication, networked publics blog, October 6, 2005. http://netpublics. annenberg.edu/digital_democracy/more_or_less_democracy_in_the_internet_age.

[17] Diana Mutz, *Hearing the Other Side: Deliberative vs. Participatory Democracy* (New York: Cambridge University Press, 2006).

[18] Stephen Earl Bennett, Staci L. Rhine, and Richard S. Flickinger, "The Things They Cared About: Change and Continuity in Americans' Attention to Different News Stories, 1989-2002," *Press/Politics* 9, no. 1 (Winter 2004): 75–99.

[19] See Anthony Giddens, *Modernity and Self-Identity: Self and Society in the Late Modern Age* (Stanford, CA: Stanford University Press, 1991).
[20] Jurgen Habermas, *Structural Transformation of the Public Sphere: An Inquiry into a Category of Bourgeois Society* (Cambridge, MA: MIT Press, 1989).
[21] Todd Gitlin (lecture, University of Washington, May 20, 1999).
[22] Nina Eliasoph, *Avoiding Politics: How Americans Produce Apathy in Everyday Life* (New York: Cambridge University Press, 1998).
[23] Michael Schudson, *The Good Citizen: A History of American Civic Life* (New York: The Free Press, 1998).
[24] 有关这些思想的更多讨论，可参见 W. Lance Bennett, "The UnCivic Culture: Communication, Identity, and the Rise of Lifestyle Politics," *P.S.: Political Science and Politics* 31, no. 4 (December 1998): 41–61。
[25] See Erik Asard and W. Lance Bennett, *Democracy and the Marketplace of Ideas: Communication and Government in Sweden and the United States* (Cambridge, UK: Cambridge University Press, 1997).
[26] Robert W. McChesney, *Telecommunications, Mass Media, & Democracy: The Battle for Control of U.S. Broadcasting, 1928–1935* (New York: Oxford University Press, 1993).
[27] Robert W. McChesney and John Nichols, *The Death and Life of American Journalism* (Philadelphia, PA: Nation Books, 2010).
[28] See freepress.net, "Public Broadcasting Under Assault." www.freepress.net/publicbroadcasting; also Paul Farhi, "PBS Scrutiny Raises Political Antennas," *Washington Post*, April 22, 2005: C1.
[29] Thomas E. Patterson, "Irony of the Free Press: Professional Journalism and News Diversity" (paper presented at the Annual meeting of the American Political Science Association, Chicago, September 3–6, 1992), page 2. 287
[30] Quoted in Frank Luther Mott, *The News in America* (Cambridge, MA: Harvard University Press, 1952), 5.
[31] "Weighing Anchor: At the Start of His Final Year, Tom Brokaw Takes Stock and Looks Ahead," interview with Jane Hall, *Columbia Journalism Review* (January/February 2004): 19.
[32] Brent Cunningham, "Re-Thinking Objectivity," *Columbia Journalism Review* (July/August 2003): 24.
[33] Ibid.
[34] Steven Livingston, *The Terrorism Spectacle* (Boulder, CO: Westview, 1994).
[35] From Michael Isikoff, "A 'Sting' Tailor-Made for Bush," *Washington Post* News Service, reprinted in the *International Herald Tribune*, Saturday–Sunday edition (September 23–24, 1989): 4.
[36] Maureen Dowd, "U.S. Presidential Road Show," *International Herald Tribune*, September 26, 1989: 3.
[37] Dannegal G. Young, "The Daily Show as New Journalism," in *Laughing Matters: Humor and American Politics in the Media Age*, eds. J. S. Morris and J. C. Baumgartner (New York: Routledge, 2007), 241–259.
[38] *The Daily Show*, November 1, 2004. www.thedailyshow.com/video/index.jhtml?videoId=126947&title=vote. Accessed December 15, 2010.
[39] Shanto Iyengar, *Is Anyone Responsible?* (Chicago: University of Chicago Press, 1993).
[40] Regina G. Lawrence, "Game-Framing the Issues: Tracking the Strategy Frame in Public Policy News," *Political Communication* 17, no. 2 (April/June 2000): 93–115.

[41] Mark R. Levy and John P. Robinson, "The 'Huh?' Factor: Untangling TV News," *Columbia Journalism Review* (July/August 1986): 48.
[42] Cunningham, "Re-Thinking Objectivity": 27.
[43] Levy and Robinson, "The 'Huh?' Factor": 50.
[44] See Leonard Pratt, "The Circuitry of Protest," *Gannett Center Journal* 3 (1989): 105–115; and Donald R. Shanor, "The 'Hundred Flowers' of Tiananmen," *Gannett Center Journal* 3 (1989): 128–136.
[45] Jill Drew, "The New Investigators," *Columbia Journalism Review* (May/June 2010): 22–27.
[46] Leonard Downie Jr. and Michael Schudson, "The Reconstruction of American Journalism," *Columbia Journalism Review* (November/December 2009): 28–51.
[47] Ibid., 45–51.
[48] Robert W. McChesney and John Nichols, *The Death and Life of American Journalism*.
[49] Ibid., 192.
[50] http://www.foxnews.com/opinion/2010/01/22/ken-klukowski-supreme-court-amendment-mccain-feingold/. Accessed September 27, 2010.
[51] Warren Richey, "Supreme Court: Campaign Finance Limits Violate Free Speech," Christian Science Monitor (January 21. 2010). www.csmonitor.com/USA/Justice/2010/0121/Supreme-Court-Campaign-finance-limits-violate-free-speech. Accessed September 27, 2010.
[52] Harris Poll, February 16–21, 2010, Reported in *Polling Report*. www.pollingreport.com/politics.htm. Accessed September 28, 2010.
288 [53] McChesney, *Telecommunications, Mass Media & Democracy*.
[54] Daniel M. Weintraub, "The Technology Connection," *State Legislatures* (June 1993): 44.
[55] Thomas W. Simon, "Electronic Inequality," *Bulletin of the Scientific Technology Society* 11 (1991): 144.
[56] Graham Murdock and Peter Golding, "Information Poverty and Political Inequality: Citizenship in the Age of Privatized Communications," *Journal of Communication* 39 (Summer 1989): 180–193.
[57] Quoted in the "Sound Bite" section, *Columbia Journalism Review* (July/August 1993): 13.
[58] Stephen Coleman and Jay Blumler, *The Internet and Democratic Citizenship* (New York: Cambridge University Press, 2009).

索　引

译后记

翻译《新闻：幻象的政治》一书是难得的经历。这是拓展和加深自己对新闻业理解的过程。

本书聚焦于新闻对美国民主的影响这一议题，以美国现当代重大政治事件的媒体报道为案例，从政治人物、新闻从业者和公民（受众）三个层面分析了美国政治信息体系存在的问题，其中不乏值得中国新闻业者和政治传播研究者思考的探讨。比如，对于被奉如圭臬的客观报道原则，作者认为，所谓客观报道恰恰是造成新闻倾向性的一个根源，并提出了“新闻是否可能或值得像在美国所提倡的那样保持客观”这一疑问。

类似的思辨还有很多，比如新闻信息娱乐化的问题，比如社交媒体发展造成的公众彼此隔离的问题，再比如更本质的一个问题，大众传媒是否应当承担社会（政治）责任？科技日新月异，传媒业的发展变化似乎势不可挡，但我们是否应该毫无条件地拥抱这些变化所带来的一切？对于这些问题，本书提供了一些思考。

为第九版作序的多丽丝·格雷伯称赞本书写作流畅。作为译者，对此深有体会。然而，原文缜密的句子结构和流畅的语言，对于译者也是一个挑战。如何在尊重原文行文逻辑的基础上，将译文处理得忠实原意而同时又是通畅的中文？这是一个难以做到两全其美的任务。本书前四章以及序言部分由杨晓红翻译，后四章以及索引部分由王家全承担。初稿译出后，两人进行了多次互相审校、探讨和修改，但由于水平有限，肯定有不少疏漏之处。

每个译者都有拖延症，但并不是每个译者都能有幸遇到宽容的出版社和编辑。翻看与编辑交流的邮件和微信，发现接下此书的翻译工作竟然是在三四年前。这是《新闻：幻象的政治》第九版。猜想本版中文付印之时，作者的第十版估计已经酝酿成型。特朗普获选美国总统，既书写了美国政治史上的一次“意外”，也成就了美国新闻传播史和政治传播史上的一次“传奇”。作为读者，十分期待班尼特能够在第十版对美国此次大选中媒体特别是社交媒体发挥的影响进行深入分析。

最后感谢各位编辑对译文出版所付出的辛苦劳动！

译者

2018 年 1 月

图书在版编目（CIP）数据

新闻：幻象的政治：第9版/（美）兰斯·班尼特（W. Lance Bennett）著；杨晓红，王家全译．—北京：中国人民大学出版社，2018.3
（当代世界学术名著．新闻与传播学译丛．大师经典系列）
书名原文：News：The Politics of Illusion（9th Edition）
ISBN 978-7-300-25555-2

Ⅰ.①新…　Ⅱ.①兰…　②杨…　③王…　Ⅲ.①新闻学　Ⅳ.①G210

中国版本图书馆CIP数据核字（2018）第031265号

当代世界学术名著
新闻与传播学译丛·大师经典系列
新闻：幻象的政治
（第9版）
[美]兰斯·班尼特（W. Lance Bennett）　著
杨晓红　王家全　译
Xinwen：Huanxiang de Zhengzhi

出版发行	中国人民大学出版社		
社　　址	北京中关村大街31号	**邮政编码**	100080
电　　话	010－62511242（总编室）		010－62511770（质管部）
	010－82501766（邮购部）		010－62514148（门市部）
	010－62515195（发行公司）		010－62515275（盗版举报）
网　　址	http://www.crup.com.cn		
	http://www.ttrnet.com（人大教研网）		
经　　销	新华书店		
印　　刷	运河（唐山）印务有限公司		
规　　格	170mm×240mm　16开本	**版　　次**	2018年3月第1版
印　　张	26插页2	**印　　次**	2022年3月第2次印刷
字　　数	403 000	**定　　价**	88.00元